Eckard Wetzel

Der U-Boot-Krieg im Nordmeer

Eckard Wetzel

Der U-Boot-Krieg im Nordmeer

Feindfahrten des letzten Weltkriegs-U-Bootes U 995

DÖRFLER
ZEITGESCHICHTE

Genehmigte Sonderausgabe für „Edition DÖRFLER"
im NEBEL VERLAG GmbH, Utting

Umschlagillustration: Eckard Wetzel

1 2 3 4 5 5 4 3 2 1

Vorwort

Das Nordmeer ist während des Zweiten Weltkrieges ein Seekriegsschauplatz von besonderer Art. Es umspült das schroffe Relief der Felsküste Norwegens, im Westen die Eisflanken Grönlands und im hohen Norden die schneegekrönten Böschungen Spitzbergens, dehnt sich ostwärts aus in die Barents-See, seinem eigentlichen Herzstück, stößt an den Küstenstreifen Nowaja Semljas und vereint sich im äußersten Norden unterhalb des Franz-Josef-Landes mit dem Nördlichen Eismeer. Ab Mitte Mai strahlt die Mitternachtssonne über die arktischen Breiten. Die Meeresgefilde sind zwei Monate lang ununterbrochen von hellem Licht durchleuchtet. Ab Mitte Juli verschwindet die Sonne von der Nordhemisphäre. Dann senkt sich die langmonatige Polarnacht über die Kulisse des Nordmeeres. Wenn der Winter einsetzt, weitet sich von Norden, Westen und Osten her ein starrer Kranz aus Packeis über große Teile dieses Seegebietes aus, der im März/April Jan Mayen und die Bäreninsel einschließt und damit die Schiffahrtspfade und das Operationsgebiet der Nordmeer-Geleitzüge einschnürt. Einzig der Golfstrom, die über den Nordatlantik hochziehende warme Treibströmung, hält den südlichen Teil der Barents-See und die Kola-Bucht an der Murmanküste das ganze Jahr über eisfrei. Dorthin, zu den Zielhäfen Murmansk, Archangelsk und Molotovsk, verläuft seit 1941 die überseeische nördliche Nachschub-Ader der Alliierten.

In unaufhörlichem Fluß rollen auf der Nordmeerroute für die Sowjetunion bestimmte Rüstungsgüter, auf von Schottland oder Island ausgehenden, zuhauf von waffengespickten Geleitfahrzeugen, Schlachtschiffen, Kreuzer- und Flugzeugträgerverbänden abgesicherten Dampfertrecks. Für die wenigen deutschen Nordmeer-U-Boote, ausnahmslos Kampfboote des Typs VIIC, gilt es, trotz starker gegnerischer Übermacht den Nachschubtransport für die Deutschlands Grenzen bedrohende Rote Armee unter allen Umständen zu unterbinden. Im Jahre 1944, als U 995 zur ersten Unternehmung ausläuft, zwingt die erreichte technisch-materielle Überlegenheit der angelsächsischen Kriegsopponenten deutsche U-Boote in eine schier aussichtlose Lage hinein. Britische Kryptologen haben längst den von der Kriegsmarine-Führung für sicher gehaltenen Funkschlüssel der U-Boote dechiffriert, können ihre Operationsbefehle mithören, so daß die Royal Navy ihre Konvois um die Aufstellungen der U-Bootsgruppen herum leiten kann. Kaum ein U-Boot entgeht ihren Radar- und Ortungsgeräten sowie ihrer ständigen, nahezu allgegenwärtigen Luftüberwachung. Den Meeresgrund säumen bereits zahlreiche zerschlagene Stahlröhren deutscher U-Boote, die zu eisernen Särgen von blutjungen Besatzungen wurden. Bei jedem Auftauchen kann den Männern der jetzt an die Nordmeer-Front kommenden Boote das gleiche Schicksal beschieden sein. Wollen die Boote überleben, müssen sie sich vorwiegend unter der Meeresoberfläche versteckt halten. Vom Großdeutschen Rundfunk mit Fanfarenklängen ausgestrahlte Sondermeldungen über spektakuläre Erfolge, die deutsche U-Boote aus dem Nordmeerraum heimbringen, gibt es wenige.

Nicht nur, daß draußen auf dem unwirtlichen Nordmeer in jeder Sekunde die Schwungräder der unerbittlichen Kriegsmaschinerie Freund wie Feind jäh zermalmen können – es ist außerdem der gemeinsam und unablässig geführte seemännische Kampf gegen die eisige See, gegen Nebel, Düsternis, Sturm und Schneegestöber.

Mit dem dramatischen Kampfgeschehen im U-Boot-Krieg auf dem Nordmeer wurde eine nordische Saga geschrieben, die von außergewöhnlicher Einsatzbereitschaft, gnadenloser Härte und unerhörter Opferwilligkeit kündet.

Eckard Wetzel

Man schreibt den 20. Mai des Kriegsjahres 1944. Das zur 13. U-Bootsflottille gehörende deutsche Unterseeboot U 995 befindet sich unter dem Kommando von Kapitänleutnant Walther Köhntopp auf seiner ersten Feindfahrt im Seegebiet des Europäischen Nordmeeres südwestlich von Drontheim. Der Kommandant hatte mit seinen Männern U 995, ein Boot des Typs VIIC/41, am 16. September 1943 bei der Hamburger Bauwerft Blohm & Voss in den Dienst der Kriegsmarine gestellt. Am 25. April 1944 war es im Heimathafen Kiel zusammen mit U 476 und U 997 zum Fronteinsatz verabschiedet worden, und vor zwei Tagen ist U 995 vom norwegischen U-Boots-Stützpunkt Bergen ausgelaufen.

Die in der Norwegensee stehenden VIIC-Boote U 394, U 476, U 995 und U 997 haben am Ende des gestrigen Tages um 23.40 Uhr vom Führer der U-Boote Norwegen den Funkbefehl aufgenommen, eine neue, von Nordosten bis Südwesten verlaufende Standlinie vor dem Vestfjord der Lofoten einzunehmen. Sie sind angewiesen, gesichtete Feindkräfte zu melden und anzugreifen. Zudem mahnt der Funkbefehl die Kommandanten der draußen stehenden Boote vor der erhöhten feindlichen U-Bootsgefahr vor dem Vestfjord, denn in dessen Trichterzone liegen unter Wasser fast immer britische Unterseeboote in heimtückischer Lauer auf deutsche Artgenossen. Bereits die ersten Wochen dieses Monats haben den deutschen U-Bootsfahrern einen hohen Blutzoll abverlangt. Auch die Besatzungen der Nordmeerboote, die gegenwärtig auf dem sich von der Norwegensee bis hinauf zur Eiskappe erstreckenden nördlichen Seekriegsschauplatz im Einsatz sind, begleitet mehr denn je die Ungewißheit, ob sie wieder in den Hafen zurückkehren werden.

Ab 30. April 1944 wurden hoch oben im Norden die U-Bootsgruppen „Donner“ mit U 277, U 278, U 307, U 387, U 636 und „Keil“ mit U 313, U 315, U 354, U 674, U 711, U 739, U 959, die bislang auf einen ostwärtslaufenden Konvoi operieren sollten, gegen die aus der Kola-Bucht herauskommende Marschkolonne des Konvoi RA.59 angesetzt, zu dessen starker Sicherung auch zwei Geleitträger zählten.

In der Nacht zum 1. Mai griffen U 387 und U 711 den aufkommenden Konvoi an. U 711 gelang es, den Dampfer „William S. Thayer“ zu versenken. Im Laufe des Tages schossen U 278, U 307 und U 959 vergeblich mit akustischsuchenden T5-Torpedos auf Zerstörer. Südwestlich der Bären-Insel stürzte sich die vom britischen Geleitträger „Fencer“ aufgestiegene Swordfish[1] „C“ der 842. NAS[2] auf U 277, unter dessen Fliegerbomben das Boot auf Position

1) Britisches Trägerflugzeug, verwendbar als Kampfbomber od. Torpedoflugzeug

2) Naval Air Squadron (Marinefliegerstaffel)

73°24'N/15°42'O mit allen 50 Mann seiner Besatzung versank. Am 2. Mai 1944 wurden gleich zwei der am Geleit RA.59 stehenden U-Boote vernichtet. Dieses Mal war es die Swordfish „B" der 842. NAS, die der Träger Fencer im Seegebiet nordöstlich Jan Mayens entsandt hatte. Nachdem die Wasserfontänen von drei über U 674 abgeworfenen Wabos[1] in sich zusammengefallen waren, reckte sich sein Bug aufbäumend über das grau-marmorierte Eismeer, ehe es auf der Position 70°32' nördlicher Breite und 04°37' östlicher Länge über das Heck zu sinken begann und eine hoch aufquirlende Luftblase gewissermaßen als seinen letzten Lebensatem von sich gab. Nordöstlich von Jan Mayen, etwas südlicher von der Untergangsstelle von U 674, war es die Swordfish „K" der auf Fencer stationierten 842. NAS gelungen, U 959 auf Position 69°20'N/00°20'O zu vernichten. Mit diesem Boot versanken alle 53 Mann seiner Besatzung. – Am 3. Mai versuchten zwei weitere Swordfishes und ein Martlet-Flugzeug auch U 278 auf den Meeresgrund zu schicken. Diesem gelang es jedoch, die Martlet abzuschießen und zu entkommen.

Die einst glorreichen Zeiten für die deutschen U-Boote sind längst passé. Überall auf den Weltmeeren, wo immer sich deutsche U-Boote aufhalten, werden sie im Gitternetz der Meridiane und Breitengrade von der alliierten Funkpeilung erfaßt und zu Wasser und aus der Luft erbittert gejagt. So erlag am 3. Mai 1944 das große Typ-IX D_2-Boot U 852 nach seinem langen Marsch in den Indischen Ozean den Bomben eines Wellington-Bombers. Einen Tag später, am 4. Mai 1944, versenkten nicht nur im Mittelmeer englische Geleitschiffe U 371 (Typ VIIC), sondern auch im Atlantik nördlich von Kap Ortegal wurden U 846 (Typ IXC/40) und seine gesamte Besatzung Opfer eines britischen zweimotorigen Wellington-Bombers.

Es ist eine unumstößliche Wahrheit: Die deutschen U-Boote sind unter Wasser allesamt zu langsam, um sich ihren Gegnern entziehen zu können. So mußten am 6. Mai 1944 gleich drei deutsche U-Boote den Sold für eine verfehlte U-Bootsentwicklung zahlen: U 473 (VIIC) fiel im Nordatlantik in einer dramatischen Wasserbombenschlacht drei britischen Sloops der 2nd Escort-Group (Geleitsicherungs-Gruppe) zum Opfer, die insgesamt 345 Wasserbomben geworfen hatten. Gut die Hälfte der U 473-Besatzung konnte aus dem aufgegebenen Boot entkommen. 24 Tote nahm U 473 mit in die Tiefe. Der Führer der Einsatzgruppe, Captain J. Walker, verstieg sich in der Stunde seines Sieges in die alle Opfer verhöhnende Bemerkung: „... aber bald ging das Herrenvolk von Bord ..." Anstatt sich verächtlich über die U-Bootsmänner zu äußern, die – wie die Marinesoldaten der anderen Seite auch – ihrer befohlenen Pflicht nachkommen, hätte er besser auf die Hybris der U-Bootsstrategen des Dritten Reiches anspielen sollen, die die wackeren U-Bootsfahrer mit tauchtechnisch unterlegenen Booten hinausgeschickt haben und es wider aller menschlichen Vernunft weiter so halten werden.

Ebenfalls 24 Tote gab es, als U 66 (IXC) am 6. Mai im Mittelatlantik westlich der Kapverdischen Inseln zuerst von Avenger-Maschinen des US-Geleitträgers

1) Wasserbomben

„Block Island“ verfolgt wurde und dann vom US-Geleitzerstörer „Buckley“ unter Artillerie-Feuer genommen und gerammt wurde. In der entstandenen Verwirrung glaubten die amerikanischen Seeleute, sie würden geentert werden. Die „Buckley“ löste sich vom U-Boot. Als der Zerstörer aus allen Rohren feuernd ein zweites Mal auf U 66 zuhielt, wurde er seinerseits von U 66 gerammt. Handgranaten wurden auf das U-Boot herabgeworfen und explodierten, Handfeuerwaffen wurden eingesetzt. Schließlich versank U 66 unter dem Geschützfeuer der „Buckley“. – U 765 (VIIC) ist das letzte Boot, das am 6. Mai 1944 im Nordatlantik untergeht.

Nach wenigen Tagen Unterbrechung nahm das „große U-Bootssterben“ wie gewohnt seinen weiteren Lauf: Am 14. Mai 1944 ging U 1234 (VIIC) in der Hafeneinfahrt von Gotenhafen durch Kollision mit einem Schlepper samt 13 Mann seiner Besatzung unter. – Am 15. Mai 1944 wurde U 751 (VIIC) im Mittelatlantik versenkt, am 16. Mai 1944 U 240 (VIIC) in der Norwegensee auf 63°05'N/03°10'O, am 17. Mai 1944 U 616 (VIIC) im Mittelmeer östlich Cartagena, am 18. Mai 1944 U 241 (VIIC) in der Norwegensee auf Position 63°36'N/01°42 'N. Am 19. Mai 1944 sind es U 960 (VIIC), das im Mittelmeer nordwestlich Algier durch Wasserbombenangriffe verlorengeht, und U 1015 (VIIC/41), das mit U 1014 in der Danziger Bucht westlich von Pillau kollidiert und mit der gesamten Besatzung untergeht. Immer neue Boote alter Konstruktion mit kaum eingefahrenen Besatzungen werden von den Verantwortlichen des Großdeutschen Reiches mit verkürzter Ausbildung an die Front geworfen, um die zahlreichen Verluste auszugleichen. Jetzt ist es an U 995 mit seinen jungen Besatzungsmitgliedern, den Kampf um den Fortbestand der eigenen Existenz aufzunehmen. Es wird belegt werden, daß 134 deutsche U-Boote im Laufe des Zweiten Weltkrieges schon auf ihrer ersten Feindfahrt vernichtet werden.

Die Männer von U 995 wissen, daß im Nordmeerraum gegnerische Flugzeuge ständig auf der Jagd nach deutschen U-Booten sind. Der „Alte“, ihr Kommandant, hat ihnen von Anbeginn klargemacht, daß das Nordmeer kein Meer von Blüten ist, hatte ihnen daher immer wieder äußerste Wachsamkeit eingeschärft. Schließlich sind U 240 und U 241 erst kürzlich von Flugbooten ungefähr an dieser Stelle vernichtet worden, an der sich gegenwärtig U 995 aufhält. Sowohl von U 240 als auch von U 241 überlebte keiner von der Besatzung.

Oben auf der Brücke von U 995 sucht jeder der Ausguckposten mit seinem Doppelglas einen Sektor von 90 Grad ab. Nur nicht überraschen lassen! Ausguck ist das A und O der deutschen U-Bootsfahrt. Die Kameraden unten im Boot sind unterschiedslos auf die Achtsamkeit der Brückenwache angewiesen.

Zweimal schon an diesem Tage mußte U 995 vor angreifenden Flugbooten alarmtauchen. In diesem Seegebiet sind ständig gegnerische Flugzeuge auf U-Boots-Abwehrpatrouille in den Lüften. Ihr Aktionsradius reicht von ihren Flugbasen in Schottland bis zu den Lofoten, und von Island startende angelsächsische Flieger haben eine Reichweite bis über Jan Mayen hinaus. Und wenn ihnen ein einmal gesichtetes U-Boot vorübergehend entwischt, funken sie ihre in ihrer Nähe fliegenden Artgenossen herbei, um als fliegende Meute das „Wild“ endgültig zu stellen und zu zerreißen.

Bereits am Morgen gegen 7 Uhr flog ein Sunderland-Flugboot U 995 von der Backbordseite an, ohne daß die Ortungsgeräte vorher ansprachen. Pilot der Sunderland ist W.G. Easton, Flight Commander of Operational Flight 4.(c) OTU[1], der eine kanadische Crew an Bord hat. Zu den gegenwärtigen Gepflogenheiten seines Ausbildungsgeschwaders gehört, daß die Trainingscrew zum Abschluß des Lehrprogrammes mit voll bewaffnetem Flugboot einen operativen Einsatz unter Führung eines Flying Instructors[2] absolviert. Mehrere solcher Patrouillenflüge über der Norwegensee haben bereits zur Vernichtung von deutschen U-Booten geführt. Easton flog im Morgengrauen mit ungefährem Kurs von 150 Grad und befand sich etwa auf der Position von 62°30′ Nord und 02°00′Ost, als er gleichzeitig mit dem Gunnery Instructor[3] an Backbordseite im Winkel von 45 Grad in etwa drei Meilen Abstand ein aufgetaucht fahrendes U-Boot ausmachte, das einen nördlichen Kurs steuerte. Easton blies zum Alarm, drehte auf das U-Boot zu und kippte zur Attacke ab. Während seines Angriffes tauchte U 995. Es verschwand innerhalb von 50 Sekunden vollkommen von der Meeresoberfläche. Easton schickte ihm vier Wasserbomben hinterdrein, die etwa 200 Meter voraus der Tauchstelle detonierten, wo er das getauchte U-Boot vermutete. Easton erkennt, daß er mit seinem Bombenabwurf kein Resultat erzielt hat und muß eine Stunde später wegen zur Neige gehenden Treibstoffs zur Flugbasis zurückkehren, weist aber vorher ein Catalina-Flugboot auf das U-Boot ein.

Beim eiligen Einsteigen durch das Turmluk hat Matrosengefreiter Heinz einen doppelten Knöchelbruch erlitten und kugelte sich zudem das Fußgelenk aus. U 995 hatte, als die Sunderland dem Boot seine Wasserbomben hinterherschickte, schon eine Tauchtiefe von 80 Metern erreicht. Das teuflische Detonationskonzert dröhnt der Besatzung noch in den Ohren. Alle Neulinge an Bord spüren förmlich, für sie war dies das noch gnädige Auftakt-Intermezzo im unerbittlichen Dramenspiel des U-Boots-Krieges, in den nun auch sie hineingestoßen worden sind. – Am Mittag hatte es ein anderes gegnerisches Flugboot auf U 995 abgesehen. Wieder ging es in allerletzter Minute mit Alarm hinab in die Tiefe. Als Kommandant Köhntopp nach zwei Stunden Tauchzeit vorsichtig versuchte, die immer noch droben lauernde Maschine mit dem Luftziel-Sehrohr zu beobachten, flog die Catalina sofort die kurz ausgestippte Sehrohrspitze an. U 995 ging rasch auf 80 m Tiefe. Um 16.00 Uhr das gleiche Katz-und-Maus-Spielchen wie ehedem. Köhntopp schloß nicht aus, daß sein Gegenspieler am Himmel seinen Generalkurs von 12 Grad erkannt haben könnte, und nahm eine Kursänderung auf 80 Grad vor, um das Flugboot abzuschütteln.

Mit Kommandant Köhntopp „steht ein alter U-Bootsfuchs auf der Weide“, der sich nicht so leicht von den in den Lüften kreisenden blechernen Habichten erwischen lassen will. Er zählt zur Marinecrew 36, die im Olympiajahr 1936 in die Kriegsmarine eingetreten ist. Aufgemalte olympische Ringe, als Symbole

1) Coastal Operational Training Unit

2) Flug-Ausbilder

3) Geschütz-Anweiser

des fairen Kampfes, zieren die Turm-Stirnseite seines U-Bootes. Eine harte und gute Schule hat er als Wachoffizier unter erfahrenen und angesehenen Kommandanten auf U-Booten im Mittelmeer hinter sich; zuerst auf U 371 unter Kptl. Driver, und dann, als ihn Kptl. Schonder, der damalige Kommandant von U 77, fragte, ob er bei ihm fahren wolle, zögerte er nicht lange und stieg in U 77 ein. Er hatte zur Genüge erlebt, von Flugzeugen angegriffen zu werden. Köhntopp hat aus gutem Grunde in der Ausbildungsphase seines eigenen Bootes alles darangesetzt, seine Besatzung optimal zu trainieren, sie somit für alle Eventualitäten des unerbittlich geführten Seekrieges bestens zu wappnen.

Vor kurzem, am 4. Mai 1944, ist U 371, das sich verhältnismäßig lange gehalten hatte, beim Geleitzuggefecht an der algerischen Küste vernichtet worden. Und U 77, von einem neuen Kommandanten befehligt, sank bereits im März vor einem Jahr östlich von Cartagena nach einem Bombenangriff englischer Flugzeuge. Ja, es ist eine bittere Zeit für alle U-Boote geworden. Bevor Schonder, der erfolgreiche Kommandant, mit seinem neu übernommenen U 200 vor einem Jahr in den Nordatlantik auslief, verabschiedete er sich vor dem Ablegen mit den vielsagenden Worten: „Macht's gut und denkt daran: Es gibt drei Sorten von Menschen: die Lebenden, die Toten – und die, die jetzt zur See fahren!" Dessen Vorahnungen sollten sich südwestlich von Island bestätigen. Als ihn eine Catalina, zugehörig der 84. Sqdr.[1] der US-Navy, anflog, fing die Leitstelle der U-Bootsführung seinen letzten Funkspruch auf: „Bleibe zum Angriff oben." Die geworfenen Bomben, die das Vorschiff des großen Bootes vom Typ IXD2 eindeckten, rissen mit U 200 alle 62 Mann der Besatzung mit in die Tiefe. – Der „Alte" von U 995 hat, zurückgezogen in seinem Kommandantenschapp, nur vorübergehend seinen Gedanken an die vergangene Zeit nachgehangen, schüttelt die Erinnerung ab und begibt sich in die Zentrale des Bootes.

Um 19.00 Uhr konnte U 995 endlich unbehelligt auftauchen. Höchste Zeit; denn mit der von der langen Unterwasserfahrt erschöpften Fahrbatterie ging es in der Tiefe nicht mehr weit voran. Jetzt bei Über-Wasser-Fahrt laufen endlich wieder die Dieselmotoren, die zur Verbrennung des in ihre Zylinderräume eingestäubten Kraftstoffs unbedingt Frischluft benötigen. Die raschen Kolbenschläge der Verbrennungsmotoren aus dem Achterschiff übertragen sich als ein leises Zittern bis ins Vorschiff. Die E-Maschinisten haben gegenwärtig einen der Elektromotoren als Ladegenerator zugeschaltet, der mit jeder seiner Ankerumdrehungen wieder die Energie-Inhalte der schocksicher unten in den Batterieräumen lagernden Akkumulatorenzellen erhöht. Während somit ein Verbrennungsmotor den Generator antreibt, dient der andere derweil als Antriebsdiesel, der eine der beiden Schiffsschrauben am Heck rotieren läßt und das Boot mit „Halber Kraft" vorantreibt.

Zehn Minuten vor 22 Uhr melden die Funker eine sehr laute Naxos-Ortung[2]. Schon zwei Minuten später kommt achteraus wieder ein Sunderland-Flugboot in Sicht. Es befindet sich bereits im direkten Anflug auf das Boot.

1) Squadron (Flugstaffel)

2) Funkmeßortung

„Alaaarm!" Das Brückenpersonal stürzt die schmale Leiter hinab in die Zentrale. Bootsmaat und Tiefenrudergänger sind auf Gefechtsstation. Schon zeigen die Meldeschalter dem LI[1]: Das Boot ist tauchklar. Der Auftrieb von 150 Tonnen des über Wasser fahrenden Bootes muß in Sekundenschnelle eliminiert werden.

„Räume voraus!" brüllt der LI. Das bedeutet, alle verfügbare Männer müssen sofort nach vorne rennen, um zusätzlich mit ihrem Körpergewicht das Boot vorlastig zu machen und es schnellstens auf Tiefe zu bringen. Wie ein riesiger Tiefseefisch gleitet es jetzt in die schützende Meerestiefe hinab. Der LI beobachtet mit zusammengepreßten Lippen die Lastigkeitswaage an der Steuerbordseite der Zentrale. Oben müßte die Feindmaschine noch die Blasenstelle gesehen haben, an der das Boot soeben weggetaucht ist. Im Boot herrscht nun Stille, kein Dieselgedröhn mehr, kein Sirren der Lüfterräder, nur das Rauschen der Luft, die aus den Untertriebszellen entweicht. Eigenartigerweise fallen keine Bomben. U 995 bleibt drei Stunden unter Wasser. Die Freiwächter in den Kojen versuchen, eine Mütze voll Schlaf zu nehmen. Es ist ein unruhiger Halbschlaf, bei dem die Sinne eigentlich immer wach bleiben. Der Verletzte, dem von seinen Kameraden unter Verabreichung von Morphium der stark geschwollene Fuß eingerenkt und geschient worden ist, liegt mit fiebriger Stirn auf der Koje. Ihm kommt zugute, daß in der Person Streicher ein versierter Sanitätsobermaat/S, d.h. „mit Sonderausbildung für U-Boote ohne Arzt", an Bord ist, der ihn unter den gegebenen Umständen hervorragend betreut.

An das enge Höhlenleben mit Nässe, Mief, Maschinen-, Farben- und Küchenausdünstungen haben sich alle gewöhnt – aber, obwohl nicht darüber gesprochen wird, beschäftigen sich die Gedanken der 50 Seelen, die hier in der Stahlröhre eingepfercht und nunmehr unablässig mit der harten Kriegswirklichkeit konfrontiert sind, mit der allgegenwärtige Lebensbedrohung. Wie wird es kommen, wie wird es sein ...? Hoffentlich nicht ...!

Um Mitternacht trägt der Koppelmaat in der auf dem Kartentisch liegenden Kladde des KTBs[2] das neue Datum ein: 21.05.45. Im achtern von der Schiffszentrale gelegenen Unteroffiziersraum bufft der von der neuen Wache abgelöste 2. Zentralemaat der „Seemännischen Nummer Eins" Berni Knop aufmunternd mit dem Ellenbogen in die Seite: „Na, wie ist das werte Befinden als heutiges Geburtstagskind? Ob der große ‚Be-de-Uh'[3] dir ein Schmucktelegramm zu deinem Wiegenfeste schicken wird?"

Was Knop keinesfalls erahnen kann ist, daß die Welt mitunter sonderbare Fügungen bereithält: Zur selben Zeit, nicht unweit vom gegenwärtigen Standort von U 995, nähert sich am Himmel das zur 210. Squadron der RAF[4] gehörende Catalina-IV-Flugboot „M", das vor zehn Stunden auf der auf den Shetland Inseln liegenden Flugbasis Sullum Voe gestartet ist und in diesem

1) Leitender Ingenieur

2) Kriegstagebuch

3) BdU: Befehlshaber der U-Boote (Admiral Karl Dönitz)

4) Royal Air Force

Seegebiet, das die Engländer mit dem Decknamen „Charlie" belegt haben, auf seiner „Special A/S Patrol" (U-Boot-Abwehr-Patrouille) von einer Position nördlich der Höhe von Bergen eine „Creeping Line" abzufliegen beginnt, d. h.: 100 Meilen in östlicher Richtung, dann 10 Meilen südwärts, 100 Meilen westwärts, wieder 10 Meilen gen Süden, und nach gleichem Muster geht der Suchkurs erneut nach Osten. Die Bordcrew besteht aus vier Flugoffizieren und sechs Flight Sergeants. Auch hier trägt der Navigator das neue Datum in sein Operations Record Book[1] ein: 21th may '44.

Die Catalinas verfügen über eine Spannweite von knapp 32 Meter. Ihre zwei Triebwerke à 1200 PS verleihen ihnen eine Höchstgeschwindigkeit von gut 280 km/h. Ihre Reichweite beträgt 3800 km, sie können eine Bombenlast von 1800 kg tragen, und ihre Bewaffnung besteht aus zwei schweren MGs Kaliber .5" (12,7 mm) und drei leichten MGs .303" (7,62 mm). Sie haben sich längst einen Ruf als Submarine-Killer erworben und sind für jedes einmal entdeckte U-Boot eine tödliche Gefahr.

So war es u.a., als am 1. März 1942 das VIIC-Boot U 656 im Atlantik südlich Kap Race von einer Catalina des VP-82 (Patrouillengeschwader) der US-Navy entdeckt und mit allen 45 Mann Besatzung versenkt wurde. So war es auch am 2. Mai 1942, als die Catalina „C" des 202. RAF-Geschwaders im Mittelmeer östlich von Cartagena das Typ-VIIB-Boot U 74 gesichtet, mit sieben Mk-8-Wabos angegriffen hatte und zwei hinzukommende Zerstörer das Boot endgültig vernichteten – und mit ihm die 46 Männer seiner Besatzung. Am 25. September 1942 fiel westlich Island U 253 (VIIC-Boot) und mit ihm seine 45köpfige Besatzung der Catalina „U" des 210. RAF-Geschwaders zum Opfer. Am 5. Oktober 1942 südwestlich von Island war es eine von der Catalina „I" der 73. Sqdr. USN[2] vor dem Bug von U 582 abgeworfene Bombe, die zum Verlust dieses VIIC-Bootes und seiner gesamten Besatzung geführt hatte. In den bei den Stäben geführten Versenkungslisten heißt dies kurz und knapp Totalverlust – wie auch im Falle von U 582, mit dem die 46köpfige Besatzung unterging. – Ein Totalverlust mit 45 Toten war auch der Untergang von U 408 (VIIC) am 5. November 1942 im Nordmeer, als es nördlich Islands von der Catalina „F" des USN-Geschwaders VP-84 angegriffen und durch Wabos vernichtet wurde. Alle 55 Besatzungsangehörigen fanden beim Untergang ihres Bootes U 507 (IXC) im Mittelatlantik nordwestlich Natal ein jähes Ende, das ihnen eine Catalina des Geschwaders VP-83 der USN bereitete.

Der Totalverlust von U 620 (VIIC) am 13. Februar 1943 nordwestlich Lissabons mit 46 Toten geht auf das Konto der Catalina „J" der 202. Sqdr. RAF. – Die Catalina „P-1" des Geschwaders VP-53 der USN, die vom Karibik-Seefliegerhorst Chaguaramas (Trinidad) kam, vernichtete am 8. März 1943 östlich von Barbados mittels vier mit Torpex gefüllten Wabos U 156 (IXC). Die drei Meter von U 156 entfernt plazierten Bomben ließen den U-Bootskörper in zwei Teile auseinanderbrechen. Wenige Sekunden, nachdem die beiden Bootshälften

1) Kriegstagebuch

2) US-Navy

versunken waren, zeugte eine fünfte Detonation davon, daß ein Torpedo-Sprengkopf gezündet hatte. Elf Männer blieben von der 53köpfigen Besatzung auf der Wasseroberfläche zurück, es überlebte jedoch keiner von ihnen, obgleich die amerikanische Catalina ihnen ein Überlebenspäckchen und ein Dingi herabgeworfen hatte. – Nur in den wenigsten Fällen zeigten die obsiegenden Piloten eine menschliche Geste gegenüber den schiffbrüchigen U-Bootsfahrern. – Am 7. Mai 1943 wurde U 209 (VIIC) im Nordatlantik südöstlich Kap Farewell von einer Catalina der 5. Sqdr. RCAF angegriffen. Seitdem meldete es sich nicht mehr und gilt als verschollen. – Nordöstlich von Kap Farewell wurde U 657 (VIIC) am 17. Mai 1943 eine von einer Catalina des Geschwaders VP-82 der USN abgeworfene Mine zum Verhängnis (Totalverlust/47 Tote). – Acht Tage darauf wurde im Nordatlantik westlich der Färöers das in den Atlantik auslaufende U 467 (VIIC) von der Catalina „F" des in Island stationierten Geschwaders VP-84 der USN zunächst mit drei Wabos attackiert. Als der Kommandant mit U 467 anschließend wegtauchte, konnte er nicht wissen, daß er mit diesem Entschluß das Ende seines Bootes und seiner Besatzung heraufbeschwor. Anstatt nochmals Wabos in die Tauchstelle des Bootes zu werfen, schickte die „F" ihm einen „Fido"-Torpedo ins Kielwasser hinterher, der von den Amerikanern nach dem Prinzip des deutschen Horchtorpedos „Zaunkönig" (T5) entwickelt worden ist und der aufgrund seines akustischen Suchkopfes auf die Geräuschquelle zustrebte, die das mit äußerster Fahrtstufe abtauchenden Boot bildete. An der Wasseroberfläche wäre U 467 schneller als der Horchtorpedo gewesen und hätte ihm davonlaufen können (Totalverlust/46 Tote). – Am 20. Juni 1943 wandte die Catalina „I" des Geschwaders VP-84 die gleiche Taktik südöstlich Kap Farewell gegenüber dem in der Nähe des Konvois ON-189 operierenden U 388 (VIIC) an. Nachdem die „I" drei Wabos geworfen hatte, brauchte die amerikanische Fliegercrew nur abzuwarten, bis sich U 388 anschickte, in die Tiefe des Meeres zu flüchten. Der nachgesandte „Fido" riß den hinteren Teil des Bootsrumpfes von U 388 völlig auf, so daß die Catalina-Crew beim Überfliegen direkt in sein aufklaffendes Innere blickte, ehe es im Strudel von Wasser, Öl und Luftblasen für immer verschwand (Totalverlust/47 Tote). – Am 24. Juni 1943 war es die Catalina „G" des Geschwaders VP-84, die südwestlich Island das Typ IXC-Boot U 194 mit Wabos belegte. Für U 194 bedurfte es keinen „Fido", es war durch die Wabos so stark beschädigt, daß es nach dem Wegtauchen sank (Totalverlust/54 Tote). – Wenig Fortune war auch U 590 (VIIC) am 9. Juli 1943 beschieden, als es im Westatlantik vor der Amazonas-Mündung gegen eine Catalina des Geschwaders VP-94 der USN unterlag (Totalverlust/45 Tote). – Eine Catalina der brasilianischen Luftstreitkräfte war am 31. Juli 1943 im Südatlantik südöstlich von Rio de Janeiro zur Stelle, um dort zusammen mit einem Hudson-Bomber das aufgrund eines Bombardements einer „Mariner" nicht mehr tauchfähige U 199 (IXD2) den Todesstoß zu versetzen (50 Tote). – Im Indischen Ozean erlegten die Catalinas „C" der 259 Sqdr. RAF und „N" der 265. Sqdr. RAF am 20. August 1943 im einträchtigen Zusammenspiel U 197 (IXD2). Nach den ersten sechs von der „C" geworfenen Wabos, die um U 197 herniederprasselten, hatte sich die

Fahrgeschwindigkeit des Bootes verlangsamt, es erlitt eine Schlagseite. Die „C", die über keine Bomben mehr verfügte, umkreiste das waidwunde U-Boot so lange, bis die „N" sie ablöste und U 197 mit drei weiteren Wabos das Ende bereitete (Totalverlust/67 Tote). – In Teamarbeit mit einer amerikanischen Ventura-Maschine sowie den Catalinas „14" und „15" des USN-Geschwaders VP-63, die mit Magnetdetektoren ausgestattet waren, und der Catalina „G" der 202. Sqdr. RAF wurde U 761 am 24. Februar in der Straße von Gibraltar vor Tanger durch Bombenserien zum Auftauchen gezwungen. Bei Annäherung der britischen Zerstörer Anthony und Wishart versenkte die Besatzung ihr Boot selbst. 11 Mann waren gefallen, der Rest geriet in Gefangenschaft.

Und erst am 25. Februar des Jahres 1944 war es jene in Sullom Voe stationierte und sich gegenwärtig dem Standort von U 995 nähernde Catalina „M" der 210. Sqdr. RAF gewesen, die, 1000 km von ihrer Basis auf den Shetlands entfernt, Sicherungsschutz für den Konvoi JW.57 flog und dabei rund 450 km nordwestlich der Lofoten das zu der 13. U-Flottille in Norwegen gehörige VIIC-Boot U 601 sichtete. Damals war F/O[1] Bastable der Captain der Catalina „M" gewesen. Ihm gelang es, mit zwei präzise sitzenden Wasserbomben, die dicht am Heck und Turm detonierten, U 601 zu zerschlagen, das in weniger als einer halben Minute auf Position 70°26'N/12°40° O versank. Die Crew der Catalina „M" zählte nach ihrem „U-Boat-Kill" an der Untergangsstelle ein knappes Dutzend schwimmender U-Bootsmänner. In einem dichten Schneetreiben entschwanden die hilflos im eisigen Wasser Treibenden alsbald aus dem Gesichtsfeld der britischen Flieger. Überlebende gab es keine, alle 51 Mann der U-Bootsbesatzung fanden ihr Grab im Nordmeer.

Und selbst an den südlichsten Breitengraden der Erdkugel lauern Catalinas auf deutsche U-Boote: Das am 9. September 1943 in Bordeaux konfiszierte Boot UIT 22 der italienischen Liuzzi-Klasse befand sich als Transportboot auf dem Weg nach dem Fernen Osten, als es am 11. März 1944 weit südlich des Kaps der Guten Hoffnung am 41ten Grad südlicher Breite von den Bomben der Catalinas „D" und „P" der 279. und 262. Squadrons RAAF[2] mit Mann und Maus versenkt wurde.

Vor wenigen Tagen erst, am 15. Mai 1944, erfaßten zwei mit Magnetdetektoren ausgestattete Catalinas des USN-Geschwaders VP-63 im Mittelatlantik vor Tanger U 731, das die Gibraltar-Straße passieren wollte, und riefen drei britische U-Jäger herbei, die mit dem Boot seine 54köpfige Besatzung vor Tanger vernichteten.

Zuhauf fallen die U-Boote der gutgerüsteten U-Bootsabwehr der Alliierten zum Opfer. Schon längst war erkennbar, daß aufgrund der Versäumnisse der verantwortlichen deutschen Rüstungsstrategen die U-Bootsfahrer an der Front mit ihren veralteten großdeutschen Tauchröhren eindeutig ins Hintertreffen geraten sind. Wie anfangs des Ersten Weltkrieges waren die deutschen U-Boote auch in den Anfangsjahren des Zweiten Weltkrieges erfolgreich gewesen, als

1) Flight Officer

2) South African Air Force

die gegnerischen Abwehrmaßnahmen noch unvollkommen waren, sie daher noch relativ unbehelligt über Wasser operieren konnten und nur zum Schleichangriff oder Ausweichmanöver tauchten. Außer daß den Engländern längst die Dekodierung der U-Boots-Funksprüche gelungen ist und sie über alle Absichten der U-Boote bestens im Bilde sind, zwingt die mittlerweile nahezu perfektionierte Funk-, Radar- und Horchortung der alliierten Gegner die Boote à la Typ VIIC unter die Meeresoberfläche, wo sie aufgrund ihres für den Überwasserbetrieb ausgelegten Fahrprofils und Formgebung in allen ihren Aktionen arg eingeschränkt und somit den U-Jagdschiffen nahezu wehrlos ausgeliefert sind; denn ihrem Wesen nach sind es lediglich Tauchboote – aber keine eigentlichen Unterseeboote. Ihre Achillesferse ist ihre unzureichende Batteriekapazität, die ihnen unter Wasser nur eine äußerst geringe Geschwindigkeit erlaubt – und dies auch nur für kurze Zeit. Einmal unter Wasser gedrückt, können die deutschen U-Boote kaum mehr entkommen. Sie müssen aber immer wieder an die Wasseroberfläche, um ihre Batterien für den Unterwasserantrieb aufzuladen, und dort lauern die gegnerischen Flugzeuge auf sie. Wer in den Führungsstäben der Marine kann noch länger guten Gewissens vertreten, daß weiterhin die technisch unterlegenen und zum alten Eisen zählenden U-Boote hinausgeschickt werden, von denen fast täglich eins von den allgegenwärtigen, mit zukunftsweisender Technik ausgestatteten Gegnern zerrissen und auf den Meeresgrund geschickt wird? Es interessiert in den Nordmeer-U-Bootsflottillen überhaupt nur noch beiläufig, daß andere U-Flottillen in anderen Seegebieten gestern das eine und vorgestern das andere Boot verloren haben.

Es ist gerade drei Tage her, als U 241, es gehörte der 3. U-Flottille an, am 18. Mai in der Norwegensee westlich Stadtlandet von der von F/O Bastable geflogenen Catalina „S" der 210. Sqdr. RAF auf eine Entfernung von gut acht Kilometern endeckt und mit drei gut plazierten Wabos angegriffen wurde. Nachdem U 241 in einem Ölteppich über das Heck auf Position 63°36'N/01°42'O versunken war, trieben noch einige Männer seiner 51köpfigen Besatzung an der Wasseroberfläche. Als die Catalina „S" abdrehte, entschied sich auch das Schicksal dieser dem Nordmeer überlassenen Männer. Der Pilot F/O Bastable wird späterhin bei einem Flugtest mit einer Rekordmaschine sein Leben einbüßen.

Derzeitiger Captain der erfolgreichen Catalina „M", die vor drei Monaten die „Lucky Number" über U 601 verbuchen konnte, ist P/O[1] John Monaghan, der in diesem Monat schon sechsmal mit verschiedenen Catalinas der 210. Staffel aufgestiegen ist, viermal mit ihnen „A/S Patrol" geflogen ist, am 6. und 17. Mai mit der „M". Am 11. Mai hatte er mit der Maschine „R" Bombenangriffe geübt. Er erzählt seinem neben ihm im Cockpit sitzenden Freund „Scotty", der das erste Mal mit ihm als Volunteer Co-Pilot fliegt, daß er heute am 21. Mai Geburtstag habe und daß er selber mit der Catalina „M" noch keine einzige Feindberührung gehabt habe. Monaghan, von seinem neben ihm sitzenden Freund „Terry" genannt, erreicht mit diesem Einsatz die persönliche Marke

1) Pilot Officer

von 800 Flugstunden. Auch er weiß nicht, daß es ihm und einem deutschen U-Bootsfahrer an ihrem gemeinsamen Geburtstage vorbehalten ist, daß sich hier in der Weite des zur Kriegsarena gewordenen Europäischen Nordmeeres alsbald ihre Schicksalslinien auf dramatische Weise kreuzen werden.

*

U 995 fährt immer noch getaucht.

Dann, um 3 Uhr, heißt es: „Klarmachen zum Auftauchen!" Während sich Seemann Müller für die Brückenwache klarmacht, feixt ihn sein Freund Topschall an: „Weißt du auch, daß es verboten ist, in den Himmel zu schauen?"

Müller hält einen Augenblick in der Bewegung inne, schaut verblüfft drein. Er wird sogleich aufgeklärt: „Der Himmel ist alliiertes Hoheitsgebiet, die U-Bootsfahrer haben die Kellerhoheit." Müdes Grinsen in der Runde.

„Turmluk ist frei." – „Druckausgleich!" – „Klar bei Entlüftungen." Das Turmluk wird vom Kommandanten geöffnet.

Zwanzig Minuten später: In 240 Grad ein feindliches Flugboot im Anflug. Der Kommandant will sich nicht unter Wasser drücken lassen, da er nur wenig Stromreserven in den Batterien hat. Die Catalina-Maschine ist bereits auf 4000 Meter heran. In der Funkbude jagt Funker Gürke das Kurzsignal in den Äther: „Werden von Flugzeug angegriffen in QU AF 5793 – U 995."

Genau von achtern fliegt die Feindmaschine das Boot an. Der Kommandant läßt Zickzackkurse steuern, um den gegnerischen Piloten zu irritieren. Im Turm hockt der Gefechtsrudergänger Weiß. Der Kommandant hält ständig durch das Sprachrohr Kontakt zu ihm. Rasch sind die Fla-Waffen besetzt worden, die Munitionsbehälter geöffnet. In höchster Eile werden die Magazine geladen.

„W e i ß! Können sie mich gut verstehen?" muntert Köhntopp nochmals energisch seinen vorne im Turm sitzenden Gefechtsrudergänger auf. „Achten Sie genau auf meine Befehle!"

„Jawohl, Herr Kaleu!" kommt von unten die Antwort.

Als die Maschine auf 3000 Meter herangekommen ist, wird Feuererlaubnis erteilt. Die Abwehrgarben hämmern dem Feind aus allen Rohren entgegen. Nach dem fünften Schuß fällt zu allem Übel die 3,7-cm-Flak aus. Rohrbrenner! Nur die beiden leichten Zwillings-Flugabwehrkanonen von U 995 geben weiterhin Sperrfeuer. Als sich die Distanz zu dem Flugboot auf 300 bis 400 Meter verringert, werden zahlreiche Einschläge in dessen Rumpf erzielt. Aber auch das Flugboot hält, während es die Linkskurve fliegt, mit seiner backbordseitigen Blister .5 Gun dagegen. Auf dem oberen Wintergarten[1] von U 995 ist die Flak-Bedienung bar jeglichen Schutzschildes.

Doch auch die wagemutigen britischen Piloten in ihrem ungepanzerten Cockpit – es handelt sich um P/O Monaghan und F/O Scott – fliegen durch einen Wall von himmelwärts geschleuderten Geschossen. Dicht über ihren

1) Waffenplattform hinter dem Turm

Köpfen flitzen die Feuergarben hinweg, dann zischen sie backbords und unterhalb der vorwärtsstürmenden Catalina „M" vorbei. Die Waffensergeants haben vier Wasserbomben des Typs Mark XI Torpex eine geringe Tiefeneinstellung gegeben, die das Flugboot gleich dem deutschen U-Boot entgegenschleudern wird. Der 1st WOP[1] Cabbitas beobachtet derweil das Radargerät. Während Sgt. Ponting hinter dem leichten Browning-MG .303 vorne im Flugzeug hockt, bemannt der 2nd WOP Colclough die schwerere Browning .5 in der Backbord-Kanzel. Als die Maschine in Reichweite seiner Browning .303 machine gun ist, läßt Sgt. Ponting sein MG losrattern, revanchiert sich für die Geschosse, die vom Gegner kommen. F/S.[2] Colclough kommt an Backbordseite mit seiner „point five" noch nicht zum Zuge. Captain Monaghan trägt die Verantwortung für seine neun Crewmitglieder, muß im direkten Zielanflug kurzzeitig die Propellermotoren drosseln, vorübergehend sackt die Maschine durch und entgeht dadurch dem von der Turmplattform von U 995 heranstiebenden 2-cm-Flak-Granatenhagel, der wirkungslos über ihr Kabinendach hinwegfegt.

Bei 500 Meter Entfernung läßt Köhntopp die Diesel auf äußerste Fahrt gehen, dann, als der rechte Moment da ist, ordnet er an, das Boot durch Hartruderlage in den Wind zu drehen. Trotz des Gefechtslärms klappt die Befehlsübermittlung an die einzelnen Stationen vorzüglich.

In dieser heiklen Situation zeigt sich, daß der Kommandant ein Routinier ist. Gefechtsrudergänger Weiß hat seine Befehle exakt ausgeführt. Das Flugboot, das mit feuernden Bordwaffen angreift, kann die augenblickliche Kursänderung nicht voll mitdrehen, der Wind drückt seine Tragflächen zur Leeseite ab. Die Maschine klinkt fünf Wabos aus, überfliegt das Boot im Tiefflug.

In diesem Augenblick gibt F/S. Colclough von der Backbordkanzel aus seinen ersten Feuerstoß ab, um seine Waffe „aufzuwärmen". Mit „sidesliping", wie es die englischen Flieger nennen, driftet die Catalina IV neben die Steuerbordseite von U 995. In diesem Moment, da das Flugzeug mit wirbelnden Propellern vorbeirauscht, starrt der U-Bootsmann Bernhard Knop wie gebannt in das konzentrierte Gesicht des Piloten Monaghan, das deutlich hinter der Glaskanzel erkennbar ist. Für Bruchteile einer Sekunde streifen sich ihre Blicke. Keiner von beiden ahnt, daß sein Visavis auch an diesem Tag seinen Geburtstag hat und „Teufel auch" – heute dürften sie ihn, ein jeder für sich, doppelt begehen können. Fürwahr, eine fast unwahrscheinliche Seltenheit im Zeitalter der technisierten Kriegsmaschinerien, daß sich die Gegner während des Kampfes auf den Meeren zu Gesicht bekommen. Knop, der bereits acht Feindfahrten auf U 454 mitgemacht hat, ist dies noch nicht widerfahren und er wird diesen flüchtigen Moment, in dem er mit dem Antlitz des Gegners konfrontiert war, sein weiteres Leben lang nicht vergessen[3].

Die abgeworfenen Bomben detonieren etwa 40 bis 50 Meter hinter dem Heck

1) Wireless Operator (Funker)

2) Flight Sergeant (Unteroffizier der RAF)

3) Aufgrund der Recherchen des Verfassers wird Knop exakt 42 Jahre später, am 21. Mai 1986, erfahren, daß sie zusammen Geburtstag haben.

von U 995 und werfen hohe Wassertürme auf. Kurz nachdem F/S Colclough das gezielte Feuer auf U 995 eröffnet, streikt seine Browning, weil Cabbitas sich auf den Patronengurt-Einzug wirft, um durch das Kanzelfenster Fotoaufnahmen zu machen. Statt dessen beginnt wieder die Flak von U 995 zu feuern. Colclough warnt Monaghan, unverzüglich nach Steuerbord abzufallen, um dem für sie äußerst gefährlichen Flak-Feuer zu entgehen.

Dank der Kaltschnäuzigkeit der Bootsbesatzung und des guten Wendevermögens dieser Boots-Konstruktion konnte der Feind fürs erste ausgetrickst werden. Trotz heftigen MG-Beschusses – Einschläge hatten das Oberdeck durchsiebt – gibt es glücklicherweise keine Ausfälle. Die Catalina fliegt nicht mehr an, sondern hält sich respektvoll außerhalb der Reichweite der Fla-Waffen. „Mensch, die hätten wir runtergeholt, wenn die Dreisieben funktioniert hätte", brüllt Knop, die Seemännische Nummer Eins, seinen Kameraden zu.

Ganze 13 Minuten sind nach dem Überfall verstrichen, als U 995 während einer heftigen Regenböe die Gelegenheit als günstig erachtet, mit rasselnden Alarmklingeln von der Bildfläche zu verschwinden. Die Entlüftungen der Tauchzellen knallen auf. Schon in wenigen Sekunden erreicht es eine Tiefe von 30 Metern. Sorge bereitet den Männern in ihrer Tauchröhre, die sich U 995 nennt, der Gedanke, die hintere Tauchzelle 1 oder auch die beiderseits des Druckkörpers als Satteltanks angeschweißten Tauchbunker 2 und 4 könnten Einschläge erhalten haben. Eventuelle Undichtigkeiten würde sich verheerend auswirken, das Boot käme eventuell nicht mehr nach oben. Beim Auftauchen müssen – das verlangt die nicht außer acht zu lassende physikalische Gesetzmäßigkeit – die Tauchtanks wieder mit Preßluft gefüllt werden; die luftgefüllten „Schwimmblasen" tragen das Boot an der Wasseroberfläche. Kann die Luft in großen Mengen entweichen, müßte man ständig nachblasen, etwa so, als würde man einen kaputten Fahrradschlauch mit einer Luftpumpe aufblasen wollen. In einem U-Boot besorgt das ein Hochdruckkompressor, solange es sich an der Oberfläche befindet; aber unter Wasser steht lediglich der in Druckluftbehältern gespeicherte Luftvorrat zur Verfügung.

Die von der Catalina „M" aus gemachten Fotoaufnahmen vom Angriff sind – wie sich später herausstellen wird – wegen schlechter Lichtverhältnisse unterbelichtet. Captain Monaghan hatte beabsichtigt, mit seinem Flugboot nach Backbord einzuschwenken, doch auch er beobachtete im Vorbeiflug, wie auf dem U-Boot das Flugabwehrgeschütz nach Backbord schwenkte und auf ihn gefeuert wurde, woraufhin er den ursprünglichen Flugkurs beibehält und auf spiralförmigem Flugweg die Entfernung vergrößert und an Höhe gewinnt. Währenddessen werden die verbleibenden zwei Wasserbomben für einen zweiten Angriff neu eingestellt. Hierbei soll die Wolkenunterdecke auf der Backbordseite des U-Bootes ausgenutzt werden, doch geht noch in der Einleitungsphase um 3.30 Uhr der Sichtkontakt zu U 995 aufgrund der lange anhaltenden Schauerböe verloren. Beim Aussenden von Peilsignalen auf der 385 KHz-Frequenz empfängt 1st WOP Cabbitas ein Dauerstrichsignal, das aus nächster Nähe des Flugzeugs zu kommen scheint. Bei jedem Sendeversuch sind Interferenzen zu hören, ohne daß ein verständliches Signal erkennbar ist. 18 Minuten nach dem Angriff geht der Kontakt gänzlich verloren. Obwohl die Piloten und der Navigator vermuten, daß das U-Boot während der Böe abgetaucht ist, können sie keine Stelle mit Wasserverwirbelungen ausmachen und trotz weiteren Radareinsatzes läßt sich der Kontakt zum U-Boot nicht wiederherstellen.

Die Catalina „M" bleibt im Seeraum. Erst als sich das Sunderland-Flugboot „Y" von der 330. Squadron erfolgreich auf dem Angriffsgebiet eingepeilt haben wird, kann sie um 07.22 Uhr den Kurs auf ihren auf den Shetland Inseln liegenden Fliegerhorst absetzen. Die zehn britischen Flieger werden ihr Leben lang beeindruckt bleiben von der unerhörten Zähigkeit der U-Bootsmänner, die auf dem Turm von U 995 standen. In einem ganzseitigen Zeitungsartikel ist nach dem Kriege über das Duell zu lesen: „Wartime duel which brought lifelong admiration. The engagement, off the coast of Norway, had all the drama of a fierce Wild West shoot out. Both aircraft and sub blasted away relentlessly, each hell-bent on destroying the other. After attack, the crew returned to their base at Sullom Voe, puzzled by the sub's tenacity. The boys of Catalina „M" of 210 Squadron were impressed by U 995 and its crew." Vor allem erkennen die Briten die bravouröse seemännische Leistung an, die der Kommandant von U 995 und seine Besatzung in diesem Gefecht bewiesen haben.[1)]

P/O Monaghan wird in diesem Monat noch drei A/S-Patrols fliegen, am 23. Mai im Cockpit der Catalina „X" sitzend, am 28. Mai wieder am Steuerknüppel der „M" und am 30. Mai mit der „L".

Mit sparsamster Fahrt schleicht sich das Boot davon. Der Kommandant muß inzwischen davon ausgehen, daß der Feind seinen Generalkurs mit Sicherheit kennt und ihm auf den Fersen bleibt. Somit nimmt er eine Kursänderung von 12 auf 70 Grad vor. „Auf unsere Ortungsgeräte ist auch nicht immer Verlaß", knurrt er vor sich hin, als er sich in seine Kammer zurückzieht, um die notwendigen Eintragungen in das Kriegstagebuch zu machen. Der II.WO[2)], der an Bord für die Funkerei und Ortung verantwortlich zeichnet, steht am Horchschapp, schaut herüber und zuckt die Schultern.

Mit langsamer Fahrt versucht U 995 unter Wasser zu entkommen. Um 8.45 Uhr will Köhntopp es wagen, auf Überwasserfahrt zu gehen. „Auf Sehrohrtiefe gehen!" Er sitzt bereits oben im Turm auf dem Motorradsattel, will sich vor dem Auftauchen einen Überblick verschaffen. Mit Pedaldruck läßt er das Sehrohr schwenken. Der Seegang hat zugenommen. Zeitweise wird der „Spargel" überspült. Erkennen läßt sich nichts.

„Brückenwache sich klarmachen!" kommt der Befehl von oben. „Anzug: Ölzeug!" Dann, nach geraumer Zeit: „Auftauchen!"

Das Boot schaukelt in der groben See. Der Horizont ist halb zugezogen. Unten schalten die Heizer einen Diesel als Vortrieb auf die Welle, der andere fährt mit Vollast den Ladegenerator, um die Batterien vollzupumpen. 27 Minuten verläuft alles wie geplant. Doch dann taucht steuerbords querab wieder ein feindliches Flugboot auf. Es ist wie verhext. Jetzt ist die Sunderland „Y"

1) wie auch Briefe an den Verfasser belegen.

2) Zweiter Wachoffizier

zur Stelle, die von der heimfliegenden Catalina „M“ eingewiesen worden ist, und die nur darauf wartete, daß das zuvor erfaßte U-Boot wieder auftaucht.

„Alaarm!“ Das Turmluk ist noch nicht vollends geschlossen, da knacken im Vorschiff schon die Entlüftungen der Tauchzelle 5 auf. Viel zu steil fällt das Boot vorne nach unten. Jeder stemmt sich, wo er sich gerade befindet, irgendwo ab. Warum hat das Boot so eine starke Vorlastigkeit? „Das Heck ragt noch aus dem Wasser!“ weist der Obersteuermann in seiner ruhigen, sachlichen Art hin. Aus dem Achterschiff wird die Meldung durchgegeben: „Entlüftung eins klemmt.“ Verdammt und zugenäht! Das ausgerechnet jetzt!

Der LI springt erregt ans Mikrophon. „Entlüftung eins von Hand ziehen!“ Sekunden werden zur Ewigkeit. Das Boot verschwindet nicht von der Wasseroberfläche, taumelt in der See hin und her. Der Feind muß gleich heran sein. Das unheimliche Gefühl des Grauens kriecht den Männern über die Rücken.

„Sollen wir anblasen?“ Der LI schaut fragend auf seinen Kommandanten. Der Turmraum ist bereits geräumt worden, das Zentraleluk geschlossen, ebenso die Kugelschotten. Die Vorreiber für die Schottüren zum Bug- und zum Heckraum werden vorgeschoben. Wenn das Boot erwischt wird, dann sollen wenigstens nicht alle Räume gleichzeitig vollaufen. Endlich knallt es hinten. Gurgelnd strömt das Wasser in die hintere Tauchzelle. Jetzt fällt das Boot wie ein Stein in die Tiefe. Der erwartete Bombensegen bleibt zum Glück aus. Der Feind hat die Gelegenheit aus irgendwelchen Gründen nicht nützen können. Der „Schotten-dicht-Zustand“ wird aufgehoben. Der Kommandant läßt einen Haken schlagen und wieder auf 12 Grad gehen.

„Ich glaub', die sind wir aber nicht los“, sagt der Zentralemaat und deutet vielsagend mit dem Kopf nach oben. „Hoffentlich arbeiten die nicht mit einer Zerstörer-Jagdgruppe zusammen. Na dann, gute Nacht Marie!“

Der aus Danzig stammende E-Gast Karlheinz Peters gilt an Bord von U 995 als der „erste Heizer“[1)] des Kommandanten. Obwohl der „Alte“ dienstlich keine Privilegien gelten läßt und als Vaterfigur unterschiedslos alle 50 Seelen an Bord stets wohlwollend unter seine Fittiche nimmt, hat unter den technischen Mannschaftsdienstgraden Peters aufgrund seines Könnens bei ihm irgendwie „einen Stein im Brett“. Peters befürchtet: „Bloß nicht, daß sie uns die Sunderlands hinterherschicken. Die sind größer und schneller als die Catalinas und haben mehr Bomben als diese an Bord.“

Und in der Tat! Gegenwärtig fliegt nicht nur ein Sunderland-Flugboot seine U-Abwehr-Patrouille in den norwegischen Gewässern. Die Erfolgsbilanz der äußerlich plump wirkenden, aber durchaus nicht zu unterschätzenden Sunderlands gegenüber deutschen U-Boote ist beachtlich, und die Sunderlands, sie können eine maximale Höchstgeschwindigkeit von 330 km pro Stunde erreichen, zählen seit Beginn des Zweiten Weltkrieges zu den unerbittlichsten Jägern deutscher U-Boote. Bereits am 30. Januar 1940 gelang es der Sunderland „Y“ der 228. Sqdr. RAF westlich Ushant U 55 zu vernichten; es war das zehnte U-Boot, das Deutschland in diesem Kriege verlor.

1) Matrose der technischen Laufbahn (Marinejargon)

Allein im Rückblick auf die letzten 12 Monate ist die Erfolgsbilanz der Sunderlands beachtlich: So war es die Sunderland „D" der 461. Sqdr. RAAF[1], die im Zuge einer intensiven U-Bootsjagd mit vier gutplazierten Bomben am 2. Mai 1943 in der Biskaya nördlich von Kap Finistere U 332 (VIIC) versenkte (45 Tote). – Gleichfalls am 2. Mai 1943 erlag U 465 (VIIC) nordwestlich Kap Ortegal einem Angriff der Sunderland „M" der 461. Sqdr. RAAF (Totalverlust/48 Tote). – Am 8. Mai 1943 verbuchte die Sunderland „W" der 10. Sqdr. RAAF den Untergang von U 663 auf ihr Konto. – Maßgeblich beteiligt am Untergang von U 753 (VIIC) am 13.5.1943 im Golf von Biskaya war die Sunderland „G" der 423. Sqdr. RAF (Totalverlust/47 Tote). – Die Sunderland „R" der 201. Sqdr. RAF ließ am 31.05.1943 nordwestlich von Kap Ortegal dem in den Atlantik marschierenden U 440 keine Chance zum Tauchen und griff es sofort an. Unter dem Bordwaffenbeschuß der anfliegenden „R" starben einige Männer auf der Brücke von U 440. Die abgeworfenen vier Wabos verfehlten das Boot, doch, durch die Ausfälle des Brückenpersonals bedingt, änderte U 440 jäh seinen Kurs und fuhr mitten in die detonierenden Bomben hinein. Mit steil aufgerichtetem Bug glitt U 440 über das Heck senkrecht in die Tiefe (Totalverlust/46 Tote). – Es waren zwei Sunderlands, die „E" der 10. Sqdr. RAAF und die „X" der 228. Sqdr. RAF, die am 31.5.1943 südwestlich der Scilly Inseln U 563 (VIIC) mit jeweils zwei Bombenangriffen in ihre tödliche Zange nahmen. Nach dem Angriff der „E", die acht Wabos warf, war das Schicksal von U 563 bereits entschieden. Auf dem im Sinken begriffenen U-Boot sammelte sich an Deck die Besatzung in Schwimmwesten, als die „X" noch zwei Bombenangriffe flog. Die detonierenden Bomben des letzten Angriffes scheuderte die bereits im vorhergehenden Angriff getöteten Männer in die Höhe. Auf der ölbedeckten Versenkungsstelle ruderten noch eine Zeit lang einige Überlebende mit erlahmenden Armen im Wasser (Totalverlust/53 Tote).

Am 13.06.1943 beschädigte die Sunderland „U" der 228. Sqdr. RAF nordwestlich Kap Ortegal U 564 (VIIC), so daß es am nächsten Tag zur leichten Beute eines Whitley-Flugzeuges wurde (28 Tote). – Nach zwei Angriffen einer Sunderland wurde nordwestlich Kap Ortegal am 24.6.1943 das zum Typ X zählende Minen-U-Schiff U 119 so stark beschädigt, daß es für die Sloop „HMS Starling" ein leichtes Unterfangen war, das angeschlagene Boot mit Rammstoß gänzlich unterzupflügen (Totalverlust/ 57 Tote). – Wiederum am Kap Ortegal zog am 13.7.1943 die Sunderland „N" ihre todbringenden Kreise um U 607 (VIIC), ehe es mit sieben Wabos belegt wurde. Mit zerschlagenem Bug und zerfetztem Turm ging das Boot unter. An der Wasseroberfläche blieben etwa 25 Männer zurück. F/O Hanbury, der seine „N" zum Erfolg geführt hatte, zeigte eine menschliche Geste, indem er ein Schlauchboot für die Schiffbrüchigen abwarf. Einen Tag später fischte ein britisches Schiff dennoch nur sieben übriggebliebene Überlebende von U 607 auf. – Nordwestlich von Kap Ortegal griff am 30.7.1943 die Sunderland „U" der 461. Sqdr. RAF das von mehreren Einheiten gejagte U 461 (VIIC) von achtern mit präzisen Bombenwürfen an, das

1) Royal Australian Air Force

in wenigen Sekunden versank (54 Tote). – Am 1. August 1943 wurde nordwestlich Kap Ortegal U 383 (VIIC) von der Sunderland „V" der 228. Sqdr. RAF versenkt (Totalverlust/54 Tote). – Opfer des Angriffs der Sunderland „B" der 10. Sqdr. RAAF wurde am gleichen Tage und ebenfalls nordwestlich Kap Ortegal U 454, jenes VIIC-Boot, mit dem die Nr. 1 von U 995, Bernhard Knop, bevor er auf U 995 kommandiert wurde, bereits acht Feindfahrten mitgemacht hatte. Es gab 34 Tote bei der Versenkung von U 454, 13 ehemalige Kameraden von Knop konnten von der „Kite" gerettet werden. Knop weiß natürlich, daß sein ehemaliges Boot draußen geblieben ist. Es ist ein sonderbares Gefühl für einen U-Bootsmann, das gelegentlich auch Knop beschleicht, zu wissen, daß die meisten der ehemaligen Kameraden, mit denen man die Höhen und Tiefen der U-Bootsfahrerei durchlebt und durchlitten hat, nun auf dem Grunde des Atlantiks ruhen.

Ebenfalls nordwestlich von Kap Ortegal bombten die Sunderland „N" der 228. Sqdr. RAF und die Sunderland „M" der 461. Sqdr. RAAF am 2.8.1943 mit ihren Wasserbomben das IXB-Boot U 106 hinab auf den Meeresgrund (25 Tote). – Ausnahmsweise nur einen Toten gab es auf dem Versorgungs-U-Boot U 489 des Typs XIV, als es von einer Sunderland der 423. Sqdr. RCAF[1] am 4.8.1943 im Nordatlantik südöstlich Islands mit Wabos angegriffen wurde. Die von U 489 in Brand geschossene Sunderland mußte notlanden und ging mit U 489 unter. Glücklicherweise konnten 53 Überlebende von U 489 und sechs Mann der zwölfköpfigen Flugboot-Besatzung vom Zerstörer „Casleton" geborgen werden. – Am 8.10.1943 nahm die Sunderland „J" der 423. Sqdr. RCAF im Atlantik südwestlich Rockall im ersten Angriff U 610 (VIIC) unter Bordwaffenbeschuß, drei im zweiten Anflug geworfene Wabos detonierten direkt neben dem Turm und hoben U 610 förmlich aus dem Wasser. An der Wasseroberfläche blieben Bootstrümmer und zirka 15 U-Bootsmänner übrig, für die es jedoch keine Rettung gab. – Am 17.10.1943 besiegelte eine Sunderland der 422. Sqdr. RCAF südwestlich von Island das endgültige Schicksal von U 470 (VIIC), nachdem es einen Tag zuvor von drei Liberator-Bombern aufgespürt und angegriffen worden war. Von den 48 Mann der Besatzung überlebten zwei und gerieten in Gefangenschaft. – Anfang des Jahres 1944 fiel U 426 (VIIC) in der Biskaya westlich von Nantes der Sunderland „U" der 10. Sqdr. RAAF zum Opfer. Obgleich 40 Mann der Besatzung ihr sinkenden Boot verlassen konnten, nahm die von F/O Roberts geführte Sunderland „U" die an der Meeresoberfläche schwimmenden Männer gnadenlos unter Beschuß ihrer Bordwaffen. Es überlebte von den 51 Besatzungsmitgliedern des U-Bootes niemand.

Und auch im Jahre 1944 fielen bereits U-Boote den Sunderlands zum Opfer. U 751 (VIIC) wurde von der Sunderland „D" der 461. Sqdr. RAAF am 28.1.1944 im Nordatlantik westlich von Irland attackiert. Nach dem zweiten Angriff explodierte U 751 und hinterließ an der Versenkungsstelle außer einigen in einem Ölteppich treibenden U-Bootsmännern viele Wrackteile (Totalverlust/52 Tote). – Und erst vor wenigen Wochen, am 10.3.1944 westlich Kap Clear/Ir-

1) Royal Candian Air Force

land, versank U 625 (VIIC) über das Heck, von sechs Wasserbomben der Sunderland „U" der 422. Sqdr. RCAF zerschlagen. Zwar gelang es einem Großteil der Besatzung, aus dem sinkenden Boot herauszukommen, teilweise in die Schlauchboote zu gelangen; dennoch verlor sich ihre Spur, unbeachtet von Freund und Feind, in der Weite des Nordatlantiks (Totalverlust/53 Tote). Makaber ist gedoch jene Art angelsächsischen Humors, die der Co-Pilot Morton, der den Angiff geflogen hatte, gegenüber den dem Tode geweihten Schiffbrüchigen walten ließ, indem er – ehe er sie in der Wasserwüste zurückließ – ihnen „gute Versenkung" signalisierte.

Zur 300. Sqdr. der auf Sollum Voe beheimateten norwegischen Staffel der RAF gehört die am 16. Mai 1944 von Sub-Lt[1] Johnson geflogene Sunderland „V", gegen die sich erst kürzlich in der Norwegensee das VIIC-Boot U 240 vergeblich zur Wehr gesetzt hatte. Beim ersten Angriff der „V" kam U 240 noch glimpflich davon, da die Wabos beim Abwurfversuch im Bombenschacht geklemmt hatten. Obgleich die Flak von U 240, trotz des Gegenfeuers aus der Bug- und Heckkanzel des Flugbootes heraus, die Sunderland beschädigt hatte, flog sie nochmals an. Und obwohl beim zweiten Anflug die Flakgeschosse des U-Bootes den Bugschützen getötet und zwei weitere Crewmitglieder verwundet hatten, zudem Qualm aus der in Brand geschossenen Bugkanzel nach außen drang, setzte Johnson mit unglaublicher Verbissenheit zum dritten vernichtenden Angriff an, warf vier Wabos, von denen drei entlang der Backbordseite von U 240 detonierten und das Boot westlich von Drontheim auf Position 63°05'N/03°10'O über das Heck sinken ließen. Von den 50 Besatzungsangehörigen von U 240 überlebte niemand.

*

In U 995 schleicht die Zeit träge dahin. Jedermann an Bord weiß, daß sie mit dem Boot bald wieder an die Wasseroberfläche müssen. Um 12.00 Uhr muß aufgetaucht werden, koste es, was es wolle, um wenigstens ein paar „Kujambels" in die erschöpften Bleiakkus hineinzubekommen. Der Wind bläst dem Boot jetzt kräftig mit 6 bis 7 Windstärken aus nördlicher Richtung entgegen. Die 1. Wache mit den I.WO[2] ist aufgezogen. Die Kimm schmiert gelegentlich zu, Regen- und Schneeböen verschlechtern die Sichtverhältnisse. Auch jetzt heißt es: Guter Ausguck ist das halbe Leben. Die Sichtweite ist bei diesen schlechten Wetterbedingungen aber nur auf wenige Meilen beschränkt.

Die Back[3] schneidet unter, das Boot bewegt sich unruhig. Dunkelgrüne Wasserlawinen türmen sich auf. Gischtfontänen sprühen den Männern auf der Brücke ins Gesicht. Die Männer im Boot und auf dem Turm wissen, nun ist es an ihnen, die Last des Kampfes zu tragen. In den Wohnräumen liegen die Frei-

1) Sub-Lieutenant

2) Erster Wachoffizier

3) Vorschiff

wächter festgekeilt auf den Pritschen, die Arme teilweise durch die Halteschlaufen gezogen, ein Bein durchs Kojengitter gehäkelt, das Kreuz gegen die Spindwand gestemmt.

Es ist mittlerweile ein erbarmungswürdiger Krieg geworden. Dabei fing er für die U-Boote so erfolgreich an, vor nun fast 57 Monaten. England stand damals unter dem Schock schwerer Verluste, die ihm die Deutschen in den U-Booten zugefügt hatten. Das Inselreich, von Geleitzugkatastrophen förmlich überflutet, „starrte der drohenden Niederlage ins Gesicht".

U 995 zieht indes weiterhin seine Bahn durch die aufgewühlte See. „Was sind wir anders, als ein Fliegenschiß auf dem Meer?" stellt der achtere Ausguckposten Dilling gerade angesichts der gewaltigen Wassermassen fest, hebt sein Glas an die Augen.

Verdeckt in der unteren Wolkengrenze von 2000 ft fliegend, nähert sich mit Flugkurs 219 Grad ein neuer von der in der Nähe von Alness/Schottland gelegenen Flugbasis Invergordon aufgestiegener U-Bootsjäger in Gestalt der Sunderland „S", zugehörig der 4(c) Squadron OTU[1]. Flugzeugführer ist W/Cdr.[2] Whittombe, ein erfahrener Pilot, der mit einigen Flugschülern am Ende Ihres Ausbildungsprogammes auf U-Abwehr-Patrouille ist. Als er mit seinem mit einem weißen Tarnanstrich versehenen Flugboot unter die Wolkendecke geht, schnürt ein Schneeschauer vorerst seine Sicht auf 1000 yds[3] ein, aber dann entdeckt er ein dunkles Objekt in der weiten Wasserfläche. Beim Näherkommen wird zuerst der Bug eines U-Bootes, der sich gegen die See stemmt, und anschließend das U-Boot in voller Größe an Backbord in einer Entfernung von von 2 bis 3 Seemeilen mit ungefährem Kurs von 50 Grad ausgemacht. Sein Navigator koppelt seinen Standort auf Position 63°55′ N und 02°24′O. Die britischen Flieger erkennen, daß das deutsche Boot über keinen vorderen Netzabweiser und über kein Bug-Geschütz verfügt, statt dessen sehen sie die respektablen Rohrwaffen auf den Geschützplattformen achterlich des Turmes und einige Besatzungsmitglieder, die sich auf dem Turm befinden.

Es ist 12.46 Uhr. Urplötzlich taucht die Sunderland voraus auf, fliegt das Boot nicht sogleich direkt an, sondern holt nach Backbord aus und greift dann schräg von vorn an. Der „Alte" muß es jetzt wegen der leeren Batterien darauf ankommen lassen. Außerdem ist die Maschine bereits auf 4000 Meter heran. Glockenschrillen und Alarmlampen reißen die Männer empor.

Der Selbsterhaltungstrieb erfordert zügiges Handeln. Maschinentelegraphen rasseln. Die Lasthebel an den Fahrständen werden emporgerissen, der zweite Diesel wird auf die zweite Stevenwelle gekuppelt. In den Maschinen- und Torpedoräumen kann das technische Personal nur ahnen, was wirklich über ihnen vorgeht.

Die Flak-Bedienung hastet zu ihren Waffen. Bei jedem überkommenden Brecher stehen die Männer bis zu den Hüften im sprudelnden Wasser, müssen

1) 4. squadron coastal Operational Training Unit

2) Wing Commander (Geschwaderkommodore)

3) Yards (1yrd = 3 ft = 0,9144 m)

höllisch aufpassen, nicht vom „Wintergarten" gewaschen zu werden. Durch das offene Turmluk ergießen sich die Wassermassen ins Bootsinnere, erschweren das Munitionsmannen von unten bis auf die Brücke hinauf.

„Die Maschine fliegt uns mit Lage Null an", brüllt der I.WO Schröder durch den Wind.

Des öfteren ist die anfliegende Maschine wegen Spritzwasser, das gegen die Turmverkleidung schlägt, nicht zu sehen. Auf eine Entfernung von 3000 Metern wird Feuererlaubnis gegeben. Die Fla-Waffen können, bedingt durch den hohen U-Bootsturm, den von vorn angreifenden Gegner noch nicht erfassen.

Mit feuernden MGs braust die Maschine in 12 bis 15 Meter Höhe über den Wellen heran. Endlich rattern die eigenen Zwillings-Flaks. Die Schüsse liegen gut. Aus einem Motor der Sunderland brechen Flammen heraus, sie erhält weitere Treffer in Kanzel, Rumpf und Tragfläche. Am Backbord-Zwilling bricht Bootsmaat Sachse mit vier Schulterschüssen und schweren Kopfverletzungen zusammen. Vier weitere Männer erhalten leichtere Verwundungen.

Jetzt ist die Maschine heran. Aus ihren offenen Bombenschächten fallen dunkle Gebilde heraus. Gleichzeitig sehen die Männer auf der Brücke von U 995 in das gegen sie gerichtete Mündungsfeuer. Geschoßgarben prasseln ihnen um die Ohren. Durch das geöffnete Turmluk hören die Männer unten in der Zentrale mit angehaltenem Atem das Dröhnen der Flugzeugmotoren, das Belfern der Waffen, begreifen ihr Ausgeliefertsein. Herrgott, das ist unser vorzeitiges Ende! Übermächtig ist die Spannung des Herannahens.

Oberleutnant Schröder beobachtet, wie die Maschine genau über das wasserumspülte Vorschiff zieht. Er erkennt, daß zwei Bomben direkt an der Backbordseite niederfallen, und an der Steuerbordseite platschen zwei weitere neben die Bordwand in Höhe des Torpedoluks und Vorderkante Turm.

Den Männern auf der Brücke von U 995 setzt der Herzschlag aus. Brüllend wuchten links und rechts neben dem Boot die Wassermassen auf.

Ruummms! – Starr erleben sie alle, wie das Boot erbebt, wie es von Urkräften geschüttelt wird. Folgt nun die Auslöschung zum Nichts?

Unten im Innern des Bootes bricht das Inferno über die Männer herein. In den urgewaltigen Erschütterungen glauben sie, ihnen würden Teile der Außenhülle gleich den Gruftplatten ihres Sarges um die Ohren fliegen. Die Trommelfelle wollen zerreißen.

Trotz ihrer Todesnot registrieren die Männer dennoch, wie das Boot stark in der Längsachse schwingt, durchgeschüttelt wird. Hölzerne Spinde splittern. Stahlrohre knacken. Ist die Bootshülle geborsten? Bange Fragen drängen sich auf. Draußen fällt kaskadenartig herabstürzend das Wasser über dem Boot zusammen, begräbt die Brückenmannschaft unter sich.

Während die Detonationen der Bomben in den Ohren nachkollern, begreifen die Männer im Inneren des Bootes, daß sie noch da sind, daß U 995 entgegen allen Erwartungen noch schwimmt, daß sie aber zweifelsohne unmittelbar vor der Wendegrenze des Lebens gestanden haben.

„Frage: Beschädigungen?" ruft der LI.

Während aus allen Bootsräumen die Schadensmeldungen durchgegeben werden, feuert die noch einsatzfähige Flak-Bedienung hinter der Feindmaschine her. Im Leitwerk werden Einschläge beobachtet, man sieht, wie einzelne Teile von der Flugzeugzelle abreißen und wegfliegen.

Innen im Boot tasten Hände nach neuen Sicherungen. Die Haupt-Nockenschalter in der E-Schalttafel sind, obwohl als schocksicher erprobt, ausgefallen. Überhaupt ist in der E-Maschinen-Anlage am meisten in die Brüche gegangen. Fieberhaft wird dort gearbeitet, Havarieschaltungen müssen vorgenommen werden; das bedeutet: Schalter überbrücken, Anlaschen von Kupferschienen. Hauptsache, die Hauptstromkreise können geschaltet werden, alle unwesentlichen Schäden lassen sich später beheben.

Oben auf den Turmplatten wird weiterhin geschossen. Wie ein todbringender Riesenvogel kurvt die Sunderland nun seitwärts heran. „Boot ist nur bedingt tauchklar!" meldet der LI dem Kommandanten.

„Egal, wir müssen runter!" befiehlt der höchste Offizier an Bord. „Los! Einsteigen! Die Maschine greift wieder an!"

Oben leeren die Männer noch schnell die Waffenmagazine, um die Sunderland möglichst lange abzuhalten.

„Fluten!" ruft der Kommandant. Alle Entlüftungen knallen fast gleichzeitig auf. Mit pochenden Herzen schießen die Männer mit ihrem angeschlagenen Boot in die Tiefe; vielleicht für immer? Wird die angeschlagene Bootshülle dem Wasserdruck noch standhalten können?

Eines wissen alle: Oben kreist der Unheilsbote über der Tauchstelle und ist höllisch darauf erpicht, dem angeschlagenen „german sub"[1] erbarmungslos den Rest zu geben, sofern sich auch nur ein Zipfelchen seiner Bootskontur an der Meeresoberfläche zeigen würde.

„Außenbordverschlüsse prüfen!" ist die heisere Stimme des Leitenden zu hören.

„Außenbordverschlüsse lecken stark", kommt die Rückmeldung.

Erst in dieser Minute wird der schwerverwundete Sachse in der Trimmecke liegend entdeckt. Unerklärlich ist, wie er dort hingekommen ist. Offenbar war er mit letzten Kräften ganz allein dort hingelangt und dann bewußtlos zusammengebrochen, unbemerkt von allen, die im Turm mit dem Munitionstransport beschäftigt waren oder in der Zentrale auf ihren Gefechtsstationen aushielten und das Boot fuhren.

Die Sunderland „S" hatte aus einer Höhe von 50 ft sechs Wasserbomben des Typs Mark XI Torpex mit einer Einstellung auf eine geringe Wassertiefe in Abständen von 60 ft abgeworfen. Nach deren Detonationen hüllten hoch auftürmende Wassergeysire, urgewaltig aus dem Meer aufsteigenden Wüterichen gleichkommend, das U-Boot vollständig ein. Es dauerte 15 Sekunden, bis die Detonationswassersäulen in sich zusammenbrechen, und die britischen Flieger haben nach deren Zusammenfallen den Eindruck, das attackierte U-Boot sinke sehr schnell ohne erkennbare Vorwärtsbewegung auf ebenem Kiel. Vom U-Boot sehen sie lediglich noch einen kleinen Teil des unterschneidenden Turmes. Ein

1) Submarine (U-Boot)

grünlicher Ölfleck breitet sich über der Angriffsstelle aus, nimmt alsbald eine Länge von etwa 50 Metern Länge und gut 15 Metern Breite ein.

Sofort wird der Verwundete, dessen Puls infolge des ungeheuren Blutverlustes nur noch schwach schlägt, in eine Steuerbord-Koje im U-Raum verfrachtet. Gottlob ist dem Boot seine Tauchfähigkeit erhalten geblieben. Erster Funker Gürke und der Sanitätsobermaat Streicher ziehen dem Stöhnenden große Splitter aus Rücken und Schulter heraus. Es sieht schlimm aus um den Kameraden. Zwar sind die Funker ebenfalls als Sanitäter ausgebildet worden, aber glücklicherweise ist ein richtiger Sani an Bord. Früher war das auf den deutschen U-Booten keineswegs der Fall; erst als die Fliegerangriffe zunahmen, wurden solche Helfer zusätzlich eingeschifft. In Sanitätsobermaat Streicher besitzt U 995 einen ganz besonders tüchtigen Mann. Nicht nur, daß er über hervorragende medizinische Kenntnisse verfügt, er ist auch im Organisieren zweifelsfrei eine Koryphäe. Wie sonst wäre es zu erklären, daß er über Trocken-Blutkonserven der Marke „Tutosufin" verfügt. Und somit wird die auf allen U-Booten bis dato einmalige Bluttransfusion durchgeführt.

Die Sunderland „S" bleibt noch 40 Minuten in der Nähe, ohne daß von deren Crew weitere Beobachtungen gemacht werden können. Wenn die Maschine nach ihrem Bullfight mit U 995 zum am Cromarty Firth gelegenen Fliegerhorst Invergordon zurückgekehrt sein wird, wird die Crew nicht schlecht über die Anzahl von Treffern staunen, die ihre „S" hinnehmen mußte. Second Engineer Rushton, der anschließend zur № 422 RCAF Sqadron versetzt wird – der kanadischen Luftwaffe mangelt es zu diesem Zeitpunkt an Flugingenieuren –, wird dort später darüber „very british" berichten, sie hätten einen Menge Wrigleys Chewing Gum kauen müssen, um alle Löcher im Rumpf der Sunderland dichtzustopfen, es waren über 250 „bullet holes"[1]. Doch von alledem erfährt die U 995-Besatzung momentan nichts.

Die Zeit schleicht träge dahin. Gegen 16.00 Uhr sind bereits die meisten Schäden im Boot behoben worden. Überall wird pausenlos weitergearbeitet, um die volle Kampfkraft des Bootes wiederherzustellen. Streicher und Gürke erhalten zur Belobigung für ihre Mühen vom Kommandanten eine Dose Obstkompott als Sonderration. Die beiden sitzen dem Verwundeten gegenüber. Irgendwie glauben sie nicht mehr an dessen Genesung. Während sie essen, schlägt Sachse zu ihrem Erstaunen die Augen auf und murmelt ganz schwach: „... mir auch!" Streicher träufelt ihm mit dem Löffel etwas Saft zwischen die Lippen, den der Schwerverwundete dankbar annimmt.

Um 17.50 Uhr werden Schraubengeräusche im Gruppenhorchgerät festgestellt, begleitet vom typischen E-Maschinengeräusch, wie es in dieser Lautstärke bekanntlich englischen U-Booten eigen ist. Horcher Ottine reicht seinem Vorgesetzten Gürke den Hörer. Der kennt dieses eklige Geräusch aus früheren Begegnungen. „Geräusch wandert von Backbord nach Steuerbord", wird dem Kommandanten gemeldet. Jeder an Bord weiß, daß sich englische U-Boote in diesem Seegebiet ständig auf Patrouillenfahrt befinden und wie Wegelagerer

1) Einschußlöcher

vor den Ausfahrtsrouten deutscher Boote lauern. Die starken Geräusche ihrer E-Maschinen verraten sie, wie auch in diesem Fall. U 995 geht auf Schleichfahrt, fährt mit einer Maschine unter 50 Umdrehungen, die der Gegner nicht horchen kann.

Laufend werden Asdic[1)]-Impulse aufgenommen, ein widerwärtiges Ortungsgeräusch, wenn es auf die Stahlhülle des Bootes fällt.

U 995 steigt mit Schleichfahrt höher auf Sehrohrtiefe, damit gerät es aus dem Winkel des gegnerischen Peilstrahles. „Wenn der Tommy über Wasser fährt, schnappen wir ihn", meint der „Alte" zuversichtlich. Er läßt die Spitze des Sehrohres ausstippen. Aber der feindliche Bruder ist nicht auszumachen, fährt ebenfalls unter Wasser. Nach einer Weile wird vom Horcher gemeldet: „Geräusch wandert in 70 Grad aus."

Zwanzig Minuten nach 21.00 Uhr wird das Auftauchmanöver mit üblichen Kommandos eingeleitet. Nach dem Anblasen wird das Wasser durch die offenen Flutklappen aus den fünf Tauchzellen gedrückt. Obersteuermann Liedke übernimmt oben auf dem Turm mit seinen Leuten den Wachtörn. Ein rascher Rundblick zeigt, daß die Luft rein ist. Unten im Boot heißt es: „Wegtreten von Tauchstation!" Die hartnäckigen Verfolger scheinen abgeschüttelt zu sein.

Der Kommandant entschließt sich, den Verlegungsmarsch zu unterbrechen und unverzüglich Drontheim anzulaufen, um die Verwundeten abzugeben. Sofort wird ein Funkspruch abgesetzt und der Standort im entsprechenden Planquadrat angegeben. Das von der Kriegsmarine verwendete Quadratnetz[2)] ist in grauen Linien als Gitternetz auf der Seekarte aufgedruckt und teilt das Seegebiet in Flächen geographischer Breite und Länge auf. Das Marinequadratnetz besteht aus Großquadraten, die mit je zwei Großbuchstaben gekennzeichnet sind, z. B. AF, wie im soeben abgegebenen Funkspruch ersichtlich ist. Das Großquadrat hat in der Regel eine Kantenlänge von 486 sm, die 8,1 Breitengraden entsprechen. Die Anzahl der Ziffern hinter den beiden Großbuchstaben gibt an, wievielmal das Großquadrat in jeweils neun Unterquadrate unterteilt ist. Die vier Ziffern 5793 besagen zum einen, daß eine viermalige Unterteilung zu vollziehen ist, bei der also insgesamt 9 x 9 x 9 x 9 gleich 6561 Kleinstquadrate von jeweils 6 sm Kantenlänge zustandekommen. Zum anderen ergibt die Bezifferung von 1 bis 9 die genaue Lage des angegebenen Quadrates. Da die geographische Ausdehnung der Längengrade in Relation zur Mercator-Projektion der Seekarte auf dem Erdball unterschiedlich ist, entfallen am Äquator 10 Kleinquadrate zu 6 sm zwischen zwei Längengraden, während es in der arktischen Zone nur noch zwei Kleinquadrate sind. – Erstmals fiel den Gegnern eine Gitternetzkarte von einem Teil der Nordsee in die Hände, als sie ein deutsches Marineflugzeug zur Landung gezwungen hatten. Sie begannen sofort damit, das System auf andere Seegebiete zu projizieren. Inzwischen haben sie längst die Quadratkarte für alle Meeresgebiete erbeutet.

1) Allied Submarine Investigation Committee (aktives, ultrasonare Peilstrahlen aussendendes Schallgerät)

2) siehe hierzu Anhang 1

In der Funkbude versucht Gürke auf der Längstwelle die FT's der U-Boots-Leitstelle im Wiederholungsprogramm aufzunehmen.

Während U 995 in der Tiefe fuhr, konnte es keine Funksprüche empfangen. Da die U-Bootsführung berücksichtigen muß, daß die Boote nicht rund um die Uhr empfangsbereit sind, gehen die FTs wiederholt hinaus.

Den Funkern gelingt es, ein FT des U-Bootsführers Norwegen von 14.30 Uhr hereinzuholen, in dem U 995 aufgefordert wird, sofort sein Eintreffen bei Ansteuerungspunkt „Vestfjord" zu melden. Darin heißt es weiterhin: „Es wird erneut auf das Verbot hingewiesen, auf Zwangswegen zu tauchen, um Bekämpfung durch Küstensicherung zu vermeiden. Ausnahmefall Feindangriff." In einem weiteren FT des FdU[1] von 19.25 Uhr, welches sowohl an U 995 als auch an das im selben Seegebiet stehende U 394 gerichtet ist – U 394 wird am 1. September des Jahres im Nordmeer westlich Harstad durch Maschinen des britischen Flugzeugträgers „Vindex" versenkt werden und seine ganze Besatzung mit in die Tiefe nehmen – heißt es: „1. Mit Feind-U-Booten Eingang Vestfjord rechnen. Erhöhte Aufmerksamkeit! Hohe Fahrt, Zickzackkurse! 2. Ab Eintritt Vestfjord grundsätzlich aufgetaucht marschieren!"

Im Funkraum sind sie noch mit den Funkspruchеintragungen beschäftigt, als plötzlich, zehn Minuten nach dem Auftauchen, das Ortungsgerät „Wanze" anspricht. „Orter mit 190 Megaherz festgestellt", kommt die Meldung vom Funkmaat zur Zentrale. Wie elektrisierend durchfährt es den Kommandanten, als der Ausguck zugleich ein anfliegendes Flugzeug ausmacht.

Wegen tiefhängender Wolkendecke läßt er Alarmtauchen. Mit stockendem Atem jagt der Funker noch ein Signal in den Äther: „Werde von Flugzeug angegriffen QU AF 5793." Die Brückenposten lassen sich zur Zentrale durchfallen.

„Fluten!" Die Entlüftungsklappen fliegen auf, Wasser gurgelt, der Bootskörper neigt sich schräg nach vorn. Alle im Boot wissen, daß der Wasserschwall oben bei der Tauchstelle noch zirka fünf Minuten für den Feind deutlich zu erkennen ist. Als das Boot auf 80 Meter durchgependelt wird, atmen die Männer auf. Keine Bomben!

Erst um 5.20 Uhr des kommenden Morgens taucht U 995 wieder auf, um das Boot durchzulüften und die immer noch ziemlich leeren Batterien aufzuladen. Bereits fünf Minuten später heißt es: „Ortung Wanze 210 MHz." Gleich darauf kommt ein Flugboot von Steuerbord achtern auf, dreht auf Mitlaufkurs. Wieder hämmern die Glockenklöppel ihr gellendes Alarmzeichen. Wieder frißt sich die Ungewißheit ins Gedärm. Wieder rauscht das Boot in aller Eile in die Tiefe.

„Die Batteriekapazität ist erschöpft", erstattet der LI dem Kommandanten Meldung, obwohl jeder an Bord seit langem weiß, wie es darum bestellt ist, „die ersten Zellen stehen kurz vor ihrer minimalen Entladeschlußspannung. Wenn sie durch Null gehen, sind sie hinüber."

Um 8.20 Uhr wird aufgetaucht. Es wurde auch allerhöchste Zeit. Eine Stunde lang kann U 995 seinen Überwassermarsch ungeschoren fortsetzen. Der LI zeigt wieder einen zuversichtlichen Gesichtsausdruck. Doch dann wird eine Ortung

1) Führer der U-Boote Norwegen

mit 215 MHz empfangen. Vorsichtshalber sucht U 995 erneut die schützende Tiefe auf. Sachse, wieder bewußtlos, atmet nur schwach. Es ist fraglich, ob sein geschwächter Organismus durchhalten wird. Streicher fächelt ihm ununterbrochen Sauerstoff aus einer Patrone zu.

Gegen 10.30 Uhr kann U 995 unbehelligt auftauchen und mit Höchstfahrt ablaufen. Es weht ein Nordnordwest mit vier Windstärken. Der Himmel ist nach wie vor bedeckt, die Sicht schlecht. Um 11.36 Uhr wird ein Funkspruch an U 995 von der 13. U-Flottille entschlüsselt: „Geleit steht 16.00 Uhr Punkt Gustav Richard 2, Funkfeuergruppe 18 von 12.00–14.00 Uhr dauernd. Sofort Standort und Eintreffen Gustav Richard 2 melden." 23 Minuten später geht der nächste Spruch ein: „Seenotmaschine steht 16.00 Uhr bei Grip zur Aufnahme Verletzter."

Das vereinbarte Treffen vor Kristiansund mit der Seenotmaschine verläuft ohne Zwischenfälle. Die beiden Verwundeten werden übernommen und ins Lazarett geflogen. Bootsmaat Sachse wird, wie später bekannt werden wird, bald wieder genesen. Er wird umgehend wieder auf ein U-Boot gelangen. Doch das Schicksal wird ihm auch weiterhin nicht gnädig gesonnen sein …

Eine Stunde vor Mitternacht nimmt das mit Flugabwehrkanonen gespickte Geleitboot U 995 auf. Der Kommandant findet endlich die nötige Ruhe, das Kriegstagebuch zu vervollständigen. Er ist stolz auf seine Leute.

Im Morgengrauen läuft die stark mitgenommene U 995 im U-Stützpunkt Drontheim ein. Wurfleinen fliegen hinüber zum Kai. Dann wird festgemacht. Am nächsten Tag beginnt für U 995 eine einmonatige Werftliegezeit. Auf dem Oberdeck und den Turmaufbauten zählt die Besatzung 254 Einschußstellen von den Bord-MGs der Flugboote. Die durch die Bomben hervorgerufenen Schäden erweisen sich wesentlich größer, als ursprünglich angenommen.

Gegen die aus norwegischen Häfen in den Atlantik auslaufenden U-Boote haben die angelsächsischen Gegner ab Mitte Mai 1944 ihre Luftoffensive beträchtlich verstärkt. Vor allem setzt dabei die 18th Group RAF Coastal Command die Catalinas der 210. Sqdr. RAF, die Sunderlands der 4. OTU RAF und der norwegischen Sqdr. 330 sowie die Liberators der 59. Sqdr. RAF ein. Vom 16. bis zum 31. Mai spüren die Maschinen dieser Staffeln zweiundzwanzigmal deutsche U-Boote auf und fliegen mehr als ein Dutzend Angriffe gegen sie. Die Norwegensee – sich von der norwegischen Küste bis hin zu den Shetland Inseln, den Färöern und hinauf zum nördlichen Polarkreis erstreckend – wird in diesen Wochen zum großen Grab für manches deutsche U-Boot.

Seit dem 21. Mai, als sich U 995 zweimal erfolgreich gegen die drohende Vernichtung zur Wehr setzen konnte, nimmt das große U-Bootsterben auch auf allen anderen Meeren unaufhaltsam weiter seinen Lauf. Nachdem zuvor drei Schiffe der inzwischen mit den alliierten Kriegsgegnern von Deutschland verbündeten Italiener im Jonischen Meer nordöstlich Kap Spartivento vergeblich U 453 angegriffen hatten, wurde es in der ersten Morgenstunde des 21. Mai von britischen Eskorteinheiten mit Geschützsalven vernichtet. Bis auf drei Mann überlebte das Gros der Besatzung den Untergang.

Im Seegebiet, in dem U 995 am 21. Mai angegriffen worden war, griff F/O

Frizell mit seiner Sunderland „R" der 4.(c) OTU am 24. Mai das von ihm um 13.49 Uhr nordwestlich Stadlandet gesichtete U 675 (VIIC) trotz heftiger Flak-Abwehr des Bootes mit sechs Wabos an. Das am Heck getroffene Kameradenboot von U 995 richtete seinen Bug nahezu steil aus dem Wasser. Ehe es im Wasser versank, ereignete sich im Innern des Bootes eine Explosion. Mit den aufsteigenden Luftblasen und Öllachen schwammen Leichenteile und hölzerne Einrichtungstrümmer auf. Die Norwegensee verschlang U 675 auf Position 62°27'N/03°04'O und mit ihm 51 U-Bootskameraden, die nicht wiederkehrten.

*

In Bergen ist U 990, das auf seinen Unternehmungen im Eismeer Schaden am Rumpf und seinen Dieselmotoren erlitten hatte, nach längerer Werft-Liegezeit wieder frontklar geworden. Unter Protest mußte die Besatzung von U 990 hinnehmen, daß die frontbewährte Vierlings-Flak auf dem unteren Wintergarten gegen eine 3,7-cm-Flak ausgetauscht wurde. Beim Einschießen der neuen „Wunderspritze" erlebte die Bedienung die Störanfälligkeit der Waffe, was erhebliches Mißtrauen gegen die „Drei-Sieben" hervorrief.

Ein größerer Besatzungswechsel konnte vermieden werden, Werftprobefahrt und Tieftauchversuche waren zufriedenstellend verlaufen, aber liebendgerne hätte die Besatzung über einen Schnorchel für ihr Boot verfügt, da es dem Mitternachtssommer entgegengeht, der den Booten den in den vergangenen Monaten gegebenen Schutz der Dunkelheit nimmt. Vorerst wurde U 990 nur mit vier alten G7A-Torpedos bestückt und die Kraftstoffbunker nur halbvoll gefüllt, da die endgültige Ausrüstung in Narvik erfolgen soll.

U 476, das Boot, das zusammen mit U 995 am 25. April vom Tirpitzhafen in Kiel ausgelaufen war und in den letzten Stunden gemeinsam mit U 995 vor dem Vestfjord gestanden hatte, war in den Morgenstunden des 22. Mai 1944 zusammen mit zwei anderen Booten aus dem Stützpunkt Bergen in Richtung Nordnorwegen ausgelaufen. Mittags folgte U 990 den drei Booten, sich mit Höchstfahrt zackend von der Küste absetzend, um dann vorsichthalber abzutauchen.

Am 6. Mai hatte im Nordatlantik südlich Islands eine Swordfish-Maschine des britischen Geleitträgers „Vindex" U 765 (VIIC) mit zwei Wabos attackiert, die das U-Boot in zwei Teile zerbrechen ließen (37 Tote). Da man deutscherseits nicht ausschloß, auch Maschinen eines Flugzeugträgers hätten die letzten vernichtenden Schläge gegen die Boote in der Norwegensee erzielt, sollten die vier nordwärts strebenden Boote den vermeintlichen Träger erfassen und unter vollem Einsatz angreifen.

Als U 990 nach einigen Stunden Unterwassermarsch auftaucht, empfängt es ein steifer Nordwest mit bis zu acht Windstärken. Hin und wieder peitschen Regenschauer über die aufgewühlte See, das Boot wird von Gischtwolken umhüllt. Um die Batterie wieder zu laden, fährt das erneut zackende Boot mit mit beiden Dieseln, aber nur einer übernimmt den Vortrieb.

Um 7.16 Uhr des 23. Mai 1944 sichtet die Catalina „V" der 210. Sqdr. RAF südwestlich der Lofoten in acht km Entfernung das aufgetaucht marschierende U 476. Das Flugboot greift das U-Boot, obwohl dieses sofort das Flakfeuer eröffnet, mit sechs Wabos an, von denen mindest eine direkt am Boot detoniert. Als das Meer unter U 476 gewaltsam aufstiebt, erscheint es der Flugzeug-Crew, als würde das Boot dabei aus dem Wasser gehoben werden. Es beschreibt eine Kreisbewegung und verharrt dann mit seinem ziemlich zerstörten Achterteil und ausgefallenen Maschinen, tief im Wasser liegend, auf der Stelle in Position 62°27'N/03°04'O. Einsetzender dichter Schneefall behindert die Sicht der Flugboot-Crew. Auch für die Besatzung von U 476 ist das Flugboot nicht mehr auszumachen.

Das von U 476 abgesetzte Notsignal wird von U 990 empfangen. Nach einer erneuten Notmeldung weiß man auf U 990, daß das Kameradenboot nicht mehr fahr- und tauchklar ist. Der Funkpeiler wird ausgefahren, Peilsignale werden angefordert, da der per Funkspruch abgesetzte Standort bei dieser extremen Wetterlage nicht unbedingt exakt sein kann. U 990 dreht auf den Peilstrahl ein, nimmt Höchstfahrt auf. Der Bug des Bootes stampft gegen die nun von vorn kommende schwere See an. Und wenn die grüne See sich über den Turm wälzt, muß jedesmal von den Brückenposten das Turmluk zugeworfen werden.

Der Besatzung wird höchste Einsatzbereitschaft abgefordert. Die Männer an den Dieselmotoren müssen immer, wenn eine große Welle über die Brücke hinwegrollt und sich über die Öffnungen der Zuluftschächte ergießt, die Zu- und Abluftmasten schließen. Dann saugen die zwei Dieselmotoren mit ihren in jeweils sechs Zylindern oszillierenden Kolben die Luft aus den Bootsräumen. Der plötzlich auftretende Unterdruck im Bootsinneren strapaziert die Trommelfelle der Männer, läßt die Augäpfel hervortreten.

Bei der ständig überkommenden See ist der Gebrauch von Ferngläsern sinnlos geworden. Der Ausguck wird auf acht Mann verstärkt. Von angeschäkelten Stahlgurten gesichert, hängen die in festem Ölzeug und Schwimmwesten gekleideten Posten in der Turmwanne, gehen hinter der Brüstung in Deckung, wenn eine Welle überwäscht, recken sich anschließend wieder empor, wischen sich das Salzwasser aus den schmerzenden Augen und starren zur Kimm. Die Fla-Waffen müssen, um gegen einen überraschenden Fliegerangriff vorbereitet zu sein, trotz aller Widrigkeiten in ihrer Zurrung klargemacht werden. Auf der unruhigen Plattforn werden die Magazine angesetzt. Im Turm stehen die Geschützbedienungen, klar zum Sprung. Fraglich ist nur, ob bei diesem Seegang eine Fliegerabwehr mit der Flak möglich sein wird.

Für die Männer im Boot befiehlt Kommandant Kptl. Nordheimer das Umlegen von Tauchrettern – für alle Eventualitäten. Stundenlang schon kämpft das Boot gegen die entfesselten Elemente an, vollführt bockige Sprünge von einem Wellenkamm zum nächsten. Die harten Stoßbewegungen bedingen, daß jeder Halt finden, sich irgendwie abstützen muß, will er nicht in irgendeine Ecke geschleudert werden. Zurrungen reißen, festgelaschte Gegenstände lösen sich, krachen in irgendeine Ecke, manche Spindtür springt auf, und im Nu purzelt der Inhalt heraus, und alles kullert auf dem Boden durcheinander. Unvermeidlich, daß das Boot immer mehr Wasser nimmt. Triefende Nässe und Kälte breiten sich in der Stahlröhre aus. Glitschig sind die Flurplatten geworden. Fortgesetzt müssen die Lenzpumpen eingeschaltet werden. Die Seekranken übergeben sich in ihre Gasmaskenbüchsen.

Oben donnert eine besonders grobe See gegen die Backbord-Seite des Turmes, preßt die massige Panzerverkleidung aus ihrer weniger massiven Blechverankerung. Die Männer harren aus, von grimmigem Trotz beseelt. So vergehen 15 lange, nervenaufreibende Stunden. An Schlaf ist nicht zu denken. In diesen Minuten weiß ein jeder an Bord, worum es geht!

Die Ausguckposten reiben sich zum wiederholten Male die müden, vom Meerwasser brennenden Augen. Da! Endlich! Voraus flackert eine rote Leuchtkugel über der sturmgepeitschten See. „Hurra, wir haben sie!" So schallt es durch das Boot. Es hat sich gelohnt. Das gibt neuen Auftrieb für alle.

Die Brückenwache von U 990 sichtet im Wasser treibende Flugzeugteile. Im Boot breitet sich nach dieser Kunde laute Freude und Zuversicht aus. Doch das Hochgefühl wird abrupt gedämpft, als einzelne leere und umgeschlagene Schlauchboote entdeckt werden; unzureichende Rettungsmittel eben, die den Insassen bei dieser Wetterlage keinen Schutz geboten und teilweise dem gewaltigen Seegang nicht standgehalten haben. Das gischtumwehte Vorschiff von U 476, von einem Wellenberg emporgeworfen, erscheint kurzzeitig, um anschließend wieder ins Wellental zu entschwinden und sich den Blicken der Ausguckposten zu entziehen. Unter angespannter Aufmerksamkeit wird U 990 vorsichtig in Richtung des Kameradenbootes manövriert. U 476 bietet den Ankömmlingen fürwahr einen kümmerlichen Anblick: Beängstigend tief liegt sein Heck unter der aufgewühlten Meeresoberfläche, die Bugspitze ragt hoch hinaus, zirkelt unruhig durch die glasige Luft. Auf dem schrägen Vorschiff und dem arg geneigten Turm stehen dichtgedrängt zirka 20 Männer. Sie winken und schreien, doch der Sturm trägt ihre Stimmen nicht bis U 990 hinüber.

Alle Maschinen von U 476 sind ausgefallen. Die Batterie-Räume von U 476 haben Wassereinbruch erlitten, was bei mehreren Zellen zu Kurzschlüssen und Gasbildung geführt hat. Bislang hatte der Funker drinnen ausgeharrt. Wegen Explosionsgefahr können die vorderen Innenräume nicht mehr betreten werden. Die prekäre Situation erfordert zügiges Handeln. Nach mehreren vergeblichen Anläufen muß das Unterfangen aufgegeben werden, das havarisierte Boot bei dem herrschenden Seegang in Schlepp zu nehmen; zumal auch deshalb, weil jederzeit mit erneuter Feindluftgefahr zu rechnen ist. Da beide Boote aufgrund ihrer unterschiedlichen Tiefenlage ungleichmäßig im Wasser driften, muß U 990 mehrmals anlaufen, bis es letztendlich gelingt, mittels einer Wurfleinenverbindung die Männer im Schlauchboot herüberzuholen. Weil U 476 nicht mehr von der eigenen Besatzung selbstversenkt werden konnte, hat sich der Kommandant von U 990 dazu entschlossen, einen G7A-Torpedo auf kurze Distanz einzusetzen. Mit einem dumpfen Knall verschwindet das Wrack rasch in der kochenden See.

Es schließt sich eine fieberhafte Suchaktion nach möglicherweise noch lebenden Kameraden an. Mit „Kr-Kr Funkspruch" ergeht ein Lagebericht an die U-Bootsführung mit dem Ersuchen auf Unterstützung. Die Rückmeldung von der Leitstelle ist nicht ermutigend und lautet, daß wegen der Feindluft- und Wetterlage ein Einsatz von Überwasserstreitkräften nicht zu vertreten ist.

Derweil bringt im Hafen von Drontheim der Funker des Vorpostenbootes VP 5901 im Eilschritt dem Kapitän Olt.z.S. Klaaßens die Meldung, ein deutsches U-Boot habe Geleitschutz angefordert. Die Position des gefährdeten Bootes ist mit 65°05'N/07°28'O angegeben, d.h., ca. 180 sm nordwestlich von Drontheim. VP 5901, es war früher unter dem Namen „Falke" registriert, hatte Handelsschiff-Konvois Geleitschutz gegeben, die im nördlichen Eismeer zwischen Hammerfest, Kirkenes, Bödo und Drontheim verkehrten. Soeben hat es – nach mehrtägigem Einsatz – seinen letzten Konvoi sicher in den Hafen gebracht. Klaaßens spricht mit seiner Besatzung, die weiß Gott Ruhe und Erholung bitter nötig hätte. Aber auch die pausenlos im Betrieb gewesene Hauptmaschine bedürfte dringend einer Hafenüberholung. Die Männer erfahren, daß zur Unterstützung bereits einige Boote hinausgeschickt worden sind, die aber allesamt zurückgekommen sind unter dem Hinweis, bei dieser katastrophalen Wetterlage könne keine Hilfe geleistet werden, weil bei einem Seegang der Stärke 7 bis 8 ein Waffeneinsatz gänzlich unmöglich sei. Klaaßens kann eigene Zweifel nicht wegwischen, ob sie das kleine U-Boot überhaupt bei der hohen See und dem Schneegestöber werden finden können. Doch bei den wackeren Männern von VP 5901 obsiegt über alle Skepsis und Müdigkeit dennoch das Gefühl der Solidarität mit den in Not befindlichen Kameraden und damit auch die Bereitschaft, ihnen in ihrer Notlage freiwillig zu Hilfe kommen zu wollen. Und – sie wissen, worauf sie sich einzustellen haben.

Wenig später erhält U 990 die Hoffnung beinhaltende Funkmeldung, es werde das Vorpostenboot V 5901 auslaufen, um U 990 auf dessen Peilzeichen hin aufzunehmen. Nach mehrstündigem Suchen nach den Vermißten schlägt der Kommandant von U 476 schweren Herzens vor, die Aktion abzubrechen, da kaum noch Hoffnung besteht, nach so langer Zeit bei einer Wassertemperatur von nur drei Grad Celsius noch Überlebende seines versunkenen Bootes aufzufischen, zumal Sturmböen von 10 Windstärken und steil überbrechende Wellenkämme für ein übriges sorgen.

Mittlerweile befindet sich VP 5901 mit seiner ramponierten Antriebsanlage bereits in See. Um einen „Brandenburger"[1] zu vermeiden, müssen Lager des Kurbeltriebes, die Gleitbahnen der Kolben und Kreuzköpfe mit zusätzlichem Öl geschmiert werden. Der Qualm der verbrannten und verschmorten Schmierstoffe läßt den Maschinentrakt binnen kurzem wie eine Räucherkammer aussehen, das total verrußte Maschinenpersonal kommt „Sarotti"-Mohren[2] gleich. Auf der Kommandobrücke des Vorpostenbootes hat man U 990 eingepeilt und hält stur Kurs darauf – auf Biegen und Brechen.

U 990 taucht, um für einige Stunden vor dem Sturm Ruhe zu finden. Dann

1) Marineausdruck für Triebwerksschaden

2) Schokoladen-Reklamefigur

muß das Boot wieder an die Oberfläche, um die Peilsignale zu korrigieren. Kaum ist das Boot durchgelüftet, geht es wieder in die schützende, aber derzeit reichlich aufgewühlte Tiefe, bis aus der Funkpeilrichtung Schraubengeräusche zu hören sind, deren Lautstärke beständig zunimmt. Trotz der hochgehenden See nimmt der Kommandant von U 990 einen Rundblick durch das Periskop, beobachtet sorgfältig den Himmel, um beim Auftauchen nicht unliebsamen Überraschungen ausgesetzt zu sein. Die Besatzung wird, während der Funker über UT[1] VP 5901 den eigenen Standort meldet, erneut mit angelegten Schwimmwesten bzw. Tauchrettern auf Gefechtsstation befohlen. Dann taucht U 990 auf.

Gut 14 Stunden lang hat sich VP 5901 gegen Sturm und Seegang vorangekämpft. Am Morgen des 25. Mai sehen sie in weiter Ferne eine Leuchtkugel aufsteigen. Geschafft! Die Brückenwache atmet tief durch. Der Rudergänger hält darauf zu, wo die Kugel niederging. Da ist U 990! Nach Signalaustausch wird mit dem U-Boot vereinbart, in „Karl-Gelb", d. h. „Normale Kiellinie, mit einem Abstand von 300 m von Boot zu Boot" zu laufen.

Glücklich winken die U-Bootsmänner zur Besatzung auf dem schwer rollenden VP 5901 hinüber. U 990 folgt jetzt dem Vorpostenboot in der vorgegebenen Entfernung. Doch nicht lange bleiben die Boote unbehelligt.

Um 6.23 Uhr erhält der Radarbeobachter des auf einem Tagespatrouillenflug befindlichen Liberator „S" des 59. RAF-Geschwaders einen Kontakt an Backbordseite in 22 sm Abstand. Der Captain der „S", S/Ldr.[2] B.A. Sisson, fliegt den Kontakt an, der sich bei 15 Meilen Abstand in zwei Impulse teilt. Bei Annäherung auf zwölf Meilen entdeckt der CO-Pilot durch ein Fernglas zwei Einheiten in Kiellinie, die bei Verringerung der Distanz auf acht Meilen als ein U-Boot und ein 600 yds davor fahrendes Begleitfahrzeug identifiziert werden. Die feindlichen deutschen Einheiten befinden sich gegenwärtig auf der Position 65°05'N/07°28'O und steuern bei acht Knoten Fahrt einen Kurs von 115°. Sisson fliegt zunächst eine Schleife aus der Reichweite der feindlichen Flak heraus und gibt eine Sichtmeldung an seine Einsatzleitstelle ab.

Auf U 990 und VP 5901 wird, nachdem die Liberator-Maschine erfaßt ist, Fliegeralarm gegeben. Deutscherseits wird beobachtet, wie die Liberator den Verband vorerst in weitem Abstand umkreist. Auf U 990 wähnt man sich sicher im Schutz des vorausdampfenden Vorpostenbootes und denkt nicht daran abzutauchen. Sobald das Flugzeug auf Angriffsnähe herankommt, schlägt ihm das Feuer der beiden Boote entgegen. Obwohl bei der unruhigen See die Schüsse nicht gut liegen, dreht die Maschine sofort ab. Keiner weiß, daß mit dieser Schußsalve die letzte Stunde von U 990 eingeläutet worden ist.

Sisson fliegt in der Absicht, einen Überraschungsangriff durchzuführen, in eine Wolke hinein. Unvorteilhaft ist für ihn, als er aus dieser herauskommt, daß er sich bereits achteraus vom Ziel befindet. Er dreht daher weitere Kreise, um auf eine andere Gelegenheit zu warten. Diese stellt sich etwa 50 Minuten später

1) Unterwasser-Telefonie

2) Squadron Leader (Staffelkapitän)

ein, als die Schiffe sich einer Wolkenbank nähern. Sisson sieht, daß das Begleitfahrzeug kurz davor ist, in diesen Bereich schlechter Sichtverhältnisse einzulaufen, läßt seine Maschine steil abfallen, verringert seine Flughöhe auf 120 ft und schwenkt auf das U-Boot zu. Jetzt hat er das Wild zum freien Abschuß vor sich, wie er es sich gewünscht hat.

Schneeschauer fegen über das Meer und die Boote, und in einer dieser Böen, in denen man von den Booten aus nichts sehen kann, setzt Sisson zum Angriff an. Er hat vorgesehen, auf das U-Boot acht Wabos abzuwerfen. Sogleich, nachdem der Angriff der Liberator auf den Booten erkannt wird, sie in Reichweite der Fla-Waffen gerät, bellt ihr auf eineinhalb Meilen Entfernung das konzentrierte Feuer der beiden Boote entgegen, die inzwischen den Abstand zueinander verkürzt haben und auf knapp 100 Meter herangestaffelt sind.

U 990 schießt mit seiner schweren und leichten Flak. Die schweren 3,7-cm-Fla-Granaten zerlegen sich achteraus und unterhalb des Flugzeuges in schwarze Detonationswolken, während die leichten 2-cm-Granaten zu kurz liegen. Die schwarzen Detonationswolken der Geschosse des Vorpostenbootes liegen zwar in der Entfernung richtig, jedoch oberhalb der Liberator.

Da das Abwehrfeuer des U-Bootes zu tief liegt, beschließt der Pilot, auf der Höhe von 120 ft zu bleiben. Bei 1100 yds Abstand eröffnet der Bugkanonier das Feuer auf U 990. Seine erste Salve liegt jedoch zu kurz. Er versucht es erneut nach Abnahme der Entfernung auf 800 yds und feuert solange, bis sich der Abstand auf 250 yds verkürzt. Unterdessen ist das Bombenzielgerät für Tiefangriffe auf das U-Boot justiert.

Die Geschosse aus der Bugkanzel prasseln wie Hagelkörner auf das Wasser und das U-Boot hernieder. Wie viele Männer davon niedergemäht werden, darum kann sich in dem heillosen Durcheinander keiner auf dem U-Bootsturm kümmern. Nach dem siebenten Schuß fällt die „Wunderwaffe“, die 3,7-cm-Kanone, aus. Die Liberator greift über den Steuerbord-Bereich achteraus von U 990 an. Nur noch am Bb[1]-Zwilling steht allein der Hpt.-Gfr.[2] Anger und feuert das Magazin leer.

Der Bugkanonier meldet Pilot Sisson Treffer auf dem U-Bootsturm und in dessen Umgebung. Jetzt kann der Heckkanonier das Begleitschiff ins Visier nehmen. Auch er meldet Treffer. Sisson klinkt aus 120 ft Höhe die Wabos mit jeweils 60 ft Zwischenabstand aus. Von den acht Bomben bleiben zwei im Schacht hängen.

Als die Wabos heruntertaumeln, versucht U 990 mit äußerster Kraft und Hartruderlage, vergeblich die Trefferlage auszumanövrieren. Die letzte abgeworfene Wabo trifft das Boot etwa Vorderkante Turm, überschüttet das Boot mit einem riesigen Wasserschwall, von dem einige Männer der Flak-Bedienung und des Ausgucks außenbords geschleudert werden, obwohl sie doch mit Stahlgurten angeschäkelt waren. Die zumeist Verwundeten treiben hilflos achteraus und geraten schnell außer Sichtweite.

1) Backbord

2) Hauptgefreiter

Als die Liberator den Turm des U-Bootes überflogen hat, erkennt die Cockpit-Crew, daß die drei Männer, die kurz zuvor hinter den Flaks gestanden hatten, verschwunden sind. Der Heckkanonier feuert auf den Turm, kann jedoch keine Einschläge beobachten, sieht aber Detonationsfontänen 10 bis 15 yds Stb[1)] achteraus des U-Bootes aufsteigen. Die Flieger beobachten wie die niedergehenden Fontänen fast die gesamte Länge des U-Bootes umgeben. Sisson behält seinen Angriffsflugkurs noch etwa 15 Sekunden bei, ehe er abschwenkt.

U 990 dreht über Backbord in einem Radius von etwa einer Meile einen Halbkreis, verliert hinter sich einen Streifen leichten, grünen Öls, der sich schnell auf eine Breite von 100 Metern ausbreitet. VP 5901 schließt indessen zum beschädigten U-Boot auf.

Alles im Vorschiff von U 990 ist zerschlagen und völlig durcheinandergewirbelt worden. In Höhe des demolierten Funkraumes dringt Wasser ein. Es sackt vorne ab und droht unterzuschneiden. Da die Maschinen vermutlich intakt geblieben sind, befiehlt Nordheimer: „Äußerste Kraft zurück!" In diesem Augenblick wird aus der Zentrale gemeldet: „Das Boot macht stark Wasser und läßt sich nicht mehr halten!"

Die letzte Stunde für U 990 ist fast abgelaufen. „Preßluft auf alle Tanks! Alle Mann aus dem Boot! Schotten dicht!" Die Befehle werden zügig und exakt ausgeführt, und in weniger als drei Minuten befindet sich die gesamte Besatzung, dazu die geretteten Kameraden von U 476 und die eigenen Verwundeten auf der wild in der See schaukelnden Brücke und dem Wintergarten; unter ihnen der LI von U 990, dem durch die Detonation die Rückenmarkswirbelsäule zusammengestaucht worden ist. An Rettungsmitteln hat man nur ein einziges Einmannschlauchboot klarmachen können.

U 990 ist inzwischen tiefer gesackt. Die Männer gehen auf Befehl des Kommandanten ruhig ins Wasser, während die Brecher sich über den Turm ergießen. Der II.WO, der Maschinenmaat Regber, aber auch Oberfähnrich z.S. Tils, der seine erste U-Bootsunternehmung als III.WO fährt, steigen trotz Warnung noch einmal in den Turm hinunter, um weitere Rettungsmittel zu holen. Nur dem II.WO gelingt es, trotz der einbrechenden Wassermassen, rechtzeitig das Boot zu verlassen. Da schlägt die überkommende See das Turmluk zu. U 990 wird zunehmend kopflastig. Mit dem in den Fluten versinkenden Boot werden die beiden anderen tapferen Soldaten in die Tiefe gezogen.

Die Schiffbrüchigen von U 990 und U 476 sind weit voneinander in der kochenden See verteilt. Den Mittelpunkt bildet das einzige Schlauchboot, auf dem der verletzte LI liegt. Trotz seiner Behinderung organisiert er, daß sich jeweils acht Mann im Wechsel an das kleine Schlauchboot klammern dürfen. Vor allem Hpt.-Gfr. Anger, der der einzige Nichtschwimmer unter ihnen ist, wird Kameradschaftshilfe zuteil. Allen ist klar: Sie müssen zusammenbleiben, wenn sie überhaupt eine Chance auf Rettung haben wollen. Wie hineingeworfene Kegelpuppen wippen die Brückenposten in ihrer pummeligen Polarbekleidung in der Wasserwüste auf und nieder. Ein schweres Los haben dage-

1) Steuerbord

gen die leichtbekleideten Männer aus den Maschinenräumen, die bei der eisigen Wassertemperatur rasch unterkühlt werden.

Immer noch ist die Bedrohung aus der Luft allgegenwärtig. VP 5901 stoppt in der Nähe des Hauptpulks der rettungsbedürftigen Männer auf, vertreibt jedoch rasch aufgrund seines großen Windfanges. Das Vorpostenboot muß immer wieder anlaufen, um einzelne Seeleute aufnehmen zu können. Mancher wackere Mann ist nicht mehr in der Lage, mit den erstarrten Fingern die zugeworfene rettende Leine zu halten. Mit den Zähnen wird es von dem einen oder anderen versucht. Angeseilt stehen Männer der Besatzung von VP 5901 bis zu den Hüften im Wasser und versuchen, einzelne Schiffbrüchige über das an der Bordwand hängende Fallnetz zu ziehen. Durch die ungünstigen Umstände vergeht kostbare Zeit, während so mancher brave Seemann unterkühlt die Besinnung verliert und stumm in der Tiefe versinkt.

Trotz aller widrigen Umstände kann das Vorpostenboot 52 Männer von beiden gesunkenen U-Booten aufnehmen, darunter beide Kommandanten und LIs. Zwanzig Kameraden von U 990 und 33 Männer von U 476 haben in den letzten Stunden in der Norwegensee ihr kühles Grab gefunden. Während der Rettungsaktion hält die Liberator „S" weiter Fühlung. Kaum nimmt VP 5901 Kurs auf die Küste, da attackiert das Flugzeug erneut das Vorpostenboot, allerdings nur aus größerer Entfernung. Captain Sisson sieht nach seinem Erfolg keine Möglichkeit mehr, weitere Vorteile aus den Wetterbedingungen zu schöpfen, zumal seine Abwurfeinrichtung defekt ist. Solange seine „S" nicht die Treibstoffsicherheitsgrenze für den Rückflug erreicht, ist er nicht gewillt, Kurs auf die Heimatbasis abzusetzen.

Auf VP 5901 fällt zu allem Überfluß der Kreiselkompaß aus. Der Admiral Norwegen, Viz.Adm. Siemens, schickt ihm zur Unterstützung ein U-Boot entgegen und eine Rotte Jagdflugzeuge des Typs Me 109, die die Liberator vertreiben. Die Besatzungen werden in Drontheim an Land gesetzt und vereinigen sich letztmalig am Grabe des tapferen, aber unterwegs vor Erschöpfung gestorbenen Hpt.-Gfrn. Anger. Der U-Boots-Krieg geht weiter und verstreut die Männer auf andere Boote zu neuen Einsätzen.

*

Die Jäger deutscher U-Boote, die sich vom Himmel herabstürzen, um ihre todbringenden Bombenlasten ins Ziel bringen, zwingen U 862 und U 958 zur Umkehr in den norwegischen Stützpunkt. Während der anhaltenden Luftoffensive bleiben vorerst noch das Minen-U-Schiff U 233 (Typ X) und die VIIC-Schnorchelboote U 247, U 671, U 719, U 767, U 987, U 988 und U 1191 ungeschoren. Doch alle acht Boote steuern – obwohl sie mit einem Luftmast ausgerüstet sind, der ihnen erlaubt, unterhalb der Meeresoberfläche mit Dieselmotoren zu fahren – unausweichlich ihrem nahen Untergang entgegen. Fünf dieser Boote werden den kommenden Monat nicht überleben, nur wenige Wochen später werden die restlichen drei Boote versenkt werden. Die meisten dieser Boote werden im Kanal untergehen, zwei im Nordatlantik und eines im Nordmeer. Von den 410 Männern, die in diesen acht Boote hinausgefahren sind, werden lediglich 22 Mann von U 233 überleben, fünf Mann von U 671 und ein Mann von U 767 – aber kein einziger Mann von den übrigen fünf Booten.

Nur zwei Tage nach den Untergängen von U 476 und U 990 ist die Norwegensee erneut der Schauplatz für die Vernichtung eines deutschen U-Bootes. Westlich von Drontheim hat der Liberator-Bomber „S" der 59. Sqdr. RAF das aufgetaucht fahrende U 292 (VIIC) ausgemacht. Seine sechs abgeworfenen Wabos detonieren nahe bei U 292. Eine grellgelbe Stichflamme zerreißt den Bootsrumpf, der Bug windet sich noch einmal aus dem Wasser, bäumt sich kurzzeitig auf. Dann sinkt U 292 auf Position 62°37'N/00°57'O mit allen 51 Männern seiner Besatzung.

Am Abend des 29. Mai 1944 gelingt U 549 (IXC/40) im Atlantik so etwas wie ein Vergeltungsschlag, als es südwestlich Madeira mit drei Torpedos den US-Geleitträger „Block Island" versenkt. Es ist der einzige amerikanische Flugzeugträger, der im Atlantik vernichtet wird. U 549 vergilt es dem Flugzeugträger und den auf seinen Plattformdecks stationierten Avenger-Flugzeugen, daß sie an der Versenkung von sieben deutschen U-Booten mitgewirkt hatten. Doch diese Tat wird dem Boot und seiner Besatzung postwendend wieder vergolten. Obwohl U 549 noch einen Geleitzerstörer torpediert, kann es seine in der Überzahl befindlichen Jäger nicht abschütteln, sondern wird sofort von zwei anderen Eskortern[1)] verfolgt und mit drei Hedgehog-Wabo-Serien belegt. Eine starke Explosion in der Tiefe, der ein heftiges unterseeisches Grollen folgt, kündigt vom jähen Ende des Bootes U 549 und seinen 57 Männern, die mit ihm heldenmütig, jedoch auf verlorenem Posten gekämpft haben.

Am letzten Tag des Monats Mai 1944 ereilt wieder ein Nordmeerboot das Schicksal in der Barents-See. Das ab Mai 1944 zur 13. U-Flottille zählende U 289 (VIIC) wird nordwestlich Jan Mayens auf Position 73°32'N/00°26'O mit allen 51 Mann Besatzung vom britischen Zerstörer „Milne" versenkt.

Auch Anfang Juni 1944 ist die Norwegensee ein Schlangen- und zugleich auch ein Hornissennest. In der Tiefe lauern Vipern in Gestalt alliierter U-Boote. Und in der Luft – die Luftoffensive der 18th Group RAF Coastal Command vor Norwegens Küste hält unvermindert an – schwirren und surren zuhauf todbringende Blechflügler: Catalinas der Sqdr. 210 RAF, Liberators der Sqdr. 86 RAF, Fortress' der 206 Sqdr. RAF, sowie Cansos' der 162. Sqdr. RCAF und Beaufighters der norwegischen Squadron 333 RAF.

Die an der Nordspitze Schottland auf Wick stationierte Canso „T" der 162. Sqdr. RCAF erspäht am 3. Juni 1944 westlich von Drontheim das aufgetaucht fahrende U 477 (VIIC) und greift es – etwa an der Stelle, an der zuvor U 995 angegriffen worden war – mit vier Wabos an. Der Explosionsdruck wirft das getroffene Boot förmlich aus dem Wasser. U 477 dreht anschließend noch etwas nach Backbord, bleibt zerschlagen liegen, um dann auf Position 63°59'N/01°37'O zu versinken. Das aufquellende Wasser spült fünf U-Bootsmänner an

1) Geleitfahrzeuge

die Meeresoberfläche. Sie treiben in einem sich auf eine Fläche von 1600 mal 400 Meter vergrößernden Ölteppich. Doch keiner von den 51 Besatzungsangehörigen überlebt.

Am 4. Juni 1944 wird im Atlantik das IXC-Boot U 505 durch Funkpeilung von der U-Jagdgruppe des US-Flugzeugträgers „Guadalcanal" geortet. Einmal erfaßt, kann das Boot nicht mehr entkommen und wird nordwestlich von Dakar mit Hedgehog-Wabos an die Oberfläche gezwungen, aufgebracht und als Trophäe in die Port-Royal-Bucht der Bermudas geschleppt.

Am nächsten Tag schon vollzieht sich wieder im Nordmeer das nächste deutsche U-Bootsdrama.

Am Morgen des 5. Juni 1944 lauert das getauchte englische U-Boot „Satyr" westlich von Narvik dem über Wasser mit Kurs 355° laufenden U 987 (VIIC) auf. Eben nach 9 Uhr erkennt die „Satyr" durch das Periskop U 987 auf 4000 m Entfernung. Unter Wasser läuft der britische Wegelagerer mit eingezogenem Sehrohr zunächst drei Minuten lang mit äußerster Maschinenkraft, um eine günstige Schußposition einzunehmen. Inzwischen ändert U 987, immer noch aufgetaucht fahrend, seinen Kurs nach Backbord hin. Als das britische Boot wieder sein Sehrohr ausfährt, erkennt Commander Lt. Weston die Lage und dreht seinerseits über Steuerbordbug, um seinen ahnungslosen Feind vor die Rohre zu bekommen. Um 9.10 Uhr feuert Lt. Weston sechs Torpedos auf U 987 ab, von denen zwei miteinander kollidieren und vorzeitig detonieren. Doch dieses Warnsignal rettet U 987 nicht mehr. Kurz darauf trifft ein Torpedo es am Bug, ein anderer unterhalb des Turms. Mittels seiner Sehrohroptik verfolgt Weston, wie das Vorschiff des mittschiffs auseinanderbrechenden Bootes hochgeschleudert wird und wie die beiden Bootshälften anschließend von der Meeresoberfläche verschwinden. Die Zermalmung des absinkenden Vor- und Achterteils sind im Innern der „Satyr" deutlich zu hören. Diesmal ist es eine Besatzung von 52 Mann, die von der Feindfahrt nicht zurückkehrt.

Am 6. Juni 1944 werden die ausmarschierende Boote U 294, U 290, U 958, U 980 und U 1000, die allesamt noch nicht mit einem Schnorchelmast ausgerüstet sind, in eine Defensivaufstellung vor Norwegen umdirigiert.

In der Normandie erfolgt die alliierte Invasion. Um die deutschen U-Boote in Schach zu halten, werden im Ärmelkanal und in der Biskaya nicht nur 10 Support Groups mit einer Unzahl von U-Bootsjägern eingesetzt, sondern auch die Geleitträger „Tracker", „Activity" und „Windex" mit ihren Trägerflugzeugen, und zudem fliegt die verstärkte 19th Group RAF-Coastal Command pausenlos Patrouille. Aus den Atlantik-Stützpunkten laufen mehrere deutsche Boote aus, der 1., 3., 6., 7. und 9. U-Flottille angehörend, aus Brest 17 U-Boote, aus St. Nazaire 14 U-Boote, aus La Pallice 4 U-Boote und aus Lorient 1 U-Boot. Alle gemeinsam bilden an der Invasionsfront die U-Bootsgruppe „Landwirt".

Am 7. Juni 1944 werden im Golf von Biskaya zwei auf dem Rückmarsch befindliche U-Boote von Flugzeugen der 19th Group versenkt, U 955 (VIIC) nördlich von Kap Ortegal von der Sunderland „S" der 201. Sqdr. RAF und U 970 (VIIC) nördlich El Ferrol von der Sunderland „R" der 228. Sqdr. RAF. Nur von U 970 überleben zwei Offiziere und 11 Männer anderer Dienstgrade. – Am

7. Juni werden die aus Brest kommenden Boote U 256, U 415, U 963 und U 989 beschädigt, so daß sie die Unternehmung abbrechen und heimkehren müssen. – Am 8. Juni 1944 sind es zwei U-Boote, die in den frühen Morgenstunden im Ärmelkanal verloren gehen. U 629 (VIIC) und U 373 (VIIC) werden dort in knapp einer halben Stunde von einem einzelnen Flugzeug vernichtet, von der Liberator „G" des 224. RAF-Geschwaders. Der erfolgreiche Captain Flt.Lt. Moore, der 55 deutschen U-Bootsmännern an diesem Tag den Tod bereitete, wird mit dem britischen DSO[1] und dem amerikanischen Silver Star ausgezeichnet. Zudem wird an diesem Tag an der Invasionsfront U 413 durch Luftattacken beschädigt. – Am 10. Juni 1944 vernichtet die Liberator „F" der 120. Sqdr. RAF südwestlich der Scilly Inseln U 740 (VIIC) und seine 51köpfige Besatzung. Über eine ausgeworfene Sonarboje belauscht die Flugzeugcrew das Zusammenbrechen des Bootskörpers in der Tiefe. Am 10. Juni 1944 greifen im Ärmelkanal nördlich Ushant Mosquitos der 248. Sqdr. RAF U 821 mit Bordwaffen an, ehe die Liberator „K" des 206. Geschwaders der RAF mit zwei Wasserbombenserien dem Boot endgültig den Garaus bereitet (50 Tote).

Die am 8. und 10. Juni 1944 ausgelaufenen 13 U-Boote der Bootsgruppe „Mitte" haben vor Norwegen in der Reihenfolge U 276, U 397, U 975, U 242, U 999, U 677, U 1001, U 998, U 1007, U 982, U 987, U 745, U 1165 eine Standlinie bezogen. Die U-Boote nehmen eine „Defensiv-Aufstellung" ein; doch gegen wen oder was sollen sie sich stemmen? Die VIIC- Boote sind seit langem keine Jäger mehr, die auf Beute warten. Sie sind die Köderfische, die ausgeworfen sind – zum Fraß für die übermächtigen Gegner.

An der Invasionsfront versuchen derweil andere deutsche U-Boote verzweifelt, das Unvermeidliche, den Vorstoß der massierten alliierten Verbände aufzuhalten. Es ist das reine Himmelfahrtskommando, mit Nicht-Schnorchel-U-Booten in den von starken allierten Kräften kontrollierten Englischen Kanal vordringen zu wollen. So werden die Boote U 228, U 255, U 260, U 262, U 270, U 281, U 282, U 333, U 437, U 455, U 608, U 650, U 714, U 758, U 766, U 981, U 985 und U 993 bis Mitte des Monats Juni in die Biskaya detachiert. Das Schnorchel-Boot U 212 muß zweimal wegen Havarien den Rückmarsch antreten. Die anderen acht Schnorchel-U-Boote versuchen in das Invasionsgebiet zu gelangen. Ihnen nach folgen die zur 1., 3., und 7. U-Flottille gehörenden, aus norwegischen Stützpunkten ausgelaufenen Boote U 671, U 767, U 988, U 971 und U 1191.

Am 11. Juni 1944 wird die Norwegensee wieder zum Totenbett für eines der dort stehenden Boote und seiner Besatzung: Am Nachmittag des 11. Juni 1944 sichtet nordwestlich Ålesund F/O Sherman in seiner Maschine Canso „B" der 162. RCAF das VIIC-Boot U 980 und greift es um 15.15 Uhr an. U 980 versucht vergeblich mit Kursänderungen dem drohenden Unheil zu entkommen. Nach dem Abwurf von vier Wabos bildet sich um das Boot sofort ein Ölfleck, in dem es zwei Minuten später auf Position 63°07'N/00°26'O versinkt. Bis zum Schluß hält das tödlich getroffene Boot mit seinen Fla-Waffen den um ihn kreisenden

1) Distinguished Service Order

Flieger auf Distanz, während die Besatzung eilig versucht, an Oberdeck zu gelangen. F/O Sherman und seine Fliegercrew sehen zwischen aufgeschwommenen Wrackteilen ca. 35 U-Bootsmänner im Wasser schwimmen. Für die Männer von U 980 aber gibt es keine Rettung wie im Falle von U 476 und U 990, alle 52 Besatzungsmitglieder bleiben auf See. – Am darauffolgendem Tage, als dieselbe Fliegercrew, noch im Überschwang ihres gestrigen Erfolges, mit ihrer Canso „B“ ein anderes U-Boot angreift, verläßt sie das Jagdglück. Sie wird abgeschossen.

Tausende von alliierten Funkpeil-, Radar- und Sonargeräten tasten mit ihren unsichtbaren elektromagnetischen Tentakeln die Ozeane ab. Und immer noch fordert die vermessene U-Bootsführung von den hinausgeschickten U-Booten Funksprüche ab, mit denen sie ihren Gegnern ihren Standort preisgeben müssen. Am 11. Juni 1944 wurde U 490, einem auf dem Ausmarsch nach Penang befindlichen Typ XIV-Boot, die Abgabe eines Kurzwetterberichtes an den BdU zum Verhängnis. Es wurde von einem US-Trägerverband durch Funkpeilung nordwestlich der Azoren geortet und mußte unter Beschuß der Eskorter selbstversenkt werden. Mit U 490 wurde die letzte der „Milchkühe“, wie die zehn Versorgungs-U-Boote dieses Typs aufgrund ihres bauchigen Erscheinungsbildes und ihrer Zweckbestimmung genannt wurden, versenkt.

Am Morgen des 13. Juni 1944 zeigt das in den Atlantik strebende U 715 (VIIC) nordöstlich der Färöers nur für einen Moment die „Feder“ seines Sehrohres. Dies genügt, um von der Canso „T“ des 162. RCAF-Geschwaders entdeckt und angegriffen zu werden. U 715 muß auftauchen, steuert einen unkontrollierten Kurs und schneidet um 9.30 Uhr mit dem Bug voraus auf Position 62°45′N/02°59′ W für immer unter. Noch im Untergang, als sich schon das Heck aus dem Wasser hebt, feuert bis zum allerletzten Augenblick seine Flak und trifft die noch einmal das Boot überfliegende Canso „T“, die notwassern muß. Sowohl eine Liberator- als auch eine Warwick-Maschine werfen für die schiffbrüchige Fliegercrew ein Rettungsfloß und zwei Lindholme-Schlauchboote ab. Als der alliierte Luft-See-Rettungsdienst die Canso-Crew aufpickt, ist ein Flieger seiner Erschöpfung erlegen, zwei weitere überstehen nicht den Transport ins Lazarett. Von den 52 Männern von U 715 werden 16 gerettet.

Wen kümmert's im Norden, daß am 15. Juni 1944 U 860 (IXD_2) im Südatlantik bei St. Helena durch Funkpeilung ausgemacht und von mehreren Avengers und Wildcats des Geleitträgers „Solomons“ vernichtet wird und es 42 Tote gibt? Denn schon einen Tag später, am 16. Juni 1944, steht nördlich der Shetlands das Schicksal von U 998 auf dem Spiel, als es um 19.04 Uhr von drei Mosquitos der 333. Norge Sqdr. RAF gesichtet wird. Die Mosquito „H“ stürzt sich, aus der Wolkendecke hervorbrechend, auf das Boot und attackiert es mit seinen Bordwaffen und mit wohlgezielten Wabos. U 998 verliert Öl. Es erscheint den Briten, als führe es steuerlos weiter. Es taucht weg und hinterläßt Teile seines hölzernen Oberdecks an der Tauchstelle. Dann taucht es mit dem Bug wieder auf. Die Mosquito „H“ greift es sofort wieder an. U 998 entgleitet mit dem Bug voraus in die Tiefe, wobei es der Flugzeugcrew scheint, das Boot liege auf der Seite. Der Anspruch des Piloten Lt. Johansen auf Versenkung des

U-Bootes wird britischerseits anerkannt. Doch wider Erwarten des Gegners gelingt es der Besatzung von U 998, mit ihrem schwer angeschlagenem Boot am 17. Juni Bergen zu erreichen.

An diesem 17. Juni erspäht die Catalina „D" des 333. (norwegischen) Geschwaders der RAF um 16.03 Uhr in der Norwegensee westlich von Kristiansund das aufgetaucht marschierende U 423 (VIIC). Es ist eines der Boote, die den Durchbruch in den Atlantik erzwingen wollen. Die sechs über das U-Boot abgeworfenen Wabos liegen gut im Ziel. Innerhalb von sechs Minuten sinkt U 423 auf Position 63°06'N/02°05'O. Die Crew der Catalina erkennt, daß etwa 40 Männern aus dem untergegangenen Boot herausgekommen sind und zwischen Bootstrümmern auf dem Wasser treiben. Doch keine rettende Hand streckt sich ihnen entgegen. Das Schicksal aller 55 Besatzungsmitglieder von U 423 ist besiegelt. U 423 ist ein weiteres Boot, welches sein Grab nicht unweit der Stelle fand, an der am 21. Mai U 995 von der Catalina „M" der 210. Sqdr. RAF angegriffen worden war, aber mit viel Glück und Geschick glimpflich davongekommen ist.

Am 17. Juni wird in Lorient das ab Mai 1944 als Frontschulboot eingesetzte U 123 außerdienstgestellt. Es mangelt dort zum einen an den notwendigen Ersatzteilen für die Batterie, und zum anderen eignet sich das große Boot vom Typ IXB nicht für den Einsatz in den küstennahen englischen Gewässern. Die Besatzung wird auf andere Boote verteilt. – Einen Tag später gehen im Invasionsraum U 441 (VIIC) nordwestlich Brest verloren (58 Tote), vermutlich durch einen Wellington-Bomber versenkt, und U 767 (VIIC) wird im Ärmelkanal südwestlich Guernsey von der 14. Geleitsicherungsgruppe versenkt (48 Tote).

U 971 (VIIC) ist ein Boot der 3. U-Flottille, das dem FdU-Mitte unterstellt ist. Es ist am 8. Juni von Norwegen zu seiner ersten Feindfahrt ausgelaufen. Auf seinem beschwerlichen Marsch in sein zugewiesenes Operationsgebiet, den Ärmelkanal, ist es mehrfach von Flugzeugen angegriffen und beschädigt worden. Da ein Teil seiner Fla-Waffen und Torpedorohre nicht mehr einsetzbar sind, beabsichtigt sein Kommandant zur Reparatur Brest anzulaufen. Doch nordwestlich Ushant wird U 971 zuerst von einer Liberator der 31. (tschechischen) Sqdr. RAF angegriffen und anschließend von einem kanadischen und einem britischen Zerstörer mit Wabos eingedeckt. Ein versuchter Angriff von U 971 schlägt fehl, da die Torpedos sich als Rohrläufer erweisen und nicht abgeschossen werden können. Das Boot hat starke Leckagen erlitten, in der Zentrale stehen die Männer schon bis zu den Knien im eindringenden Wasser. Mit der letzten Preßluft schießt U 971 an die Oberfläche, die Besatzung wird von einem Kugelhagel empfangen, bis das Boot sinkt.

In der Norwegensee geht an diesem Tage wieder ein Boot verloren, das in den Atlantik auszubrechen versucht. Diesmal ist es die Canso „P" der 162. Sqdr. RCAF, die auf ihrem Rückflug zu ihrer Flugbasis Wick nordwestlich von Bergen das an der Wasseroberfläche befindliche U 1225 (IXC/40) erspäht. Beim Angriff der Maschine wehrt sich U 1225 mit seinen Fla-Waffen, schießt den linken Motor des heranstürmenden Flugzeuges in Brand, versucht mit einer plötzlichen Kursänderung den Bombenwürfen zu entkommen. Obwohl der kanadische Pilot nur mit Mühe seine Maschine in der Luft halten kann, trifft er das U-Boot vernichtend. Von den 56 Mann von U 1225 gelangen die meisten aus dem Boot und schwimmen im Wasser.

An der brennenden Tragfläche der Canso bricht der Propellermotor heraus. Sie muß notwassern. Die achtköpfige Flugzeugcrew verbringt 21 Stunden in ihrem Schlauchboot, wobei vorerst nur jeweils vier Personen abwechselnd darin sitzen, während die anderen vier sich von außen daran festhalten. Nach einer Weile finden alle acht Flieger dichtgedrängt im Schlauchboot Platz und können sich gegenseitig vor der Kälte schützen. Am darauffolgenden Tag macht eine patrouillierende Catalina der 333. (norwegischen) Sqdr. RAF die Flieger in ihrem Schlauchboot aus, und eine Meile von ihnen entfernt beobachtet man aus der Kanzel heraus einen Pulk von 35 bis 40 Überlebenden des U-Bootes, die im Wasser um ihr Leben kämpfen. Um 11 Uhr des 25. Juni wirft eine Wellington ein Rettungsfloß beim Schlauchboot ab, doch die Unterkühlten im Schlauchboot machen keine Anstalten, das Floß zu erreichen. Um 15 Uhr landet ein Wasserflugzeug der britischen Luft-See-Rettungsgruppe. Zwei Flieger sind an Erschöpfung gestorben, der Pilot der Canso „P" stirbt unmittelbar nach der Bergung. Deutscherseits fand keine Rettungsaktion für die Schiffbrüchigen von U 1225 statt, keiner brachte ihnen ein Floß, sie wurden ihrem qualvollem Schicksal überlassen. Dem britischen Piloten wird für sein vorbildliches Verhalten während des Angriffs und im Schlauchboot postum das Viktoriakreuz verliehen, auch den Crewmitgliedern werden Orden zuteil.

Im westlichen Eingang des Ärmelkanals nimmt das Sterben deutscher U-Bootsbesatzungen weiter seinen Lauf. Dort hatten U 269, U 621, U 275, U 764, U 953, U 984 bis zum 14. Juni erfolglos versucht, Zerstörer anzugreifen. Einige Boote stehen dort seit Mitte des Monats an den alliierten Schiffahrtswegen, aber auch die gegnerischen Zerstörergruppen sind dort präsent. Südöstlich Start Point erhielt in der Frühe des 25. Juni eine Fregatte der 5. Geleit-Sicherungsgruppe Fühlung zu U 269 und verfolgte es mit Wabos. U 269 kam, obgleich tödlich beschädigt, noch einmal an die Wasseroberfläche, bis es endgültig von den Fluten verschlungen wurde (15 Tote). U 984 kann die „Goodson" torpedieren, die zur 5. Geleit-Sicherungsgruppe gehört. Während die übrigen Schiffe dieser Gruppe die „Goodson" sichern, übernimmt die 1. Geleit-Sicherungsgruppe die Verfolgung von U 984. Statt auf U 984 stoßen sie südöstlich Torquay auf das sich in 50 m Tiefe fortbewegende U 1191 (VIIC). Nachdem das Boot mit einem tödlichen Hedgehog[1]-Angriff belegt wird, läßt ein groß aufquellender Ölfleck keine Zweifel mehr an dem Ende von U 1191 und den 50 Männern seiner Besatzung übrig.

Bis Ende des Monats werden noch weitere U-Bootsopfer eingefordert. Nordwestlich der Bloody Forelands (Nordirland) schicken am Morgen des 26. Juni britische U-Jagd-Schiffe nach drei Hedgehog-Angriffen U 719 (VIIC) und seine 52 U-Bootsmänner auf den dort über 600 m tiefen Meeresgrund.

Die Norwegensee holt sich nordöstlich der Shetlands das nächste U-Boot, als

1) Igel (Wasserbomben-Salvenwerfer)

Fl.Lt. Geoffery Parker mit seiner consolidated Liberator „N" der 86. Sqdr. RAF zwei Angriffe auf ein aufgetaucht fahrendes VIIC-Boot fliegt. Beim zweiten Anflug detonieren die drei abgeworfenen Wabos entlang der Steuerbordseite des mit Höchstfahrt laufenden Bootes. Das U-Boot wird auf die Backbord-Seite geworfen und sinkt auf Position 62°03'N/01°45'O. In dem sich ausbreitenden Ölteppich treiben etwa 15 Männer, Tote wie Lebende. Der Anblick wird diesen sensiblen Piloten und seine Fliegerkameraden noch lange über den Krieg hinaus beschäftigen. Immer wieder werden sie sich fragen, ob einige der U-Bootsmänner wohl überlebt haben könnten. Erst Ende 1985 wird der mittlerweile 73jährige Parker vom Verfasser erfahren können, daß keiner der 50 Männer des Bootes mit dem Leben davongekommen ist und daß es sich bei dem von ihm versenkten U-Boot um U 317 handelt, welches zu seiner ersten Unternehmung ausgelaufen war.

Sachverständige haben inzwischen das beschädigte U 998 begutachtet, das sich nach der schweren Attacke der Mosquito „H" vor 11 Tagen nach Bergen geschleppt hatte, und sind zu dem Schluß gelangt, daß sich die Reparatur nicht mehr lohnt. So wird U 998 am 27. Juni 1944 offiziell außerdienstgestellt. Damit kann der norwegische Leutnant, der das Boot mit seiner Mosquito gebombt hatte, in der Tat für sich in Anspruch nehmen, U 998 außer Gefecht gesetzt zu haben.

An der Invasionsfront gelingt es U 988, zwischen dem 27. und dem 29. Juni die Korvette „Pink" und zwei Dampfer zu versenken. – Doch zu welchem Preis? Wenig später wird es selbst im Kanal westlich Guernsey von den britischen Eskortschiffen „Essington", „Duckworth", „Domett" und „Cooke" der 3rd Support Group versenkt (Totalverlust/50 Tote). Mit diesen Eskortern, die es verstehen, erfolgreich ein deutsches U-Boot zur Strecke zu bringen, wird es später auch U 995 vor Murmansk zu tun bekommen.

Das letzte U-Bootsopfer im Juni 1944 nimmt sich wieder die Norwegensee.

Nordöstlich der Färöers kommt am 30. Juni U 478, eines der in den Atlantik marschierenden VIIC-Schnorchelboote, in Sichtweite der Canso „A" der 162. Sqdr. RAF. Die Maschine dreht zum Angriff auf das Boot zu, doch der Bombenschacht läßt sich nicht öffnen. Der Pilot ruft die Liberator „E" herbei, die um 21.15 Uhr zur Stelle ist und U 478 mit sechs gut sitzenden Wabos überfällt. Während das schwer getroffene U 478 sich anschickt, über das Heck zu versinken, hebt sich sein Bug noch ein letztes Mal wie ein Mahnzeichen steil aus dem Wasser. Einige U-Bootsmänner und zwei Schlauchboote sind vom Flugzeug aus über der Untergangsstelle zu sehen, aber Überlebende wird es nicht geben. Mit U 478 wird auch das letzte Häuflein seiner 52 Seelen zählenden Besatzung alsbald vom Angesicht der in diesen Tagen grausamen Norwegensee getilgt sein.

Auch in den kommenden Monaten wird sich der Niedergang der deutschen U-Boote unaufhaltsam fortsetzen. Die hohen Verlustziffern ignorierend, schickt Admiral Dönitz seine U-Bootsfahrer mit nebulösen Durchhalte-Appellen „für Führer, Volk und Vaterland" fortwährend in den Untergang.

*

Einige neue Besatzungsmitglieder wurden auf U 995 abkommandiert. Als Ersatzmann für den ins Lazarett verfrachteten Bootsmaaten Sachse ist Bootsmaat Josef Klapf an Bord von U 995 gekommen. Klapf hatte zuvor bei den Howaldtswerken in Kiel die Baubelehrung für das VIIC-Boot U 393 mitgemacht. Der Kommandant von U 393, Olt.z.S. Radermacher, war vormals Obersteuermann auf U 96 gewesen und hätte den zuverlässigen und beschlagenen Klapf gerne als seine Nr. 3 behalten wollen, aber U 995 braucht vorrangig eine neue Besetzung. Die Nr. 3 ist sozusagen der Hausmeister an Bord, für alle Waffen zuständig und für die Torpedo-Übernahme und -Abgabe. Es spricht für die Fähigkeiten von Klapf, daß er ohne Bootsmaatenschule direkt aus dem Mannschaftsdienstgrad heraus zum Unteroffizier befördert worden ist. Köhntopp ist erfreut, so einen fähigen Mann in seine Besatzung aufnehmen zu können. Während der Werftliegezeit in Drontheim zeigt Klapf sogleich Eigeninitiative, indem er sich als neuer Richtschütze eingehend mit der störanfälligen 3,7-cm-Flak beschäftigt. Die Rohre der „3,7" wurden von der Firma Rheinmetall gefertigt, die Lafette stammt dagegen vom Schweizer Oerlikon-Konzern. Im Gegensatz zu den 2-cm-Flaks, die einen Dreh-Verschluß aufweisen, besitzt die Waffe einen vertikal arbeitenden Schwingteil-Verschluß und ist im Grunde nicht für einen Tauchbetrieb geeignet. In der Regel behelfen sich die Bootsbesatzungen damit, daß sie kräftig in irgendeinen Schmierfetteimer hineinlangen und damit den Verschluß gegen Korrosion dick einquasten. Das führt im Zusammenwirken mit Seewasser zur Verharzung und infolgedessen zu anfänglichen Funktionsstörungen, so daß die „3,7" meistens erst nach dem zehnten Schuß gängig wird. Klapf gelingt es, einen „Silberling"[1)] zu bewegen, mit ihm zusammen an Bord von U 995 die komplexe Waffenautomatik neu zu justieren. Zudem beschafft er sich seewasserbeständiges Fett. Diese Maßnahmen werden sich späterhin als außerordentlich nützlich erweisen.

Alle an Bord von U 995 haben mehr denn je vollstes Vertrauen in ihren „Alten" entwickelt; denn er hat das Boot in den kritischen Momenten im wahrsten Sinne des Wortes „aus dem Feuer gerissen". Köhntopp ist ein Seemann alter Schule mit dem notwendigen Augenmaß, verständnisvoll, wenn es um persönliche Sorgen und Nöte des einzelnen geht, gerne für ein Späßlein zu haben, aber darüber hinaus trimmt er unentwegt das Boot und seine ihm anvertrauten Männer bis zum Äußersten – wenn es erforderlich ist, auch mit autoritärer Strenge. Für die Mannschaftsdienstgrade hat er geradezu den Status einer vorbildlichen Vaterfigur erlangt, seine Wachoffiziere müssen sich gegenüber seinem starken Naturell mitunter etwas zurücknehmen. Betreffend des WOs Böhm kommt hinzu, daß Köhntopp längst erkannt hat, „wie der Hase läuft" bei den Verantwortlichen des Dritten Reiches und diesbezüglich eine kritische Haltung hat. Lt.z.S. Böhm, vor dem ihn sein Crewkamerad von Trotha warnte, aber ist infiltriert vom großdeutschen Gedankengut und gilt als „Polit-Offizier".

Am 29. Juni 1944 sind die Reparaturarbeiten für U 995 abgeschlossen. Da wird in einem Torpedorohr ein Holzkeil entdeckt, der das Öffnen der Torpedo-

1) Ingenieur in Uniform mit Silberpaspelierung

klappe verhindern würde. Ein Sabotageakt, mutmaßlich des norwegischen Werftpersonals. Einen Tag später legt das grundüberholte Boot um 5.30 Uhr in Drontheim ab und fährt im Geleit durch den Drontheim-Fjord, passiert Frohavet. Im Seegebiet bei Halten wird gegen 6.00 Uhr nach vorheriger Verständigung mit dem Geleitschiff ein Prüfungstauchen angesetzt, um die volle Funktionstüchtigkeit des Bootes für die Tauchfahrt zu erproben. Gleichzeitig soll das Boot neu eingesteuert werden, um den Gleichgewichtszustand unter Wasser herzustellen. Allein der Veränderung des Salzgehaltes in diesem Teil des Meeres muß Rechnung getragen werden, indem entsprechend Seewasser zuzufluten ist. Zum anderen dient das Manöver der Besatzung, sich nach längerer Zeit erneut dem exakten Ablauf des Tauchvorganges anzupassen.

Nachdem sich nunmehr wieder der eiserne Lukendeckel über den Männern schließt, läuft alles Weitere wie bei einem Alarm ab. Das Prüfungstauchen ist bereits durch den Zentralemaaten vorbereitet worden, indem die theoretisch errechneten Wassermengen durch Fluten oder Lenzen der Trimm- und Regelzellen eingeregelt wurden. Im Maschinenraum schrillen die Maschinentelegraphen. Im Dieselraum gibt es kein Zurufen, alles geschieht durch optische Anzeige und Handzeichen. Nachdem die Diesel abgestellt, ihre Abgas- und Zuluftkanäle geschlossen, ihre Kupplungen von den Wellen getrennt werden, schalten die E-Maschinisten die elektrischen Fahrmotoren auf die hintere Stevenwelle.

Als die Tauchklarzustände von Vor- und Hinterschiff zur Zentrale, dem Hirn und Nervenzentrum des Bootes, durchgegeben werden, meldet der Leitende Ingenieur an den Wachoffizier: „Klar zum Fluten."

Die Zentralegasten Scheel und Marx reißen an dem Flutgestänge für die Schnellentlüftungen. Einige Entlüftungen werden über Hebel gezogen, einige müssen aufgedreht werden. Mit donnerähnlichem Geräusch fährt der Wasserschwall in die Tauchtanks, drückt die bislang dem Boot Auftrieb verleihende Luft durch die offenen Entlüftungsöffnungen hinaus. Eigenständig legen die Tiefenrudergänger die Tiefenruder vorne in Hartlage nach unten, hinten um zehn Grad. Das Boot kippt vorn nach unten. Das Oberflächenwasser umgurgelt den Turm. Noch ein kurzes Brausen aus der hinteren Tauchzelle, die als letzte geflutet wird. Etwas später noch das Preßluftzischen, während die Untertriebszellen ausgedrückt werden. Dann verebbt plötzlich das letzte Brodeln und Rauschen, das Lärmen und Tosen, das Schäumen und Zischen. Selbst das Rundfunkgerät schweigt, da die Funkwellen seine Antenne nicht mehr erreichen.

In der Zentrale herrscht eine absolute Stille. Nur von achtern ist wie das sanfte Geriesel eines fernen Waldbrunnens der elektrische Fahrmotor zu vernehmen.

Die Tiefenruder werden nun nach oben gelegt. Die dynamischen Anströmkräfte, erzeugt von der Fahrgeschwindigkeit des Bootes, bewirken, daß U 995 allmählich achterlastig wird. Luftblasen, die bislang in den hinteren Nischen der Tauchtanks festsaßen, entweichen nun mit einem leisen Glucksen.

„Boot ist durchgependelt", meldet der Leitende dem Kommandanten, worauf dieser „Entlüftungen schließen!" befiehlt. Jetzt werden die oberen Öffnungen der mit Seewasser gefüllten Tauchtanks geschlossen, so daß nun jederzeit wieder Druckluft zum Auftauchen hineingegeben werden kann. Beim Anblasen kann nunmehr die Luft nicht nach oben entweichen, sondern sie drückt dann aufgrund ihrer gegenüber dem herrschenden Wasserdruck höheren Druckenergie das Wasser aus den unteren, offenen Flutklappen hinaus. „Auf Sehrohrtiefe einsteuern!" sagt der Kommandant. Der Wachoffizier klimmt die Leiter zum Turm empor, übernimmt die Sehrohrwache. Der Kommandant läßt das Boot „kleine Fahrt" machen. Der LI läßt 120 Liter in die Regelzellen zufluten und 40 Liter von der hinteren in die vordere Trimmzelle pumpen. Sein Zentralemaat protokolliert die Mengen peinlichst genau in sein Tauchtagebuch.

Der „Leitende" heftet seine Augen auf den „Papenberg". U 995 hat noch das Bestreben, leicht zu steigen: „Beide Ruder Mittlage!" gibt der LI seine Anweisung. Jetzt hält sich U 995 horizontal im Schwebezustand auf gleichbleibender Höhe. Der „Leitende" strahlt leidliche Zufriedenheit aus, tritt an die Bordsprechanlage und gibt durchs Boot: „Klar bei Peilen!"

Im Vor- und Achterschiff werden die Kappen für die Peilrohre abgeschraubt, die Markierungen der messingenen Peilstäbe zwecks besserer Ablesbarkeit mit Kreide eingerieben. Der LI beobachtet gespannt die Wasserwaage, wartet, bis das Boot still in der Horizontallage liegt, ruft dann: „Aaachtung: Null!"

Im selben Atemzug werden die Peilstäbe auf Böden der Zellen hinabgesenkt. Dann laufen die Meßergebnisse in der Zentrale ein. „Torpedozelle eins: fünfhundertsechzig Liter." „Torpedozelle zwei: sechshundert Liter." Der Zentralemaat trägt die gepeilten Volumina in seine Kladde ein, vergleicht die Werte mit den theoretisch vorgegebenen. Der Leitende meldet seinem Kommandanten durch das vordere Kugelschott die Einsteuerungsdifferenz: „Boot einhundertzehn Liter zu leicht; vierzig Liter achterlastig."

Der Kommandant läßt nun tieftauchen, um für alle Eventualitäten gewappnet zu sein. Wieder heften sich besorgte Blicke auf die Tiefenmanometer. Hat das Boot unter den Bomben derart gelitten, daß es eventuell ...? Keiner mag den Gedankenfaden zu Ende spinnen. Jeder erlebt es erneut auf seiner Station: das gelegentliche Knacken und Knirschen in den Bootsverbänden. Im graufahlen Licht sieht man die Blässe im Antlitz des Kameraden. Es ist sehr still im Bootsinneren geworden. Plötzlich wird Wassereinbruch im Achterschiff gemeldet. Unter dem Kiel, dessen sind sich alle bewußt, lauert die Ureinsamkeit der Tiefe ... „Wassereinbruch behoben", wird die Meldung von hinten durchgegeben ...

U 995, das mit kleiner Fahrtstufe durch das Wasser gleitet, hat die erforderliche Druckprobe bestanden und die Besatzung hat nunmehr die Hoffnung – vielleicht kann es sich als eine trügerische erweisen –, daß das Boot wieder den Erfordernissen des Kriegseinsatzes standhalten werde. – „Klar zum Auftauchen!" befiehlt Köhntopp mit sichtbarer Genugtuung.

An den Dieseln öffnen die Gasten die Indikatorhähne zu den einzelnen Zylinderräumen, die Maaten die Anlaßluftventile. Über den Anlaßluftverteiler zischt Preßluft im Zündfolgerhythmus auf die im oberen Totpunkt stehenden Kolben, läßt den Verbrennungsmotor durchtörnen und gleichzeitig die eventuellen Wasserrückstände entweichen. Es muß immer damit gerechnet werden, daß Wasser aus dem Abgaskanal in einzelne Zylinder gedrungen ist. Da eine Wasserfüllung nicht komprimierbar ist, würde es sofort zum Pleuelstangenbruch führen, sollte der Diesel zünden. Nach dem Durchspülen mit Luft werden die Indikatorhähne wieder geschlossen. „Denk' an das Wort Bowle!" ruft der Dieselobermaat seinem Gasten zu.

„Na klar, Herr Obermaat!" Der Gefreite grüßt herüber und leiert dann herunter: „Brennstoff, Öl, Wasser, Luft, Elektrik." Währenddessen öffnet er die Kraftstoffzufuhr zum Tagestank, die Ventile für Kühlwasser, schaltet die Ölwege. „Strom und Anlaßluft sind schon klar." Dann werden die Diesel klar zum Auftauchen gemeldet.

Am Anblaseverteiler in der Zentrale, an Bord „Tannenbaum" genannt, wird das Hauptanblaseventil aufgedreht. Druckluft faucht in die Tauchtanks. Als das Turmluk frei von Wasser ist, heißt es: „Festblasen!" woraufhin das Anblaseventil zugedreht wird. Die Seewache hat sich bereits klargemacht. Um Druckausgleich herzustellen, wird das Diesel-Kopf- und Fußventil geöffnet. Der Wachoffizier drückt den Turmlukdeckel auf und entert als erster auf die Brücke. Ihm folgt die Seewache auf dem Fuße. Hinten röhren die Diesel auf. Als das Manometer für den Dieselausblasedruck den vollen Abgasdruck anzeigt, läßt der LI die Tauchzellen mit dem fetthaltigen Abgas ausblasen, um den Stahl zu konservieren.

Nach dem Ausblasen kommt der Befehl vom Kommandanten: „Wegtreten von Tauchstation!" Bevor er zur Brücke aufsteigt, blickt er wohlwollend in die Runde und meint: „Scheint ja wieder zu klappen mit uns."

Solange U 995 im Geleit fährt, geht es an Bord geruhsam zu. Erst um die Mittagszeit wird das Boot vom Geleit entlassen. Mit Kurs 350° setzt es sich rasch von der Küste ab. Am folgenden Morgen hat es 67° nördlicher Breite passiert. Am Nachmittag macht es zwecks Reparatur des Funkmeßgerätes in Narvik fest.

Nur zwei Tage verbleibt U 995 in diesem norwegischen, am Ofot-Fjord gelegenen Erzhafen, der vier Jahre zuvor von Briten und Deutschen heftig umkämpft worden war. In diesem ganzjährig eisfreien Hafen hat die Erzbahn ihre Endstation. Von hier werden derzeit Erze aus den schwedischen Gruben für die Rüstungsindustrie in Deutschland verladen, das nicht zuletzt für den U-Bootsbau Verwendung finden soll. Der von trostlosen Berghängen umgebene U-Boots-Stützpunkt liegt gegenüber Narvik in Ankenäs.

Hier ist die 14. U-Flottille beheimatet. Die Besatzung von U 995 hat Gelegenheit, auf dem Wohnschiff „Stella Polaris" an einem kurzen Umtrunk teilzunehmen.

In Narvik existieren keine U-Boots-Bunker wie in Drontheim oder Frankreich. Lediglich die örtlich vorhandene kleine Werft kann genutzt werden. Als schwimmende Werkstatt und Lagerschiffe sind zusätzlich zwei ehemalige Schiffe der Hamburg-Amerika-Linie vorhanden: die „Neumark" und die „Huascaran". Diese Schiffe und ein ebenfalls vorhandener Tanker sind mit deutschen Zivilbediensteten besetzt.

Unweit der „Stella Polaris", gegenüber der Erzpier, liegt am Kopf einer kurzen Brücke der vormals zu Repräsentationszwecken genutzten Aviso „Grille" mit seinem ausladenden Klipperbug. Auf diesem einstigen Luxusschiff, zugleich Führerjacht, von der „Deutschlands größter Feldherr" seine Siegesparaden abnehmen wollte, ist die Befehlsstelle eingerichtet. Führungs- und Funkeinrichtungen und Lagezimmer stehen dem FdU Norwegen zur Verfügung. Als der Kommandant dort zur Berichterstattung erscheint, erinnert er sich unwillkürlich, wie sich die Dinge gewandelt haben. Noch am 22. 7. 1939, wenige Wochen vor Kriegsbeginn, trafen im üppigen Salon dieses Schiffes die höheren U-Bootsoffiziere mit Großadmiral Raeder zusammen. Hier wurden sie damals von Hitlers Weisung unterrichtet, daß Deutschland unter keinen Umständen in den Krieg eintreten würde. – Schade, denkt der Kommandant, daß man den politisch Verantwortlichen nicht einer Zuverlässigkeitsprüfung unterziehen kann, wie man sie dem U-Boot und seiner Besatzung abverlangt ...

Am Abend des 3. Juli legt U 995 nach kurzem Aufenthalt im Stützpunkt Narvik zu seiner zweiten Unternehmung ab, marschiert über Bogenfjord, Lödingen, Harstadt und Toysundet, ehe es sich nordwärts von der Küste absetzt. Das Boot soll zu der U-Bootsgruppe „Trutz" aufschließen, die als Vorpostenstreifen in der Nähe der Insel Jan Mayen die alliierten Geleitzüge nach Murmansk abfangen soll.

Nachmittags des folgenden Tages wird eine einsame deutsche Arado 196 ausgemacht, die ihre Kreise über dem Ausgang des Anjefjords zieht. Aus dem Küchenverschlag im Achterschiff riecht es verlockend nach gebratenen Hähnchen; es ist am ersten Abendessen nach dem Auslaufen gewohnte Tradition in der U-Bootswaffe. Dann steckt Feigenbutz, der Smut, seinen verschwitzten Kopf aus dem Kombüsenschoff heraus, gibt dem Backschafter das Zeichen, die Menage aufzutragen. Bei dem leichten Seegang haben diese es nicht schwer, sich mit Teekesseln und der „Barkasse", jenem eimerartigen Gefäß, bis in den Bugraum vorzuarbeiten, Geschirr und Bestecke werden aus den Backspinden entnommen. Einer ruft: „Radio einschalten oder Platte auflegen!"

Bald darauf ertönt aus dem Horchraum, wo sich der Radioempfänger und der Plattenspieler befinden, die verheißungsvolle Stimme von Rosita Serrano: „Roter Mohn ..." Als die „chilenische Nachtigall" verstummt ist, legt der Funker Heinz Rühmann auf: „Das kann doch einen Seemann nicht erschüttern ..."

„Typischer Durchhaltesong", meldet sich Seemann Geißler, „laß den Funkenpuster doch mal Zara Leander auflegen: „Es wird noch mal ein Wunder gescheh'n ..."

U 995 steht im Planquadrat AB 9861, als oben auf der Brücke ein U-Boot ausgemacht wird. Einwandfrei deutsche Silhouette. Beim Näherkommen stellt sich heraus, daß es das zur Gruppe „Trutz" gehörige U 742 ist. Freundliche Wünsche werden ausgetauscht, ehe sich die Boote wieder voneinander entfernen. Keiner auf U 995 ahnt zu diesem Zeitpunkt, daß ausgerechnet sie es sind, die U 742 zum letzten Mal sehen. Dem Boot und seiner gesamten Besatzung bleibt noch eine Frist von zwei Wochen. Dann wird es unter dem Bombenteppich eines Catalina-Flugbootes seine Fahrt beenden und für immer versinken.

Um 20.15 Uhr taucht U 995. Köhntopp will auf „Nummer sicher gehen" und läßt unter Wasser Störungsexerzieren ansetzen. Um 24 Uhr wird in AB 9766 aufgetaucht. Mit Marschfahrt strebt das Boot nach AB 88. Zwölf Minuten darauf muß vor einem Flugzeug alarmgetaucht werden. Um 4 Uhr ist U 995 wieder auf der Meeresoberfläche, um seinen Überwassermarsch fortzusetzen.

Um 10.33 Uhr weist der FdU-Norwegen die 12 Boote der Gruppe „Trutz" in die einzelnen Angriffsräume ein: U 312 (Olt.z.S. Herrle) in AA 6944, U 716 (Olt.z.S. Dunkelberg) in AA 6992, U 992 (Olt.z.S. Falke) in AB 7143, U 365 (Kptl. Wedemeyer) in AB 7416, U 965 (Olt.z.S. Unverzagt) in AB 7511, U 636 (Olt. z.S. Schendel) in AB 7574, U 956 (Kptl. Mohs) in AB 7592, U 361 (Kptl. Seidel) in AB 7866, U 921 (Olt.z.S. Werner) in AB 7956, U 347 (Olt.z.S.d.Res. de Buhr) in AF 1327, U 995 (Kptl. Köhntopp) in AF 2119, U 742 (Kptl. Schwassmann) in AF 2421. Die Boote sollen damit eine schräg über das Nordmeer gestellte Standlinie bilden.

Neun Minuten, nachdem U 995 den Funkbefehl aufgenommen hat, stellt sich eine Naxosortung ein. Erneutes Alarmtauchen.

Nur keine Müdigkeit aufkommen lassen. Um 13.50 heißt es frisch-fröhlich: „Boot klarmachen zum Auftauchen!" U 995 kann gut zwei Stunden lang ungeschoren seinen Überwassermarsch fortsetzen. Tiefhängende Wolken lassen nur mäßige Sichtverhältnisse zu. Dann piept es im Naxos-Gerät. Ortung! Oben auf dem Turm ist noch nicht die Spur von einem Flugzeug zu erkennen.

Mit schrillenden Alarmglocken steuert U 995 die Tiefe an. Dem Kommandanten geht es nicht schnell genug, denn der Zeiger auf dem Tiefenmanometer klettert nur träge. „Räume voraus!" brüllt er, denn das Boot ist nicht vorlastig genug. Doch jetzt fällt er rapide auf eine Tiefe von 100 Metern. Keine Sekunde zu früh! Die Feindmaschine widmet U 995 sechs Wabos. Ein markerschütterndes Dröhnen. Wieder schüttelt eine Riesenfaust das in der Tiefe schwebende Boot. Da ist wiederum jene schutzlose Nacktheit gegenüber der Kriegsfurie, die einem nach dem Leben trachtet. „Wie verraten und verkauft", sagt einer der Männer mit bitterem Ton.

*

Was jeder an Bord ahnt, sollte sich Jahrzehnte nach dem Kriege bewahrheiten, nämlich daß der britische Nachrichtendienst genauestens über die Aktivitäten der Wehrmacht unterrichtet war. Seit 1941 sind die Briten in der Lage, den verschlüsselten Funkverkehr der Kriegsmarine zu dechiffrieren. Es ist ihren Abhörexperten gelungen, den Geheimkode der von deutschen Schiffen und Booten verwendeten Funkschlüsselmaschine M zu knacken, nicht zuletzt deshalb, weil ihnen zuvor die Schlüsselmaschine „Enigma" von Bord des gekaperten Bootes U 110 in die Hände gefallen war.

Mit einer Verzögerung von ein bis zwei Tagen können ihre Kryptologen des „Operational Intelligence Centre" ihrer Admiralität die im Polarmeer und im norwegischen Küstengebiet abgegebenen Funksprüche vorlegen. Doch nicht nur dies! Die zwischen den norwegischen Stützpunkten und der deutschen Seekriegsführung über Land-Drahttelefonie abgewickelten Gespräche werden auch mitgehört. Das meiste, was zwischen dem Marinegruppenkommando Nord in Kiel und dem Kommandierenden Admiral Norwegen in Oslo, den Admiralen und Befehlshabern in Narvik und anderen Stützpunkten telegrafiert oder über Fernschreiber übermittelt wird, läuft über Drahtverbindungen, die über schwedisches Territorium verlegt sind. Die zur englischen Seite hin tendierenden schwedischen Nachrichtendienstler hatten ihrerseits bereits seit langem den „Siemens Geheimschreiber" entschlüsselt und teilen munter die deutschen Operationsbefehle dem norwegischen Militärattaché mit, der wiederum seinen englischen Kollegen in London informiert. Egal, ob fortan deutsche Bomber über den Ärmelkanal flogen, sie wurden von englischen Abfangjägern schon erwartet, ob deutsche U-Boote ausliefen, U-Jagdgruppen empfingen sie. Ob das deutsche Minenschiff „Ulm" im August 1942 sich auf den Weg nach Kap Zelaniga machte, der Gegner hatte es per Funkentzifferung erfaßt und versenkt. Ob das Schlachtschiff „Scharnhorst" im Dezember 1943 zu einem Angriff gegen den alliierten Konvoi JW. 55 B auslief, der Gegner war durch die abgefangenen Funksprüche informiert und übermächtig zur Stelle, um es zu versenken. Ob es sich um den großangelegten Flugzeugeinsatz der „Fleet Air Arm" im April gegen die im Atta-Fjord ankernde „Tirpitz" handelte, all das basierte auf Entzifferungen deutscher Befehlsübermittlung. Und ebenso ist dies nicht nur im Nordmeer der Fall, sondern im Atlantik und auf allen Meeren, wo deutsche Kriegsschiffe operieren. Auch die deutschen U-Bootsfahrer werden weiterhin in eine für sie aussichtslose Schlacht geschickt, weil ihre Führung in vermessener Weise ihr Chiffriersystem als das Nonplusultra und absolut schlüsselsicher ansieht. Doch die Männer an der Front müssen die bittere Erfahrung machen, daß die britischen Flakoffiziere, Konvoi-Führer und Flugzeugstaffeln über den Aufenthaltsort ihrer Boote offenbar informiert sind.

*

Gegen 21.00 Uhr steigt Köhntopp in die Zentrale: „Na, Männer! Dann woll'n wir mal wieder … Klar zum Auftauchen!"

16 Minuten lang ist U 995 an der Oberfläche, als aus dem Funkraum durchgegeben wird: „Ortung in zwohundert Megahertz." Mit Alarm geht es wieder in den Keller. Erst um Mitternacht steigt das Boot auf eine Tiefe von 30 Metern.

Ab zwei Uhr wird aufgetaucht gefahren. Aufmerksam beobachten die Brückenposten See und Himmel. Vier Mann tasten mit den Augen unablässig ihre Sektoren von 90° ab. Der Kampf der VIIC-Boote ist ein Sichtkrieg geworden. Der Gegner hat die besseren Ortungsgeräte, die Männer auf den U-Bootstürmen müssen, wollen sie überleben, die besseren Augen haben. Zusätzlich hat der Kommandant einen Fünften hochgeschickt, dessen Aufmerksamkeit dem Himmel gilt. Es hatte sich im Laufe des Krieges erwiesen, daß die Zeiss-Doppelgläser den britischen weit überlegen sind. Obwohl die Sichtweite durch den niedrigen U-Bootsaufbau begrenzt ist, können die Ausgucks meistens gegnerische Schiffe schon erkennen, bevor sie selbst optisch von feindlichen Ausgucksposten erfaßt werden. Doch was vermögen die U-Bootsmänner den gegnerischen Radarpeilungen entgegenzusetzen?

Das Turmluk ist geöffnet. Etwas über eine Stunde fährt das Boot bereits über Wasser, als der vordere Brückenposten ruckartig herumfährt. „Treibende Mine! Da! Da!" Sein Arm weist den I.WO ein. Das Boot läuft ihr genau entgegen. Allen, die in der Turmwanne stehen, stockt der Atem. „Ruder hart Steuerbord!" brüllt der Wachoffizier dem Rudergänger im Turm zu.

Sekunden werden zur Ewigkeit. Das Teufelsei dümpelt unaufhörlich heran. Schafft das Boot es noch rechtzeitig? Langsam schwenkt der Bug ein, viel zu langsam. Sie wird auf den Backbord-Satteltank prallen ... oder das Heck treffen. Nein, sie wandert achteraus! Knapp eine Stunde später wird der nächste Fliegeralarm ausgelöst. „Flugzeug rechtsweisend zwanzig Grad!" ruft der Brückenposten. Diesmal ist es der II.WO, der den Alarm auslöst. Das Flugzeug, es handelt sich um eine große Fernkampfmaschine vom Typ Liberator, ist schon bis auf wenige tausend Meter heran.

„Fluten!" Die Entlüftungen knallen auf. Die Tiefenruder kippen das Boot an. Jetzt wird auch die hintere Entlüftung gezogen. Mit äußerster Kraft drücken die auf E-Motoren umgeschalteten Schraubenwellen das Boot hinunter. Rumms! Kurz darauf dröhnen zwei Fliebos im Kielwasser von U 995. Ausfälle sind keine zu verzeichnen. Drei Stunden später wird angeblasen und über Wasser nach AF 2119 zugestoßen. Der Kommandant ist zufrieden. Am letzten Tag konnte das Boot 86 sm über und 18 sm unter Wasser zurücklegen.

Heute ist Donnerstag, also wieder Seemannssonntag. Der Smutje hat sich besonders angestrengt. Schweinebraten mit Rotkohl und Nachtisch, Kaffee und Kuchen gibt es später auch noch.

Nachmittags steht das Boot auf der befohlenen Position. Auf 30 Meter Tiefe wird mit wechselnden Kursen gefahren. U 995 befindet sich jetzt auf der Höhe von Narvik.

Am 9. Juli sieht sich die aufziehende Brückenwache einer veränderten Wetterlage gegenüber. Ein Ostnordost treibt tiefhängende Wolken über die grauschuppige See. Um 6 Uhr befiehlt der Kommandant eine Kursänderung.

Doch was ist das? Das Boot reagiert nicht auf den Ruderbefehl. Der Rudergänger im Turm drückt wiederholt die Druckknopfsteuerung. Rudersager. Was das bedeutet, weiß jeder an Bord. Das Boot könnte keiner anfliegenden Feindmaschine ausweichen.

„Auf Tauchstation!" gibt der Kommandant bekannt. „Wir reparieren unter Wasser." Das Boot wird auf Tiefe gebracht. Der LI und das technische Personal arbeiten fieberhaft, um die Störung zu beseitigen. Nach eineinhalb Stunden haben sie den Schaden behoben. U 995 ist dank des Könnens seiner Besatzung vorerst wieder einsatzfähig.

Zwei Tage vergehen – und nichts passiert. Das Schicksal scheint in dieser Zeitspanne beide Augen zugedrückt gehabt zu haben.

Am 11. Juli wieder Ruderversagen. Doch dieses Mal ist die Störung in einer

Viertelstunde beseitigt. Um 20.33 Uhr geht ein neuer Funkspruch ein. Demnach soll die Gruppe „Trutz" ihre Angriffsräume um 30 sm südlich verlegen.

U 995 erreicht das neu zugewiesene Planquadrat AF 2176 am nächsten Morgen um 8.00 Uhr. Wieder wird mit wechselnden Kursen auf und ab gestanden. Soviel aber die Ausgucks die Kimm absuchen und die Horcher am Gruppenhorchgerät hängen, von einem feindlichen Schiffsverband ist nichts zu entdecken. Trotzdem werden die täglichen Wartungsarbeiten an den Torpedos durchgeführt. An den schweren Kettenzügen wuchten die Männer die „Aale" in den Bugraum, wo sie überprüft, eingefettet und wieder in die Rohre geschoben werden. Das Kommando bei dieser wiederholten Quälerei führt der in Köslin in Pommern geborene Torpedomechaniker Dopke. Er hatte sich Anfang 1942 freiwillig zur Marine gemeldet, obwohl sein älterer Bruder bereits gefallen war. Auch er will seine Pflicht erfüllen und – überleben. Aber er weiß, daß sein Geschick nicht von ihm abhängt, sondern von den Entscheidungen seines Kommandanten und der Offiziere. Mannschaftsdienstgrade können eben nicht das Ruder in die Hand nehmen ...

Draußen herrscht während des ganzen Tages dichter Nebel. Die Sichtweite beträgt zirka 150 Meter. In den Zeiten, da das Boot aufgetaucht fährt, ist es nun besonders hilflos der gegnerischen Ortung preisgegeben. Einem Überraschungsangriff wäre es völlig schutzlos ausgeliefert.

Während der Frühstückszeit am kommenden Morgen gibt es allerdings eine freudige Überraschung, insbesondere für einen der Besatzung. Funker Gürke reicht ein FT rein, darin heißt es: „Kameradschaftsdienst: U 995 für Sanitäts-Obermaat Streicher – Am 2. 7. Sonntagsjunge angekommen, Mutter und Kind wohlauf." Es herrscht eitel Freude bei allen Kameraden.

Über Wasser schwankt das Boot in einer langen Dünung. Immer noch beeinträchtigt dichter Nebel die Überwasserfahrt. Jeden Moment kann aus der milchigen Scheidewand ein Flugzeug hervorbrechen. Mit größter Konzentration wird unablässig Ausguck gehalten.

Kurz nach 13.00 Uhr des nächsten Tages, der Nebel hat sich mittlerweile ziemlich verflüchtigt, sieht der achterliche Ausguck einen rasch größer werdenden Punkt in seinem Quadranten. „Flugzeug in dreihundertvierzig Grad!"

Inzwischen ist bereits der Kommandant auf der Brücke. Nervenaufreibende Sekunden folgen. Die Männer auf der Brücke verhalten sich still und reglos, stehen wie angewurzelt. Mit angekippten Tragflächen kurvt die Sunderland-Maschine heran, und U 995 rauscht wieder einmal in die Tiefe.

Um vier Uhr nachmittags nimmt der Kommandant einen Sehrohrblick, entdeckt im Abstand von 7000 bis 8000 Metern in 400 Meter Höhe eine Maschine im Vorbeiflug. Eine weitere Beobachtung ergibt, daß das Flugzeug Suchkurse in Fahrtrichtung des Bootes abfliegt.

„Da kann doch einer sagen was er will, die da oben kennen unsere Position ganz genau", knurrt Köhntopp. Nach reiflichem Bedenken entschließt er sich, vorerst auf Gegenkurs zu gehen.

Am kommenden Morgen legt der Funker dem Kommandanten ein neues FT vor: „Neuer Angriffsraum ab 14. 7. 12.00 AF 1385 ..." Und von dem alliierten

Konvoi immer noch keine Spur! Weiter treiben die Schraubenpropeller das Boot auf seiner befohlenen odysseischen Fahrt voran. Ab 5.00 Uhr wird über Wasser gefahren.

Um 6.29 Uhr wieder der schauderhafte Ruf: „Fliiieger!"

„Alarm!" In etwa 200 Meter Höhe streicht die viermotorige Maschine heran.

„Fluten!" Blitzschnell weicht die Müdigkeit aus den ermatteten Knochen. „Alle Mann voraus!" Wieder ein Gekrabbel, Gerutsche durch Gänge. Wie ein plumper Riesenfisch fällt U 995 in das schützende Reich der Meerestiefe – und kommt davon! Wieder hatte das Boot eine Schicksalsprüfung gemeistert. Um 10.49 Uhr wird aufgetaucht und um 12.00 Uhr der neue Angriffsraum besetzt.

Im Laufe des 15. Juli 1944 legt U 995 im Planquadrat AF1384 39 sm über und 23 sm unter Wasser zurück.

An diesem Tag wird in der Norwegensee westsüdwestlich von Lindesnes das am 30.12.1943 indienstgestellte U 319 (VIIC/41) mit seiner 51 Mann zählenden Besatzung von der Liberator „E" der 206. Sqdr. RAF versenkt. Es hatte im Juni seine Ausbildung abgeschlossen und wollte zu seiner ersten Unternehmung auslaufen. Die Liberator kehrte nicht auf ihren Einsatz-Fliegerhorst zurück. Vermutlich wurde sie von der Flak des angegriffenen U-Bootes abgeschossen, denn als die Liberator „B" der gleichen Staffel einige Stunden später die Position 57°40'N/05°00'O überfliegt, sichten die Piloten einen großen Ölflecken. Am nächsten Tag birgt an dieser Stelle ein Flugboot des britischen Luft-See-Rettungsdienst die Leiche eines Crewmitgliedes der Liberator „E".

Die ersten Morgenstunden des 16. Juni verbringt U 995 unter der Meeresoberfläche.

Nebelschwaden geistern über das ungastliche Nordmeer, als U 995 um 5.10 Uhr mit steil aufwärtsragendem Bug aus der dunkelheitsumflossenen Tiefe hervorbricht. Während das Wasser aus den seitlichen Speigatten abläuft, ist die Brückenwache bereits aufgezogen. „Das Nordmeer ist ein Schlangennest", schnarrt der II.WO und schlägt den Kragen seiner Lederjoppe hoch.

Ihm obliegt jetzt die Verantwortung. Irgendwie spürt ein jeder an Bord: Der Schwung ist dahin. Nie ein lohnendes Schiffsziel. Dauernd dieses vermaledeite Versteckspiel. Verdrießlich starrt der Wachoffizier zum Horizont. Das sorgsamste Augenmerk ist aber nach wie vor unerläßlich.

Um 5.54 Uhr ist es dann für U 995 wieder soweit. Alarm vor Sunderland in rechtweisend 40°. In 2000 Metern ist die bedrohliche Hornisse im Anflug begriffen. Wieder blakt die Angst auf. Mit Alarm wird das Tauchmanöver eingeleitet. Verwünschungen ausstoßend, steigt der II.WO als letzter ein. Das Wasser schwappt bereits über den Lukenrand. Doch der Lukendeckel klemmt, läßt sich nicht schließen. Irgend etwas liegt auf dem Dichtungsrand. Die allesbeherrschende See spült bereits in die Turmwanne. Unaufhaltsam sackt das Boot weg. Verzweifelt stemmt sich der Wachoffizier gegen den schweren Deckel. Sein Willensakt ist vergeblich. Halb erstickt vor Furcht schießt es ihm durch die Sinne, daß unter diesen Umständen das Boot vollaufen wird. Schlimmstenfalls muß es auftauchen. So und so wäre das aber das Ende. Der Wassersturz prasselt ihm auf Kopf und Nacken. Mit einem dumpfen Knacken rastet plötzlich der Lukendeckel ein. Der Wasserdruck hatte mitgeholfen. Mit knapper Not ist das Schlimmste vorerst überstanden.

U 995 gelingt es wieder einmal, ungeschoren in die Tiefe zu entkommen. Vier Stunden später kann aufgetaucht werden. Als die Brückenwache über die Turmwandung blickt, packt sie im gleichen Augenblick heilloses Entsetzen: Das Boot ist genau neben einer Mine aufgetaucht! Die unsägliche Anspannung löst sich erst, als die treibende Mine achteraus im Kielwasser verschwindet.

Ab 16.00 Uhr hält sich U 995 für den Rest des Tages unter Wasser auf. Kurz nach null Uhr geht ein neues FT ein. Darin heißt es: „Gruppe Trutz Angriffsräume 80 sm in 20 Grad verlegen. Wettermaschine fliegt 17.07. U-Boots-Aufklärung von 2.30 bis 8.30 Uhr. Solange getaucht bleiben." Des weiteren nimmt der Funker eine Mitteilung für das Nachbarboot auf: „U 742 ab 17. Juli 8.00 Uhr Angriff frei gegen Feindboot im alten Angriffsraum."

Das im norwegischen Kaafjord liegende Schlachtschiff „Tirpitz" ist am 17. Juli wieder das Angriffsziel von Flugzeugen, die von Flugzeugträgern gestartet sind. Diesmal kommen sie von den britischen Trägern „Formidable", „Indefatigable" und „Furious", die im Verband mit dem Schlachtschiff „Duke of York", den Kreuzern „Kent", „Devonshire", „Jamaica" und „Bellona" sowie einem Geschwader von Flottenzerstörern und Fregatten der 20th Escort-Group im Nordmeerraum kreuzen. 45 Barracuda-TFBs[1)] sind derzeit im Anflug auf die „Tirpitz", Flankenschutz geben ihnen 50 begleitende Jagdflugzeuge. Sie werden frühzeitig geortet. Die „Tirpitz" nebelt sich ein. Die Flakstellungen sind in Alarmbereitschaft, als die Barracudas eintreffen. Sie werfen ihre Bombenlast auf gut Glück ins Zentrum des dicksten Nebels, wo sie die „Tirpitz" vermuten, erzielen damit jedoch keinen Erfolg. Jetzt hat sich die Annahme der Deutschen bestätigt, daß draußen auf dem Nordmeer ein Trägerverband steht.

Für die wenigen als „Suchharke" aufgestellten Boote der Gruppe „Trutz" bleibt der britische Kampfschiffverband jedoch im Verborgenen. In U 995 hängt die Funkmannschaft am Horchgerät, ohne Anhalte über Schiffsbewegungen erlauschen zu können.

Unterwassermarsch zur neuen Position. Kurz nach 8.00 Uhr wird aufgetaucht. Um 8.16 Uhr neuer Eingang eines FT: „Gruppe Trutz von U 739 bis U 387 sofort mit erhöhter Fahrt Vorpostenstreifen bilden von AB 7618 bis AF 3415. Mit Rücklaufen des Trägerverbandes rechnen." Drei Minuten später kann die Funkmannschaft ein neues FT aufnehmen: „Gegen 2.30 Uhr Luftangriff auf Schlachtschiff „Tirpitz" im Alta-Fjord. Danach Träger im Seegebiet anzunehmen."

Während U 995 mit großer Fahrt auf 90° einschwenkt, sagt im Unteroffiziersraum einer halblaut: „Flugzeugträger – das bedeutet noch mehr Mistbienen gegen uns."

Ungeachtet des dichten Nebels stößt U 995 weiter vor. Nachmittags nur noch vereinzelte Nebelfelder, dafür sorgen tiefhängende Wolken für eine starke Sichtverschlechterung. Um 16.20 Uhr steht das Boot in AF 2344, als ein

1) Torpedo Bomber Fighter (Mehrzweck-Kampfflugzeug für Torpedo- u. Bombenabwurf)

Flugzeug in 350° gesichtet wird. Ortung war nicht erfolgt und der Typ nicht auszumachen, da U 995 rechtzeitig wegtauchte und auf Horchfahrt ging.

Um 21.48 Uhr erschüttern vier Detonationen, je zwei kurz aufeinanderfolgend, das Seegebiet westlich von Narvik. Im Horchgerät werden knackende Geräusche aufgenommen. „Sinkgeräusche", gibt der Horcher weiter.

Mein Gott, jetzt saufen unsere Kameraden drüben ab! Jeder denkt es. U 347 steht U 995 westlich am nächsten. Wie das wohl ist, wenn die Bordwand aufreißt und einem das Unausbleibliche, Unausweichliche in der Feuer- und Wasserhölle entgegenbrüllt ...? Bestürzt denken die Männer an den letzten Kampf ihrer Gefährten. Nur wenige sagen etwas.

„Auf Sehrohrtiefe gehen", befiehlt der Kommandant.

Gegen 22.35 Uhr wieder Detonationen in der Ferne. „Jetzt beharken sie das nächste Boot", sagt der Dieselobermaschinist Peters. Seine „Jumbos"[1)] schweigen, da das Boot unter Wasser fährt.

„Mein Gott!" Vorne im Bugraum sagt es ganz leise der junge Matrosengefreite Günter Schlörit zu seinem Nebenmann Karl Strempel. „Die sind abgesoffen!" Schlörit ist mit seinen 18 Lenzen der Benjamin an Bord, und er hat einen guten Kameraden, der auf U 361 eingeschifft ist, bei dem jetzt seine Gedanken sind. Matrosengefreiter Strempel ist gerade mal fünf Monate älter als Schlörit. Zusammen sind die beiden Jüngsten Anfang Juni an Bord von U 995 gekommen. Jetzt wissen sie, wie schnell es im Kriege kommen kann, vor dem Unerbittlichen zu stehen.

Um 22.35 Uhr werden in U 995 mehrere schwache Detonationen wahrgenommen. Es ist bestimmt ein etwas weiter entfernt zu ihnen stehendes Kameradenboot, das jetzt dem Vernichtungswillen des Gegners ausgesetzt ist. Ein Fünkchen Hoffnung bleibt, daß es ihm zu entkommen gelingt.

Obwohl die Männer von U 995 es spüren, wissen sie nicht, daß ihre schlimmsten Ahnungen eingetroffen sind. – Das Bordbuch der an diesem Tag von P/O Moseley geflogenen Liberator „U" der 86. Sqdr. RAF belegt, daß er auf Position 68°35'N/06°00'O um 21.48 Uhr ein aufgetaucht laufendes U-Boot mit Wasserbomben überraschte, die dessen Rumpf aufrissen. Von den 52 Besatzungsangehörigen des schnell sinkenden Bootes retten sich sechs Männer an die Wasseroberfläche. Moseley und seine Crew sehen das Häuflein zwischen Wrackteilen im ölbedeckten Wasser treiben. Überlebende wird es jedoch keine geben. Da U 347 am nächsten zu U 995 stand und die ersten deutlich vernommenen Detonationen nicht unweit von U 995 erfolgten, ist davon auszugehen, daß U 347 zuerst untergegangen ist.

Denn: Acht Minuten nach der Versenkung dieses Bootes sichtete F/O Cruickshank mit seiner Catalina „Y" der 210. Sqdr. RAF nur einige Kilometer nördlicher von der Stelle, an der die Liberator „U" ihr Boot auf den Meeresgrund schickte, ein weiteres U-Boot und griff es an. Bei der ersten Attacke hatten sich einige Wabos im Abwurfschacht verklemmt. Cruickshank wollte sich die Beute, die sich vor ihm präsentierte, nicht entgehen lassen, flog trotz des

1) Dieselmotoren in der Bordsprache

ihm vom U-Boot aus heftig entgegenschlagenden Flakfeuers einen weiteren Angriff, bei dem sein Navigator sowie vier weitere Crewmitglieder getötet und er selbst schwer verwundet wurden. Obwohl sich das U-Boot mit konzentriertem Abwehrfeuer zur Wehr setzte und mit hoher Geschwindigkeit versuchte zu entkommen, wurde es von den abgeworfenen Wabos zerstört und liegt, vom Tiefendruck zerquetscht, seit wenigen Minuten mitsamt seiner 49köpfigen Besatzung auf dem Grunde des Nordmeeres (Position 68°36'N/09°33'O). Es handelt sich um U 361.

Den Steuerknüppel der dezimierten Catalina-Crew übernimmt F/S Garnett und bringt die schwer beschädigte „Y" zu den Shetlands zurück. F/O Cruickshank lehnt es ab, seine Schmerzen mit Morphium lindern zu lassen, besteht darauf, ohne Betäubungsmittel wieder ins Cockpit zurückgebracht zu werden. Gemeinsam mit seinem Co-Piloten schafft er es, bei Sullom Voe das angeschlagene Flugboot an den Sandstrand zu setzen. Er hat übermäßig viel Blut verloren, muß noch, bevor er ins Lazarett gebracht wird, in der Catalina eine Bluttransfusion erhalten. Für seine Zähigkeit und seinen Wagemut erhält er als vierter Pilot des Coastal Commands das VC[1] verliehen.

*

Am nächsten Tag, um fünf Minuten vor 9.00 Uhr, taucht U 995 auf. Acht Minuten nach neun Alarm vor Flugboot aus Nordwest, obwohl wiederum keine Ortung festgestellt wurde. Es grenzt an Wahnsinn. Kaum an der Oberfläche, da kurvt bereits in 7000 Metern der feindliche Flieger auf das Boot zu. Während das Boot und seine Männer in die Tiefe rauschen, nehmen sie die bange Frage mit sich hinab, welche Wartefrist ihnen noch beschieden sei.

Um die Mittagszeit heißt es „Klar zum Auftauchen!" Ein FT wird aufgenommen: „Wettermaschine meldet 8.17 AF 1920 Seestreitkräfte, 1 Träger, Geleitzug, Gruppe Trutz sofort mit hoher Fahrt Vorstreifenposten verengen von AF 2226 bis AB 7696. Sofort mit hoher Fahrt in 300 Grad abgelaufen." Also strebt U 995 der vorgegebenen Richtung zu.

Um 15.49 Uhr ist es dann wieder soweit. Eine Sunderland in etwa 140° in mittlerer Höhe im Anflug auf das Boot. Mit „Alarm!" verschwindet das Boot erneut in die rettende Wassertiefe. Unter Wasser wird der Marsch zum neuen Angriffsraum fortgesetzt. Um 21.41 Uhr geht auf Längstwelle ein neuer Funkspruch ein: „Luft meldet 14.47 Uhr Geleitzug AF 2132. Führung annimmt PQ-Geleit. Nordostkurs 10 kn. Gruppe Trutz Vorpostenstreifen von AB 8465 bis 8981 besetzen. Hohe Fahrt." Unverzüglich läßt der Kommandant auftauchen und mit hoher Fahrtgeschwindigkeit in Richtung 330° vorstoßen. Nebel verringert die Sicht auf knapp eine Meile.

In der Reihenfolge der Gruppe „Trutz" befand sich U 995 zwischen den Nachbarbooten U 347 und U 742. Das Schicksal will es, daß außer U 347, dessen

1) Viktoriakreuz

Untergang gestern eine Lücke in die Phalanx gerissen hat, heute, am 18. Juli, mit U 742 auch das Nebenboot an der anderen Seite von U 995 von der Bildfläche der Norwegensee verschwindet. Dafür sorgt F/O Vaughan mit seiner Catalina „Z" von der 210. Sqdr. RAF, der das aufgetauchte U-Boot sichtet und, obgleich er unter Beschuß der Flaks von U 742 gerät, vernichtend mit Wabos eindeckt. An die 40 Männer retten sich aus dem untergehenden Boot und halten sich noch auf dem ölbedeckten Wasser. – Die Catalina „Z" ist von den Fla-Granaten arg gerupft worden, aus dem linken Tragflügel tropft Treibstoff, der rechte Propellermotor verliert Öl, muß abgeschaltet werden. Mit nur einem Motor schleppt sie sich über 800 Kilometer zu ihrer Basis auf Kap Heinkel zurück, wo die Crew ihren „U-boat-Kill" feiert. – Von der 52 Häupter zählenden Besatzung des unterlegenen U 742 gibt die Norwegensee niemand mehr her. Bis zur physischen Erschöpfung haben sie ums Weiterleben gekämpft, noch auf irgendeine gütliche Fügung, auf Rettung gehofft. Nach und nach versinken sie, reglos, Mann für Mann – nicht unweit von U 995.

Zum Tageswechsel taucht U 995 in der befohlenen Position. Am frühen Nachmittag wird erneut aufgetaucht.

Um 10.07 Uhr wird ein FT vom FdU empfangen: „U 361, U 347 und U 742 sofort Standort melden!" Die Männer im Funkraum und in der Zentrale schauen sich betroffen an. Sie wissen, was die Aufforderung zu bedeuten hat. Die Vorahnungen sind zur schrecklichen Gewißheit geworden. „Die melden sich nimmermehr", mutmaßt der Seitenrudergänger auf seinem Sitzkasten und wiegt sein filzbärtiges Haupt. „Die sind in den letzten beiden Tagen draufgegangen."

Um 10.18 Uhr läßt der Kommandant auftauchen. Wieder hämmern die Diesel ihre altvertraute Weise. Unablässig wird nach etwaigen Flugzeugen Ausschau gehalten. 40 Minuten zieht das Boot über die nebelige See, als wieder Alarm gegeben wird. Noch ehe die viermotorige Maschine, der Typ war nicht auszumachen, in 180° herangebraust ist, verschwindet U 995 von der Wasseroberfläche.

Mittags wird auf Längstwelle ein FT empfangen: „Geleitmeldung 14.17 Uhr in AF 2132 Fehlmeldung. Auch Trägergruppen AF 19 nach Norden nicht wieder erfaßt. Wahrscheinlich Südkurs." Um 14.15 Uhr wird ein weiterer Funkspruch des FdU hereingeholt: „Gruppe Trutz: 12.00 Uhr Abmarsch nach neuem Vorpostenstreifen von AB 5731 bis AB 9446. Im alten Vorpostenstreifen weiterhin mit Fernaufklärung und U-Jagd rechnen. Nicht unnötig Angriffen aussetzen. Erreichung neuer Vorpostenstreifen eilt nicht."

Der Kommandant hält den letzten Funkspruch einige Zeit in den Händen. „Aha, jetzt werden sie in der Leitstelle plötzlich bescheiden", murmelt er selbstvergessen vor sich hin. „Wirft ein schlechtes Licht auf sie, wenn alle draufgehen." Obwohl es im Boot während des Tauchzustandes fast still ist, ist ewig eine Dynamik der inneren Unruhe zu spüren. Erneut ist sich der Kommandant bewußt, welche Bürde ihm auferlegt ist. Er ist nicht geneigt, unnötig Kopf und Kragen zu riskieren, auch wenn er sich dadurch die Ungunst seiner Vorgesetzten einhandeln könnte. Um 17.57 Uhr läßt er das Boot auftauchen.

13 Minuten später kommt eine Viermotorige aus den Wolken hervor. „Alarm!" – „Fluten!" Erst eine Weile später läßt der Leitende die Tauchzelle 1 entlüften, als U 995 bereits seine Nase schräg nach unten richtet. Durch diese Maßnahme fällt das Boot schneller. Gegenstände und Menschen poltern, rutschen nach vorn. Wird es ein Sturz in die ewige Dunkelheit?

Ingenieur Wellnitz gelingt es, das Boot rechtzeitig abzufangen. Das Boot hat einen recht passablen LI, das wissen die Männer, die mit ihm fahren. Was wäre, wenn sie ihn nicht hätten? Er ist intelligent, selbstbewußt, dazu aufrichtig und lebenslustig. Überhaupt ist der gebürtige Zwickauer zu einigem Scherz aufgelegt und benimmt sich den Leuten gegenüber bislang kameradschaftlich. Wieder einmal ist U 995 dem Vernichtungsschlag mit knapper Mühe entronnen.

19.17 Uhr grollen acht bis zehn Detonationen von Fliebos durch die Tiefe, eine Minute darauf weitere fünf bis sechs schwache Detonationen. Hoffentlich säuft nicht wieder eines von unseren Booten ab, denkt jeder an Bord.

Was die Männer in ihrem engen Stahlfaß immer noch nicht wissen, ist die Tatsache, daß allein von den neben ihnen operierenden Kameradenbooten der Gruppe „Trutz" bis zu diesem 19. Juli drei auf der Verlustliste stehen, Boote, die in unmittelbarer Nachbarschaft zu U 995 im gegnerischen Bombenhagel zerbrachen, in den aufstiebenden Detonationsfontänen versanken: U 347, U 361, U 742. Aus ihrer Mitte ist U 995 übriggeblieben.

Ungeachtet dessen sind in anderen Seegebieten in den beiden ersten Dekaden des Juli 1944 weitere U-Boote durch Luftangriffe und Gefechte mit Schiffen vernichtet worden: am 2. Juli U 543 (IXC/40), am 3. Juli U 154 (IXC), am 5. Juli gleich vier an der Zahl: U 233 (XB), U 390 (VIIC), U 586 (VIIC), U 642 (VIIC), am 6. Juli U 678 (VIIC), am 8. Juli U 243 (VIIC), am 11. Juli U 1222 (IXC/40), am 14. Juli U 415 (VIIC), am 15. Juli U 319 (VIIC), am 18. Juli U 672 (VIIC). Auf jedem der Boote starben lebensbejahende, junge Männer. Brückenposten verbluteten im tödlichen Platzregen der sie überschüttenden Geschosse. Mit dem satanischen Dröhnen der Wabos barsten die dünnen Hüllen der Druckkörper, urgewaltige Wasserkaskaden schossen durch aufklaffende Bordwände, erstickten gellende Schreie ... Der Reigen des Sterbens in den deutschen U-Booten wird sich fortsetzen.

Die gegenwärtige Seekriegslage in der Norwegensee ist keinesfalls berauschend: Am 16. Juli wurden U 295 und U 1163, die letzten Boote der Defensiv-Aufstellung zurückberufen. Die Boote U 276, U 299, U 396 und U 994 hatten durch Flugzeugbombardements schwere Schäden davongetragen.

Zu viele zerschlagene tote Boote säumen den Meeresgrund des norwegischen Küstenvorfeldes. Und gerade hier in diesem für deutsche Tauchboote mörderischen Gewässer führt U 995 seine zweite Einsatzfahrt durch. Ab Juli ist offiziell befohlen worden, Boote ohne Schnorchelausstattung nicht mehr im Atlantik einzusetzen, doch gegen die Invasionsfront[1)] geschieht dies weiterhin. Und auch im Nordmeer sollen sich Boote wie U 995 mit Hängen und Würgen ohne Schnorchel behaupten, so meint es die oberste Führung. Schnorchelboote

1) Seit dem 6. Juni waren die Alliierten in der französischen Normandie gelandet.

brauchen nicht aufzutauchen, um ihre Batterien aufzuladen. U-Bootsbesatzungen, die jetzt ohne Schnorchel hinausgeschickt werden, zeigen den größten Wagemut von allen. Hat ihr Versuch, die Belagerung ozeanischer Lebensadern fortzusetzen, wirklich noch einen vertretbaren Sinn?

Auf der anderen Seite steht den deutschen Booten eine ausgetüftelte Ortungstechnologie wie nie zuvor gegenüber. Die ab März 1944 aus der Luft abgeworfenen Sonarbojen[1] nehmen alle ihre Unterwasserbewegungen auf und melden sie über Funk den Jagdeinheiten. Eine U-Bootsjagd dauert in der Regel nicht länger als 30 Stunden, die längste währte 38 Stunden. Wird ein U-Boot geortet, ist sein Schicksal mit fast hundertprozentiger Gewißheit besiegelt, denn britische Operation-Research-Wissenschaftler haben mathematische Grundlagen geschaffen, die ausschließen, daß ein einmal erfaßtes U-Boot nochmals entkommen könnte. Gegen dieses nahezu unmöglich zu überwindende britische System müssen die jungen Männer in den deutschen Tauchröhren wie mit blanken Fäusten gegen Windmühlenflügel ankämpfen, so lange ihre Herzen schlagen werden

Wird U 995 ungeschoren bleiben? Die bleierne Zeit unter Wasser verrinnt mit Fahren, Schleichen, Orten, Horchen. Um besser horchen zu können, läßt Köhntopp tiefer gehen. Um 20.00 Uhr, U 995 befindet sich mittlerweile im Planquadrat AB 8839, sind wieder fünf Detonationen ganz deutlich zu hören. Ab 8.00 Uhr wird aufgetaucht gefahren.

Mechaniker Winkler hält sich zu einer Zigarettenpause im Turm auf. Nachdem er die Kippe ausgedrückt hat, will er nach unten. „An Zentrale: Ein Mann abwärts", gibt er gewohnheitsgemäß durch. Als sich unter ihm nichts meldet, jumpt er durch die Öffnung des Zentralluks – und landet mit den derben Seestiefeln genau auf den Ohren seines Kommandanten. Zum Ergötzen des Personals in der Zentrale poltern beide hinunter auf die Flurplatten. – Der Kommandant hat nun mal die Angewohnheit, nie zu sagen: „Ein Mann aufwärts." Die ungeschriebenen Gesetze des U-Bootsfahrens gestatten ihm als einzigem dieses Privileg. Aber irgendwann mußte das Unvermeidliche nun mal passieren, daß ihm jemand für dieses Vorrecht die Quittung verabreicht.

Der „Alte" trägt es mit Fassung. Nachgetragen wird an Bord sowieso niemandem etwas. Auch künftig wird er die Steigleiter risikovoll hinauf- und hinunterstürmen, ohne vorher seine Absicht kundzutun.

8.45 Uhr, das Boot steht im Quadrat AB 8912, werden die Männer wiederum durch „Alaaarm!" aufgeschreckt. Kurz darauf dröhnen über dem Bootskörper die Detonationen von vier Fliegerbomben auf. U 995 will sich davonschleichen. Die Besatzung glaubt, den Klauen des Gegners entronnen zu sein, als nach einer Stunde nicht weit entfernt zwei Fliebos niedergehen.

„Wie ist das denn möglich?" fragt der Zentralemaat.

„Es ist, als würfen sie Mikrophonbojen ins Wasser, die ihnen unsere Position herauffunken", sinniert der Leitende, derweil er das Boot auf Weisung des Kommandanten auf eine größere Tiefe einsteuern läßt.

1) Sound Navigation and Ranging (Hydrophone mit Funksender)

Anderthalb Stunden später werden die Männer abrupt aus ihrer vermeintlichen Geborgenheit gerissen. Nacheinander beben 15 Detonationen durch die Tiefe. „Ob die auf uns Treibjagd machen?" Der Tod lauert über ihnen …

Trotzdem: Heute ist Donnerstag, Seemannssonntag also. Der Koch hat Butterkuchen und Berliner gebacken. Die abgelösten Wachen sitzen im Bugraum noch fachsimpelnd an der Back. Und allmählich vergessen sie die tödliche Drohung, die für sie immer gegenwärtig ist. Plötzlich stimmt einer ihr Lied an, und bald singen alle mit:

„Wir sind die U-Bootsleute,
die grauen Wölfe auf dem Meer.
Mit uns reist das Verderben,
wir siegen oder sterben
mit unserem Boot vereint.
Und wenn unser Boot nicht wiederkehrt
und bleibt auf grauem Meer,
wir wissen, daß es weiterfährt
und dann zur ew'gen Front gehört.
Wir sind die U-Bootsleute,
die grauen Wölfe auf dem Meer …"

Um 15.16 Uhr taucht U 995 auf. Die Brückenwache klimmt die blankgewetzten Sprossen der Stegleiter empor. Sie hat sich gerade auf dem Turm eingerichtet, als zwei Minuten nach dem Auftauchen aus Norden eine Sunderland über die ruhig gewordene See heranschwebt. Unter „Alarm!" und schräg nach unten gerichtetem Bug taucht U 995 wieder weg.

Schlag 20.00 Uhr läßt der Kommandant unverdrossen wieder auftauchen. Diesmal dauert es ganze sechs Minuten, bis aus 150° eine viermotorige Maschine im Anflug erkannt wird. Wieder gellen die Alarmglocken. Wieder knallen die Entlüftungen auf. Wieder geht es steil in die Tiefe. Wieder müssen die zwei Untertriebszellen, die sich innerhalb der Satteltanks befinden und dem Boot beim Abtauchen zehn Tonnen Untertrieb verleihen, bei 10 bis 12 Meter ausgeblasen und geschlossen werden, da beim schnelleren Erreichen einer großen Tiefe der Vorteil in keinem Verhältnis zur auftretenden Gefahr steht.

Zu diesem Zeitpunkt befindet sich die mit einem weißen Tarnanstrich versehene und mit den Radargeräten Mk. II und V ausgestattete Liberator „Z" der 120. Sqdr. RAF im Anflug auf ihr Patrouillengebiet in norwegischen Hoheitsgewässern. Die „Z" wird von der Besatzung „Z" der 59. Squadron RAF geflogen, und ihr heutiger Captain ist jener S/Ldr B.A. Sisson, der vor knapp zwei Monaten mit einer Liberator des 59. RAF-Geschwaders in dem Seegebiet nordwestlich von Drontheim U 990 versenkt hatte.

Sisson fliegt die Maschine in einer Höhe von 800 ft, dicht unterhalb der Wolkenuntergrenze. Vor ihm liegt eine ruhige See. Er überfliegt einzelne, unter ihm auf einer Höhe von 400 ft im leichten nördlichen Wind dahinziehende Kumuluswolken. Er hat eine Sichtweite bis auf acht Meilen. Die Liberator „Z" des 120. Geschwaders der RAF ist ein im Kampf gegen U-Boote erprobtes Schlachtroß, das am 16. Oktober des vergangenen Jahres maßgebend an der

Vernichtung von U 470 (VIIC) südwestlich von Island beteiligt gewesen ist. Die „Z" der 120. Squadron war dasjenige Flugzeug der RAF gewesen, das bei der Versenkung von U 470 erstmals Sonarbojen abgeworfen hatte. Die damalige Crew konnte beim Untergang von U 470 deutlich das Geräusch der in der Tiefe zusammenbrechenden U-Bootshülle aufnehmen.

Charakteristisches äußeres Merkmal des schweren Liberator-Bombers ist sein doppeltes Seitenleitwerk am Rumpfende. Er erreicht eine Spitzengeschwindigkeit von 467 km/h, ist damit gut anderthalbfach so schnell wie ein Catalina-Flugboot. Er besitzt eine Eindringtiefe von ca. 1700 km und kann eine Bombenlast von vier Tonnen tragen. Er ist mit zehn MGs nach allen Seiten hin gespickt und ist damit im wahrsten Sinne „eine fliegende Festung". Groß ist das Kontingent von deutschen U-Booten, das bisher von Liberators vernichtet worden ist: In der Reihenfolge ihres Untergangs sind dies bislang U 597, U 216, U 599, U 132, U 611, U 519, U 225, U 623, U 524, U 635, U 632, U 109, U 456, U 258, U 304, U 200, U 628, U 535, U 951, U 232, U 514, U 506, U 588, U 598, U 404, U 706, U 468, U 341, U 338, U 389, U 419, U 643, U 470, U 844, U 964, U 540, U 420, U 707, U 966, U 508, U 280, U 849, U 391, U 271, U 177, U 990, U 629, U 373, U 740, U 821, U 317, U 478, U 319 und U 347. Meistens waren es Totalverluste. Wenn die tödlichen Wabo-Zylinder gegen die Bootswandungen taumelten, die Detonationssäulen aufwuchteten, die alles einhüllenden Wasserwände in sich zusammenbrachen und nachdem sich die Wassernebel verflüchtigten, war das Boot nicht mehr zu halten. Ein verzweifeltes Anblasen der letzten Druckluft, um das Boot schwimmfähig zu halten, ermöglichte es noch dem einen oder anderen Mann in allerletzter Sekunde auszusteigen. Unter dem Turmluk drängte sich die Menschentraube ... Übrig blieb ein Öl- und Trümmerfleck. Oftmals schwammen zerfetzte Leichenteile auf. Wer aus dem sinkenden Boot noch lebend herausgekommen war und sich mit ein paar Kameraden auf dem weiten Meer wiederfand, von den Wellen mutterseelenallein abgetrieben wurde, für den bestand keine Aussicht auf Rettung. Nur in wenigen Ausnahmefällen winkte eine hilfreiche Hand. Hoffentlich hält die Glückssträhne von U 995 an, auf daß es nicht ein ähnliches Schicksal erleiden muß.

Der 21. Juli ist gerade sieben Minuten alt, als es Kommandant Köhntopp riskiert aufzutauchen. Unter den tiefhängenden Wolken liegt eine von einer leichten nordwestlichen Brise gekräuselte Meeresobefläche. Eine diesige Luft erlaubt der aufgezogenen Brückenwache nur eine mäßige horizontale Sicht von etwa vier Seemeilen. Doch nach oben durch die dichte Wolkendecke kann kein noch so scharfes Auge blicken.

Über ganz andere Möglichkeiten verfügt dagegen der Gegner. S/Ldr Sisson fliegt mit seiner Liberator „Z" einen nordnordöstlichen Kurs von 23°, als ihm sein Radarbeobachter einen Kontakt auf Backbord 45° meldet, Entfernung 16 Meilen. Sisson nimmt vorerst keine Kursänderung vor, da er abwarten und feststellen will, ob es sich bei dem Radarkontakt um ein anderes Flugzeug handelt. Erst als die Peilung auf Backbord 90°, Entfernung 18 Meilen steht, ändert er schrittweise seinen Kurs nach Backbord, wobei das Ziel ständig von der Backbordkeule der Radarstrahlen erfaßt bleibt. Sisson wendet die gleiche Taktik an wie bei U 990, welches er aus den Wolken heraus angegriffen und versenkt hatte. So fliegt er auch jetzt während des gesamten Anflugs bis zu einem Punkt nördlich des Ziels – das diesmal U 995 ist – in einer Wolke.

Eine Atmosphäre der Gespanntheit umgibt die Männer auf der Brücke von U 995. Sonderbar – ist da nicht etwas in den Wolken? Ja! – Die ruhige Luft überträgt hörbar das allmählich deutlicher werdende Gebrumme von Flugzeugmotoren. Es ist jetzt 0.10 Uhr. Drei Minuten nach dem Auftauchen ist also schon eine „Biene" über dem Boot. „Kruizzi Türken!" entfährt es der aus dem Bayernland am Chiemsee stammenden Nr. 3.

Zum Tauchen könnte es zu spät sein. Unverzüglich befiehlt Köhntopp: „Sofort Fla-Waffen zu besetzen!" Und wieder fordert er seine bewährten Gefechtsgänger zur äußersten Achtsamkeit auf. Seemann Weiß hat Nerven wie Ankertrossen, er und der „Alte" bilden ein zuverlässiges Gespann.

Die drei Richtschützen sind gleich darauf im Anschlag ihrer Waffen. Den Richtsitz der 3,7-cm-Flak nimmt die Nr. 3 ein, Bootsmaat Klapf. Der hatte als junger „Bursch'" auf dem Fliegerhorst Bad Aibling die Segelfliegerscheine A und B erworben. Kurz vor dem Erwerb des Scheines C zog es ihn zur Marine. Während er nun auf das offenbar Unvermeidliche wartet, kann er sich gut in die Lage des gegnerischen Piloten versetzen, der bald angreifen wird. Noch aber umkurvt sie dieser, verborgen in den Wolken.

Um 0.18 Uhr durchstößt Sisson mit seiner „Z" auf Kurs 140° die Wolkengrenze. Seine beiden Navigatoren erkennen sofort auf Backbord 30° das in einer Entfernung von zwei Meilen aufgetaucht fahrende U 995. Die Navigatoren plotten das hellgraue U-Boot auf Position 69°57' N und 08°56'O mit einem Kurs von 120° und einer Geschwindigkeit von 15 Knoten. Ehrfurchtsvoll registrieren die britischen Flieger die Kanonen auf der Brückenplattform des U-Bootes.

„Fliiieger!" Mit stockendem Atem sehen die achterlichen Brückenposten von U 995, wie aus einer Entfernung von vier- bis fünftausend Metern achteraus aus der unteren Wolkenschicht, in der sie sich versteckt gehalten hatte, eine viermotorige Feindmaschine hervorbricht und sofort Kurs auf sie nimmt. Vorherige Ortung war vorher nicht erfolgt. Die Flak-Bedienung hantiert an den Lafetten, entriegelt die Arretierungen, reißt die Magazine auf. Kräftige Arme reichen Munition. Metallene Verschlüsse schnappen auf.

Der anfliegende Liberator-Bomber – die Männer auf dem U-Bootsturm rechnen nicht damit, von einem schweren Langstreckenbomber angegriffen zu werden, halten ihn deshalb für eine Sunderland, mit denen sie es schon öfters zu tun hatten – kommt gleich einem vernichtungslüsternen Todesvogel mit hoher Geschwindigkeit näher. Unten im Funkschapp geben die Funker ein Kurzsignal heraus: „Werde von Flugzeug angegriffen AB 9414. U 995."

„Feuer!" brüllt der Kommandant seinen Männern auf dem unteren und oberen „Wintergarten" zu. Im Bootsinneren flackert insgeheim die Angst vor einem Bombenabwurf auf. Im Bugraum und im Achterschiff weiß keiner genau, was oben anliegt. Die Erinnerungen an die infernalischen Bombenschläge des 21. Mai stecken noch allen in den Gliedern derer, die das miterlebt haben. Die neu an Bord Gekommenen ahnen Schreckliches.

U 995 jagt dem angreifenden Gegner aus seinen Rohrwaffen gutliegende Garben entgegen. Die Nr. 1 Knop und die Nr. 2 Behnke fungieren als „Lade-Nummern", füllen indes, unbeirrt vom äußeren Geschehen, die Magazine der Fla-Waffen mit panzerbrechender, mit Verzögerungszündern ausgestatteter Munition nach. Durch das starke und präzise Abwehrfeuer wird die anfliegende Maschine zu einem Ausweichmanöver nach Steuerbord gezwungen.

Als die Maschine im Begriff ist, etwa drei- bis vierhundert Meter hinter dem Heck von U 995 hart abzuschwenken, weiß Klapf an der 3,7-cm-Flak aus eigener fliegerischer Erfahrung heraus, daß sie dadurch zwangsläufig langsamer wird und es diese Situation auszunutzen gilt. Jetzt kann er sie über seine Zieloptik besser erfassen. Seine 3,7-cm-Treffer knallen in den hinteren Rumpf der Liberator zwischen Heckkanzel und Leitwerk, ein Geschoß schlägt vorn ein. Auch die Schützen an den leichten Zwilling-Flaks haben mitgezogen. Deutlich sind vom U-Bootsturm aus auch die am Rumpf der Liberator krepierenden 2-cm-Geschosse zu erkennen. Jetzt flackert Mündungsfeuer aus der vorderen und hinteren Schützenkanzel der Feindmaschine auf. Beim Abdrehen des Flugzeuges erfolgt aus dessen Heckstand ein heftiger Bordwaffenbeschuß, der U 995 eindeckt. Wegen tiefhängender Dunstschicht ist nun ein genaues Zielen auf die abdrehende Liberator nicht mehr möglich. Dem Gegner scheint vorübergehend die Angriffslust genommen worden zu sein.

Sofort darauf, es ist jetzt 0.19 Uhr, läßt Köhntopp tauchen. Mit wildem Gekeuch stürzen seine Männer nacheinander die Holmen der Turmleiter hinab. Droben schwenkt die Liberator bereits zum Vernichtungsangriff ein. Der Kommandant sieht, ehe er das Turmluk schließt, wie sie bereits direkt das Boot anfliegt.

„Alles nach vorn!" ruft Köhntopp.

Auf der gegnerischen Seite hatte Captain Sisson nunmehr seinen Angriff mit einer weiteren Backbord-Kurve eingeleitet, so daß bei einer Entfernung von einer dreiviertel Meile das Feuer vom Backbord- und Heckschützen der „Z" eröffnet werden kann, die beide seitliche Treffer am Turm des abtauchenden U-Bootes erzielen. Während seines Abtauchens scheint das U-Boot weiterhin eine Backbord-Kurve zu fahren. Es gerät außer Sicht, als das Flugzeug noch eine halbe Meile von ihm entfernt ist. Der Endanflug der „Z" erfolgt im spitzen Winkel auf der Steuerbord-Seite des U-Bootes, der Angriff selbst aus 170° Steuerbord zum Kurs des U-Bootes. Mit sechs Mark XI Torpex-Wasserbomben, die auf eine geringe Detonationstiefe eingestellt worden sind, will Sisson das sich in die Tiefe flüchtende U 995 vernichten. Um die Bombenlast möglichst parallel zum geschätzten Kurs des U-Bootes zu plazieren, legt er seine „Z" in eine leichte Schräglage nach Steuerbord. Unter Benutzung des Mark III-Bombenzielgerätes wirft er, wie vorgesehen, aus einer Höhe von 75 ft die sechs Wabos im Abstand von 55 ft ab, 10 Sekunden nachdem U 995 untergetaucht ist und die Verwirbelungen im Wasser noch deutlich erkennbar sind. Nach Beobachtungen des Heckschützen trifft die erste abgeworfene Wabo 30 yds vor dem (in U-Boot-Fahrtrichtung) vorderen Rand der Verwirbelungen, die gesamte Reihe fällt in einem Winkel von 10° zum geschätzten Kurs des U-Bootes. Nach drei Sekunden Fallzeit und drei Sekunden Sinkzeit detoniert die erste Wabo 40 yds vor dem vorderen Rand der Verwirbelungen. In diesem Augenblick befindet sich der Turm von U 995 160 ft vor dem Scheitelpunkt des Wasserwirbels.

Rrrumms ... Wummms ...! Sechs Wabos! Sechs urgewaltige Schläge. Die halbe Bootseinrichtung scheint zu zerspellen. Die Flurplatten hüpfen. Geschirr scheppert in den Regalen. Ventilsitze lösen sich. Das Blut weicht aus den Gesichtern. Das Boot fällt. Fällt es normal?

„Starker Wassereinbruch Funkpeiler!" wird gemeldet, obwohl es ein jeder in der Zentrale mit eigenen Augen wahrnehmen kann, wie der Wasserstrahl hereinschießt. Zum Glück stand das Boot bereits in 65 Meter Tiefe, als die Wabos detonierten.

Weitere größere Schäden werden zur Erleichterung aller nicht gemeldet. Bereits um 0.13 Uhr, während des Gefechts, waren die Funker unbeirrt auf ihrem Posten und hatten ein FT des FdU-Norwegen hereingeholt: „An alle Boote: Boote in erreichten Räumen halt!" Beim Alarm war ein Einfahren des Funkpeilers nicht mehr möglich gewesen. Durch die Erschütterungen der Waboserie läßt er sich nunmehr nur noch schwer einfahren. Immer größere Wassermengen ergießen sich in die Zentrale, wo die Männer bereits im Wasser stehen. Das Boot darf nicht zu schwer werden. Der LI turnt oben an der Decke, mitten im Wasserstrahl, um den aufgeweiteten Flansch abzudichten. Der Schraubenschlüssel fällt ihm aus der Hand.

„Wir saufen ab! Wir saufen ab!" schreien schon einige. Am schlimmsten wäre es, wenn jetzt eine allgemeine Panik ausbrechen würde.

Der „Alte" hat sich eigenhändig den niedergefallenen Schlüssel herausgefischt, steigt entschlossen hoch, und ihm gelingt es in der Tat, den Wasserfluß auf ein erträgliches Maß einzudämmen. „Teufel auch!" denken die Männer, so ist er nun mal, unser wackerer „Alter", und sie beruhigen sich.

„Gänzlich können wir die Leckage mit Bordmitteln nicht beheben", stellt der LI fest.

Der Kommandant entschließt sich zu einem kühnen Unternehmen: „Auf Sehrohrtiefe gehen! Kleine Fahrt!" Er will sich unbedingt einen Überblick über die Lage verschaffen. Er schwingt sich in den Sehrohrsattel oben im Turm hinauf. Es sind kaum neun Minuten seit dem Tauchen vergangen, da läßt er das Angriffssehrohr ausfahren, das dünner als das Luftzielsehrohr ist und einen geringeren Schaumstreifen auf der Wasseroberfläche hinterläßt.

Unten bittet der LI um Fahrterhöhung, um das Boot besser auf Sehrohrtiefe halten zu können. Seine Augen heften sich gespannt auf die Glassäule des „Papenbergs".

Während U 995 die Fahrt erhöht, bildet sich zwangsläufig oben auf dem Wasser eine deutliche Schaumbahn. Trotzdem beobachtet Köhntopp einige Minuten lang, was über ihnen vorgeht. Das Flugzeug umfliegt die Tauchstelle in etwa 1000 Meter Abstand eben über der Wasseroberfläche. Es erscheint daher nicht ratsam aufzutauchen, um die Reparatur in Angriff zu nehmen.

Der Kommandant läßt das Boot auf 40 Meter weiterfahren. Unaufhaltsam strömt Wasser durch die Funkpeilerdichtung, so daß alsbald die Lenzpumpen angestellt werden müssen. Dies geschieht jedoch nur in gewissen Zeitintervallen, um einem eventuell lauernden Gegner keine genauen akustischen Signale zu liefern. – Was die Männer in der Tiefe des Nordmeeres nur ahnen können, ist die Tatsache, daß der über ihnen kreisende U-Jagdbomber des Typs Liberator V eine Markierungsboje über der Angriffsstelle abgeworfen hat. Bald darauf wird Öl auf der Wasseroberfläche sichtbar. Dieser Ölfleck verbreitert sich bis zu einer Länge von vier Meilen und maximaler Breite von 200 yds. Die genaue Lage der abgeworfenen Wasserbomben in bezug auf den Scheitelpunkt des Wasserwirbels zu bestimmen, ist für die Bomber-Crew äußerst schwierig. Doch da U 995 in einer harten Backbordkehre abgetaucht ist, vermutet die Crew, daß die Wabos Nr. 1, 2 und 3 in der Beschädigungszone des U-Bootshecks liegen. Um 0.40 Uhr beginnt die Bomberbesatzung damit, ein Sonarbojenfeld zu legen, doch sind trotz offensichtlich einwandfreien Funktionierens der Sonarbojen keine U-Bootsgeräusche zu vernehmen. Offenbar gelingt es U 995, durch möglichst geringe Geräuschabstrahlung sich „auf leisen Sohlen" von seinen Häschern davonzuschleichen. Beim nochmaligen Überfliegen der Markierungsboje an der Angriffsstelle um 1.20 Uhr glaubt der Heckschütze verschiedene gelbe Wrackstücke, ohne diese mit den in der Nähe befindlichen Sonarbojen-Fallschirmen zu verwechseln, zwischen der Markierungsboje und dem Anfang des Ölteppichs zu erkennen. Die Liberator „Z" bleibt noch bis 3.08 Uhr in der Nähe der Angriffsstelle und nimmt dann Kurs auf ihren Fliegerhorst, wo S/Ldr. Sisson seinen Einsatzbericht abgibt. Der britische Geschwader-Commodore wird anmerken, den Angriff auf das U-Boot nicht unverzüglich durchgeführt, sondern nach Aufnahme des Radarkontaktes erst das Boot umflogen zu haben. Überrascht ist der Commodore von dem kaltblütigen Entschluß des deutschen U-Bootskommandanten zu tauchen, „obwohl so dichtes Feuer geschossen wurde". Nicht ohne Anerkennung geht er davon aus, daß der U-Bootskommandant ein erfahrener Fuchs sein muß und überzeugt war, mit seinem eigenen Bordkanonen-Beschuß das Flugzeug weit genug abgedrängt zu haben, um ungefährdet abtauchen zu können.

Bei ruhiger See wird Stunden später aufgetaucht und mit 40° nach Nordost abgelaufen. Gelegenheit für den Funker, eine verschlüsselte Mitteilung an die Leitstelle abzugeben: „Angriff von Flugzeug abgewehrt, 6 Wabos, starker Bordwaffenbeschuß. In den letzten Tagen 13 Anflüge, meist durch Sunderland, bis auf 2 keine Ortung."

Kurz vor dem Abendessen verschwindet U 995 wieder von der Wasseroberfläche. Sofort wird wie bei jedem Tauchen das Horchgerät besetzt. Kurz nach Tagesanbruch wird eine Funkanweisung des FdU empfangen: „Neuer Angriffsraum für U 995 AB 5967. Nur zum Aufladen auftauchen!" Das Boot steht gegenwärtig auf AB 8633.

Gegen vier Uhr rumsen mehrere Detonationen aus der Ferne herüber. Bei jedem Dröhnen stockt den Männern der Atem. Was da wohl wieder los ist?

Bis 12.50 Uhr hummeln die E-Maschinen in der hinteren Abteilung. Dann heißt es wie vor jedem Auftauchen: „Auf Sehrohrtiefe gehen!"

Der LI wartet, bis die Wassersäule im „Papenberg" entsprechend gefallen ist, ehe er verkündet: „Sehrohr kommt frei." Der Kommandant sitzt bereits im Sehrohrsattel, nimmt einen vergewissernden Rundblick, ehe er auftauchen läßt. Nichts! Ein Wunder ...

Am nächsten Tag kommt der Funkbefehl an die Gruppe „Trutz": „Bei starker Luftgefahr ausweichen bis 20 Grad Ost." Der folgende Tag vergeht wie die vorherigen. Auch der nächste Tag verläuft ohne besondere Abwechslung. Mit immer noch undichtem Funkpeiler schleppt sich das Boot dahin. Seit dem Fliegerangriff leckt es unaufhörlich aus dem Funkpeilerschacht. Der Schaden ließ sich nur notdürftig durch Anziehen der unteren Muttern der Abschlußklappe beheben. Der Peilstab ist total verkantet und undicht. Der Längstwellenempfang ist mangelhaft und manchmal fast unmöglich. Das Boot darf unter keinen Umständen tiefer als 40 Meter gehen. Tonnenweise schießt dann das Wasser durch den Peilerschacht ins Bootsinnere. Sollte das Boot in diesem Zustand vom Feind gestellt werden, wäre sein Ende unweigerlich besiegelt.

Schweren Herzens entschließt sich der Kommandant um 16.28 Uhr, folgendes FT herauszugeben: „Wassereinbruch durch Funkpeiler, nur noch beschränkt tauchklar. U 995." Vier Stunden später kommt die Rückmeldung des FdU: „Rückmarsch antreten über Andfjord-Narvik!"

Am 27.7.1944 um 8.05 Uhr erreicht U 995 unbehelligt den Ansteuerungspunkt Schwarz 25. Nach einem zweistündigen Schärenmarsch wird in Harstad zur Lotsenübernahme festgemacht. Nachts um ein Uhr werden die Festmacherleinen wieder losgeworfen. Um fünf Uhr legt das Boot in Ramsund an. Vier Stunden später sind die Torpedos abgegeben, nach weiteren zwei Stunden ist der Stützpunkt Narvik erreicht.

*

Das Unternehmen „Trutz" ist zum Fehlschlag geworden. Auf gegnerischen Schiffsverkehr war keines der Boote gestoßen. Trotz des weiträumigen Aufklärungsstreifens war es keinem der „Trutz"-Boote gelungen, Fühlung zu bekommen. Als durch die Aufklärung ein weiterer Geleitzug in Richtung Murmansk gemeldet worden war, wurden noch weitere Boote von Narvik aus in Marsch gesetzt. Insgesamt 21 waren schließlich hinausgesandt worden. Doch auch der zweite Geleitzug kann ungesehen passieren. Der stark dezimierte Vorpostenstreifen wird vom FdU aufgelöst. Viele Boote kehren mit erheblichen Bombenschäden in den Fjord von Ankenäs zurück.

Die Royal Navy überführt von Dundee aus die vier an die Sowjetunion abgegebenen U-Boote „V-1", „V-2", „V-3" und „V-4" (ex „Sunfish", „Unbroken", „Ursula", „Unison"), die für die sowjetische Nordflotte vorgesehen sind. Die Boote gelten als Ersatz für einen von den Sowjets beanspruchten Anteil an der italienischen Kriegsbeute. Draußen auf dem Nordmeer greifen alliierte Flugzeuge alles an, was nach einem U-Boot ausschaut. Und so kommt es, das am 27. Juli ein britischer Liberator-Bomber irrtümlich das zuerst ausgelaufene Boot „V-1" versenkt.

In der letzten Dekade des Monats Juli ist wieder ein Dutzend deutscher U-Boote vernichtet worden. U 212, U 239, U 1164, U 214, U 2323, U 1166, U 872, U 890, U 891, U 892, U 250, U 333. Mehrere dieser Boote sind durch Luftangriffe der USAAF bereits in den Heimathäfen zerstört worden. Die anderen ereilte das Schicksal auf See.

U 995 legt am 30. Juli um 16.00 Uhr in Narvik ab. Von Bodöe unternimmt es im Geleit einen Schärenmarsch ohne besondere Begebenheiten bis Drontheim, um dort die Bombenschäden beheben zu lassen.

Am 2.8.1944 gleitet U 995 um 17.30 Uhr in eine Betonkammer der Bunkeranlage. Die aufwendigen Reparaturen ziehen sich recht lange hin, so daß das Boot erst am 19.8.1944 nach Narvik zurückkehren kann.

Die Werftliegezeit für U 995 dauert bis zum 17.8.1944. Der Flottillenchef erscheint und führt eine kurze Musterung durch. „Auf gut Glück, U 995!"

Gegen Abend legt das Boot in Drontheim ab, fährt im Geleit bis Bodöe. Ohne Geleitschutz geht es dann nordwärts. Die Männer müssen sich wieder an das Höhlenleben im Bootsinneren gewöhnen, an die Monotonie des geregelten Borddienstes. Aufs höchste angespannt wird wieder Ausguck gehalten. Grau wellt sich die See gegen das im Dunst lagernde Küstenvorfeld. Zurück bleibt die Stadt an der Mündung des Nidelv in den Drontheim-Fjord. Manch einer erinnert sich wehmutsvoll an die vergangenen herrlichen Tage im Schatten des romanisch-gotischen Domes der mittelalterlichen norwegischen Königsresidenz und ehemaligen Hauptstadt. Entflammt von dem Gedanken, an den Feind zu kommen, hatten sie einst eingewilligt, das schwere Tor des Kriegsschicksals aufzustoßen. Doch die immerwährende Hoffnung, daß der Vorrat ihres Lebens noch nicht verbraucht sein möge, fährt auch auf diesem Boot mit.

Um 15.00 Uhr des 19. August taucht urplötzlich aus dem Dunst einer Wolkenbank ein Flugzeug auf. „Wahrschau: Flieger im Anflug 40 Grad!" ruft die seemännische Nummer Eins. Jeder spürt die geladene Atmosphäre. Während die Brückenposten auf dem Turm mit offenen Mündern auf das anfliegende Flugzeug starren, erteilt der Kommandant vorsichtshalber Feuererlaubnis.

Da schießt das Flugzeug Erkennungssignal (ES), dreht ab unter dauernder ES-Abgabe. Die „Nummer Eins" pliert noch eine Weile in Richtung der abfliegenden Maschine. „'ne Do vier!" stößt er erleichtert hervor. Seinem Nebenmann, noch ein wenig kalkweiß um die Nase, entschlüpft ein kräftiger Fluch. „Fehlt noch, daß wir uns gegenseitig ins Gekröse ballern", meint er dann ...

Um 19.10 Uhr desselben Tages wird in Narvik festgemacht. Am nächsten Morgen geht es zur Torpedoabgabe nach Ramsund. Am darauffolgenden Tag kehrt U 995 nach Narvik zurück.

Der Kommandant erhält den Auftrag zu einer bereits seit langem geplanten Minenunternehmung. Unter der Tarnbezeichnung „Hering 1" soll U 995 eine Sperre in der nur während der Sommerzeit eisfreien Jugor-Straße vor Kap Greben legen. Damit wird beabsichtigt, südlich von Novaja-Semlja die Durchfahrt von der Pecora-See zur Kara-See zu behindern. Zusammen mit vier anderen Booten soll U 995 als Einsatzgruppe „Dachs" auf dem sibirischen Seeweg bis 60° nördlicher Länge vordringen.

Am frühen Nachmittag des 23. August verläßt U 995 Narvik und erreicht am nächsten Tag Tromsö. Die Minenübernahme erfordert Aufmerksamkeit und beträchtlichen Arbeitsaufwand. Experten vom Minendepot weisen die Besatzung in die Handhabung der Minentechnik ein. Das VII-C-Boot nimmt drei gelb gekennzeichnete TMA-Minen vorn in je einem Torpedorohr auf und lagert acht zusätzlich im Bilgenraum. Von den roten TMB-Minen passen jeweils zwei in ein Torpedorohr, und zwölf können in die Lagerungen verstaut werden. U 995 wird außerdem mit grün gestrichenen TMC-Minen bestückt.

In den ersten 21 Tagen des Monats August 1944 sind auf verschiedenen Seekriegsschauplätzen 25 U-Boote versenkt worden: U 671, U 471, U 736, U 952, U 969, U 608, U 385, U 198, U 981, U 547, U 270, U 618, U 741, U 107, U 621, U 129, U 967, U 466, U 9, U 178, U 188, U 413, U 984, U 1229, U 230. Das ist mehr als ein U-Bootsuntergang pro Tag. Am 22. August wird U 344 nordwestlich der Bäreninsel durch ein Swordfish-Trägerflugzeug des britischen Geleitträgers „Vindex" vernichtet. Am 24. August geht nordöstlich des Nordkaps U 354 verloren. Es fällt den britischen Fregatten „Mermaid", „Loch Dunvegan" und „Peacock" sowie dem Zerstörer „Keppel" zum Opfer.

Sechs weitere U-Boote werden noch in diesem Monat vernichtet werden: U 445, U 18, U 667, UIT 21, U 180, U 1000. – Doch wen interessiert das große U-Bootsterben allerorten überhaupt noch. Wieder zwei Bootsbesatzungen von Nordmeerbooten in kurzer Zeit, die abgeschrieben werden. Hauptsache, unser Boot wird weiterbestehen, wird wieder zurückkommen ...

Am Morgen des 26.8.1944 verlegt U 995 im Geleit weiterhin nach Norden, ehe es in Hammerfest, der nördlichsten Stadt der Erde, an einer Boje festmacht.

Am 28. und 29.8.1944 verlassen die als Gruppe „Dachs" zusammengefaßten Boote U 636, U 425, U 956, U 968, U 992 und U 995 die Reede von Hammerfest. Im Geleit geht es viereinhalb Stunden lang bis zum Ansteuerungspunkt SR 1. Mit großer Fahrt setzt sich U 995 nunmehr von der Küste ab.

Kaum auf Feindfahrt, ist es, als begänne für die Männer die Uhr schneller zu schlagen. Wie zu Beginn jeder Reise ist unterschwellig der wilde Pulsschlag der Unrast zu spüren. Einzelne müssen erneut ihre „Blechkrankheit" überwinden.

Mit rumpelnden Dieseln strebt das Boot gen Norden, dem Nordkap zu, der nördlichsten Spitze Europas.

Unentwegt sirren die Lüfter. Die Wachgänger sind auf ihren Wachständen, überwachen die Apparaturen. Die Maschinisten ölen ihre Diesel-„Böcke". Müssener, der 1. E-Maschinenmaat, öffnet die Flurplatten, kriecht auf den Batteriewagen. Flach ausgestreckt gleitet er auf den Rollschienen, um mit dem Aerometer den Säuregehalt einiger schwacher Zellen zu überprüfen.

Oben im Hufeisenbogen des Brückenkleides stehen die Posten und starren über eine schieferfarbene See. Vor ihnen liegen keine üppigen „U-Boots-Weiden" mehr, wie sie Kameraden noch in den ersten Kriegsjahren anzutreffen pflegten. Obwohl sie wissen, daß die Boote fast ausnahmslos auf der ersten oder zweiten Reise bleiben, schicken sie sich in ihr wohl unabwendbares Los. Sie glauben dennoch, der Heimat irgendwie einen wichtigen Dienst zu erweisen.

Im Funk- und Horchraum sitzt die Funkwache unentwegt vor ihren Geräten. Hier bündeln sich die feinsten Nervenstränge des Bootes, hier lauschen die Horcher dem Flüstern der unendlichen Tiefe, hier werden die drahtlosen, geheimen Signale der elektromagnetischen Wellen aufgenommen. Ununterbrochen richten die wachhabenden Funker ihr Augen- und Ohrenmerk auf das Funkmeßbeobachtungsgerät zum Erfassen von Radarstrahlungen und auf das aktiv arbeitende Funkmeßortungsgerät, das eigene Impulse aussendet, um anfliegende Maschinen zu erfassen. U 995 besitzt einen „Naxos"-Funkmeßempfänger, der Kurzwellen-Radar-Signale empfangen kann und ungefähr über eine Reichweite von 12 Kilometern verfügt. Das bedeutet, daß ein rund 400 Stundenkilometer schnelles Flugzeug von dem Augenblick, da es von einem zuverlässig arbeitenden „Naxos"-Gerät erfaßt wird, in 100 Sekunden das U-Boot erreichen kann. Berücksichtigt man die Tauchzeit des Bootes, so klafft nur eine Zeitspanne von zirka 70 Sekunden auf. In diesem Zeitenrest wird über Tod oder Leben entschieden: bislang schlug das Pendel glücklicherweise immer noch zu Gunsten von U 995 aus. Zudem verfügt das Boot über das „Tunis"-Gerät, das die Funkpeiler „Fliege" und „Mücke" in einem vereinigt.

Mit hochgezogenen Schultern hockt der 2. Funkmaat pausenlos seit fast vier Stunden im schmalen Funkschapp. Seit seinem Wachantritt ist er wie die Brückenposten gleichermaßen verpflichtet, das Boot in seine Obhut zu nehmen. Zwei Minuten vor 18.00 Uhr plötzlich Ortungssignale. Jedesmal, wenn es aus einem der Gerätekästen piept, durchfährt es den Funker wie ein Offenbarungserlebnis. Auch diesmal ist es so. „Ortung Fliege rechtsweisend sechzig Grad!" gibt er weiter. Der Kommandant löst sofort Alarm aus. Polternd stürzen die Männer auf ihre Gefechtspositionen.

Der elektrisierende Klangreiz der Alarmklingel ist noch nicht verklungen, als bereits die E-Maschinen auf die Welle gekuppelt sind.

Vorlastig rauscht das Boot in die Tiefe. Argwöhnisch beobachtet der LI den Analoganzeiger des Tiefenmanometers. Das erste Alarmtauchen auf dieser Fahrt. Klappt noch alles wie früher? Hoffentlich passiert nichts mit den Minen. Bei 70 Metern Tiefe schwebt das Boot wieder auf ebenem Kiel.

Eine Weile noch herrscht allgemeine Bedrückung. Werden Wasserbomben fallen? Nein! – das Boot steigt auf 30 Meter, um seinen Marsch fortzusetzen.

Doch kurz darauf umdröhnen mehrere Detonationen das Boot. Es ist, als würde es von der Explosionskraft zerrissen werden. Wieder keimt das grausige Gefühl auf, der bodenlosen Tiefe ausgeliefert zu sein. Die Männer starren mit offenem Mund nach oben.

Der Kommandant steht am vorderen Kugelschott, hält sein Rückgrat kerzengerade. Sein Gesicht verrät, seine Sinne sind zu doppelter Intensität verstärkt. Auch die übrigen Männer in der Zentrale zermartern sich die Hirne, wieso der Feind die Auslaufkurse der Boote kennt. Ein schäbiger Verdacht kommt – wie auch in allen anderen deutschen U-Booten, die sich die Allgegenwart des Feindes nicht erklären können – auch diesmal auf: Verrat ...?

Um 6.00 Uhr, U 995 steht im Planquadrat AC 5148, meldet der Funker: „Horchpeilung in einhundertzwanzig Grad."

„Auf Gefechtsstation!" befiehlt der Kommandant, der sich gerade mit seinem Aufklarer Tobschall in seiner Kammer aufhält.

In höchstem Grade erregt, verfolgt die Besatzung, wie das Boot vorsichtig auf Sehrohrtiefe eingesteuert wird. Atemberaubend laut wird das Schnurren des Antriebsmotors des hochfahrenden Sehrohres empfunden. Oben im Turm drängen sich Kommandant, der Gefechtsrudergänger, der Obersteuermann und der Befehlsübermittler zusammen. Im Blickfeld des Periskops wellt sich das Meer, und an Steuerbord querab in 2000 bis 3000 Meter Entfernung nähert sich ein Zerstörer. Augenblicklich dreht er an auf Lage Null und läuft mit leichten Zickzackkursen auf die Position von U 995 zu.

Der Kommandant nimmt an, daß der Zerstörer das Ausfahren des Sehrohres gehorcht haben muß, gesehen hat er es nach seiner Meinung auf keinen Fall. Überstark ist der Gedanke, die Herausforderung annehmen zu müssen. Angriff ist das Lebensgesetz der deutschen Frontboote, heißt es so schön, ihr Trotz und ihr Stolz, aber auch ihr Fluch zugleich.

Dies ist der Moment, wo ein Kommandant sich das Ritterkreuz verdienen oder seinen Männern den Tod bereiten kann. Doch unter den obwaltenden Gegebenheiten ist es müßig, Unmögliches zu wollen, denn in den vorderen Torpedorohren lagern Minen statt Torpedos. Der Kommandant zwingt sich zu Mäßigung: „Sehrohr ein! Auf 140 Meter gehen!"

Die Besatzung trauert der zerstobenen Hoffnung nach. Unverkennbar schwillt in jedem der Drang, es mit den Zerstörern, den verhaßten Todfeinden der U-Boote, aufnehmen zu wollen. Statt dessen muß sich U 995 wie ein Hund davonschleichen, der über sich die Hiebe einer zum Schlag gehobenen Knute erwartet. Zu allem Überfluß werden im Horchgerät voraus ein dritter Zerstörer und die Kolbenmaschine einer mutmaßlichen Korvette ausgemacht. Witsch, witsch ...! rasen die Zerstörerschrauben. Eindeutig eine U-Jagdgruppe mit eingeschalteten ASDIC-Geräten. Peinigend laut treffen die Ortungsstrahlen auf die Hülle des getauchten U-Bootes. Alle Überwasserfahrzeuge stoppen manchmal und gehen dann mit langsamer Fahrt wieder an. Wenn die Zerstörer anlaufen, werden nicht mehr als 50 Schraubenumdrehungen bei ihnen gestoppt.

Der Horcher kurbelt die Gradeinteilung seiner Scheibe ab. Starr hockt er davor. Überall Schraubengeräusche. Was braut sich da zusammen?

Der Kommandant läßt U 995 einen Haken schlagen. Eine atemberaubende Spannung herrscht im Boot. Fast jeder spürt wie in einer Grabesstille das bebende Herz, das Pochen des Blutes. Wann werden die dort oben das Boot attackieren? Handelt es sich um eine der Suchgruppen, die vor kurzem hier am Nordkap U 354 vernichteten? Die innere Unruhe verbreitet Qualen. Es ist anzunehmen, daß die Burschen dort oben ihr Handwerk beherrschen, doch hoffentlich nicht gut genug. Die lästigen Gedanken mehren sich bei denen, die zum ersten Mal mit Zerstörern konfrontiert worden sind. Unterwasserverfolgung bedeutet Wasserbomben. Können wir dem noch einmal entgehen? Jetzt kommt es auf die Pfiffigkeit und den Spürsinn des eigenen Kommandanten an. Wird der „Alte" in der Lage sein, die Verfolger auszumanövrieren, um das Schachspiel für sich zu entscheiden?

„Auf 180 Meter gehen! – Lenzpumpen abstellen!" ist die heiser gewordene Stimme des Kommandanten zu hören. Er läßt das Boot tiefer gehen, um dem Feind das Horchen zu erschweren, und er rechnet damit, daß die Suchgruppe ihre Horchergebnisse austauscht, deren Kreuzpeilung ihr den genauen Standort des U-Bootes vermittelt. Um den ausgefuchsten U-Bootsjägern keinerlei Horchpeilung zu geben, ordnet der Kommandant an, nicht mehr die Tiefenruder zu legen. Vom gejagten Tauchboot darf nicht der geringste Schall nach oben dringen. Die verfügbaren Männer schleichen sich auf leisen Sohlen als lebende Trimmgewichte nach vorn.

Köhntopp muß mehrfach eine Kursänderung vornehmen, aber der erste Zerstörer dreht laufend nach. Befehle werden nur noch im Flüsterton durchgegeben. Der Befehlsübermittler im achteren Kugelschott leitet die befohlene Fahrstufe nach hinten weiter. Ständig wird ASDIC-Ausstrahlung aufgenommen. Ein widerwärtiges Gefühl, das die Herzen schneller schlagen läßt.

Der Kommandant hält sich noch im Turm auf, hört, wie der Suchhund oben mit der Fahrt angeht, befiehlt: „Zwei mal Halbe Fahrt!" Denn wenn der Zerstörer eine höhere Fahrtstufe läuft, arbeiten seine Horchgeräte nicht mehr präzise.

Jetzt stoppt er oben, um erneut Witterung aufzunehmen. Wieder läßt Köhntopp sofort auf geräuscharme Schleichfahrt zurückschalten.

Durch das Boot laufen darf keiner mehr. Die Männer bleiben auf ihren Stationen. Hat der Verfolger die Spur verloren? – Nein, er erhöht seine Schraubenleistung, das Mahlen seiner Schraubenflügel klingt ganz nahe, und läuft dann vor dem Boot vorbei und stoppt.

Rasch wird eine Kursänderung befohlen. Haken schlagen, nennen es die Altgefahrenen. Angst kriecht im Boot empor. Das Grubenlicht in der Stahlröhre läßt die Gesichter wächsern und eingefallen wirken. Viele schauen nach oben, immer wieder. Nur die alten Fahrensleute in ihren Reihen wie Liedke, Knop und Gürke lassen sich nichts anmerken. Die kennen das vom Nordatlantik her. Es schabt ganz leise über die Außenhaut. Das sind die Ortungsstrahlen, die Tentakeln, mit denen der Feind nach U 995 greift ...

„Zerstörer kommt hart auf", läßt der Horcher durchgeben. Jeder hört die ekligen Geräusche der Zerstörerschrauben – Rrich-rrich-rrich-rrich-rrich- ... Jetzt stoppt der Feind oben. Gibt es eine Gewißheit, hier herauszukommen? denken viele. Wenn nicht, dann schlägt für uns die Stunde gemeinsam, aber hoffentlich noch nicht jetzt.

Cordes läßt Galgenhumor erkennen: „Jungens, macht euch nicht in die Büx. Die da oben haben es doch bloß auf die weiße Mütze des Kommandanten abgesehen. Sie soll auf einem Ölfleck auf der Wasseroberfläche schwimmen, das ist alles."

Eben noch ist das feine Zirpen der Suchimpulse zu vernehmen, da detoniert voraus mit ungeheurem Krachen ein Wabowurf. Rawumm, Rawumm. Ein infernales Krachen umdröhnt das Boot. Glas birst, Flurplatten klirren. Jeder duckt sich unwillkürlich. Das Boot wird von den Tiefenstrudeln, die die Bombenexplosionen hervorrufen, hin und her geworfen.

Deutlich ist das Rauschen und Gurgeln der Wassermassen zu hören, welche die von den Wabos gerissenen Löcher wieder füllen. Vorübergehend fällt die Beleuchtung aus. Nur die Notbeleuchtung glimmt, alles im Boot verwandelt sich in eine schattenhafte Welt. Die Angst steigert sich. Neue Sicherungen werden hastig eingeschraubt. Kalkweiß sehen sich die Männer an. Beinahe wäre ihr Boot, wäre es nicht in letzter Sekunde der drohenden Gefahr ausgewichen, dem Gegner in die offenen Arme gelaufen …

Wieder drängen sich bange Fragen auf: Werden wir entkommen können? Oben hat die hechelnde Zerstörermeute die Fährtensuche noch längst nicht aufgegeben. Jeder hütet sich davor, Geräusche zu verursachen. Die Nummer 1 verteilt Schleichsocken an die Wachgänger. „Aufpassen, daß kein Werkzeug oder irgend etwas auf die Flurplatten fällt!" Jeder versteht. Oben könnten die Suchhunde das verräterische Klirren oder Schlagen hören.

Nach einer weiteren Kursänderung von 90° gelingt es, sich ungehindert etwas von der Suchgruppe abzusetzen. Die Zerstörer stehen eine Zeitlang an der alten Stelle, laufen dann in Abständen mit zwitschernden Schrauben auf und ab. Deutlich hören sie die Pumpen der Zerstörer japsen und die Ruderketten der Korvette scheuern. Laufend werden ihre ASDIC-Impulse aufgefangen. Der Kommandant hofft, daß ihre Peilstrahlen von den Wasserschichtungen unterschiedlichen Salzgehaltes falsch reflektiert werden. Vielleicht verzehrt zudem das Echo von den Unterwasserfelsen des Nordmeeres die Ortung.

Nur langsam vertropft die Zeit. Auf Gedeih und Verderb sind die Männer in der stahlumhüllten Luftblase ihres Bootes eingeschlossen. Solange es vom Gegner unter Wasser gehalten wird, gibt es aus dieser Heimstatt kein Ausbrechen und Entkommen. Eine dumpfe Wachheit herrscht auf den einzelnen Stationen. Werden die Männer der Klammerfaust der Tiefe noch einmal entrinnen können?

Zwei Stunden lang folgen laufend die ASDIC-Strahlen dem Boot. Immer wieder läßt der „Alte" neue Haken schlagen, um den hartnäckigen Verfolgern zu entkommen. Ständig steht er mit dem Horcher in Verbindung. Bei jeder neuen Horchpeilung muß er genauestens rechnen, um den richtigen Zack zu tun. Auf ihn allein kommt es jetzt an. Die meiste Zeit lehnt er am vorderen Kugelschott, die beulige, weiße Mütze über dem grau gewordenen Gesicht. „Leute, wir kommen hier raus, und dann machen wir einen drauf, wenn wir erstmal wieder im Hafen sind", verbreitet er Zuversicht. So ist er nun mal, und die Crew vertraut seinen Worten …

Zwei Stunden lang verhalten sich die Männer ruhig auf ihren Positionen, um keine verräterischen Geräusche zu verursachen, lauschen den unsichtbaren Geistern, die ringsum in der Tiefe hausen. Die Männer haben überreizte Nerven, leiden unter zu wenig Schlaf. Alle haben sie dunkle Augenränder bekommen. Der Kommandant läßt eine Dose Schokokola gegen die Müdigkeit an die Wachgänger verteilen. Kurz nach 8.00 Uhr meldet Funker Gürke: „Schraubengeräusche wandern 330 Grad aus." Die allgemeine Bedrückung löst sich. Was bleibt, ist das Bewußtsein, wieder davongekommen zu sein. Mit höherer Fahrtstufe setzt sich U 995 vom Ort des Schreckens ab …

Eineinhalb Stunden später heißt es: „Klar zum Auftauchen!" Zuvor wird das Sehrohr ausgestreckt. Vorsichtshalber will Köhntopp noch einen vergewissernden Rundblick nehmen. Die Suchgruppe ist hinter der Kimm entschwunden!

„Anblasen!" U 995 gewinnt seinen Auftrieb zurück, durchbricht strudelnd die Wasseroberfläche. Das vertraute Gedröhne der Diesel kommt von achtern. „Ausblasen! Wegtreten von Gefechtsstation! Brückenwache aufziehen!" heißt es.

Das Boot zieht auf seinem salzigen Pfad noch unbeschadet seinem fernen Ziel entgegen. – Der Kommandant von U 995 beugt sich über die Gradnetzkarte auf dem Kartentisch. Befriedigt wendet er sich ab, beugt sich durch das runde Druckschott. Als er den grünen Vorhang seines Kommandantenschapps zuzieht, weiß jeder, daß diese Gefahr zumindest überstanden worden ist. Von vorne aus dem Bugraum hört der Kommandant, bevor er eine Mütze voll Schlaf nimmt, daß einige, kaum dem Unheil entronnen, in übermütiger Weise zu singen anheben:

„Wenn die Wabos krachen
und das Licht geht aus,
und die Spanten brechen,
dann geht's nicht mehr nach Haus.
Und wenn wir dann auf Tiefe geh'n,
auf 1000 Meter bleiben wir steh'n.
Ade, Lily Marleen ..."

Um 11.30 Uhr, das Boot steht jetzt im Planquadrat AC 5191, tönt die Stimme des wachhabenden Funkmaaten durch das Boot: „Ortung Wanze!"

„Allaaarm!"

Noch einmal bricht der Bug in die weißschäumenden Wogen, dann schneidet das Vorschiff unter. Der Wasserstrudel spült um den Turmaufbau, dann taucht auch das abgeflachte Heck in den Schlund der nachtdunklen Tiefe.

U 995 kann dem Angriff des Flugzeuges rechtzeitig entkommen. Doch um 17.08 Uhr dröhnen zwei Detonationen durch die See, als wollten sie erneut die schattendunklen Mächte des Unheils heraufbeschwören.

Um 22.39 Uhr wird wieder, wenngleich auch vorsichtig, aufgetaucht. Der letzte Tag des August ist erst ganze 37 Minuten alt, als „Ortung Fliege!" angezeigt wird. Wieder wird sofort „Alarm!" gegeben. Nur wenn das Boot schneller taucht, als das anfliegende Flugzeug es annimmt, wird es überleben. Außer der Flucht in die Tiefe sind alle Auswege versperrt. Als das Boot unbedrängt in der Tiefe weiterzieht, läßt der II. Wachoffizier seinen Kopf weissagungsvoll pendeln. „Na, wenn das wieder wie ehedem so weitergeht ..."

Um 7.40 Uhr wird U 995 wieder von den Detonationen mehrerer Wasserbombenserien überhäuft. Das Bordchronometer steht auf 8.39 Uhr, als das Boot auftaucht. Spähend tastet die Brückenwache mit zusammengekniffenen Augen Himmel und Meer ab. Der Horizont gleicht einer lichtglänzenden Silberkette.

18 Minuten ist U 995 erst oben, da schallt es wieder durch das Boot: „Ortung Fliege!" Wieder muß mit „Alarm!" die Tiefe aufgesucht werden.

Um 20.00 Uhr das gleiche verhexte Spiel. Kaum wird aufgetaucht, muß das

Boot erneut vor einem aufkommenden Flugzeug wegtauchen. Auch am nächsten Vormittag, um 11.53 Uhr, wird vor einem Flugzeug alarmgetaucht. Die Seemännische Nr. 1 kann sich nicht mehr bezähmen: „Beschissenes Hundeleben!"

„Es müssen Träger-Maschinen sein, die hier ihre Suchkurse fliegen", mutmaßt der Kommandant. Der Kommandant gibt sich recht aufgeräumt, denn das Boot hat trotz alledem ein gutes Etmal[1] erreicht.

Der nächste Tag ist der 1. September des Jahres 1944. U 995 steht im Quadrat AC 6864. Ein Westwind von 4 bis 5 Windstärken weht in Fahrtrichtung des Bootes. Die Sicht ist ausgezeichnet. Die Männer auf U 995 ahnen nicht, daß dies der Tag ist, da die kurz bemessene Lebensfrist von U 394 abläuft. Das Kameradenboot, das am 22. Mai mit U 995 und U 997 gemeinsam am Eingang Vestfjord gestanden hatte, wird westlich von Harstad von jener Suchgruppe vernichtet, die es zuvor auf U 995 abgesehen hatte. U 995 vermochte den Feindstreitkräften bislang ein Schnippchen zu schlagen, aber sie fanden ein anderes Opfer, das sie zerschmettern und mit ihm das Leben von 50 Männern auslöschen konnten.

Für U 995 verlaufen die nächsten zwei Tage mit Tauch- und Auftauchmanövern. Bei wechselnden Winden bleibt der Himmel nunmehr bedeckt und schränkt die Sicht ein. Das Boot passiert die Skolpenbank und dringt tiefer in die unwirtliche Barents-See ein.

*

An Bord von U 995 ist jeder darauf bedacht, die gefährliche Minenfracht zu ihrem fernen Bestimmungsort zu bringen. U-Bootsleute schätzen Minenunternehmungen nicht sonderlich. Es ist aber ein stilles Heldentum, dem meistens keine spektakulären, sichtbaren Erfolge beschieden sind. Selten, daß den Booten Versenkungserfolge gutgeschrieben werden. Kein Kommandant kann sich im Minenkrieg eine „Blechkrawatte" – sprich: Ritterkreuz – verdienen, obwohl es viel Beherztheit erfordert, die Minen vor den Haustüren des Gegners abzuladen.

Deutsche Unterwasserstreitkräfte hatten seit Anbeginn des Krieges hin und wieder Minengürtel ausgelegt, um die feindliche Versorgungsschiffahrt einzuschnüren. Bereits am 21. August 1939 lief der nagelneue Kreuzer „Belfast" im Forth auf eine von U 21 gelegte Mine. Zwei Wochen später geriet das Schlachtschiff „Nelson", Flaggschiff der britischen Home Fleet, (Heimatflotte) auf eine von U 31 vor Loch Ewe ausgestoßene Magnetmine. U 34 legte unter schwierigsten Umständen Minen in die Bucht von Falmouth, U 48 verminte die Hafeneinfahrt von Portland. Andere Boote verminten die Zugänge der Irischen See, die Schiffahrtswege östlich der englischen Inseln, die Mündungen der Themse, des Tyne und des Clydes, wagten sich bis in die Hafeneingänge hinein. Zwar gab es spezielle Minen-U-Boote, insbesondere die Typen IXD2 und XB, aber meistens wurden für diese Aufgaben Boote des Typs VII eingesetzt.

1) Zurückgelegte Fahrstrecke von Mittag zu Mittag.

Nicht nur deutsche U-Boote legten allerdings Minensperren. Das erfolgreichste Minen-U-Boot des Zweiten Weltkrieges sollte das französische U-Boot „Rubis" werden. Durch seine Minen wurden im Lauf des Krieges 15 Frachter mit 26000 BRT und acht kleinere Kriegsschiffe versenkt.

Minen wurden bereits seit jeher in der Seekriegsgeschichte verwendet, und in künftigen Kriegsauseinandersetzungen wird auf diese zwar heimtückischen, aber wirkungsvollen Abwehrmittel nicht verzichtet werden können. Auch im hohen Norden des Polarmeeres kam dieses Seekriegsmittel des öfteren zum Einsatz. Bereits 1942 verminten deutsche U-Boote in fünf Einsätzen mehrere sowjetische Schiffahrtsrouten und Hafenvorfelder, vor allem die Zufahrtsgebiete zur Jugor- und Matoschkin-Straße. 16 Minenunternehmungen wurden von den U-Booten der Nordmeerflotte während des Jahres 1943 gefahren. Jeweils ein Riegel von 16 bis 24 TMB- oder TMC-Minen wurde in der Petschorasee, vor den Häfen Anderma und Port Dickson und in der Ob- und Jenisseimündung ausgebracht. Die erste Minensperre in der Jugor-Straße legte am 13.10.1942 U 592 unter dem Code-Namen „Paul". U 625 war es, das im Juli 1943 bis zur stark bewachten Jugor-Straße vordrang und dort die Minensperre „Nelke" legte. Am 13. August 1943 legte U 625 dort auch die Sperre „Seebär". Am 14.11.1943 verlegte U 636 die Sperre „Eistorte" in dieser Durchfahrt. U 592 liegt aber bereits seit dem 31. Januar dieses Jahres südwestlich Irlands mit seiner gesamten Besatzung auf dem Grund des Nordatlantiks, vernichtet durch die britischen Fregatten „Starling", „Wildgoose" und „Magpie".

Am 4. September steht U 995 unmittelbar vor seinem Ziel. Eine fehlerfreie Navigation ist für das Vorhaben unerläßlich. Der Obersteuermann stellt wiederholt Lot- und Kartenvergleiche an. Schon bei seiner zweiten Unternehmung im August hatte U 995 eine Besteckversetzung bis zu 12 sm täglich. Das Fahren in diesen hohen Gewässern verlangt den Besatzungen navigatorisch ein beträchtliches Können ab. Die Funkpeilungen ergeben meistens keine exakte Standortbestimmung, da die Sender praktisch nur in einer Linie längs der Norwegischen Küste angeordnet sind.

Es weht ein Westnordwest von vier bis fünf Windstärken, als U 995 unter Wasser in den Westeingang der Jugor-Straße schleicht. Es herrschen lange Dünung und starke Strömung, die Lufttemperatur beträgt sechs Grad, die des Wassers fünf Grad. Die Sicht ist mäßig. Unbehagen bereitet der Bootsführung die geringe Wassertiefe. Das Boot tastet sich förmlich über den Grund, lediglich neun Meter Wasser über dem Rumpf. In unangenehmer Nähe der russischen Marinestützpunkte zu beiden Seiten beschleicht die Männer im Boot ein Gefühl der Verlassenheit. Würde das Boot entdeckt, könnte das Flachwasser nicht einmal ein Entkommen durch Tauchen erlauben.

Mittags legt sich U 995 bei 26 Meter Wassertiefe vorerst auf Grund, um klar zum Werfen zu machen. Der Kommandant will vor dem Legen der Minen noch sicherheitshalber den Verkehr beobachten. Der Bootkörper arbeitet trotz zwölf Tonnen Untertrieb beängstigend unruhig in der Grundsee.

Abends flaut der Wind auf zwei bis drei Stärken ab. Um 19.30 Uhr taucht U 995 vorsichtig auf, um die Gegend genauer in Augenschein zu nehmen.

Gebannt stehen die Männer auf der Brücke, während sich das Boot, von Westen kommend, in die Meeresenge vorschiebt. Nur jetzt nicht überrascht werden! Die Folgen würden unabsehbar sein ...

Die Funkfeuer in der Jugor-Straße brennen und ergeben eine gute Funkpeilung zum letztmaligen Überprüfen des Standortes. Vor Kap Greben wird wiederholt Scheinwerfertätigkeit beobachtet. Anscheinend handelt es sich um dicht unter Land stehende Bewacher, die sich außerdem mehrfach untereinander per Morseverkehr verständigen. Aufgrund der Wetterlage entschließt sich der Kommandant, über Wasser zu werfen. Der Strom setzt in Richtung Süd-Ost. U 995 steht genau auf 69°40,5′ N und 59°36,5′O, als elf Minuten nach 21.00 Uhr die erste TMC-II-Mine kratzend und schurrend das Boot verläßt.

Man hält den Atem an. Werden die weiter abseits stehenden Wachschiffe etwas bemerken? Während das Boot 10 sm/h Fahrt beibehält, ändert es nach jeder Wurfpause die Kurse. Bei wechselnden Abständen werden die Minen in Gruppen von je drei Stück mittels Druckluft aus den Torpedorohren ausgestoßen. Nachdem die erste Ladung die vorderen Torpedorohre verlassen hat, wird fieberhaft nachgeladen. Von der Küste blinken erneut die Scheinwerfer der Bewacher herüber. Jeden Moment kann U 995 bemerkt werden. Ungeduldig, buchstäblich wie auf glühenden Kohlen, stehen die Brückenposten oben auf dem Turm. Unten in der Zentrale beugt sich der Obersteuermann über die Seekarte, ermittelt, wo die nächste Mine gelegt werden muß.

Endlich! Das letzte Teufelsei fällt eine Minute nach eins auf 69°34,8′ N und 59°36,0′O auf den mit Schlick und Steinen bedeckten Meeresboden.

Ungeschoren stiehlt sich U 995 fort. Versager oder besondere Vorkommnisse haben sich keine eingestellt. Die Magnetminen sind derart eingestellt, daß sie erst später scharf werden. Alles verläuft geradezu planmäßig. Auch die übrigen Boote der Gruppe „Dachs" können, wie vorgesehen, ihre Minensperren legen.

Bereits in der Nacht zum 2. September legte U 425 die Sperre „Dorsch" mit 12 Minen im Westeingang der Pecora-See. Das Boot führt zusätzlich Torpedos mit sich. Es macht einen T-3-Zweierfächer auf einen ihm begegnenden, mit Südostkurs zwischen Belucha und Kilguev seinen Weg ziehenden Konvoi mit vier Dampfern und fünf Bewachern los – der jedoch seine Ziele verfehlt. In den Nachtstunden des 3. September legt U 956 vor der Belucha-Bucht die Sperre „Butt". In der Nacht zum 4. September verlegt U 992 die Sperre „Sprotte" nördlich der Kolguev-Inseln und U 968 die Sperre „Lachs" vor Kap Kanin Nos. Als letztes Boot wird U 636 seine Minen am 6. September im Osteingang der Pecora-Bucht werfen (Minensperre „Forelle").

Als U 995 am 5. September auftaucht, zeigt sich das Nordmeer von seiner rauhen, unliebsamen Seite. Ein steifer Westnordwest weht dem Boot mit Beaufort 7 entgegen. Gewaltige Wellenberge rollen von vorn heran, tauchen das Boot ein. Die Brückenwache fährt angeschnallt. Man weiß in U-Bootsfahrerkreisen um das Schicksal der Brückenwache von U 106, die nicht angeschnallt war und über Bord gewaschen wurde, ohne daß die übrige Besatzung lange Zeit etwas davon bemerkt hatte.

Ein bedeckter Himmel erlaubt nur mäßige Sichtverhältnisse. Brausebäche schütten in Abständen den Turm zu. Triefnaß klammern sich die Posten in ihrem schweren Wetterzeug und Südwester an die Brüstungen des Turmes, wenn die Brecher überkommen. Mit vom Salzwasser brennenden Augen starren sie über die aufgewühlte, majestätische Seelandschaft. Von Zeit zu Zeit müssen die Doppelgläser getrocknet werden.

Innen im Stahlzylinder werden die Leute unaufhörlich durcheinandergeschüttelt. Einige leiden erbärmlich unter der Seekrankheit. In ihrer Not kommt ihnen das Boot wie der Inbegriff eines Elendsquartieres vor. U 995 macht viel Wasser, da das Turmluk nicht gänzlich geschlossen werden darf. Ins Trommeln, Schlagen und ständige Waschen der Brecher mischt sich der Sirenenton der Haupt-Lenzpumpe, die das durchs Turmluk hereinstürzende Seewasser aus der Bilge absaugt und durch die Tauchzelle 2 außenbords drückt.

Als der nächste Tag anbricht, sind die Batterien ausreichend aufgeladen, so daß getaucht werden kann.

Während U 995 sich relativ sicher wähnt, vollzieht sich im Nordmeer, zirka 15 Seemeilen nordostwärts von Kravkovo, das Drama eines U-Bootsunterganges. Trotz schlechter Wetterverhältnisse ruht der Feind nicht, deutsche U-Boote zu vernichten. Auch die sowjetische U-Boot-Jagd, inzwischen mit amerikanischen Lend- and Lease-Kriegsschiffen ausgestattet, ist wirkungsvoller geworden.

Etwa 15 Seemeilen nordöstlich Krakowas sichtet T-116, ein Zerstörer der Groznyi-Klasse, um 8.32 Uhr das tauchende U 362 und verfolgt es mit Wasserbomben. Nach einer weiteren Waboserie bemerken die Sowjets um 9.44 Uhr kurzzeitig ein Sehrohr in 300 m Abstand. An der Tauchstelle detonieren in vier Anläufen jeweils flächendeckende Waboteppiche. Ein Luftschwall bricht aus der Tiefe empor. Anschließend quellen größere Mengen Dieselöl hoch. Unerbittlich belegen die Jäger im sicheren Gefühl des Sieges weiterhin das auf flachem Grund liegende U-Boot mit Waboserien, tilgen die allerletzten Erstickungsängste und Verzweiflungsschreie des besiegten Gegners. Später werden Trümmerteile geborgen. Eine weitere U-Bootsbesatzung liegt leblos auf dem Grunde des polaren Meeres ...

Von all dem weiß man auf U 995 noch nichts, als nach dem Abendessen über Wasser weitergefahren wird. Wind und Seegang haben erheblich zugenommen. Mit kreischenden Böen überfällt der Westnordwest das aufgetauchte Boot. Es ist, als schicke sich das tobende Nordmeer an, das einsam kämpfende Boot zu zertrümmern. U 995 schlingert, giert, rollt, krängt bis zu 70 Grad; den Bereich über 45 Grad Schlagseite vermag der Krängungsmesser in der Zentrale nicht mehr anzuzeigen. Innen, auf der Back, fliegen die von der ablösenden Wache liegengelassenen Bestecke und Brettchen über die aufgesteckten Schlingerleisten.

Den Männern, die diese Sturmfahrt in einer schwimmenden Kriegsmaschine durchzustehen haben, wird ein Höchstmaß an Seemannschaft abverlangt. Es gibt keine Bulleyes, keine Skylights, keine Türen nach außen, keine Möglichkeit, sich an der Außenwelt zu orientieren. Vier Stunden dauert eine Wache, während der man nicht von seinem Platz weichen darf.

Doch auch die Freiwächter fallen aus den Kojen. Es gibt Stauchungen, Prellungen, Quetschungen. Schlimm sind die Maschinisten dran, die unter keinen Umständen ihre Diesel vernachlässigen dürfen. Es ist kaum zu begreifen, daß die Motoren bei dieser extremen Schräglage noch ihren Dienst versehen, nicht aus den Fundamenten gerissen werden.

Stundenlang knüppelt U 995 nun schon durch die haushohen, weißgekrönten Wellenberge. Die Deckswache harrt unverdrossen mit durchnäßter Kleidung aus. In ihren Stiefeln schwappt das Wasser bis zum obersten Rand. Immer von neuem brodelt die kalte See in die hufeiserne Form des Turminneren. Gischt bedeckt die Augenhöhlungen und das wildwuchernde Bartgestrüpp unter den Südwestern. Zum Glück ist bei dieser Schlechtwetterfront nicht mit feindlichen Fliegern zu rechnen. Trotzdem gilt es, vor feindlichen U-Jagdgruppen auf der Hut zu sein. Was ist, wenn aus dem Sturmgewölk die drohenden Schatten der Zerstörer hervorkämen? Keiner weiß, was die Ödfelder des Nordmeeres an Unwägbarkeiten bereithalten ...

Die brüllende Wucht des Sturmes nimmt ständig zu. Wilden Urtieren gleich heulen die Böen heran. Taub vom Windeslärm, mit blutenden Lippen und zersprungener Gesichtshaut hält die angegurtete Deckswache oben aus, fröstelnd in nassen Troyern unter dem steifen Ölzeug, immerfort auf der Suche nach etwaigen Feinden.

Immer von neuem bricht die See über das Boot hinweg. Dumpf und gleichsam helltönend schlägt sie gegen die Stahlplanken, ergießt sich durch das Turmluk. Ehe die Eisenwandungen auszittern, rollt die nächste Woge heran, um mit mächtiger Pranke zuzuschlagen. Unter dem Turm, im warmen Leben des Bootsinneren, ein Bild unsäglicher Qual. Seekranke, elendige Menschentiere liegen bäuchlings in den Kojen. Tiefe innere Not zeichnet ihre fahlen Gesichter. Aus den Spanten des Bootes lösen sich knirschende Töne, das geräuschvolle Rülpsen und Schmatzen des Bilgenwassers. – In den beiden nächsten Tagen flaut der Wind auf vier bis fünf Windstärken ab. U 995 ist dem Sturmtief entronnen. Im E-Maschinen- und Dieselraum werden die Sachen der abgelösten Brückenwache getrocknet. In den Spinden gammelt die feuchte Wäsche. Die eingelagerten Kartoffeln beginnen zu faulen. Brote schimmeln.

„Die großen Boote haben Dieselabgasheizungen, unsere Sieben-C-Tauchröhre braucht anscheinend diesen Luxus nicht", schimpft vorn im Bugraum einer. Trotz des Seeganges ist es dem Smut gelungen, etwas halbwegs Eßbares zusammenzubrutzeln. Trotzdem mundet den meisten der arg gebeutelten Unterdecksfahrer kaum etwas. Der „Herr Obermixer"[1)] Dopke ist immer noch seekrank. Er hockt wie ein Häufchen Elend zwischen den Torpedorohren auf einer ausgedienten Kartoffelkiste und jammert zum Gotterbarmen: „Ich erschieß' mich."

Nach dem Mittagessen des 9. September steht U 995 in AC 6954. Die erste Brückenwache ist eine halbe Stunde auf der Brücke. Regenschauer prasseln aus den dunklen Wolken herunter ...

1) Ausdruck für Torpedo-Mechaniker

Im Inneren des Turmes, hinter dem Angriffssehrohrschacht, ist der Platz, an dem einem Mann, allerhöchstens zweien, gestattet wird zu rauchen. Gegenwärtig ist es nicht ratsam, die Raucher auf die Brücke hochzulassen.

„Frage: Ein Mann Turm!"

Freiwächter Arand richtet seine Blicke durch das Zentraleluk nach oben. Er erhält die Erlaubnis erteilt und darf sich einen Glimmstengel gönnen.

Die Wachgänger auf dem Turm versuchen mit zusammengekniffenen Augenlidern durch die Regenfront hindurchzuschauen. Eben war dem hinteren Brückenposten, als hätte er vorübergehend kleine Schemen unterhalb einer Wolkenbarriere gesehen. Er preßt das Doppelglas stärker gegen seine Augenbrauenwülste. „Da!" entfährt es ihm. „Drei Flugzeuge hundertachtzig Grad!" Jetzt erschrickt auch der Wachoffizier. Drei einmotorige Flugzeuge, anscheinend Trägermaschinen, kommen rasch hinter dem Boot auf!

„Alaaarm!" Der schrille Ruf erzeugt im Boot neue Wirrnis.

Der Unteroffizier steigt als erster ein. Ihm folgen die beiden Brückenposten, dann der Wachoffizier und als letzter der Kommandant, der das Turmluk schließt.

Mit fliegendem Atem werden unten die üblichen Tauchkommandos ausgestoßen. Die Deckswache fällt polternd an dem hinter dem Sehrohrschacht kauernden Raucher vorbei in die Zentrale.

Jetzt hangelt der Raucher, der beim Alarmgeben hastig die Zigarette ausdrückte, etwas gemächlicher die Leitersprossen hinunter und begibt sich auf seine Station. Während das Boot vorlastig ins dräuende Dunkel kippt, heißt es, mit Gottvertrauen abzuwarten. Mit erschöpften Gesichtern lauschen die Männer. Wieder die bange Frage: Wird alles gutgehen ...?

„Die mistigen Tommies[1)] peilen jede Konservendose und jede Zigarettenkippe an, die hier im Nordmeer rumschwappeln", sagt der II. Zentralemaat Otto.

Zentralegast Marx starrt mit fragend geweiteten Augen in die Höhe. „Immer das gleiche Scheißspiel ..."

U 995 bleibt momentan unbehelligt. Wahrscheinlich sind die Landmaschinen keine ausgebufften U-Jäger wie die Seeflieger.

Der „Alte" spürt, wie seine Leute ein wenig trübsinnig zu werden beginnen. In derartigen Fällen pflegt er ihnen eine kleine Aufheiterungsspritze zu verpassen. Er ordnet an, daß sich der Koch unverzüglich in der Kommandantenkammer zum Rapport melden solle. Alsbald erscheint wie befohlen denn auch der Smut in voller Montur und mit rotem Kopf unter der eigens aufgesetzten „Hurratüte" und baut sein Männchen. Der „Alte": „Feigenbutz, für Sie ist ein FT vom Stützpunkt eingetroffen." Der stille Smut weiß nicht, was er darauf antworten soll, in seinem Gesicht nagt die Ungewißheit. Wortlos gibt der „Alte" dem Verdatterten den vom Funkgasten fingierten Funkspruch zu lesen. Voll sprachlosen Entsetzens liest dieser: „Mitteilung an Matrosen Peter Feigenbutz: Daheim Zwillinge angekommen. Mutter und Kinder wohlauf."

1) Spitzname für Engländer.

„Mensch, Feigenbutz, Sie sind ja ein ganz toller Hecht", meint der Kommandant mit undurchdringlichem Gesichtsausdruck und sieht gleichzeitig, wie sein Gegenüber im stillen zu rechnen beginnt.

„Herr Kaleu, vor ... neun Monaten ..., ich meine, in Danzig ... da ..., aber ich war mit der Kleinen doch nur im Kino – Wieso ...?"

„Kommen Sie mir nicht mit Ausflüchten, Feigenbutz. Können Sie wenigstens für den Unterhalt Ihres Nachwuchses aufkommen?" Der gute Smut ist total perplex. „Na, dann lassen Sie man die Kochtöpfe darüber nicht anbrennen. Gehen Sie, und machen Sie mal was Anständiges als Festschmaus."

Das angeblich freudige Ereignis macht sogleich die Runde durch alle Räume des Bootes. Spontan beginnt die Besatzung damit, eine Sammlung für den armen Vater zu veranstalten. Dem Koch wird alsbald mit ernst-feierlichem Gehabe ein ansehnlicher Betrag überreicht, damit er seinen Sprößlingen eine anständige Erziehung angedeihen lassen kann. Der Geplagte kann nicht umhin, an diesem für ihn so denkwürdigen Tag tatsächlich ein erlesenes Essen zu bereiten. Viele gute Wünsche muß er über sich ergehen lassen, und er bietet ein Bild, das wirklich bei allen an Bord zu grotesker Heiterkeit einlädt. Nach dem Galaessen widerfährt ihm endlich unter allgemeiner Gaudi die Aufklärung ...

Auch in den nächsten beiden Tagen bleibt es regnerisch. Am 11. September passiert U 995 gegen Mittag den Ansteuerungspunkt SR1. Eine Stunde später wird es beim Punkt SR2 vom Geleit aufgenommen und läuft wohlbehalten in den U-Stützpunkt Hammerfest ein.

Am Morgen des 14. September erreicht U 995 Narvik und macht nach seiner vorbildlich durchgeführten Minen-Unternehmung längsseit „Grille" fest.

Über den Erfolg der von der Gruppe „Dachs" gelegten Grundminensperren erfährt keiner etwas. In der zweiten Septemberhälfte des Jahres 1944 erbringt die deutsche Funkaufklärung, daß sowjetische Minenräumboote in der Belucha-Bucht und Jugor-Straße tätig waren. In diesem Seegebiet standen fünf von England übergebene MMS-Minensucher im Einsatz, nämlich: T-108, T-109, T-110, T-121 und T-122, von denen jeder allein im Jahre 1943 4000 Seemeilen im Minensucheinsatz zurückgelegt haben dürfte.

Nach der erfolgreichen Unternehmung gibt es am 14. September noch an Bord Auszeichnungen für einige Besatzungsmitglieder. Ein fröhliches Bordfest folgt auf dem Fuße. Die Kantinenbestände sind, da auf See keine Möglichkeit für ausreichenden Verzehr der Vorräte gegeben war, nunmehr freigegeben. Nach einer ausschweifenden Nacht werden die folgenden Tage mit Aufräumen und Überholungsarbeiten angefüllt.

*

Die Liegezeit von U 995 im Hafen von Narvik erstreckt sich bis zum 29.9.1944, ehe es seeklar gemeldet werden kann.

Während die Besatzung das „Landleben" genoß, nahmen die Fachkräfte der Werkstattschiffe das Boot in Beschlag, um die routinemäßigen Instandsetzungsarbeiten durchzuführen. Bei derartigen Gelegenheiten zeigte sich wieder einmal das große Organisationstalent des 1. Mechanikermaates. Ob Werkzeug oder irgendwelche notwendigen Geräte nötig waren, Hannes Bittner besorgte alles. Manchmal öffnete eine Flasche Wein oder ein Päckchen Zigaretten so manche Magazintüre. Besonders beliebt ist bei den „Werftgrandis" der gute holländische „Doppelmann-Tabak". Aber natürlich tun die „Silberlinge", die von der Marine übernommenen Ingenieure, von sich aus alles, um den Booten das Notwendige mit auf ihre gefahrvolle Reise zu geben.

Während der Tage in Narvik hörten die Männer, daß wieder Kameradenboote im Nordmeer überfällig sind. U 865 fiel am 19. September nordwestlich von Bergen Fliegern zum Opfer, am 24. September versenkten im gleichen Seegebiet britische Bomber das IX C-Boot U 855.

Die Gedanken an das eigene Schicksal mehren sich. Doch die Pflicht ruft. U 995 muß auslaufen.

Als der neue FdU Nord, Fregattenkapitän Suhren, eines der auslaufenden Boote verabschiedete, rief ihm der Kommandant ahnungsvoll den altrömischen Spruch der Gladiatoren zu, ehe sie den Kampf aufnahmen: „Die Todgeweihten grüßen dich ..."

Er ist mit seinem Boot nicht wiedergekehrt ...

Am späten Abend legt U 995 in Narvik ab. Eineinhalb Stunden später kommt in Lödingen ein Lotse an Bord. Um 3.40 Uhr wird in Harstad zur Lotsenabgabe und Proviantergänzung festgemacht. Der I.WO hat wieder seine Plage mit dem Anlegemanöver.

Harstad ist Versorgungsbasis für Proviant und Treibstoff. Der Koch Feigenbutz, Badenser von Hause aus, übernimmt den Proviantnachschub. Sanitätsmaat Streicher komplettiert seine Bordapotheke. Wie bei Antritt jeder Feindfahrt wird das Boot mit allen möglichen Dingen vollgepfropft. Im Bugraum lagern die Gemüsekisten, hängen die Brotlaibe in den Hängematten.

Mehr und mehr werden die deutschen U-Boote in die Defensive gedrängt. Der Wettlauf zwischen Schiffsneubau und Versenkungen ist längst zugunsten der Alliierten entschieden.

Die Männer von U 995 wissen zur Genüge, was draußen die See für sie parat hält. Bange Fragen drängen sich auf. Hatten sie im letzten Brief vergessen, der Frau, der Mutter, dem Mädchen noch etwas Liebes mitzuteilen?

Aber auch im Stützpunkt gibt es keine Ruhe, und der Friede ist meist trügerisch. Fast täglich werden die meisten U-Bootshäfen von feindlichen Fliegerverbänden bombardiert. Im Soldatenheim und in der Hafenkneipe wird noch einmal kräftig auf die Pauke gehauen, ausgelassen der letzte Sold verschleudert. Noch einmal tüchtig leben! Einmal aus vollem Halse lachen. Wer weiß, ob der Schiedsspruch über unser Boot schon gefällt ist ...

Laßt uns noch mal mit den flotten Nachrichtenhelferinnen schäkern, mit norwegischen Mädchen anbändeln. – Dann ist die letzte Nacht an Land verflossen, die Gnadenfrist abgelaufen. Abschied! Ein schicksalshafter Morgen bricht heran, an dem das Boot befehlsgemäß auslaufen wird, vielleicht zur letzten Fahrt ...

Seit dem 15. September lief von Loch Ewe der Konvoi JW.60 aus, bestehend aus 30 Frachtschiffen, von 12 Zerstörern der 8th und 20th Escort-Group und außerdem von den Geleitträgern „Campania" und „Striker" sowie dem Kreuzer „Diadem" gesichert. Die Briten halten zudem ihr Schlachtschiff „Rodney" mit weiteren elf Zerstörern bereit, falls das im Alta-Fjord ankernde deutsche Schlachtschiff „Tirpitz" auslaufen sollte. Der FdU Norwegen hat die U-Bootsgruppe „Grimm", bestehend aus U 278, U 312, U 425, U 737, U 921, U 956 und U 997 auf diesen Konvoi angesetzt. Doch weder den U-Booten noch der deutschen Luftwaffe gelingt es, den Geleitzug abzupassen. Er kann wohlbehalten am 23. des Monats im Kola-Fjord einlaufen. Der FdU läßt nunmehr zusätzlich Boote, zu denen auch U 995 gehört, auslaufen, um zusammen mit der Gruppe „Grimm" das zu erwartende Rückgeleit abzufangen.

Um 8.00 Uhr des 26. September legt U 995 in Harstad ab und läuft zusammen mit U 310 über den Ande-Fjord aus. Gleichzeitig laufen aus: U 636 durch den Lopphavet, U 313 und U 668 über den Ansteuerungspunkt „Sophie Richard I". Alle ausgelaufenen Boote werden in das Planquadrat Anton Cäsar 45 beordert.

Einige neue Männer fahren mittlerweile auf U 995. Seemann Karl Strempel wurde inzwischen von Bord genommen. Der Grund: Sein Brief nach daheim, in dem er seinen Angehörigen stolz mitgeteilt hatte, wie tief sie beim Tieftauchversuch hinabgetaucht waren, war von der Zensurstelle geöffnet worden. Er hatte somit ein stark gehütetes Geheimnis preisgeben wollen. Bereits während der AGRU-Zeit stieg der aus Aachen stammende Funkgast von der Burg aus. Er wurde durch Martin Mühlberger ersetzt. Der lustige Funkgast Clemens, ein Kölner, der gelegentlich überaus flotte Sprüche über die Regierung vom Stapel ließ, wurde abgelöst. Der einzige Funkgast, der von Anfang an dabei war, ist der ruhige Schwabe Ottine. Wie der Zufall es wollte, traf der Kommandant während einer Zugfahrt einen jungen Rheinländer aus Bonn, der seine Versetzung zum U-Stützpunkt in der Tasche hatte. Köhntopp war spontan von der Frohnatur des jungen Matrosen angetan. Im Stützpunkt gelang es dem „Alten", ihn als neuen Funkgasten zu „heuern". Kurz vor dem Auslaufen nach Norwegen war der ruhige Torpedomechaniker Dopke in Kiel zugestiegen, zum gleichen Zeitpunkt stieß der II. Funkmaat Heinrich Meier zur Besatzung. Eine spätere Zukommandierung zum 1.6.1944 erhielt ein Neuer namens Toppschall.

Zu diesem Zeitpunkt, da U 995 einem ungewissen Unternehmen zustrebt, heulen in der Heimat täglich die Sirenen. Die Zivilbevölkerung flüchtet vor den alliierten Bombenangriffen in die Luftschutzbunker und Häuserkeller; die Werftarbeiter arbeiten trotz der wachsenden Bombengefahren unermüdlich an neuen U-Booten. Die U-Bootsfahrer hoffen stärker denn je, daß endlich die neuen Elektro-Boote des Typs XXI an die Front gelangen, mit denen man eine Wende in der Atlantikschlacht herbeisehnt. Es zeichnet sich aber ab, daß die Großserie von 100 Stück außenluftunabhängiger 850-tons-Walter-U-Boote, deren Unterwassergeschwindigkeit von 25 sm/h einer Revolution im Seekriegsgeschehen gleichkäme, erst Ende 1945 in Dienst gestellt werden kann. Vorerst aber müssen sich die überalterten, dem Untergang geweihten VII-C-

Boote weiterplagen gegen die technisch und stärkemäßig überlegenen Seestreitkräfte des Gegners. Vorbei sind die Zeiten, als Musikkapellen die auslaufenden Boote verabschiedeten. Das Händewinken auf der Pier wird immer spärlicher, die herzlichen Wünsche für eine siegreiche Heimkehr nehmen sich fast grotesk aus. Verstohlen schleichen sich die Boote bei Nacht und Nebel aus den Häfen. Auf dem Atlantik wurde die Rudeltaktik im eigentlichen Sinne aufgegeben. Nur noch im Nordmeer versucht man Bootsrudel an die Murmansk-Geleitzüge heranzubringen.

Nun gehen die „grauen Wölfe" in anderen Seegebieten als Einzelkämpfer an den Feind. Nirgendwo sind die vereinsamten Jäger noch geborgen. Die feindliche U-Jagd hat sich taktisch auf den „Zaunkönig" eingestellt und läßt Geräuschbojen schwimmen, die den akustisch-suchenden Torpedo verwirren. Die feindlichen Zerstörer sind inzwischen mit besseren Ortungsgeräten ausgestattet. Ihre Ortungsimpulse überdecken allerorts die sich versteckt haltenden U-Boote. Die Gegner setzen überschwere Wasserbomben ein. Die herkömmlichen Wabos hatten eine Einstellung bis auf 180 Meter Tiefe, so daß die U-Boote sich auf über 200 Meter Tauchtiefe relativ geborgen fühlten. Die 450 kg schweren neuen Wabos beulen die Druckkörper der Boote aber bereits auf größere Distanz ein. Die Boote scheuen sich zu funken, wollen sich nicht einpeilen lassen. Ihre Tauchzeiten werden immer länger ...

Kurz vor Mittag läßt der Kommandant ein Prüfungstauchen durchführen. Boot und Besatzung müssen neu aufeinander abgestimmt werden. Kein Mann darf mehr umherlaufen, es würde die Trimmlage des Bootes verändern. Gesprochen wird kaum etwas. Meldungen laufen ein. „Vorschiff klar." „Achterschiff kleine Leckagen. Werden behoben."

Wie bei jedem Übungstieftauchen, wenn es bis auf 180 Meter in die Abgründe des Ozeans geht, bangt ein jeder ein wenig um sein Leben. Einige schielen zum Turmluk hin. In 180 Meter Tiefe lasten 18 Kilogramm Gewicht pro Quadratzentimeter auf dem Druckkörper. Das Turmluk hat einen Durchmesser von 70 Zentimetern, folglich wirken fast 70 Tonnen auf seinem Deckel. Keine menschliche Kraft könnte ihn anheben. Einige sind kreidebleich, erholen sich aber rasch, als das Boot wieder auftaucht.

Sofort nach dem Auftauchen werden im Achterschiff die Luftverdichter angeworfen, um die Preßluftbehälter wieder aufzufüllen. Das Boot muß jederzeit über ein genügendes Druckluftreservoir verfügen. Gleichfalls nach jedem Auftauchen muß der Artillerie-Mixer Heinz Beutsch nach oben auf die Turmplattform, um die Flak-Rohre durchzuziehen. Mit Fliegerangriffen ist jederzeit zu rechnen, und die Rohrwaffen müssen in gutem Zustand sein.

Am Nachmittag wird Andenas passiert. Mit hoher Fahrt und Zickzackkursen setzt sich das Boot von der Küste ab. Die Offiziere wissen, daß britische U-Boote nicht nur zur Flankensicherung der Nordmeergeleitzüge eingesetzt werden, sondern insbesondere eine Postenkette vor der nordnorwegischen Küste bilden. Bereits 1939 wurde der deutsche Schwere Kreuzer „Prinz Eugen" von einem englischen U-Boot torpediert. Am 23.2.1942 erhielt die „Lützow" auf ihrem Verlegungsmarsch von Kiel nach Drontheim einen Torpedotreffer von HMS „Trident" ins Heck. Englische U-Boote lagen auf Vorpostenstellung vor dem Alta-Fjord, um die Kreuzer „Admiral Hipper" und „Köln" abzufangen, sofern sie ausgelaufen wären. Die Home Fleet hat immer eine Handvoll U-Boote im norwegischen Küstenvorfeld postiert, allein schon deshalb, um der „Tirpitz" zu begegnen, falls sie den Alta-Fjord verlassen würde. Und wenn deutsche U-Boote aus ihren Stützpunkten auslaufen, sind immer ein paar feindliche zur Stelle.

Die Brückenwache hält zuverlässig Ausschau. Keiner darf zur Unachtsamkeit neigen. Welche Entschuldigung gäbe es, wenn die Blasenbahn eines tödlichen Torpedos zu spät gesehen würde. Jeder Posten weiß, daß er das Leben der anderen auf ihn vertrauenden Männer nicht durch Nachlässigkeit aufs Spiel setzen darf.

Um 14.39 Uhr geht der Funkspruch des FdU Norwegen ein, als Boot der neugebildeten Gruppe „Zorn" einen Vorpostenstreifen zu besetzen. Die Gruppe soll sich vom Planquadrat AC 4366 bis 4232 in folgender Reihenfolge aufstellen: U 968, U 668, U 636, U 310, U 995, U 293, U 771. Die Boote werden angehalten, nur zum Aufladen der Batterie aufzutauchen und müssen Funkstille bewahren, es sei denn, sie werden vom Gegner bemerkt oder stoßen auf ihn. Eine Stunde nach Erhalt des Funkspruches taucht U 995. Ab 20.00 Uhr fährt es wieder aufgetaucht, um volle Batterien zu haben. Um 23.00 Uhr schrillen die Alarmglocken. Jeder flitzt auf seine Tauchstation. Was liegt an? „Flieger im Anflug. – Ortung ‚Wanze'."

Um 12.00 Uhr des nächsten Tages hat das Boot ein Etmal von 98,5 sm über Wasser und 29,6 sm unter Wasser zurückgelegt, strebt weiterhin unter Wasser zur angegebenen Standlinie. Am 29. September um 3.56 Uhr taucht es auf der befohlenen Position auf.

Bereits in der gestrigen Nacht lief das erwartete Rückgeleit RA 60 aus der Kola-Bucht aus und pflügt jetzt irgendwo durch die Weite des Nordmeeres. Gesichert werden die 30 Schiffe von den gleichen Kriegsschiffen, die das Hingeleit JW.60 begleiteten. Die U-Bootsführung hofft, durch weitausholendes Vorsetzen der U-Boote bis etwa 70° Nord den Konvoi zu erfassen.

Per Funkspruch werden die angesetzten Boote angewiesen, möglichst vorerst unbemerkt zu bleiben, jedoch beim Erfaßtwerden das Radar-Täuschungsmittel „Aphrodite" zum Einsatz zu bringen. Es handelt sich dabei um einen mit leichtem Gas gefüllten Ballon, der mit einer 60 Meter langen Drahtschnur an einem Floß befestigt ist. Unterhalb des Ballons sind drei Streifen einer reflektierenden Metallfolie befestigt. Jetzt, bei zunehmender Dunkelheit. verspricht die „Aphrodite" wirkungsvolleren Erfolg, als die früher verwendete „Thetis" – ein dreidimensionales Kreuz mit Drahtverspannung, das auf dem Wasser als Reflektor schwimmt.

Man vermutet auf deutscher Seite die englischen Träger, und man weiß, daß ihre Trägerflugzeuge bis 60 Seemeilen seitlich und vor dem Geleitzug den Seeraum abfliegen. Trotzdem funkte der FdU noch verheißungsvoll an die Boote der Gruppen „Grimm" und „Zorn": „Das Nordmeer muß der Auftakt zu einem neuen Tonnagekrieg werden."

Auf den Erzhalden von Narvik weht zwar immer noch die deutsche Flagge, aber von August bis September vollzog sich die Räumung der Biskaya-U-Boots-Stützpunkte. Wo also anders erhofft man sich deutscherseits nunmehr Geleitzugserfolge als im Nordmeer?

Während von Mitte April bis Mitte August nördlich des Polarkreises die Sonne Tag und Nacht über dem Horizont stand, herrscht jetzt bereits in den Nachtstunden Dunkelheit. Die nautische Abenddämmerung beginnt derzeit gegen 20.00 Uhr, die Morgendämmerung setzt um 4.00 Uhr ein. Zwischen der astronomischen Dämmerung, also zwischen Morgen- und Abenddämmerung, klettert der Obersteuermann mit dem Sextanten auf die Brücke, um eine Sternenhöhe zu nehmen. In der Zeit zwischen Sonnenuntergang und Sternenaufgang bzw. vom Verblassen der Sterne bis Sonnenaufgang ist keine astronomische Standortbestimmung möglich.

*

Am 29.9. um 15.20 Uhr durchbricht eine Meldung von U 310 die Funkstille. Das zur Gruppe „Zorn" gehörende U 310 wurde vom West-Geleitzung RA.60 überlaufen. Es nutzte seine Chance und gab drei Einzelschüsse ab, versenkte die Frachter „Samsuva" und „Edward H. Crockett", während ein T-5-Schuß die Eskorts verfehlte. Das Kameradenboot kann 14395 BRT versenkten Schiffsraum auf sein Konto verbuchen und meldet den Geleitzug in AC 4526 mit 25 Dampfern, einem Schlachtschiff und einem Flugzeugträger mit 10 Seemeilen Geschwindigkeit in Richtung 230° laufend.

U 995 steht derzeit im Planquadrat AC 4237. Das Boot fährt unter Wasser, als es laufend Detonationen hört. Schaurig dröhnen die Schläge aus der Ferne heran. Gebannt saugen die Gehörmuscheln die Schreckensschläge auf, lassen sie im Innersten nachklingen. Was da wohl wieder los ist? Welche Kameraden müssen jetzt um ihr Leben bangen? – Nach 56 Detonationen herrscht wieder Stille.

Um 22.43 Uhr meldet der Funker den Eingang eines FTs des FdU. Sämtliche Boote werden angewiesen, unverzüglich mit Höchstfahrt auf die Geleitmeldung von U 310 in AC 4526 hin zu operieren. Der Kurs des Geleitzuges wird mit 250° angegeben. „Zweihundertvierzig Grad!" gibt der Kommandant seinem wachhabenden Offizier bekannt. Er will sich mit dem Boot vorsetzen, um in gute Schußposition zu gelangen. Die Mannschaft ist vom Jagdfieber gepackt.

Aufgetaucht stürmt U 995 bei mäßiger bis schlechter Sicht durch das Nordmeer. Es weht aus Süden mit vier bis fünf Windstärken. Den Brückenposten ist das Gebot der Stunde bewußt. Unermüdlich pressen sie die Ferngläser gegen die Augen. Die Männer wissen, daß U 310 ein Fanal gesetzt hat und der Gegner nun auf der Hut ist – die 56 Detonationen bezeugen es.

Der letzte Tag des September 1944 bricht heran. Ein Südwest treibt die See mit fünf Beaufort schräg von vorn gegen den Bugsteven. Von 2800 Pferdestärken angetrieben, schlägt das Boot schäumend in die Wellen.

Um 7.50 Uhr wird ein Funkspruch aufgenommen. „Von Norden anfliegende Trägermaschine abgewehrt, getaucht. Anschließend 2 Zerstörer von Norden kommend angegriffen. Ein Wendeschuß fehl. AB 6684. Vermute Geleitzug im Norden. – U 310–." Das Kameradenboot steht also noch am Geleit!

Die dritte Wache mit Obersteuermann Liedke löst um 8.00 Uhr die zweite mit dem II.WO ab. Die neue Wache ist gerade 19 Minuten auf der Brücke. „Da! Flieger in 90 Grad!" meldet der achterne Ausguck. Liedke fährt herum. Tatsächlich! Aus nördlicher Richtung dreht ein Flugzeug auf das Boot zu, Entfernung schätzungsweise 6000 Meter. Wie schnell kann die Maschine heran sein?

Jetzt heißt es Alarmtauchen. Nacheinander fallen die Brückenposten durch das Einsteigeluk. Jeder hat nur wenige Zehntelsekunden Zeit, um durchs Luk zu verschwinden. Auf gut Glück springen sie in die Öffnung. Keiner darf sich die Zeit nehmen, um die Sprossen der Eisenleiter zu benutzen. Statt dessen rutschen sie, die Hände und Füße von außen gegen das Geländer gedrückt, vertikal hinab. Unten in der Zentrale reißen Kameraden die Hinabpurzelnden zur Seite. Spätestens nach fünf Sekunden muß das Turmluk geschlossen werden.

In den Maschinenräumen überschlagen sich die Ereignisse. Fieberhaft werden die Diesel gestoppt, Zuluftventile und Abgasarmaturen dichtgedreht, die Kupplungen gestellt und die Batterien auf die E-Motoren geschaltet. Keiner weiß, was oben los ist. Kommt ein Zerstörer auf oder ein Flugzeug – oder welches Unheil droht sonst dem Boot? Jede Sekunde ist ein kostbarer Gewinn für die Verlängerung des Lebens.

„Fluten!" brüllt der Obersteuermann nach unten, noch am Verschlußrad des Lukendeckels pendelnd. Mit frei baumelnden Füßen hängt er sein ganzes Körpergewicht an den Deckel, um ihn schneller schließen zu können. Knackend schnappt über ihm das Luk zu. Der Zentralemaat überfliegt mit rastlosem Blick die roten Kontrollämpchen. Nur keine Kleinigkeit außer acht lassen. Alles ist unzählige Male exerziert worden. Würde etwas nicht richtig geschaltet oder gar vergessen worden sein, das Boot dürfte nicht tauchen. Es muß sich im ordnungsgemäßen Tauchzustand befinden, das ist unabdingbare Voraussetzung, auch wenn unmittelbare Gefahr droht. Jeder Fehlgriff, jede Fehlentscheidung käme der Vernichtung gleich.

Der Obersteuermann berichtet dem Kommandanten: „Wahrscheinlich viermotorige Maschine im achterlichen Steuerbordsektor, auf das Boot andrehend. Abstand fünf- bis sechstausend Meter." – Das Boot kann auf 80 m Tiefe sein, bevor die zu erwartenden Bomben fallen …

„Ausdrücken!" befiehlt der LI. Preßluft mit 205 atü rauscht in die Untertriebszellen, drückt die fünf Tonnen Wasserballast, um die das Boot zu schwer ist, hinaus. „Zellen leer", kommt die Meldung. „Schließen!" Zwei Gasten drehen die Ventile dicht. Die Untertriebszellen stehen nun unter Überdruck. Der Zentralemaat läßt den Überdruck ins Bootsinnere entweichen, dadurch steigt der absolute Druck auf allen Stationen. Die Männer spüren es auf den Trommelfellen.

Der LI ist in seinem Element. „45 Meter. Boot fällt rapide. 35 Grad Lastigkeit."

Der Kommandant gibt den Befehl: „Auf 100 Meter gehen!"

„Sechzig Meter, siebzig, achtzig ...", hört man die sonore Stimme des Ingenieurs. „Hundert Meter." Er läßt nun das Boot durchpendeln, um die beim Tiefsteuern hinderliche Restluft aus den Tauchzellen entweichen zu lassen. Abgesehen davon, daß die gleichsam wie in einer Wasserwaage umherkollernden Luftblasen Geräusche verursachen und ein dauerndes Gegentrimmen erforderlich machen, verändert sich ihr Volumen entsprechend der Wassertiefe. Das Boot wird mit zunehmender Tiefe, da die Luftpolster komprimiert werden und Wasser nachströmt, naturgemäß schwerer.

„Boot ist durchgependelt. Entlüftungen schließen!" gibt der LI an seine Männer weiter. Eine Weile später heißt es bereits: „Entlüftungen sind geschlossen." Jetzt weiß jeder, daß das Boot, sofern im Notfall abgeblasen werden würde, die Luft in den Tauchzellen verbleiben und U 995 wieder an die Oberfläche heben würde. Allein dieses Wissen verleiht den Männern ein klein wenig Wohlbefinden. Doch was wird werden? Fallen Bomben?

Das Tauchmanöver der bestens aufeinander eingespielten Mannschaft hat vorzüglich geklappt, so daß die Feindmaschine die Tauchstelle nicht mehr rechtzeitig erkennen konnte, um ihre Bombenschächte zu entleeren. Es bleibt ruhig.

„Sonderbar, warum konnten wir die anfliegende Maschine nicht orten?" überlegt Köhntopp.

Des Rätsels Lösung ist bald gefunden: Kabelbruch im „Tunis"[1]. Die Befestigung der Antenne im Funkpeilrahmen ist zu schwach ausgelegt worden, so daß sie während des Seeganges mehrmals weggeschlagen wurde.

Gegen 9.30 Uhr, U 995 steht im Planquadrat AB 6635, wird eine Horchpeilung in 345° aufgenommen. Der Kommandant läßt das Boot in Richtung der Horchpeilung zulaufen. Die Horchgeräusche werden zunehmend lauter.

„Auf Sehrohrtiefe gehen! Beide Maschinen halbe Fahrt voraus!" wendet er sich an den LI. Der befiehlt den Tiefenrudergängern: „Beide Tiefenruder hart oben!" Während das Boot steigt, dehnt sich der Stahlkörper aufgrund des nachlassenden Wasserdrucks allmählich aus. Das Boot wird spezifisch leichter, und der erfahrene Ingenieur kennt die vom Salzgehalt des Seegebietes abhängige Wassermenge, die er gegenfluten muß. „Achtzig Meter. Boot steigt." Mit zehn Grad Achterlastigkeit geht es aufwärts. „Siebzig Meter." Etwa alle zehn Sekunden steigt U 995 um zehn Meter. Auf 20 Meter Tiefe muß der Auftrieb des Bootes abgefangen werden. Um die Sehrohrtiefe von 14 Metern ohne Tiefenschwankungen zu garantieren, muß der LI sein Boot gut ausgelastet fahren.

Der Kommandant sitzt breitbeinig auf dem Ledersessel am Sehrohr im Turm. Mit den Füßen betätigt er die zwei Pedale, die beim Herunterdrücken entweder eine Rechts- oder Linksdrehung des Sehrohres bewirken. Die Drehgeschwindigkeit nimmt mit zunehmendem Pedaldruck zu. Die rechte Hand des Kommandanten bewegt den Kippspiegel, mit dessen Hilfe er bis zu ungefähr 70 Grad nach oben in den Himmel oder 15 Grad nach unten auf die Wasserober-

1) Funkpeilanlage mit den Empfängern „Fliege" und „Mücke".

fläche blicken kann. Mit seiner linken Hand, die den Ein- und Ausfahrhebel bedient, gleicht er ständig die Einflüsse der Wellenbewegungen, es herrscht derzeit Seegang 4 bis 5, und geringfügigen Tiefenschwankungen des Bootes aus.

Außer dem Fadenkreuz befinden sich im Sehrohrfenster Entfernungsskala und Kreiselkompaßtochter sowie unterschiedliche Kränze mit Gradeinteilungen, die dem Torpedoschießen dienen. Die Heizung der Sehrohranlage ist eingelegt, um ein Beschlagen der Prismen und des Spiegels zu verhindern.

Ein Schiff ist nicht auszumachen. Unruhig rutscht der Kommandant auf dem Sessel umher. Was ist das? Ein winziger Punkt tanzt auf den Wellenrücken. Er betätigt den Griff für die 1,5fache Vergrößerung, dann wählt er die 6-fache. Einige Worte entfahren seinen Lippen: „Geräuschboje! Wahrscheinlich vom Flugzeug abgeworfen, um uns vom Geleitzug abzulenken."

Um 12.00 Uhr hat U 995 ein Etmal von 142,4 sm zurückgelegt. Das Boot steht jetzt in AB 6629. Um 13.01 Uhr gibt der FdU durch, daß ein Flugzeugträger in AB 5395 gepeilt worden sei, also westnordwestlich querab von U 995. Um 13.48 Uhr heißt es im Funkspruch des FdU: „Träger- und Zerstörerangriff auf U 310 in AB 6680 anscheinend von achterem Sicherungsschirm. Boote nicht auf nördlichen Kurs operieren, zunächst vor allem nach vorne streben. Abends eigene Luftaufklärung beabsichtigt, deren Ergebnis für Ansatz des Nachtangriffs oder Unterwasserangriffe am Morgen auszuwerten ist. Energisches Ausnützen der Dunkelheit muß Boote heranbringen."

Um 18.00 Uhr nimmt der Horcher ein ähnliches Geräusch wie am Vormittag auf. Diesmal hört es sich an wie ein Fahrzeug, das laufend seine Umdrehungen ändert und hin und wieder stoppt.

Kapitänleutnant Köhntopp hat es sich bisher nie nehmen lassen, immer auf der Brücke von U 995 zu stehen, wenn über Wasser gefahren wurde. Die Männer kennen ihren „Alten" zur Genüge, und sie wissen, daß er sie allesamt unter seine Fittiche genommen hat und unablässig persönlich dafür sorgt, das alles rechtens läuft und sich keine Unachtsamkeit einschleicht. Aber er muß dafür Tribut zahlen, sich trotz mangelnden Schlafes unablässig den Witterungsunbilden ausgesetzt zu haben. Er will es nicht wahrhaben, aber gerade jetzt, wo dem Boot und der Besatzung alles abgefordert wird, ist er gesundheitlich schwer angeschlagen, wie Sanitätsmaat Streichers Untersuchung drastisch bestätigt.

II.WO Böhm steht im schmalen Gang neben dem Horchraum, als I.WO Schröder aus der Offiziersmesse kommt. Sie verständigen sich kurz untereinander. Schröder nickt, strafft sich und wendet sich hinüber zum Kommandantenschapp. „Herr Kaleu, vielleicht lauern einige Zerstörer in der Nähe. Wir meinen, wir könnten auftauchen und zum Befreiungsschlag ausholen."

Köhntopp weiß, die erfolgshungrigen WOs können es kaum abwarten, endlich ihre allzeit gehätschelten T5-„Aale" abschießen zu können. Aber er läßt sich, nur weil es den Offizieren offensichtlich nach Meriten gelüstet, auf gar keinen Fall dazu hinreißen, ein unnötiges Risko eingehen und das Leben seiner ihm anvertrauten Männer auf fatale Weise in einem Vabanquespiel zu opfern – zumal es augenblicklich oben nur so von Trägerflugzeugen wimmelt.

Der diensthabende Funker lugt mit einem Auge aus dem offenen Türrahmen des Funkraumes herüber und hört, was gesprochen wird.

„Meine Herren, wollen Sie unbedingt Ihren ‚Allerwertesten' riskieren und den ‚glorreichen Heldentod' sterben? Der Bedarf an toten Helden der U-Bootswaffe dürfte doch wohl zur Genüge erfüllt sein. Ich habe Ihnen gegenüber schon immer meine Maxime vertreten: Lieber versenke ich ein Schiff weniger und bringe dafür meine Leute nach Hause!"

Und wenn seine jüngeren Offizierskollegen insgeheim gar die Erwartung hegen sollten, er würde einem von ihnen aufgrund seiner momentanen gesundheitlichen Beschwerden gar das Boot und seine Besatzung anvertrauen, so haben sie eines vergessen ins Kalkül zu ziehen: Das rechte Vertrauen setzt der „Alte" noch nicht in ihre Führungsqualitäten. Die gegenwärtige Lage auf dem Nordmeer erlaubt keine einzige Fehlentscheidung. Das wäre das unabdingbare Ende des Bootes. Köhntopp wird die Zähne zusammenbeißen und das Heft des Handelns in seiner Hand behalten müssen, muß oben stehen und die Entscheidungen für das Boot treffen.

U 995 steht gegenwärtig nahe der Bäreninsel in AB 6625 (≈ 73° N/18° O). Köhntopp hat sich vorgenommen, nach dem Auftauchen strikte Funkstille zu bewahren. Er weiß, daß das Boot so gut wie verloren ist, wenn er dem Gegner seinen Standort verrät.

10 Minuten später geht ein FT vom Fühlungshalter-Boot U 425 ein: „Geleitzug AC 7110." Kurz darauf meldet das Kameradenboot an den FdU: „Trägergruppe vor Geleitzug, Kurs 250 Grad, Fahrt 10 Knoten, Gegner nebelt. AB 9363."

Um 18.40 Uhr grollen mehrere Detonationswellen durch die nächtliche Tiefe. „Die beharken einen", sagt mit erschüttertem Gesicht Maat Zumsteg, hält in der Bewegung inne. Dort in der Ferne laufen die Schicksalsminuten eines Kameradenbootes ab. Dort kämpfen Männer ums Überleben.

Dann herrscht wieder ringsum Stille, nur das Summen der E-Maschinen ist aus dem Achterschiff zu vernehmen. Unvermindert operiert U 995 mit 230° und anschließend mit 220° auf die Meldung von U 425 hin. Die E-Maschinen sind auf die Hauptfahrstufe III geschaltet, die zwei Teilbatterien von je 110 V Spannung, jetzt hintereinander in Reihe gekoppelt, speisen nunmehr die Maschinen mit 220 V; das bedeutet: beide Maschinen „Äußerste Kraft voraus". Die Schraubenwellen drehen jeweils mit der maximal höchsten Drehzahl von 280 Umdrehungen pro Minute, peitschen gleichsam mit heftigen Schwanzschlägen das Boot durch die dunklen Meeresfluten. Doch aufgrund der hohen Fahrtstufe entziehen die Maschinen der Batterie einen sehr hohen Strom, so daß sich die Bleiakkus rasch erschöpfen.

Die Besatzung bereitet sich für das Auftauchen vor. Die Brückenwache macht sich klar, putzt die Doppelgläser. Der LI meldet den Tiefenstand des Bootes: „Vierzig Meter, Boot steigt. – Zwanzig Meter. Boot ist abgefangen."

Da einige Männer ihre Plätze wechseln müssen, steuert der LI das Boot entsprechend ein. Die Lastigkeit des Bootes richtet sich nun mal nach den Hebelgesetzen. Egal was ein Mann wiegt, auf die Länge von der Zentrale bis zum

Bug- oder Heckraum bezogen, bringt er ein beachtliches Drehmoment zum Wirken, das vom LI in Rechnung gezogen werden muß.

Der Bordchronometer zeigt zwei Minuten vor acht Uhr abends, als U 995 im Planquadrat AB 6619 auftaucht. Die Maschinentelegraphen bleiben auf volle Fahrt voraus gestellt. Eine mittlere Brise weht aus Südsüdwest. Die Sicht wechselt von Minute zu Minute. Eben noch konnte man bis etwa 5000 Meter weit schauen, jetzt schnürt ein diesiger Vorhang den Blick bis auf 500 Meter zusammen. Eine Minute nach 20 Uhr meldet sich wieder das immer noch fühlungshaltende U 425: „Geleitstandort ist genau AB 9394, Kurs 210 Grad, 10 Knoten."

Verdrießlich kommentiert der Koppelmaat die Standorteintragungen in die Seekarte: „Wir stehen viel zu weit weg vom Schuß."

„Vielleicht zackt der Konvoi", meint Köhntopp. „Dann läuft er uns vor die Rohre. Woll'n doch mal sehen." Ein Flämmchen Hoffnung glimmt in ihm auf.

19.08 Uhr: U 425 meldet, daß es in AB die Fühlung verloren habe. Das FT seines Kommandanten, KptLtn. Bentzien endet: ... vermutet Nordzack."

Köhntopp nickt vor sich hin. „Mal sehen, wie jetzt die Würfel fallen werden. Hoffentlich tricksen uns die Briten nicht noch einmal aus. Daß ihre Marschroute so dicht unterhalb der Küste verlaufen würde, hatte wohl keiner für möglich gehalten."

„Die kennen unsere Aufstellung", sagt ein Gast aus dem Hintergrund der Zentrale heraus.

Um 21.07 Uhr funkt der FdU an alle in See stehenden Boote: „Operation gegen Küste möglich. U-Boote ran, weiter melden und angreifen."

U 995 versucht sich mit Höchstfahrt vor den Konvoi zu setzen. Es ist eine diesige Nacht. Oftmals schmiert die Kimm vollends zu. Die Brückenposten suchen mit unermüdlicher Anspannung das Meer ab. Sieben Minuten vor Mitternacht nehmen die Funker ein neues FT herein: „Alle Boote in Geleitnähe weitersuchen vom Geleitstandort 21.40 Uhr 9386. NW-Zack zum Abschütteln Fühlungshalter möglich. Nicht müde werden, jeden Anhalt melden. Luft[1] meldet Fahrzeuge und Flugzeuge 22.11 Uhr in AB 9319. Neue Aufklärung mit BV 138 startet zur Geleiterfassung. Weiter abgesetzte Boote für Tagesangriff vorsetzen. Mit Hauptkurs 250 Grad bis 230 Grad rechnen, 10 Knoten."

Unablässig prescht U 995 mit hoher Fahrt durch die nächtliche See. Auch am kommenden Morgen bleibt die Sicht mäßig. Um 5.15 Uhr steht das Boot in AB 9152. „Ortung Fliege in 220 Grad", gibt der Funker durch.

„Alarm!" Die Brückenwache poltert hinunter. U 995 taucht weg. Der Kommandant hält sich an die Weisung des FdU, will unbemerkt an den Geleitzug herankommen.

„Auf 100 Meter gehen", befiehlt er.

Das Boot fällt steil hinab in den raunenden, schattenumscharten Abgrund. Viel zu steil. „... 90 Meter gehen durch, 100 Meter, 110, 120 ..." Wie eine weiche Wiege wird das Boot plötzlich noch vorlastiger. Schon fällt es auf 160 Meter Tiefe. Plötzlich ist alles ganz seltsam, stumm, unheimlich.

1) Luftaufklärung

Der Kommandant verzieht sein Gesicht. Will das Boot sich selbst ins Verderben stürzen? Es steht jetzt schon auf 200 Meter.

„Tiefenruder hart oben beide", befiehlt der LI. Kaum einer kann sich wegen der extremen Schräglage ohne Abstützung noch auf den Beinen halten. Die Männer starren angsterfüllt in die Gesichter der Kameraden und Vorgesetzten.

Die Stirn des Kommandanten furcht sich. Das Boot fällt immer noch. „Tiefenruder hart oben!" befiehlt der LI. „Nach achtern trimmen! Rasch!"

Das Boot reagiert nicht, scheint in die Bodenlosigkeit zu sinken. 220 Meter Tiefe sind erreicht. Der Zeiger auf dem Tiefenmanometer bleibt am Anschlag stehen. Mehr kann er nicht anzeigen. Was ist mit den Tiefenrudern los? Warum ändert sich der Lagenanzeiger nicht?

Auch vorn im Bugraum schauen die Männer mit furchttragenden Gedanken auf den dort angebrachten Tiefenanzeiger. Jeder spürt, wie das Knäuel des Schreckens sich weiter abspult. Die Einbauten beginnen sich zu bewegen. Holzteile splittern. Farbe blättert ab. Der Horcher dreht unbewußt völlig unnötig die Suchscheibe. Keiner wagt es, sich in dieser Bedrängnis auch nur zu bewegen.

„Wassereinbruch im Achterschiff", gibt der filzbärtige Befehlsübermittler von achtern durch, seine Worte kommen wie ein Zischeln aus der trockenen Kehle.

Sekunden werden zur Ewigkeit. Jeder hat einen Kloß im Hals, spürt das Herzpochen. Offiziere und Unteroffiziere haben es gelernt, Angstgefühle zu verbergen. Gürke denkt an U 203, mit dem er auf 220 Meter Tiefe stand. Das Boot hatte eine dünnere Außenhaut, und die Situation war überbedrohlich, wesentlich schlimmer, als er es jetzt empfindet. Auch Knop war mit U 454 schon auf über 220 m gefallen.

Trotzdem sind auch ihre Stirnen wächsern geworden. Wo ist die Tauchgrenze? Diejenigen, die es auf anderen Booten erfuhren, haben die Erkenntnis mit in ihr nasses Grab genommen.

„Das Boot ist nicht zu halten", meldet der LI schweißtriefend. Jeder im Boot spürt jetzt bei seinem Klümpchen Leben, das noch in ihm weilt, was das bedeutet. Unter dem Klauendruck der Tiefe wird die Bootshülle implodieren. Und trotz alledem: In den Hirnen regt sich ein eiserner Durchhaltewillen. Ein junger Matrose birgt sein Gesicht in die Hände.

„Anblasen!" befiehlt Köhntopp. Unter den obwaltenden Gegebenheiten die allerletzte Chance, das Boot und ihr aller Leben zu retten. „Beide Maschinen voll zurück!" Ein greuliches Knarren und Knistern des Bootes überlagert seine halblaute Stimme. Hinten im E-Maschinenraum schalten Herweg und seine Männer die Maschinen um. Kann der Fall bis zur Grenze des Wahnsinns gestoppt werden? Ist es jetzt an uns, das Opfer zu bringen? Unser gutes Boot wird uns doch nicht im Stich lassen? Und wenn – an welcher Stelle wird die Bordwand zuerst aufklaffen, uns der Tod anspringen? Es sind auch Gedanken, die Vergangenes hervorrufen. Jetzt, hier in der Menschenfalle, in der unheimlichen Stille, die nur durch das unheimliche Klirren und barbarische Knarren unterbrochen ist, an der Grenze vom Diesseitigen zum Jenseitigen, sehnen sich einige nach dem Himmelsblau. Cordes, der vordere Tiefenrudergänger, hängt auf den Druckknöpfen der hydraulischen Steuerung.

Warum haben die Maschinisten noch nicht umgeschaltet? Sind sie vor Angst gelähmt? Immer noch fährt das Boot voraus. Der „Alte" erkennt plötzlich, daß auch der LI die ganze Zeit über gepennt hat. Mit einem gewaltigen Satz stößt er Wellnitz zur Seite, der sich unversehens auf die Flurplatten geschleudert sieht. In diesem Moment ist es ihm egal, daß er seinen LI vor den Augen der anderen bloßstellt. Er schiebt Cordes beiseite und legt persönlich – wohl im letzten Augenblick – das vordere Tiefenruder nach oben.

Da reißt der Zentralemaat das Haupt-Anblaseventil auf. Endlich rauscht Preßluft in die Tauchtanks. Die Sinne beleben sich wieder. Viele Augenpaare heften sich auf das Gesicht des Kommandanten. Immer noch steht der Zeiger auf dem Tiefenmanometer am Anschlag. Da! Er zittert ein wenig. Jetzt rückt er auf die 215 Meter-Marke. Sie steigen ... Der Herrgott hat seinen Daumen noch einmal dazwischen gehalten!

Auf 100 m fängt der LI den Auftrieb des Bootes ab. Wie konnte das passieren? Nie hatte es bisher Komplikationen gegeben. Hatten die Tiefenrudergänger sich so verkrampft, daß sie den Befehl nicht ordnungsgemäß ausführten – oder klemmte das Tiefenruder? Waren die Untertriebszellen nicht rechtzeitig ausgedrückt worden? Die Männer, die soeben auf Tod und Leben miteinander verbunden waren, dem letzten Atemseufzer nahe, fühlen sich wie neu geboren.

Sie leben noch, haben eine alptraumhafte Erfahrung gemacht. Alles andere schert sie momentan wenig. Vieles im Boot hat sich verschoben oder verbogen. Als Knop seinen Spind öffnet, haben sich seine Briefe in den Holzverschalungen verkeilt. Gottlob sind die Leckagen im Achterschiff schon behoben worden.

„Wir waren auf mindestens 240 Meter", überlegt der Ingenieur. „Das Vorschiff vielleicht sogar schon auf 250 oder gar 260 Meter ..."

Gegen 7.30 Uhr nimmt der Horcher in ungefähr 210° bis 250° eine Horchpeilung auf, die sich rasch verliert. Eine Stunde später ist eine andere in 135° bis 150° auszumachen, die sich nach wenigen Minuten verliert. Es muß angenommen werden, daß es sich in beiden Fällen um eigene Boote gehandelt hat, die auf die neuen Positionen zustreben. – „Immerzu karren wir durch dieses elendige Nordmeer und finden kein Ziel", knurrt der Torpedomechaniker Dopke im vorderen Bugraum.

Er möchte gerne seine „Aale" auf die Reise schicken. Wer möchte es ihm verdenken? Andere Männer im Boot fluchen auf die U-Bootsführung in der Landbefehlsstelle, die sich alles so leicht vorstellt, sitzen die Befehlshaber doch derweil mit ihrem Hintern am warmen Ofen und lassen sich von den Ordonanzen Getränke servieren. – Abends um 19.30 Uhr, U 995 steht in AB 9158, wird nochmals eine Horchpeilung aufgenommen. Als das Boot kurz darauf auftaucht, ist nichts zu sehen. Im Überwassermarsch setzt es sich in Richtung der befohlenen Standlinie vor.

Gegen 23 Uhr wird die Sicht dermaßen schlecht, daß sich der Kommandant entschließt, unter Wasser weiterzufahren.

Um 3.56 Uhr taucht das Boot im vorgegebenen Suchstreifen auf, steht im

Planquadrat AB 8385 auf und ab, ohne einen Gegner auszumachen. Es scheint wie verhext, der Geleitzug ist einfach nicht aufzuspüren.

Um 5.35 Uhr dann die FT-Mitteilung des FdU: „Geleitoperation abbrechen, Rückmarsch antreten." So ist nun mal das U-Bootsleben in diesen Tagen; sich abplagen, wenig Schlaf, und letztlich ist alles vergebens, nicht mal die Spur einer Mastspitze war zu erkennen gewesen.

U 995 tritt den Rückmarsch zum Stützpunkt an. Das Boot fährt aufgetaucht, als sich um 21.49 Uhr, die dritte Wache mit dem Obersteuermann ist aufgezogen, ein Schatten in 230° zeigt.

Mit erschrockenen Augen starren die Brückenposten nach vorn. U 995 steht in Lage Null zu der schemenhaft schmalen, niedrigen Silhouette, Entfernung etwa 1000 Meter. Deutlich ist die hohe Bugsee des anderen U-Bootes zu erkennen.

Liedke hat Zweifel, ob es sich um ein feindliches Boot handelt. „Könnte eins von unseren sein", kommentiert er.

U 995 taucht von der Bildfläche weg. In einer Tiefe von achtzig Metern, die es gegenwärtig steuert, zieht es ruhig seine Bahn.

Später werden im GHG vier Horchpeilungen aufgenommen. Es handelt sich anscheinend um Motorfahrzeuge. Eines könnte allerdings ein Zerstörer sein, da sein Schraubenschlag wuchtiger klingt. Es scheint sich um eine U-Jagdgruppe zu handeln.

U 995 geht auf 140 m Tiefe. Die Fahrzeuge wechseln dauernd die Kurse, teilen sich in zwei Gruppen. Hin und wieder liegen sie gestoppt. Sie wittern die Beute. Das fehlt noch, denkt ein jeder an Bord, daß wir jetzt von einer Suchgruppe gefunden werden und sie uns fertigmachen.

Um 23.27 Uhr läßt der Kommandant auftauchen und in Richtung der einen Horchpeilung nachstoßen, doch ein Ziel ist nicht auszumachen. – Ein Boot wird nicht mehr gerufen: U 921.

Fakt ist, daß der am 28. September 1944 aus dem Kola-Fjord ausgelaufene alliierte Konvoi RA.60, abgeschirmt von den Geleitträgern „Campania" und „Striker", dem Kreuzer „Diadem", der 20th Escort-Group mit 12 Geleitschiffen und der 8th Escort-Group mit ebenso viel Zerstörern und Korvetten inzwischen sowohl die deutsche U-Bootsgruppe „Grimm" (U 278, U 312, U 425, U 737, U 921, U 956 und U 997) als auch die Gruppe „Zorn" (U 293, U 310, U 315, U 363, U 365, U 387, U 636, U 668, U 965, U 968, U 992 und U 995) längst umgangen hat und seinen Weg nach Loch Ewe in England fortsetzt. Nur dem zufällig überlaufenen U 310 war es gelungen, zwei Frachtschiffe von zusammen 14 395 BRT aus der Dampferformation herauszuschießen. Mit seinen T-5-Schüssen verfehlte es die anvisierten Eskorter. Weitere Deckung hatte der Konvoi zusätzlich durch das Schlachtschiif „Rodney" und elf weitere Zerstörer. Ferner ist ein Verband mit dem Kreuzer „Jamaica" und den beiden Zerstörern „Orwell" und „Obedient" in der Barents-See unterwegs, um Spitzbergen zu versorgen.

Die Swordfish „F" des auf dem britischen Träger „Campania" stationierten 813. NAS sichtete am 30. September westlich der Häreninsel U 921 und vernichtete es auf Position 72°32'N/12°55'O – ganz in der Nähe von U 995. Alle 50

Mann von U 921 fanden ihr nasses Grab in der Barents-See. Sehr wahrscheinlich hatten die Männer von U 995 vor zwei Tagen das Ende des Kameradenbootes belauscht, als mehrere Detonationen gleichsam wie Glockenschläge des Todes durch das Nordmeer grollten.

Eine Fliegerbombe galt am 30. September auch U 968. Kurz nach dem Alarmtauchen fiel die Bombe, als das Boot auf 40 m Tiefe stand. Die Boote U 703, U 865 und U 925 bleiben seit September vor Island verschollen. Insgesamt hat die U-Bootswaffe im Monat September 1944 den Verlust von 21 U-Booten zu beklagen: U 247, U 394, U 362, U 484, U 19, U 20, U 23, U 925, U 743, U 855, U 407, U 865, U 867, U 859, U 565, U 596, U 871, U 863, U 703, U 921 und U 1062. Von diesen Booten wurde U 394, mit dem U 995 am 21. Mai eine Standlinie vor Drontheim gebildet hatte, am 2. September westlich von Harstadt vernichtet, U 362 in der Karasee und U 867 in der Norwegensee nordöstlich der Shetlands.

Der 3. Oktober ist ganze 20 Minuten alt, als der Kommandant geweckt wird: „Ortung ‚Fliege', Herr Kaleu".

Bereits angezogen, hastet er die Steigleiter zur Brücke herauf. „Noch nichts zu sehen", empfängt ihn Schröder, der I.WO.

Köhntopp überlegt nur kurz, läßt das Boot ablaufen und die schmale Silhouette in Richtung des vermuteten Flugzeuges zeigen. Als es ruhig bleibt, wird der Rückmarsch fortgesetzt. Der „Alte", einmal auf der Brücke, läßt sich wie gewohnt eine heiße, bis an den Rand gefüllte Muck Kaffee nach oben bringen. Für ihn gibt es keine Wacheinteilung. Er muß immer auf der Hut sein.

Hinter seiner Stirn nisten die Gedanken. Er denkt wieder an U 77, sein erstes Boot. Es ist ihm bekannt, daß es am 28.3.1943 im Mittelmeer östlich von Cartagena von Fliegerbomben vernichtet worden ist; nur 10 Mann konnten lebend geborgen werden. Und U 371, auf dem er vorher gefahren war, liegt seit dem 4. Mai dieses Jahres im Mittelmeer nördlich von Constantin vor der algerischen Küste auf dem Meeresgrund, zu Tode gehetzt von einer Meute von Kriegsfahrzeugen: der amerikanischen Fregatte „Campell" und dem Geleitzerstörer „Pride" sowie dem französischen Zerstörer „Sénégalais" und dem englischen U-Jäger „Blankeney". Glücklicherweise waren die meisten der ehemaligen Kameraden gerettet worden.

Hoffentlich werden seine Männer von U 995 diesen Krieg, der längst beendet sein müßte und in die Absurdität entglitten ist, lebend überstehen. Eine Gewißheit hat Kptl. Köhntopp allerdings: die nämlich, daß er in den letzten zwölf Monaten eine ausgezeichnete Mannschaft geformt hat, die sich auf Grund ihrer erlangten Fähigkeiten weiterhin behaupten kann.

An diesem Tage legt sich der Kommandant nicht mehr zum Schlafen auf die Koje, sondern bleibt auf der Brücke, bis U 995 an Andenes vorbeiläuft und gegen 11 Uhr in Harstadt festmacht.

Um 14.45 Uhr legt das Boot mit einem Lotsen ab und läuft in den Ofot-Fjord ein, macht kurz in Sjkomen und im Bogen-Fjord bei den dort liegenden Werkstatt- und Mutterschiffen fest, um das defekte „Tunis"-Gerät und andere kleine Schäden reparieren und die Tiefenruder überprüfen zu lassen. Anschließend verlegt es nach Narvik. Dort muß sich Kptl. Köhntopp ins Lazarett begeben, um seine verschleppte Krankheit auszukurieren.

*

Die Alliierten treffen die U-Bootswaffe nun auch in den norwegischen Stützpunkten. Am 4. Oktober greifen Staffeln der 6. und 8. Gruppe des RAF-Bomberkommandos massiv den Hafen in Bergen und den dortigen U-Bootsbunker an. Dabei werden U 92, U 228, U 437 und U 993 so schwer beschädigt, daß sie tags darauf außerdienstgestellt werden müssen.

Die letzten fehlgeschlagenen U-Bootseinsätze im Nordmeer sind für den Führer der U-Boote Nordmeer alles andere als befriedigend. Fregattenkapitän Reinhard Suhren steht gegenüber Admiral Dönitz unter erheblichem Erfolgsdruck. Doch Erfolgsmeldungen kann er ihm nur wenige liefern. Es kommt ihm gerade recht, daß ein Offizier von U 995 – möglicherweise aus persönlichem Ehrgeiz heraus oder aber aus einer kürzlich erlittenen Kränkung herrührend – den Kommandanten Köhntopp anschwärzt und ihn nun glauben läßt, in seinem ältesten Kommandanten einen vermeintlichen Sündenbock ausgemacht zu haben, an dem man ein Exempel für alle jüngeren nachfolgenden Kommandanten statuieren kann. So wird dem honorigen Kommandanten von U 995 vorgehalten, er hätte (Zitat) „ohne Rücksicht auf ungünstige Verhältnisse, unter Ausnutzung aller Anhalte und mit allen Mitteln operieren müssen." Wahrscheinlich würde man lieber sehen, U 995 wäre wie U 921 draußen geblieben. So aber wird Köhntopp seiner Dienststellung enthoben und hat seine angebliche Pflichtverletzung vor dem Kriegsgericht zu verantworten.

Dessen nicht genug, widmet sich Suhren höchstpersönlich der Besatzung von U 995, um sie „auf Vordermann" zu bringen und um sein eigenes Mütchen zu kühlen. Er läßt sie vor ihrem Boot antreten und hält ihr eine ebenso ungebührlich heftige wie auch abstruse Standpauke. Die Unteroffiziere und Mannschaftsdienstgrade sind fassungslos, wissen gar nicht, wieso ihnen derartiges widerfährt. Er will sie durch die „Botanik" scheuchen lassen, bis ihnen „die Suppe in der Kimme kocht". Es folgt für die Besatzung von U 995 ein tagelanges, ebenso entwürdigendes wie sinnloses Strafexerzieren an Land.

Obermaat Streicher spricht aus, was die meisten von U 995 denken: „Unser Kaleu hat für uns alle oben auf der Brüstung des Turms mitten im feindlichen MG-Feuer gestanden, um die Bomben auszumanövrieren. Er hat immer den Kopf für uns hingehalten. Jeder von uns hat die Pflicht, vor diesem Mann den Hut zu ziehen!" Viele Männer besuchen ihren „Alten" im Lazarett mit einem Blumensträußchen.

Maschinen-Obergefreiter Peters wird zur Fortbildung zur 5. Kompanie Marineschule Wesermünde kommandiert. Er schreibt von dort an Frau Köhntopp: „Durch meine ersten Erlebnisse an der Front verbindet mich sehr viel mit Ihrem Gatten. Ich weiß auch zu genau, was an Bord anlag, und, werte Frau Köhntopp, so betrübt war ich noch nie wie an jenem Tag, als mein Komman-

gebieten kaum mehr möglich war, sich längere Zeit über Wasser aufzuhalten – die gegnerischen Funkmeßgeräte konnten die Boote schon aus größeren Entfernungen orten –, mußte man schleunigst nach neuen Möglichkeiten suchen.

Somit schickte sich die Kriegsmarine ab 1943 an, ein zusätzliches Belüftungssystem einzuführen: den Schnorchel. Diese Idee, dem Bootsinneren auch im Tauchzustand Frischluft zuzuführen, geisterte in den Köpfen von Entwicklungsingenieuren schon solange, wie es motorgetriebene Unterwasserfahrzeuge überhaupt gibt. Vorschläge betreffend der Zuleitung von Luft und Abführung der Gase waren genügend gemacht worden. 1897 hatten die Amerikaner ihr Tauchboot „Argonaut 1" mit einfachen Luft- und Abgasrohren ausgerüstet. Eine ähnliche Frischluftzufuhreinrichtung installierten 1925 die Italiener auf ihrem Boot „Sirena" nach einem Patent ihres Fregattenkapitäns Cerretti. Zwei Jahre später ließ sich der holländische Kapitänleutnant Wichers ein Patent auf eine Luftröhrenkonstruktion erteilen. Doch alle nach oben führenden Rohre waren oben offen und stellten somit nur ein unzureichendes Provisorium dar. Allerdings tauchte 1933 beim ersten Walter-Versuchs-U-Boot erstmals der als Schnorchel ausgeführte Luftmast auf, der bei Unterwasserfahrt ausgefahren werden sollte. Holland rüstete seine Boote ab „O 19" mit diesen Hilfsmitteln aus. Drei dieser Boote, „O 25" bis „O 27", gelangten bei der Okkupation Hollands in deutschen Besitz. Da aber auf deutschen U-Booten die Luftversorgung und die Abgasabführung ausgesprochen perfekt gelöst war, zumindest was die Verhältnisse bei schwerem Seegang betrifft, zeigte man für derlei unbefriedigende Lösungen kein Interesse.

In Deutschland entwarf man nun eine Schnorchelvorrichtung, die es erlaubte, daß die U-Boote auch im getauchten Zustand mit laufenden Dieseln weitermarschieren konnten. In einer stromlinienförmigen Säule wurden zwei Rohrleitungen zusammengefaßt; eine dient der Frischluftversorgung, die andere der Abgasabführung. Das längere Frischluftrohr wird automatisch durch ein Kugelschwimmerventil geschlossen – ähnlich einer Wasserklosettspülung –, wenn es im Wasser unterschneidet. Das Abgasrohr ist dagegen kürzer ausgeführt und reicht beim Schnorchelbetrieb bis dicht unter die Wasserlinie. Dadurch werden die Abgase unsichtbar und obendrein abgekühlt, so daß eine Wärmeortung etwa mittels Infrarot-Geräten durch den Gegner unmöglich ist. Als erstes Versuchsboot wurde U 58 mit diesem Schnorchelsystem ausgestattet. Im September 1943 erfolgte erstmalig eine Erprobung mit den VII C-Booten U 235, U 236 und U 237.

Nach einigen Verbesserungen erfolgte nun der Einbau der Klappschnorchel in fast alle Frontboote. Die im Bau befindlichen Elektro-U-Boote werden mit Schnorcheln bestückt, die wie ein Sehrohr ein- und ausgefahren werden können. Für die mit diesem Luftmast ausgerüsteten Boote entfällt der tägliche Auflademarsch über Wasser. Diese Neuheit gilt seitdem in aller Welt als eine aufsehenerregende Revolution in der U-Bootstechnik. Tatsächlich werden U-Boote mit diesem „Rüssel" kaum mehr geortet. Der Schnorchelkopf wird darüber hinaus mit einer gummiartigen, gewaffelten Tarnmatte umgeben, welche die Radarstrahlen teilweise absorbiert.

Doch die „Schnorchelei" will geübt sein. Hydraulisch wird der Schnorchelmast aufgerichtet. Ein Dieselmotor übernimmt den Vortrieb, der andere das Laden der Batterie über den Generator. Die Zuluftröhre führt nicht direkt zu den Dieseln, sondern füllt die gesamten Räume, damit die Motoren genügend Luftvolumen haben, wenn das Luftventil sich vorübergehend unter der Wasserlinie schließt. Der Tiefenrudergänger muß dabei gewaltig aufpassen. Hat er das Boot nicht im Griff und läßt es zu lange oder zu tief unterschneiden, saugen die Motoren letztlich die Luft aus dem Bootsinneren. Im Handumdrehen steht das Boot unter Unterdruck bis 400 Millibar, oder dicke Wolken quellen aus dem Dieselraum heraus. Augenblicklich stellen sich Atemnot und hervorquellende Augäpfel ein. Die Trommelfelle beuteln sich aus. Das Ertragen solcher Zustände über längere Zeiträume führt bei den Besatzungen zu Kohlendioxydvergiftungen, Ohnmachten und Mattigkeit, ja sogar zu Lähmungen. Aber der Schnorchel hilft trotz allem, das Leben der Besatzung zu verlängern, und so werden die Begleiterscheinungen gern in Kauf genommen.

An der Invasionsfront in Nordfrankreich können sich nur noch U-Boote mit Schnorchelmasten halten. Nur nach und nach können weitere Boote mit dem Luftmast ausgerüstet werden. Bestrebungen laufen, den Schnorchelkopf mit dem neuen Aktivortungsgerät FuMO „Hohentwiel" auszurüsten. Viele altbewährte VII C-Boote werden außerdienstgestellt, die Besatzungen für die neuen Typ-XXI-Boote abgezogen. Einem winzigen Häuflein von VII C-Boot-Fahrern ist es vorbehalten, auf verlorenem Posten weiterhin auszuharren. Die Boote können sich eigentlich nicht mehr an die Oberfläche wagen. Der Schnorchelbetrieb gehört inzwischen zur Bordroutine. Müll wird über die Torpedorohre ausgestoßen. Die Besatzungen leiden fortwährend unter Luftmangel und Kohlensäurevergiftungen. Etwas Erleichterung gibt der Sauerstoffzusatz aus den Druckflaschen. Immer wieder sind die Männer, in die Enge getrieben, auf Notatmung angewiesen. Mittels Mundstück des Tauchretters saugen sie die Luft über die Kalipatronen in ihre gepeinigten Lungen.

Die Ein- und Auslaufrouten der Boote an der Atlantikküste sind durch feindliche Minen verseucht. Die Unternehmungen im Englischen Kanal verlangen den Booten das Äußerste ab. Die VII C-Boote sind zu fragwürdigen schwimmenden Röhren geworden. Kann man Männer mit solchen Untersätzen überhaupt noch hinausschicken? – Die von den Engländern eingesetzten „Rabatzbojen" und „Kreissägen" vereiteln den Booten zudem die eigene Horchbeobachtung.

*

Am 9. Oktober findet auf U 995 der Kommandantenwechsel statt. Der FdU-Nordmeer traut seinen Ohren kaum, als er das Alter von Oberleutnant zur See der Reserve Hans-Georg Hess, dem neuen Kommandanten von U 995, erfährt, Jahrgang 23, also 21 Lenze jung.

In den ersten Kriegstagen wurde niemand unter 25 Jahren Kommandant eines U-Bootes. Aber die U-Bootswaffe ist gegenwärtig derartig ausgeblutet, daß es immer schwieriger wird, die Boote mit Personal zu besetzen.

Die Wintermonate beginnen. Im Nordmeer wird der Schiffsverkehr reger, das bedeutet: mehr Geleitzüge. Jetzt wird von den U-Bootsfahrern noch mehr Einsatz gefordert als zuvor. Kein leichtes Erbe also für den Neukömmling. Der einzige Trost für ihn ist, eine intakte, eingefahrene Mannschaft übernehmen zu können, die 14 Monate beisammen ist und die weiß, „wie die Musik spielt". Aber die Männer von U 995 stehen andererseits im Ruf, ein ungebärdiger, ausgelassener Haufen zu sein. Wie also wird er sie motivieren können? Wie kann er ihre Gefolgschaft gewinnen? Zudem hatte der scheidende Kommandant ihm ans Herz gelegt, jeden einzelnen Mann wieder heil nach Hause zu bringen.

Mit dem inneren Vorsatz, trotz aller auf ihn zukommenden Schwierigkeiten auf Unbekümmertheit zu setzen und sich nicht kumpelhaft anbiedern zu wollen, übernimmt „der Neue" Boot und Besatzung.

Mit gemischten Gefühlen sehen die ausgebufften „Bordfüchse", wie sich der Neue in steifwürdigem Marinefrack gemäß vorbildlicher Marinekleiderordnung bei ihnen einführt. Und die saubere, kreisrunde Tellermütze trägt er kerzengerade wie ein zuchtmeisterlicher Oberdecksoffizier bei der Kaiserlichen Marine – ohne Kniffe, nicht vierkant gebraßt, wie es den „alten Teerjacken" eigen ist, sondern obendrein mit Drahtreif von innen versteift.

Doch Oberleutnant Hess ist selbstbewußt. Schon in den ersten Tagen zeigt er den Männern, wer nunmehr das Sagen an Bord hat, scheucht sie regelrecht durch die „Botanik". Wer bei der morgendlichen Musterung (Appell) mit bequemen Segeltuchschuhen erscheint, wird von ihm regelrecht zusammengestaucht. Den alten Fahrensleuten behagt dieser Stil nicht. Schon hat er seinen Spitznamen weg: Hitlerjunge Quex. Na – wenigstens liegt er mit dem II.WO auf einer Linie.

Das könnte ja heiter werden. „Den jungen Sprinter setzen wir bei der kommenden Reise gleich hinterm Nordkap aus", werden sogleich Stimmen in den Messen von U 995 laut. Den Männern ist es vorerst rätselhaft, wie sie mit diesem frischgebackenen „Konfirmanden" klarkommen sollen. Sie empfinden ihn als Eindringling in ihre verschworene Gemeinschaft. Wenigstens bleibt ihnen der I.WO erhalten. Allerdings geht auch der erfahrene Obersteuermann Heinz Liedke von Bord. Sein Dienstposten wird mit einem neuen Bootsmann besetzt. Sein Name: Heinz Düffels.

Gerade jetzt hören die Männer, ein Boot der Narvik-Flottille sei nicht mehr heimgekehrt, das vor seiner letzten Reise seinen Kommandanten gewechselt habe. Dieser Umstand gibt den Unteroffizieren von U 995 Anlaß, ihrerseits umgehend die Initiative zu ergreifen.

U 995 liegt längsseits der „Stella Polaris". In wenigen Tagen geht es wieder hinaus. Die Unteroffiziere bitten den neuen Kommandanten zu einem offenen Gespräch. Die selbstbewußten Männer von U 995 nennen es „Bordpolitik"; denn wollen sie sich selbst weiterhin auf dem mörderischen Nordmeer behaupten, so müssen sie dem neuen Vorgesetzten helfen, rasch mit ihnen klarzukommen. Auf einem U-Boot kann man sich unmöglich gegenseitig austricksen. Man muß sich beizeiten arrangieren. Späterhin, im Gefecht, wird dazu keine Zeit mehr bleiben. Also fordern sie gegenseitige Anpassung.

Natürlich wollen die „Alten" auch den „alten Kurs" betreffend des Bordlebens beibehalten. Sehr rasch zeigt sich, daß der „Neue" ihren Sorgen gegenüber äußerst aufgeschlossen ist – ja, er gibt sogar seinen Einstand in ihre Gemeinschaft in Form von zwei Flaschen Schnaps. Die Männer erfahren dabei, daß er nach einem Kommando auf einem Minensuchboot bereits fünf Feindfahrten auf U 446 im Mittelmeer mitgemacht habe, ab 1942 als Indienststellungs-II.WO, später als I.WO. Und er ist durch eine harte Schule gegangen, denn U 446 konnte, durch Bomben angeschlagen, sich mehrfach nur mit knapper Not in den Hafen zurückretten. Das Boot erlitt am 19. August in Toulon erhebliche Bombenschäden und mußte letztlich von der Besatzung gesprengt werden. Er selber hatte anschließend in Memel den Kommandanten-Schießlehrgang absolviert.

Am Samstag, 14. Oktober, wird U 995 zusammen mit anderen Booten in Narvik verabschiedet. Nachmittags führen die Funker die Funkbeschickung des Grenzwellenpeilers durch. Abends wird in Lödingen der Lotse an Bord genommen. In Harstad, wo er wieder abgegeben wurde, wird der Frischproviant ergänzt, sogar ein Heringsfaß wandert an Bord und wird vorne im Bugraum festgezurrt. Gegen Mitternacht läuft U 995 mit dem neuen, blutjungen Kommandanten aus. Im Planquadrat AB 9868, das dem Ansteuerungspunkt „Schwarz 25" entspricht, wird ein Prüfungstauchen auf 110 m angesetzt.

Plötzlich, um 1.27 Uhr, werden laute E-Maschinengeräusche aufgenommen.

„Lautstärke 2 in Schiffspeilung 245 Grad", gibt Horcher Ottine durch. „Wandert schnell voraus in Schiffspeilung 295 Grad. Lautstärke drei bis vier."

Der neue Kommandant nimmt rasch eine Kursänderung von 15 auf 345° vor.

13 Minuten später meldet der Horcher eine weitere Horchpeilung in 165°, die voraus in Schiffspeilung 105° wandert. „Erste E-Maschine läuft der zweiten Peilung entgegen bis in Schiffspeilung 30 Grad", ist die ruhige Stimme des Horchers zu vernehmen. Konzentriert hockt der ruhige Schwabe vor der Peilscheibe.

Der Kommandant muß annehmen, daß zwei zusammen operierende U-Boote ihm zu beiden Seiten des Auslaufweges auflauern. Die Männer in der Zentrale schauen fragend auf ihren neuen Kommandanten. Wird er Ruhe und Umsicht bewahren? Einen Moment überlegt er, ob er nach Horchpeilung schießen soll. Aber er muß natürlich auch damit rechnen, daß es sich um U 310 und U 968 handeln könnte, die ebenfalls aus Harstad ausgelaufen sind. Er entschließt sich daher, zur Irreführung des vermeintlichen Gegners in 255° abzulaufen. Um 2.05 Uhr vernehmen die Männer die für sie noch ungewohnt klingende Stimme ihres jungen Kommandanten: „Klar bei Torpedowaffe!" – „Boot auf Sehrohrtiefe!" – „Auftauchen!" – „Anblasen!"

„Turmluk frei", meldet die altvertraute Stimme des LI. „Druckausgleich."

Trommelfelle knacken. Der neue „Alte" läßt das Turmluk aufspringen. Die nachfolgende Brückenwache windet sich als Menschengewürm hinter ihm die Steigleiter herauf. Schon ist der gleichmäßige Takt der Dieselmotoren zu hören.

Vergeblich wird das Meer nach Sehrohren abgesucht. U 995 setzt seinen Ausmarsch gemäß Auslaufbefehl fort. Sicherheitshalber wird die Leitstelle per Funk über die gepeilten U-Boote in Kenntnis gesetzt. Späterhin wird sich herausstellen, daß es doch U 968 und U 310 gewesen sind, die hinter Schwarz 25 ein Prüfungstauchen durchführten. Der FdU wird diesen Fall als Beispiel dafür heranziehen, daß man niemals nur nach E-Maschinengeräuschen schießen darf.

Gegen 8.30 Uhr heißt es auf der Brücke: „Wahrschau! U-Boot voraus in Schiffspeilung! Entfernung: 8000 Meter." Einen Moment stieren alle Brückenposten nach vorn.

„Auf Fliegergefechtsstation!" faßt der Kommandant seinen Entschluß.

Schon hat die Flak-Mannschaft die Waffen besetzt. Unten im Boot entsteht infolgedessen Verwirrung. Der Funker hämmert automatisch das Kurzsignal „Werde von Flugzeug angegriffen AB 9620, U 995" in den Äther.

Bisher war es immer so: Wenn die Flugabwehrkanonen besetzt wurden, verblieb keine Zeit mehr zum Tauchen, das Boot mußte sich einer angreifenden Feindmaschine erwehren. Statt dessen hält U 995 auf das gesichtete U-Boot zu. Als es sich zu ihm auf eine Entfernung von 4500 m genähert hat, taucht es kurz nach 9 Uhr weg.

Der Kommandant nimmt an, daß es sich um U 968 handeln könnte. Vorerst muß er jedoch den irrtümlich hinausgesandten Funkspruch korrigieren lassen. Mit sichtlichem Widerwillen sendet der Funker: „Mein Kurzsignal von heute wird widerrufen. U 995."

Der unabänderliche Irrtum ist gerade an die Leitstelle gegeben worden, als zwei Minuten später der Ruf „Flieger!" durchs Turmluk nach unten schallt. Bisher wurde es auf dem Boot grundsätzlich so gehalten, daß beim Ruf: „Flieger!" die Fla-Waffen besetzt, beim Ruf „Alarm!" aber sofort getaucht wurde. Der „neue Alte", wie ihn einige Männer noch mit diesem Ausdruck belegen, läßt sofort Alarmtauchen.

Während das Boot wie ein dunkler Zeppelin in der Tiefe von 80 m schwebt, tauschen die alten Bordhasen ihre Meinungen aus.

„Mensch, das war doch 'ne BV 138, die uns anflog", stellt der Obersteuermann, der den Wachstrop auf der Brücke hatte, richtig. „Das war eine Maschine von unserer Feldpostnummer." Weiter will er sich über den Vorfall offenbar nicht auslassen.

Der neue Kommandant spürt, wie sich Schweigenswände um ihn auftun. Zehn Minuten später jedenfalls setzt U 995 seinen Weitermarsch im aufgetauchten Zustand fort. Kurze Zeit darauf bestätigen sich Düffels Worte, als ein Offiziersfunkspruch der Leitstelle aufgenommen wird.

Der Funkoffizier allein, auf U-Booten ist es der II.WO, kennt den Kode, mit dem der doppelt verschlüsselte Funkspruch nochmals zu dechiffrieren ist. Als der II.WO seinem Kommandanten das entzifferte FT vorlegt, macht dieser eine bestürzende Erfahrung, denn gleich zuoberst liest er: „15.10: Während der Helligkeit mit eigener Aufklärung durch BV 138 rechnen." Ein bedeutender Seitenblick auf seinen WO genügt ihm, um zu wissen, was dieser, der mit geschürzten Lippen dasteht, insgeheim denkt. Unterdessen überfliegt er die nächsten Zeilen: „... 2) Aufgabe, Meldung und Bekämpfung jeglicher Annäherung feindlicher See- und Luftstreitkräfte an der Küste. Jederzeit mit Trägern rechnen. Meldung geht vor Angriff. 3) Ab sofort Funkschaltung Anton I Nordmeerlängstwelle, dabei auch 600er Leitnummern. –FdU–."

Kurz vor Mittag, das Boot hat bereits 230 sm zurückgelegt, erreicht es das Planquadrat AC 7177, steht somit im zugewiesenen Vorpostenstreifen. In wechselnden Tiefen bis zu 80 Metern schleicht es mal in Richtung 65°, mal in 39° und wieder zurück.

Das Chronometer steht auf 16.10 Uhr, als eine Horchpeilung in 69° zur Schiffspeilung aufgenommen wird. Der Sehrohrblick des Kommandanten gibt keine Hinweise auf einen möglichen Gegner. U 995 taucht auf. Da! 7000 m nordöstlich zeigt sich die typische Silhouette eines VII C-Bootes.

Der Kommandant läßt darauf zuhalten und Erkennungssignal austauschen. Es stellt sich heraus, daß es sich um U 737 handelt. Als die beiden Boote sich voneinander entfernen, ahnt keiner, daß U 737 sich noch genau 65 Tage lang auf dem Meer halten kann, dann wird es einem tragischen Unglücksfall zum Opfer fallen. Nur ein Teil der Besatzung wird gerettet werden. Viele dieser Männer, die jetzt noch hoffnungsvollen Mutes sind, werden in ihrem Boot ein schreckliches Ende finden.

Kurz nach 17 Uhr bricht die Abenddämmerung herein. Eine treibende Mine dümpelt auf dem Wasser. „Strahler auf die Brücke!" heißt es. Wenig später jagt das so titulierte MG dem verhaßten Teufelsei, von denen das Nordmeer so viele verborgen hält, seine Garben entgegen. Zusätzlich feuert auch die 2-cm-Flak von der Plattform. Wegen einsetzender Dunkelheit wird das Feuer eingestellt, ohne daß das Sinken der Mine letztlich beobachtet werden kann.

Um 18.10 Uhr nimmt der Funker ein FT mit der Leitnummer /678 auf. Es ist an die U-Bootsgruppe „Regenschirm" gerichtet, der auch U 995 zugehörig ist. Darin heißt es: „Annäherung des 6.50 Uhr in AF 5370 gemeldeten schweren Trägerverbandes möglich. Für Boote in Torpedoreichweite geht sofortiger Angriff vor Meldung, Boote außer Reichweite unbedingt sofort melden." – Jetzt ist äußerste Aufmerksamkeit geboten.

U 995 steht immer noch im gleichen Seegebiet. Um 20.49 Uhr taucht es auf 100 m Tiefe zum Rundhorch. In rw.[1] 120° tuckert irgendwo in der Ferne ein Dieselmotor. Also ein kleiner Kolcher oder ein aufgetaucht fahrendes U-Boot. Weitere Horchpeilungen werden nicht aufgenommen. Vor dem Wiederauftauchen muß das ausgefallene FuMB[2] repariert werden. Mit einem defekten Gerät über Wasser weiterzufahren, käme einem bodenlosen Leichtsinn gleich.

Um 21.57 Uhr taucht U 995 auf. Es weht ein leichter Südwestwind. Tiefgeschwärzte Wolken überwuchern den Himmel. Die Sicht beträgt höchstens 3 sm, manchmal schnürt eine diesige Wand den Blick auf wenige hundert Meter ein. Nach Mitternacht taucht das Boot für 25 Minuten zum Horchen auf 100 m. Gegen Morgen geht ein FT des FdU ein: „Gruppe ‚Regenschirm': Aufgabe erle-

1) rechtsweisend

2) Funkmeßbeobachtungsgerät

digt, sofort Abmarsch nach AB 64, 10 Knoten[1]." U 995 marschiert sogleich zur neubefohlenen Position.

Oben im Turm steht der junge Kommandant. In seinen Händen ruht jetzt das Schicksal von Boot und Besatzung. Seine weiße Mütze blinkt wie ein einzelner Stern in der Dunkelheit. Er ist ein neues Glied einer langen Kette von U-Bootskommandanten, die bisher in dem langen Krieg standen. Gedanken kommen und gehen – auch solche: Viele Boote kehrten einst mit zahlreichen Siegeswimpeln heim. Allen voran U 47, dessen Name stellvertretend für alle Großtaten deutscher U-Boote steht. Es wagte sich nach Scapa Flow, dem größten Flottenstützpunkt bei den Orkney-Inseln an der Nordspitze Großbritanniens und zugleich der am stärksten bewachte Tresor der „Home Fleet". Mit diesem Namen verknüpft sich die riskanteste Tat deutscher U-Boote schlechthin. U 48, das Schwesterboot von U 47, fuhr von Sieg zu Sieg. Es sollte das erfolgreichste Boot überhaupt werden. Dieses Rekordboot versenkte unter drei verschiedenen Kommandanten 468 000 BRT feindlichen Schiffsraums; vielleicht deshalb, weil alle von U 48 gesteuerten Kurse, gemäß der Marotte der Mannschaft, durch die Glückszahl 7 teilbar sein mußten. Mit U 48, das jetzt dem Nachwuchs zu Schulzwecken dient, hatte Suhren neun Feindfahrten als I.WO gemacht.

In der Heimat wurden unentwegt immer neue U-Bootsbesatzungen rekrutiert und ausgebildet. Am 29. 1. 1941 wurde U 152 als das letzte der Typenreihe II in Dienst gestellt. Es fand während seiner gesamten Dienstzeit ausschließlich für Schulzwecke Verwendung.

Da die U-Boote damals in den Zeiten der Erfolge von den Atlantik-Basen Brest, Lorient, Bordeaux, Larochelle und St. Nazaire aus operieren konnten, erhöhte sich ihre Schlagkraft um ein Beträchtliches. Die „Wolf packs" schlichen sich an und verbissen sich in die gegnerischen Geleitzüge. Die „Grauen Wölfe" wandten eine neue Taktik an. Nach dem richtungsgebenden Beispiel von U 99 durchbrachen sie nachts in Überwasserfahrt die Sicherheitslinien der bewachenden Zerstörer und holten sich mitten in der „Herde" der Konvoischiffe ihre Opfer. Damit zogen sie die Würgefessel eng um England. Überall tauchten alsbald die Periskope der grauen Boote auf: vor Westafrika, in den Gewässern des Mittelmeeres. Das Jahr 1941 gilt als der Beginn der großen „Rudelschlachten". Die zentrale Führung der Boote dirigierte aus der Heimat über Funk die anderen, sobald ein Boot mit einem Konvoi Fühlung aufgenommen hatte.

Die deutschen U-Bootskommandanten, allen voran die „U-Boot-Asse", riskierten mit ihrem neuen Angriffsverfahren das Äußerste, um bei den Konvois zum Erfolg zu kommen. Tagelang „sägten" sie an den Geleitzügen herum. Ihr Verhalten erforderte Mut, Schneid und seemännisches Können. Im Schutz der Nacht fuhren sie über Wasser, die dunkle Seite des Horizontes ausnützend, durch die Linien der gegnerischen Eskortsicherung und ließen sich durch Tauchen in die aufkommenden Dampferkolonnen einsacken. Zwischen dem Dampfer-Pulk brachen sie aus dem Dickicht der Tiefe empor, also innerhalb des Eskortringes, der von Sicherungsfahrzeugen wie Zerstörern und Korvetten

1) 1 Knoten (kn) = 1 Seemeile pro Stunde = 1,852 km/h.

gebildet wurde, und konnten dann aus nächster Nähe ihre todbringenden Torpedos auf die Schiffsleiber abfeuern.

Oftmals bestand äußerste Gefahr für die Boote, im Pulk der aufkommenden Frachter „untergebuddelt" zu werden. Zu kurze Distanz war ebenfalls gefährlich, wenn Munitionsladungen der Transporter explodierten und ihren Trümmerregen über die U-Boote warfen. Englands brennende Tanker markierten als riesige Fackeln die Schlachtfelder des Atlantiks. Die See war stellenweise mit einem dicken Film aus Bunkeröl überzogen.

Im März verlor Deutschland seine bis dato erfolgreichsten Kommandanten. Seit dem 7.3.41 meldete sich Günther Prien mit U 47 nicht mehr. Am 17.4.41 versank Kptlt. Schepke mit U 100 nach einem Rammstoß von HMS[1] „Vanoc" von der Bildfläche des Nordatlantik. Am gleichen Tag verlor Otto Kretschmer, mit 350000 BRT versenkten Schiffsraumes der „Tonnagekönig" unter den Kommandanten, durch HMS „Walker" sein U 99 und geriet mit einem Teil der Besatzung in britische Gefangenschaft. Nachträglich wurde er später als erster Angehöriger der U-Bootswaffe mit den Schwertern zum Ritterkreuz des Eisernen Kreuzes ausgezeichnet.

Am 27. Mai erlitt die Kriegsmarine einen bitteren Verlust, indem es das Flaggschiff und den Stolz der deutschen Flotte, das Schlachtschiff „Bismarck", mit fast seiner gesamten Besatzung einbüßte. Doch dann machten andere U-Boote mit ehrgeizigen Kommandanten von sich reden, ließen die erlittenen Verluste rasch vergessen. Am 2. Juli kehrte U 107 von der erfolgreichsten Feindfahrt eines U-Bootes des II. Weltkrieges zurück.

Seit dem 22.6.1941, als die Feindseligkeiten mit Rußland begannen, mußten die U-Boote nun auch auf die kriegswichtige Route von Murmansk angesetzt werden. Trotzdem gingen 1942 88 U-Boote verloren: gemessen an den folgeschweren Jahren, wog dieser Verlust noch relativ gering. Die Ausfallquoten wurden aufgewogen durch die außerordentlichen Erfolge in der Bekämpfung gegnerischer Schiffstonnage. Tatsache aber ist, daß bereits im Herbst 1942 von alliierter Seite mehr Schiffsfrachtraum gebaut wurde, als die deutschen Marine- und Luftwaffenverbände zusammen versenken konnten.

*

Der junge Marineoffizier ist gewillt, es den Vorgängern gleichzutun, hofft, daß das Glück ihm gewogen sein möge.

Um 9.48 Uhr stößt mit einemmal unterhalb der Wolkendecke in einer Entfernung von 4000 bis 7000 m ein Flugzeug hervor. Es fliegt aus rw. 314° direkt von vorn auf das Boot zu. Auf U 995 wartet man nicht ab, bis der Flugzeugtyp erkannt wird. „Alarm!" Obwohl das Tunis- und Borkum[2]-Gerät in Betrieb sind, wird keine Ortung angezeigt. U 995 fällt auf 150 m Tiefe. Der Horcher meldet

1) His Majesty's Ship (Seiner Majestät Schiff).

2) Detektorenempfänger der Funkmeß-Beobachtungsanlage.

ein Dieselgeräusch in Schiffspeilung 300°, also rechtsweisend zur Kompaßrose aus 25°, Lautstärke 1. Könnte wiederum ein Kameradenboot sein. Wenige Minuten vor 11 Uhr wird aufgetaucht und der Weitermarsch unbehelligt fortgesetzt. Die Funker halten den Grenzwellenpeiler laufend besetzt.

Um 16.20 Uhr meldet sich der FdU Nordmeer und weist die zwölf im Nordmeerraum stehenden Boote an, die Gruppe „Panther" zu bilden. Bis zum nächsten Morgen um 5 Uhr sollen sie von AB 5619 bis 6768 in folgender Reihenfolge einen Vorpostenstreifen besetzen: U 636, U 315, U 995, U 771, U 997, U 293, U 737, U 310, U 668, U 1163, U 363 und U 425. Sie werden angewiesen, nur zum Aufladen der Batterien und zur Bestecknahme aufgetaucht zu fahren. Ebenso muß mit Ausnahme von Peilmeldungen Funkstille bewahrt bleiben.

U 995 stößt in Richtung 97° auf die neu vorgegebene Position in AB 5656 vor. Gegen Abend gibt der FdU durch, daß die Luftaufklärung am Morgen den Sprechverkehr eines Trägerverbandes etwa in AF 630 aufgefangen habe. Aufgrund des regen feindlichen Funkverkehrs schließt der FdU, daß zahlreiche englische Seestreitkräfte in See stehen. Er nimmt infolgedessen an, daß das Auslaufen eines Geleites zu erwarten sei. Da U 995 in günstiger Position steht, weist er es zudem mit dem FT 1716/16/722 an, die anderen Boote bei Insichtkommen des Feindes sofort zu unterrichten, damit diese sich in günstiger Position vorsetzen können. Der Führer der U-Boote im Nordmeerraum will diesmal mit aller Macht zum Erfolg kommen. Um 21.30 Uhr funkt er an die Gruppe „Panther": „1) Erwartetes Geleit für Binnenfront von entscheidender Bedeutung. Luftaufklärung für Geleit etwa südlich Vorpostenstreifen angefordert. Geschickte Peilmeldungen der Lauscher müssen bei rechtzeitigem Erfassen wirksames Heranführen der Boote zum Angriff ermöglichen. Geleitbekämpfung gemäß Nordmeerbefehl Nr. 8 …"

Es folgen noch einige Funkanweisungen für die Boote. Etwas später teilt die Leitstelle in Narvik den draußen operierenden Booten mit, daß ab 22.00 Uhr drei BV 138-Flugzeuge zur Geleitaufklärung starten werden.

Um 22.25 schiebt sich ein Schatten vorbei. Der ES[1]-Austausch ergibt, daß es sich um U 771 handelt, das neben U 995 seinen Weg zieht.

Ein Südwest mit Windstärke 3–4 läßt die See kabbelig werden. Ein starkes Meeresleuchten glitzert in den Schattenkratern der Wellentäler. Wie ein wehender Schopf rauscht vorn die weiße Bugsee. Der Seewache kommt es vor, als würde der ranke Bootsleib wie mit stetem Flügelschlag über die gespenstisch verwandelten Fluten dahingetragen. Nichtsdestoweniger darf kein Brückenposten sich von dem Naturschauspiel zum Träumen verleiten lassen.

Um 3.58 Uhr ist ein Schatten achteraus zu erkennen. Die Männer auf dem Turm sind sich nicht sicher, ob es sich um ein U-Boot handelt. Vorsichtshalber wird zum Horchen auf 120 m Tiefe getaucht. Funkgast Hoffmann, der vor dem Gruppenhorchgerät hockt, gibt dem Kommandanten den zweiten Kopfhörer zum Mithorchen. Ein Dieselgeräusch steht in 60° zur Schiffspeilung, das entspricht rw. 190°. Wenige Minuten später taucht U 995 auf, um seinen

1) Erkennungssignal

Weitermarsch fortzusetzen. Um 5.18 Uhr, während der Morgendämmerung, ist die vorgegebene Position AB 5656 erreicht.

Eineinhalb Stunden später weist die Leitstelle die Gruppe „Panther" an, den soeben gebildeten Vorposten-Streifen mit Höchstfahrt nach AB 5553 bis 5528 vorzuverlegen. Zuvor hatte ein deutsches Aufklärungsflugzeug mehrere Seefahrzeuge in AB 5792 geortet. Also, weiter voran! Obersteuermann und Koppelmaat legen auf der Seekarte die neue Position fest. Mit Höchstfahrt und Kurs 60° steuert U 995 nun die neue Position an.

Um 7.51 Uhr gellt der Ruf „Flieger!" durch das Boot. Die Flak-Mannschaft besetzt polternd die Waffen. Sogleich sendet der Funker ein Kurz-FT hinaus: „Werden von Flugzeug angegriffen AB 5654." In einer Entfernung von 3000 m stößt von achtern ein großes Flugzeug aus der Wolkenschichtung bis auf 200 m Höhe über dem Meeresspiegel herab, zieht dann wieder in die Wolken hinauf. Offensichtlich eine BV 138, wie eine Trägermaschine sah sie nicht aus.

Der Obersteuermann weist den Kommandanten in die Seekarte ein. Nach seiner Kopplung müßte das Geleit in unmittelbarer Nähe sein. Andererseits spricht dagegen, daß bislang kein Geleitsprechverkehr beobachtet worden ist. U 995 taucht, um einen Rundhorch zu machen.

Alsbald wird wieder aufgetaucht und auf den Gegner, der vermutlich dem Boot in südwestlicher Richtung entgegenläuft, zugehalten. 12 Minuten nach zehn Uhr kommt aus südlicher Richtung ein U-Boot in Sicht. Der ES-Austausch ergibt, daß es sich um U 956 handelt. Beide Boote nehmen einen Besteckaustausch vor, und es erweist sich, daß ihre Standortbestimmungen um 10 sm voneinander abweichen. Nun ja – ohne Kreuzpeilung ist es halt schwierig, sich hier im Nordmeer zurechtzufinden; die Peilstationen stehen fast alle in einer Linie an Norwegens Küste. U 956 hat ebenfalls keine Anhalte über das Geleit.

Nachdem sich beide Boote voneinander getrennt haben, versucht U 995 mit Suchschlägen im Vorposten-Streifen auf den Gegner zu stoßen. Um 10.30 Uhr zirpt ein FT von U 997 durch den Äther: „U 995 meldet Flugzeugangriff in AB 5654." Um 11.30 Uhr sieht der „neue Alte" sich gezwungen, seinerseits einen aufklärenden Funkspruch abzusetzen: „Bin unbemerkt geblieben – U 995 –."

Der Kommandant glaubte das, denn schließlich erfolgte kein direkter Anflug der großen Maschine auf das Boot.

In der Funkbude schüttelt der wachhabende Funkmaat über so viel unnötiger Wirrnis verständnislos den Kopf. „Der Neue wird es schon noch lernen", verwahrt sich der Funkmaat an seiner Seite. „Wir werden ihn uns noch erziehen müssen, damit der Kuddelmuddel aufhört."

Und in der Tat! Später wird ihn der FdU rügen, daß er das Kurzsignal für den Luftangriff zweckmäßig erst abzusetzen hatte, wenn geschossen wird, und nicht schon bei dem Ruf „Flieger!", da bis dahin ein Angriff oder Bemerktsein noch nicht feststehe. Und unter Nordmeerhinweis Nr. 22 wird der FdU im nachhinein vermerken: „Das Funken des anderen Bootes wäre durch sofortigen Widerruf des versehentlich abgegebenen Funkspruchs zu vermeiden gewesen."

Um 12.40 Uhr wird im Wiederholungsprogramm der Leitstelle eine Mitteilung des FdU von 10.13 Uhr aufgenommen, daß der vermutete Geleitzug in

AB 5792 entdeckt worden sei. Falls die Boote bis 14.00 Uhr keine Fühlung oder sonstige Anhalte bekämen, sollten sie mit hoher Marschfahrt nach Osten vorstoßen. Für die kommende Nacht wird zudem eine neue Luftaufklärung angekündigt. Weiter gibt der FdU bekannt, daß die Boote sich nicht unnötig Luftangriffen aussetzen sollen, denn unbemerkte Boote kämen nach seiner Ansicht schneller voran als solche, die zur Flieger-Abwehr oben bleiben. Und um 13.40 Uhr kommt ein FT herein, das die Funker erheblich aus dem Häuschen bringt, darin heißt es nämlich: „... Unterschrift im Kurzsignal von 11.30 Uhr unklar. Annahme Hess. – FdU –."

Mit bedeutsamem Blick reicht der Funker seinem Kommandanten die Funkkladde über den Gang. Dieser läßt vorübergehend die Arme hängen wie ein Vogel, dem jemand die Flügel gebrochen hat. Nach einer Weile strafft sich jedoch sein Körper. „Ich veranlasse so schnell keinen Funkspruch mehr", sagt er zu dem ihn argwöhnisch beäugenden Funker. Dann wendet er sich zur Zentrale: „Kurs 90 Grad beibehalten! Beide Maschinen ‚Große Fahrt' voraus!"

Vorn im Bugraum und achtern im Heckraum sind die Torpedomixer mit der unermüdlichen Pflege ihrer „Aale" beschäftigt. „Torpedo regeln" heißt das im Jargon. Immer ein Torpedo zur Zeit muß aus dem Rohr gezogen werden. Bei den A-Torpedos gilt es, den Druck im Luftkessel zu überprüfen, eventuell Undichtigkeiten zu beheben, bei den elektrisch angetriebenen müssen die Batterien durchgeprüft werden. Die kleine „Regelung" muß jeden dritten Tag durchgeführt werden, die große „Regelung" alle fünf Tage. Dann wird der eingefettete „Aal" wieder ins Rohr geschoben. Alle verfügbaren Hände müssen bei der Knochenarbeit mit anfassen. Den Männern stehen die Schweißperlen auf den Stirnen. „Pierunna!" stöhnt E-Gast Reising, der mitgeholfen hat, das tonnenschwere Ungetüm hineinzuwuchten, wischt sich mit dem Hemdsärmel über das erhitzte Gesicht.

In der gegenwärtigen Phase des Krieges hält sich der Verbrauch von Torpedos bei fast allen Booten in Grenzen. Vormals war das anders. Im Zenit ihres Erfolges während der Märzschlacht 1943 benötigten die U-Boote Unmengen von Torpedos. Allein beim Angriff auf den Konvoi HX.229 bedurfte es 60 Torpedos, um 13 Schiffe zu versenken. Um 9 Schiffe des Konvois SC.122 zu vernichten, wurden 30 Torpedos auf die Bahn geschickt.

U 995 ist außer herkömmlichen bereits mit modernen Torpedos ausgestattet. Inzwischen ist der schleifenlaufende, flächenabsuchende FAT-Torpedo an die Front gekommen, auch als „Falke" bekannt. Da er mehrmals den Kurs wechselt, kann er allerdings auch für das ihn abfeuernde Boot unter gewissen Umständen gefährlich werden. Es werden im weiteren Verlauf des Krieges noch eine Reihe anderer spezieller Torpedos eingesetzt, ohne daß mit diesen jedoch durchschlagende Wirkungen erzielt werden können.

Eine Weiterentwicklung stellt der lagenunabhängige Torpedo, kurz als LUT bezeichnet, dar. Wirkungsvoll erwies sich anfangs der neue akustisch suchende „Zaunkönig T5". Dieser Torpedo konnte aus jeder Lage abgeschossen werden, also auch auf den direkt angreifenden Gegner. Sein mechanisches Ohr hörte die Geräuschquelle des gegnerischen Schiffes und führte ihn direkt darauf zu.

Als der Morgen des 20. September 1943 graute, traf der erste „Zaunkönig" die Fregatte HMS „Lagan", einen Tag später sprengte der nächste die Fregatte „Itchen". Die besten Erfolge erzielten die U-Boote bisher, wenn sie den Zerstörer, den verhaßten Todfeind, von vorn angriffen, Steven gegen Steven, in Lage Null. Die Sperrstrecke dieser „Zerstörerknacker" konnte aufgrund der ersten Erfahrungswerte wahlweise, notfalls auf kürzeste Distanz, eingestellt werden. Das Boot muß nach dem Schuß blitzartig auf 160 bis 180 Meter fallen, um nicht selbst Opfer seines Torpedos zu werden. Der T5 ist so eingestellt, daß er sich dem lautesten Geräusch zuwendet.

Die Hoffnung der U-Bootsfahrer, endlich eine gute Abwehrwaffe in der Hand zu halten, um damit weiterleben zu können, ist mittlerweile zerronnen. Das Geheimnis des „Zaunkönigs" ist vom amerikanischen Geheimdienst längst gelöst worden. Die Engländer schalten die akustischen Torpedos umgehend aus, indem die Sicherungsfahrzeuge achtern geräuschverursachende Bojen, „Foxers" genannt, nachschleppen, auf welche die T5 ansprechen. Auch U 995 muß, wie sich noch zeigen wird, mit derartigen Einrichtungen seine Erfahrungen machen.

Die Alliierten eigneten sich rasch ihrerseits das Prinzip der akustisch suchenden Torpedos an und produzierten umgehend akustische Flugzeugtorpedos, die sie von ihren Maschinen ins Meer werfen lassen: Die neue tödliche Waffe gegen die U-Boote. Diese ahnen nichts von derartiger Bedrohung, und zahlreiche Besatzungen werden ihr Opfer. Würden sie diese Gefahr gekannt haben, hätten sie, um ihr zu entgehen, nur ihre Maschinen abschalten müssen. Beispielsweise wurde U 338 am 20.3.1943 durch einen gegnerischen „Fido"-Horchtorpedo vernichtet. Die Männer von U 995 müssen damit rechnen, daß auch im Nordmeer Torpedo-Flugzeuge von Geleitträgern aufsteigen, um sie zu attackieren.

Unterdessen senkt sich die Abenddämmerung herab. Steuerbord schräg voraus taucht in 300 m Entfernung ein Kameradenboot auf. Wieder werden ES- und Namensaustausch vollzogen. Es ist U 737, das dort seines Weges zieht. Um 18.45 taucht U 995 auf 110 m Tiefe zum unerläßlichen Rundumhorchen. Nur das Schlagen von Dieselmotorenkolben aus rw. 130° und 205° ist zu vernehmen, von einem Geleit aber nichts zu hören.

Der 1. Funkmaat Gürke kennt es zur Genüge, wie es sich anhören würde, wenn Tanker und Frachtschiffe sich durch die Dünung des Meeres schieben. Erinnerungen keimen auf an die Tage auf den Nordatlantikrouten, als die Konvois scharenweise in die „Fänge der Wolfsrudel" gerieten. Eine seltsame Erregung erfaßte die Männer, wenn sie das wuchtige Stampfen der Dampfkolbenmaschinen und das Lispeln der Tankerturbinen vernahmen.

Alle U-Bootsfahrer kannten das Wort des englischen Admirals Jellicoes, die Alliierten seien im I. Weltkrieg auf einer Woge von Erdöl zum Sieg geschwommen. Die U-Bootsmänner wollten verhindern, daß eine neue Woge die Versorgungshäfen Englands und Rußlands erreichen würde. Unermüdlich karrten sie mit ihren Tauchröhren den Atlantik ab, um die Konvois abzufangen. Immer schon hieß ihre Devise: Karren, karren …

Da! An der Kimm kam ein Geleitzug auf. „Wer wagt, der gewinnt. Frisch zupacken ist besser als klügelndes Erwägen!" hatte ihnen der oberste Befehlshaber der U-Boote schon von Beginn an mit auf den Weg gegeben.

Sie hielten sich an diese schicksalsschweren Worte, warfen sich rückhaltslos in die Schlacht. Es gab Kommandanten, die nachts innerhalb des Bootes, selbst im Schlaf, eine Sonnenbrille aufsetzten, um sofort sehen zu können, wenn sie auf die Brücke mußten. – Dann galt's! Vorsichtig wurde das Sehrohr ausgestippt. Stunden verbrachte der Kommandant am „Kniebeugesehrohr" in der Zentrale, dem Luftzielsehrohr, das lichtstärker als das kleine Angriffssehrohr und in der Dunkelheit von Vorteil ist. Während der Kommandant das Auge aufs Okular drückte, standen überall die Männer bereit – in der Zentrale, an den Maschinen, an den Torpedorohren, im Horchraum ...

Die „Grauen Wölfe" führten ihren Angriff mit unerhörter Wucht. Die eben noch ruhige Nacht wurde plötzlich zum Inferno. Feuerdome stiegen zum düsteren Gewölk des Himmels empor. Über den Angriffsraum dröhnten die Schläge der Torpedodetonationen. Von den lodernden Flammenwänden quollen Rauchwolken auf. Mitten im Feuerwerk das Schrillen von Alarmglocken, das Blitzen von Mündungsfeuern. Geleitboote feuerten „Schneeflocken", die das Meer gleißend hell erstrahlen ließen. Menschen, umtost vom Gefechtslärm, hasteten, stolperten über geneigte, wegsackende Achterdecks. Dazwischen die gewaltigen Erschütterungen der Wabos in der Tiefe, das Aufstemmen der durch sie hervorgerufenen Wasserwände. Eine schaurige Kulisse ringsum. Das Suchen der Scheinwerfer. Das Brechen der Spanten und Schotten der sinkenden Schiffe, das Gluckern und Knarren, alles vermählte sich zu einer satanischen Orgie: der Todeskampf der Seeleute, das Flackern von Notfeuern, das schwache Blinken der Lämpchen an den Rettungswesten ... die verzweifelten Rufe. Vereinzelt flackerten auf zerschlagenen Flößen die automatisch brennenden Kalzium-Leuchten. Der aasige Gestank von brennendem Öl und Pulverdampf legte sich über das Kampffeld. Dunkle Wolken versammelten sich wie Geierschwingen, beschatteten die schwappenden Trümmerreste, die stummen Zeugen der Katastrophe.

Auch die Männer auf den U-Boots-Stationen hörten das Zusammenbrechen der Schotten, wußten, ohne es zu sehen, was um sie herum vorging. Jedermann fühlte seine Verbundenheit mit dem anderen Seemann, dessen Schiff unter anderer Flagge fuhr. Dennoch ist es eine schreckliche Tatsache, daß man Kanonen und Torpedos, Feuer und Verderben aufeinander richten muß. Ginge es nach den Seeleuten, gäbe es keine kriegerischen Handlungen auf dem Meer.

Doch die gewaltigen Vernichtungsorgien der Konvoischlachten sind längst vorbei. Aber man weiß nie – vielleicht erwischen sie doch noch den hier vermuteten Geleitzug? – Gürke reißt sich aus der Erinnerung. – Eine Viertelstunde nur bleibt U 995 unter Wasser. Um 19.50 Uhr holt Gürke ein FT von 17.59 Uhr herein: „Geleitzug wahrscheinlich nach Norden zum Erreichen schlechter Sichtzone ausgewichen, nachdem Boote bemerkt und durch Funk eingepeilt wurden. Eigene Luftaufklärung mit BV 138 geplant."

Alle in See stehenden Boote werden angewiesen, ab 20.00 Uhr die Funkpeiler dauernd besetzt zu halten. Von Land aus haben die Horchstellen schwachen Sprechverkehr des Trägerverbandes aufgenommen. Um 20.08 Uhr teilt der FdU die draußen operierenden Boote in zwei Gruppen auf. Zur Gruppe „Panther Nord" gehören fortan U 956, U 965, U 626, U 315, U 995, U 711 und U 997, zur Gruppe Süd U 293, U 737, U 31O, U 666, U 1163, U 363, U 425 und U 968. U 387 und U 365 erhalten freies Manöver. Die Boote sollen nunmehr gruppenweise, als Suchharke auseinandergezogen, bis 120 sm nördlich der Bären-Insel mit Höchstfahrt vordringen. Kurz nach 21 Uhr starten vom Landfliegerhorst vier BV-138-Maschinen, um die Suche nach dem Geleit aufzunehmen.

„Wenigstens ein paar Flugzeuge, die uns unterstützen", brummt der Obersteuermann im Feldwebelraum vor sich hin. Außer einer Seefernaufklärungsgruppe, die nur über wenige Maschinen für die Erfassung der Nordmeergeleitzüge verfügte, wurden andere Einheiten ab Ende 1942 wegen der alliierten Landung in Nordafrika von diesem Frontabschnitt abgezogen. Mit ein paar verbliebenen Seeflugzeugen vom Typ He 115 ist wenig Staat zu machen.

„Ich möchte nicht wissen, wie es jetzt in der Heimat aussieht. Die Russen sollen schon seit August vor Ostpreußen stehen. Ende September stießen sie bei Memel bis zur Ostsee vor. Die Heeresgruppe Nord hat bereits Estland geräumt. Die Ruskis marschieren in Ungarn ein. Die Luftwaffe ist zerschlagen." Reuter sagte das. Er kann nicht wissen, daß gerade jetzt die Sowjets zum Generalangriff auf Ostpreußen ansetzen.

„Im Stützpunkt grassiert die Parole, der Russe soll auch schon vor Budapest stehen", sagt Obermaschinist Reuter, der mit ihm am schmalen Tisch hockt.

„Jaja, der dicke Hermann[1]", spöttelt die Seemännische Nr. 1, der gegenüber wie gewohnt auf dem Heizkörper sitzt, „rechts Lametta, links Lametta, und der Bauch wird immer fetta, aber große Sprüche kloppen ... Was hat der uns nicht alles versprochen."

„Na, der ist doch wegen seinem Schmerbauch schon technisch behindert, ist 'n richtiger Delikatessenfriedhof...", grient Knop, die Seemännische Nr. 1.

U 995 operiert mit nördlichem Kurs und Höchstfahrt auf den vermuteten Gegnerstandort zu. Nach Kopplung und Zugrundelegung der Gegnerfahrt von 10 sm geht der Kommandant davon aus, daß das Geleit frühestens am kommenden Morgen gegen 9.00 Uhr in AB 3840 stehen kann. Der Kommandant vermutet, daß das gegnerische Geleit irgendwann auf Ostkurs einschwenken wird.

Irgendwo voraus schiebt sich derweil das nach England zurückkehrende Geleit RA.61 mit 33 Frachtern durch die Nacht. Wird es Loch Ewe unbeschadet erreichen können? Auch auf den Feindesschiffen fahren wachsame Menschen. Angezogen liegen sie in den Kojen, jederzeit gewärtig, von einer Torpedoexplosion hochgeschreckt zu werden. Es ist zur Gewohnheit geworden, auf den Frachtern Keile zwischen den Türspalt zu schieben. Nichts ist schrecklicher für die Seeleute als die Vorstellung, auf einem sinkenden Schiff, bei dem sich die Türen verklemmen, nicht ins Freie zu können ...

1) Göring, Oberbefehlshaber der Luftwaffe.

Anders sieht es auf einem U-Boot aus. U-Bootsfahrer sind immer hermetisch eingeschlossen. Es gibt keine Türen, die bei einer Katastrophe die Flucht ins Freie ermöglichen. Unter dem Schlupfloch des Turmluks wird die Traube der emporklimmenden Menschenleiber sich beim Sinken des Bootes zusammenpressen, die Überlebenshoffnung der Männer qualvoll ersticken. Im schrecklichen Gerangel stockt die Flucht ins Freie. Noch ein gräßliches Warten, ehe das hereinrauschende Wasser alle Schreie schluckt. Es gilt aber, das Aufquellen schwerer Gedanken zu unterdrücken. In der dürftigen Wohnstatt des Bugraumes skaten ein paar Männer. Einer liest einen Groschenroman. Andere dösen in den Kojen, sehen, wie der Schläfer gegenüber sich in fiebrigen Träumen wälzt.

Hinten im Achterschiff steht die Maschinenwache. Dieselmaate fühlen die Kippelhebellager. Alle paar Stunden schleifen die Dieselgasten mit der Knarre die Abgasklappen ein. Der LI läßt das E-Personal die Säuredichte der Teilbatterie „Zwei" messen. Dann krebsen sie, flach auf dem Batteriewagen ausgestreckt, unter den Flurplatten herum. Ein paar sind für diesen Zweck aufgeklappt worden. Für die Männer über den Batterien ist es eine elende Schinderei. Verschlußklappe aufschrauben, Areometer eintunken, ablesen, Säurestand messen, protokollieren, aufpassen, daß keine Batterielauge verkleckert. So, den Propfen wieder drauf, die nächste Zelle.

Oben auf der Brücke genießt die in Isländer und Lederzeug eingehüllte Deckswache gesündere Luft, aber ihre Verantwortung für das Boot ist nicht minder gering. Vorn steuerbords steht der wachhabende Offizier, jederzeit bereit, bei Insichtkommen eines Schiffes die notwendigen Maßnahmen einzuleiten. Achtern am Heck fauchen die Dieselabgase. Die Verbrennung der Dieselmotoren ist von den Maschinisten gut eingestellt. Nicht einmal die leisesten Qualmwolken ziehen hinterher. Die Männer auf der Brücke haben nur die Weite der dunkelflutigen See vor Augen. Keine Mastspitzen, nicht die Spur eines Feindes. Streckenweise gerät das Boot in Nebelfelder. Wenn die Schattentüren des Nebels sich wieder auftun, erblicken die Brückenposten die majestätische Sternenwiege über sich. Der Sternenglimmer betüpfelt bisweilen das Gekräusel der Meeresoberfläche.

Ist der U-Boot-Krieg noch der Mühe wert? denken die Männer mitunter. Wird es jemals noch „Wolfsnächte" geben, in denen die Boote sich am Gegner festbeißen werden? Haben die „Wölfe" keine Zähne mehr? Sind sie bereits, obwohl sie noch durch die Meere geistern, zur Legende geworden? Ist ihr Niedergang festgelegt wie die Bahnen der Sterne über uns?

Ab und zu wird ein karges Wort zwischen den Männern auf der Brücke gewechselt. „Wenn wir wieder nach Narvik kommen, möchte ich Lachs und Hummer schlucken, bis ich mir den Magen verrenke", sagt der achterliche Brückenposten zu seinem Nebenmann.

„Ach, wenn doch endlich dieser Scheißkrieg zu Ende wäre", murmelt dieser leise, damit es der Wachoffizier nicht hören kann. „Ich möchte mich mal wieder bei Muttern verwöhnen lassen, mit Königsberger Klopsen und so ..."

Im Funkschapp ist die Funkmannschaft unermüdlich damit beschäftigt, in den Äther zu lauschen. Kein Funkspruch darf ihr entgehen. Die Leitstelle hat alle Boote angewiesen, fortan nicht mehr die Peilwelle „Dora", sondern „Emil" besetzt zu halten. Die Peilzeichen werden nur zweimal in 15 Minuten Abstand gesendet: auf „Dora" wird der Trägerverband und auf „Emil" der Geleitzug gemeldet.

Bei Anbruch des neuen Tages taucht U 995 in AB 6196, also nördlich der Bäreninsel, eine halbe Stunde lang zum Horchen. Ohne Horchpeilung wird der Weitermarsch durch das nächtliche Nordmeer fortgesetzt.

Die Funker nehmen ein neues, an die Gruppe „Panther" gerichtetes FT des FdU herein: „Falls keine Anhalte über Geleit in dieser Nacht gewonnen werden, zur Erfassung Vp.-Streifen bilden von AC 1515 bis 4841. Reihenfolge: U 956, U 965, U 636, U 315, U 995, U 771, U 997, U 293, U 737, U 310, U 668, U 1163, U 363, U 425, U 968, U 387."

Um 5.00 Uhr setzt die Morgendämmerung ein. Mit wechselnden Suchschlägen steuert U 995 auf die neue Position zu. Falls der Geleitzug nördlich die Bäreninsel passieren wird, stünde U 995 etwa 30 sm vor dem Gegner. Da der zuletzt aufgenommene Funkspruch weder eine Fahrtstufenänderung noch eine Uhrzeit zur Einnahme der neuen Stellung im Vp.-Streifen beinhaltet, läuft U 995 mit Höchstfahrt voraus.

Nach dem Frühstück taucht das Boot erneut auf 130 m Tiefe, da die Sicht kaum mehr als 200 m beträgt. Der Horcher nimmt aus rw. 282° eine schwache Horchpeilung auf, die offenkundig von einem U-Boot stammt. Mittags teilt die Landfunkstelle mit, daß die Luftaufklärung nur lückenhaft durchgeführt werden konnte und keinerlei Anhalte über das Geleit erbracht habe. Ein nördliches Ausholen des Geleitzuges wird angenommen.

Wichtig ist nach wie vor, daß die Boote unbemerkt bleiben. Nochmals werden sie vom FdU vergattert, nur die Funktaste in Gang zu setzen, falls sie auf das Geleit treffen oder wenn sie wirklich vom Gegner bemerkt werden. Bei Flugzeugen sollen sie ihr Kurzsignal möglichst erst beim Angriff absetzen. Eine Wiederholung der Funksprüche ist lediglich bei Geleitmeldungen erlaubt.

Kurz nach 15.00 Uhr erreicht U 995 seine vorgegebene Position in AC 1814, taucht auf 120 m Tiefe bei abwechselnd nördlichen und östlichen Kursen. Über Funk zieht der FdU die Suchharke der Gruppe „Panther" noch etwas auseinander. Die Boote sind nunmehr in einer Linie vom Nordkap bis zur Hoffnungs-Insel östlich von Spitzbergen verteilt, von AC 4841 bis AC 1277. Wird es ihnen gelingen, die Nachschubschiffe für die Rote Armee zu versenken? Über die Nordmeerroute schanzen die alliierten Freunde den Sowjets Millionen von Tonnen an Kriegsmaterial zu. So ermöglichen sie den unaufhörlichen Vormarsch der sowjetischen Armeen auf Deutschland.

Können aber die wenigen U-Boote in der Nähe der nördlichen Eiskappe den weiteren Zustrom von Waffengütern noch irgendwie behindern? – Im Bugraum sinnieren die wachfreien Seeleute über den Ausgang des Krieges. „Da die oberste Führung den Bau von U-Booten jahrelang drosselte, erfolgt nun der Untergang der Deutschen im Osten", sagt einer. „Darin liegt nun mal die Katze im Sack begraben." Hier im Boot darf manche Äußerung fallen, die daheim in dieser Zeit besser verschwiegen würde.

Der „neue Alte" zieht es gegenwärtig vor, unter Wasser zu bleiben, da aufgrund der miserablen Sichtverhältnisse über Wasser eine Überwachung des Seegebietes eigentlich unmöglich geworden ist. Nur zum vorübergehenden Beobachten der Geleitsprechwelle ist beabsichtigt, wieder kurzzeitig aufzutauchen. Nach dem Abendessen wird aufgetaucht und die Peilwelle „Emil" belauscht. Während dieser Zeit sind wiederum drei BV 138 zur Geleitaufklärung aufgestiegen. Immer wieder zwängt sich der junge Kommandant durch das vordere Kugelschott in die Zentrale, erneut saugt sich sein Blick auf der Seekarte mit den grün gekennzeichneten Planquadraten fest. Irgendwo dort muß doch das Geleit stehen. Das jugendliche Gesicht wirkt müde, gealtert. Die Gesichtshaut wirkt im fahlen Kunstlicht grau.

„Ortung Fliege, Lautstärke drei, Schiffspeilung 10 Grad", meldet sich der Funker. Das Kinn vorgereckt, befiehlt der Kommandant: „Wir tauchen, um festzustellen, ob die Ortung von Überwasserfahrzeugen stammt."

Schon flutschen oben die Brückenposten durch das Turmluk. Die Maschinerie von Boot und Menschen beginnt schneller zu schlagen. Die Handgriffe erfolgen in gewohnter Manier. In der Lastigkeitswaage hüpft die Luftblase, zeigt dem LI die Neigung an, mit der das Boot hinabsinkt. Das Rauschen und Poltern erstirbt. Nur noch das stete „Samsamsamsam" der E-Maschinen ist zu vernehmen.

„Boot ist auf 100 Meter abgefangen", meldet der LI dem Kommandanten.

Eine Horchpeilung ist nicht aufzunehmen. Das Boot ist im Begriff aufzutauchen, als das Tunis-Gerät unklar gemeldet wird. Mit dem Auftauchen muß aus diesem Grunde bis 20.47 Uhr gewartet werden. Die Funkmannschaft hat inzwischen das Gerät wieder klar bekommen. Aber um 23.45 Uhr fallen beide Tunis-Anlagen aus. Ausgerechnet jetzt muß das passieren. Die Männer in der Zentrale sehen sich bedeutsam an. Irgend etwas sägt immer an den Nerven der Fahrensleute, und wenn es nur die Gewißheit ist, daß das Boot nicht voll intakt ist.

„Immer dieser Kladderadatsch mit den Ortungskästen." Der Zentraleheizer in der Ecke der Flut- und Lenzventile macht eine Kopfwendung in Richtung seiner Vorgesetzten. Er sieht sich unbeobachtet und spuckt auf die Flurplatten, zerreibt den Speichel mit der Schuhsohle, hofft, daß das Glück bringt. Leise durch die Zähne pfeifend, dreht er sich wieder um und schaut mit scheinheiligem Gesichtsausdruck zum Koppelmaaten am Kartentisch hinüber.

Das Quecksilbermanometer steht auf 983 mb. Wolkenfetzen geistern oben über das Meer, werfen huschende, fangartige Schatten auf die Wasseroberfläche. Gleich einem Raubwal des hohen Nordens zieht das vereinsamte Boot dahin. Wie eine steif gereckte Zunge schlägt die Bugschneide in die Flut. Die wie von dunklen Schlangenschatten durchwachsenen Wolken verschlingen sich mitunter unter dem mondlosen Himmel, so daß die Sichtweite zeitweise auf 300 m zusammenschrumpft. Auch mit den starken Nachtgläsern läßt sich dann nicht mehr weiter sehen. Irgendwo vorab muß der Feind doch sein ...

*

Ein neuer Tag beginnt: Donnerstag, der 19. Oktober 1944. Ein Seemannssonntag also. Was wird er den Seeleuten hie und dort bescheren – Erfolg oder Leid? – Peilzeichen von der Luftaufklärung werden nicht empfangen. Aber nach Kopplung und „Adam Riese" müßte der Geleitzug nunmehr den von den U-Booten gebildeten Vorpostenstreifen passieren.

Um 0.25 Uhr taucht U 995 abermals zum Rundhorchen. Immer noch nichts vom Geleit zu beobachten. In den Ohrmuscheln des Horchers ist lediglich ein Dieselgeräusch in Schiffspeilung 20°.

Zwanzig Minuten später fährt U 995 wieder aufgetaucht. Vor 3.00 Uhr meldet die Leitstelle, daß die Aufklärungsflugzeuge um 0.57 Uhr einen Trägerverband in AB 9315 erfaßt haben. Der Geleitzug wurde dagegen nicht gesichtet. „Anton Berta 9315", kommentiert der Koppelmaat, „das liegt doch weitab im Süden, fast an der Küste von Nordnorwegen. Der kommt nicht für uns in Frage. Wir stehen doch in der nördlichen Bärenenge."

Während der Morgendämmerung wird auf 130 m Tiefe getaucht. Am Tage will der Kommandant unter Wasser auf- und abstehen. Zwischen 7.19 bis 7.58 Uhr werden Diesel in rw. 270° bis 250° geortet, in der Zeit von 8.00 bis 8.32 Uhr Dieselgeräusche in rw. 25° bis 20° ausgemacht. Um 9.45 Uhr wird zum Beobachten der Geleitsprechwelle aufgetaucht. Neun Minuten nach 10 Uhr meldet sich plötzlich U 965. Sein FT-Spruch lautet: „Nach Nordosten, Fahrt 10 sm. –U 965–."

Das müßte bedeuten, das Kameradenboot gibt Kurs und Geschwindigkeit des Geleits an. Die Männer in U 995 sind erregt. Das Boot nimmt Höchstfahrt auf und stößt in Richtung des vermuteten Geleits vor. Um 10.17 Uhr wird dann das Wiederholungs-FT von U 965 von 9.15 Uhr aufgefangen: „Geleitzug, 1 feindlicher Flugzeugträger AC 1548. –U 965–."

Das schafft Klarheit. Um 10.47 meldet sich U 965 erneut: „Halte Fühlung AC 1519." Um 11 Uhr, U 995 steht in AC 1812, kneift der Obersteuermann auf der Brücke seine Augenlider zusammen. Das sind doch ... tatsächlich ... Rauchfahnen in rw. 206°! „Von Brücke an Kommandant:" ruft er durch das Sprachrohr, „Geleitzug in Sicht."

Welchen Generalkurs steuert das Geleit? Langsam schieben sich Schatten über die Kimm. Entfernung: 10 000 m. Die schemenhaften Schiffskonturen stehen jetzt in rw. 305°. Das Geleit besteht aus einem Flugzeugträger und mindestens 10 Fahrzeugen. Erregung befällt die Männer von U 995. Es ist jetzt genau 11.21 Uhr. „Ortung Fliege wechselnd zwischen rechtweisend 200 Grad und 290 Grad", wird aus der Funkbude durchgegeben. Schon werden die Fla-Waffen besetzt. 11.26 Uhr: Der Funkspruch muß raus, daß das Geleit erfaßt worden ist. Zuerst die Uhrzeit, dann das Datum und die Leitnummer, und jetzt die Mitteilung: „... Geleitzug AC 1495, östlich. –U 995–." Jetzt sind die Kameradenboote und die Befehlsstelle informiert, jetzt kann die Gruppe heranstaffeln.

11.29 Uhr. Die Ausguckposten haben das Geleit in einer Regenböe aus den Augen verloren. U 995 steuert jetzt genau in Richtung Norden. Eine Minute später taucht aus Ostnordost in 4000 m Entfernung ein U-Boot auf. Freund oder Feind? – Das läßt sich im Moment nicht feststellen. Zwei Minuten darauf werden weitere Fliegerortungen vorgenommen. Um 11.40 wird ein Wiederholungs-FT des FdU von 10.53 Uhr aufgenommen: „Gruppe Panther: Sofort mit Höchstfahrt auf Geleitzugmeldung in AC 1548 operieren."

Inzwischen löst sich der Regenvorhang etwas auf. Das Geleit steht 8000 m entfernt in rw. 310°. Hastig schätzt der Koppelmaat das Planquadrat ab. Um 11.50 Uhr jagt der Funker die neue Meldung hinaus: „Geleitzug AC 1543. –U 995–." Wieder setzen Regenböen ein, zieht eine grauschimmernde Wand zwischen dem heranpirschenden Boot und den behäbig dahinziehenden Geleitschiffen auf. Das Boot will sich vorsetzen, um in eine günstige Schußposition zu gelangen. In der Zentrale erkoppeln die Offiziere, daß der Gegner seit 12.20 Uhr mit etwa 10 bis 12 Knoten Südost steuert.

Um 12.35 Uhr hat U 995 die Fühlung verloren, stößt in letzter rw. Peilung in Richtung 320° nach. Zwanzig Minuten später wird das Geleit erneut in rw. 308° entdeckt. Entfernung: 7 sm.

„Auf 225 Grad gehen!" befiehlt der Kommandant. Er will U 995 auf Parallelkurs mit dem Geleit halten, hofft somit in Reichweite zu bleiben, auch wenn der Gegner nach Süden zacken sollte. Gegen 13.10 Uhr entschließt sich der Kommandant, folgende Meldung auf Längstwelle abzusetzen: „Geleitzug AC 1576, nach SO. –U 995–."

U 995 hat mittlerweile den Abstand zum Gegner um 3500 m verringert. Während das Boot weiterhin große Fahrt läuft, verliert sich plötzlich die Horchpeilung. Um 13.36 Uhr steuert der LI das Boot auf Sehrohrtiefe ein: Im Periskop ist vom Geleit nichts auszumachen. Es ist wie verhext. Statt dessen wird im GHG eine unklare Ortung aus ostsüdöstlicher Richtung aufgenommen. Das Boot gibt einen Funkspruch ab: „Fühlung verloren bei Unterwasserangriffsversuch ..."

Der Kommandant glaubt, daß der Gegner nach Südwesten gezackt ist. Er läßt zehn Minuten vor 14 Uhr auftauchen und mit Höchstfahrt eine Suchkurve nach Süden fahren. Er hat die Absicht, später in südwestlicher Richtung einzuschwenken, um wieder auf Gegnerkurs zu stoßen.

Nach einer Viertelstunde kommt aus ostsüdöstlicher Richtung U 315 auf. Also handelte es sich um das Kameradenboot, dessen Horchpeilung zuvor im GHG aufgenommen worden war. Wäre das Geleit in östliche Richtung gezackt, so hätte U 315 es aufspüren müssen, kombiniert Oberleutnant Hess.

14.09 Uhr. „Flieger in 210 Grad!" meldet die Brückenwache. Der Ausguckposten glaubt in einer Regenbö den Schatten eines Flugbootes gesehen zu haben.

14.25 Uhr. „Ortung Fliege rechtweisend 160 Grad, Lautstärke zwei", tönt es aus dem Funkschapp.

„Auf Fliegergefechtsstation!" befiehlt der Kommandant.

Um 14.53 Uhr beobachten die Männer auf der Brückenplattform, wie aus Süden ein niedrig fliegendes Flugzeug auftaucht. Entfernung rd. 6000 m. Es erfolgt jedoch kein Anflug auf das Boot. Tiefe Wolken lagern behäbig über dem Meer, lassen nur eine Sicht bis zu fünf Seemeilen zu. Erneut wird eine Fliegerortung aufgenommen, diesmal aus rw. 165°, Lautstärke 1.

Im Morgenrotstreifen glaubt der Ausguck von U 995 Rauchwolken am südöstlichen Horizont zu erkennen. Um 6.51 Uhr meldet daher U 995 über Funk: „Mehrere Rauchwolken in Sicht AC 4692. –U 995–." Als es hell wird, begegnet dem Boot nochmals U 737. Ein Besteckvergleich ergibt eine Differenz von 25 sm. Inzwischen setzt der FdU die gesamte U-Bootgruppe auf die Meldung von U 995 an. Langsam schleichen sich jedoch bei den Männern Bedenken ein. Wahrscheinlich waren die gesichteten Rauchwolken nur eine Nordmeertäuschung, oder waren es gar nur bizarre Wolkenformen? Gegen 15 Uhr wird nach ES-Austausch im Südwesten U 636 ausgemacht.

Der gegnerische Geleitzug scheint sich in Luft aufgelöst zu haben!

An diesem Tag, man schreibt den 20. Oktober in die Kriegstagebücher, verläßt bereits ein neuer Konvoi mit der Bezeichnung JW.61 Loch Ewe, um Rüstungsgüter nach Murmansk und zum Weißen Meer zu transportieren. Er besteht aus 29 Dampfern und sechs U-Jägern, die für die sowjetische Nordmeerflotte bestimmt sind.

Während der Abenddämmerung steht U 995 in AC 5888. Dann weist der FdU seine Boote an, die Planquadrate AC 8430, 8510, 8540 anzusteuern.

Mit Höchstfahrt versucht U 995 das angegebene Seegebiet anzusteuern. Im Achterschiff lärmen die Dieselmotoren ihr wildes Stakkato. Kurz vor 20 Uhr fällt die Geschwindigkeit des Bootes auf 13 kn herab. Obermaschinist Reuter meldet, daß eine Stößelstange des Backbord-Diesels gebrochen sei.

Oben auf der Turmplattform beobachtet die Brückenwache weit entfernt aufsteigende Leuchtgranaten. Am Mittag war eine Ju 188 zur Geleitaufklärung gestartet. Jetzt geht ein FT ein, daß sie am Nachmittag in AC 5755 einen feindlichen Kreuzer und vier Frachter mit Kurs Südost gesichtet habe. Immer wieder werden Leuchtkugeln am Horizont ausgemacht. Auch andere Boote melden dies. Der FdU teilt mit, daß die Leuchtbomben von russischen Flugzeugen stammen, die ihre eigenen Geleite suchen.

Im Motorenraum schuften unterdessen in Öl und Schweiß getränkte Männer, um den defekten Diesel wieder fahrbereit zu bekommen. Endlich, um 22.45 Uhr, meldet der Obermaschinist: „Backbord-Diesel wieder klar."

Sieben Minuten später taucht U 995 auf 130 m Tiefe zum Horchen. Das Auftauchen verzögert sich, da im GHG[1)] anhaltend ein schwaches Geräuschband aufgenommen wird. Was kann das sein? – Es ist, wie sich alsbald herausstellt, ein eigener Störpegel. Das Gerät muß neu abgeglichen werden.

Mittlerweile ist es 23.37 Uhr geworden, als aufgetaucht wird. Wieder erhellen Leuchtbomben und -granaten das Himmelsrund im Süden. U 995 verzichtet darauf, eine Meldung abzugeben, da die anderen Boote mehrfach diese Vorkommnisse mitteilten. Das Boot operiert gen Osten.

„Vielleicht sollen wir Phantomen nachjagen", sagt der wachhabende Unteroffizier auf dem Turm. „Die Tommies schicken irgendwo ein Flugzeug hin, das Leuchtbomben abwirft, und unsere Offiziere fallen darauf rein. Denken, dort wäre der Konvoi."

1) Gruppen-Horch-Gerät

Der 21. Oktober bricht heran. Ein starkes opalisierendes Nordlicht steht am Himmel. Wie ein im Sturm wallender Schleier überzieht es den Himmelsscheitel, verdeckt die Sterne und läßt die Oberfläche des Meeres zittrig erglühen. Die rotflammende Lichtkrone über ihren Häuptern läßt die Männer auf der Brücke von U 995 vorübergehend unaufmerksam werden. Angesichts dieses Schauspiels, das von den aufgeladenen atomaren Sonnenteilchen herrührt, wenn sie aufglühend in das Gravitationsfeld der Erde eindringen, wird jedem ein sonderbares Gefühl zuteil. Man könnte glauben, außerweltliche Kräfte hieben auf die Erde nieder, um die Menschheit von ihrem frevelnden Mordspiel, das sie Krieg nennen, abzubringen.

Weiter geht die Suche nach Osten. Das gleiche wie bisher. Gegen 3 Uhr haben die Brückenposten wieder ein U-Boot im Nachtglas. Als U 995 auf 2000 m heran ist, taucht das Boot weg. Als der Morgen heraufdämmert, stößt U 995 in Richtung 150° dem unbekannten Boot nach, ohne es jedoch noch einmal zu sichten. Wieder dirigiert der FdU seine Boote um, läßt sie oberhalb des 69. Breitengrades vor der Kola-Halbinsel einen neuen Vorposten-Streifen anstreben.

Um 9.30 Uhr treibt eine Mine in der Nähe des Bootes vorbei, ein häßliches Teufelsei, mit Bleikappen bespickt.

Aus nordwestlicher Richtung taucht um 9.30 Uhr wieder ein U-Boot auf. Im ES-Austausch weist es sich als U 425 aus. Eine halbe Stunde später stehen zwei weitere U-Boots-Silhouetten 8000 m entfernt im Südwesten und Westen. U 995 taucht auf Position AC 9475 abwechselnd auf 130 m und Sehrohrtiefe, pendelt in Richtung Norden und Süden hin und her. Um 13.15 Uhr werden Dieselgeräusche aus 275° und 400 mit Lautstärke 1 aufgenommen.

In der Abenddämmerung, die bereits kurz nach 16 Uhr einsetzt, wird wieder aufgetaucht und mit wechselnden Kursen das Seegebiet überwacht. Die U-Bootsführung vermutet ein ostwärts stehendes Teilgeleit, außerdem sollen die Boote zur Erfassung des Rückgeleitzuges bereitstehen.

Die meisten Boote haben in den letzten Tagen, während sie fast ausschließlich Höchstfahrt liefen, einen großen Teil ihres Treibstoffvorrates verbraucht. Boote, die weniger als 35 cbm Treiböl in ihren Tanks beherbergen, sollen ab 22. Oktober, 4.00 Uhr mit hoher Marschfahrt nach Hammerfest zur Treibstoffergänzung marschieren.

18.45 Uhr: „Ortung Fliege, rechtweisend 140 Grad. Lautstärke eins bis zwei."

„Alarm!" Schon knallen die Entlüftungsklappen der Tauchzellen auf. Sekunden später ist U 995 von der Oberfläche der Barents-See verschwunden, zieht bis 20.17 Uhr in der Tiefe seine vorgegebene Bahn.

Bis 4.00 Uhr des 22. Oktober 1944 kreuzt U 995 in der Murman-See, ehe es in Richtung Hammerfest abläuft. „Brennstoffbestand noch 19 Kubikmeter", meldet der LI dem Kommandanten.

Um 6.00 Uhr hört der Horcher Peilzeichen in rw. 10°. Abends weist der FdU alle rückmarschierenden Boote an, gemäß Ziffer 25 des Operationsbefehls 15 bis auf Widerruf keine Zerstörer anzugreifen. Um 22 Uhr teilt das Boot der Leitstelle mit, daß es in etwa 12 Stunden vor dem Ansteuerungspunkt stehen wird.

Vom Stützpunkt aus wird daraufhin das Aufnahmegeleit für das heimkehrende Boot eingeplant. Die Leitstelle antwortet, daß U 995 mit U 365, U 771 und U 956 um 10.00 Uhr gemeinsam einlaufen solle. Weitere Rückmarschierer sollen ein neues Geleit erhalten.

Der U-Stützpunkt Hammerfest teilt in seinem FT außerdem mit: „... vor der Küste mit erhöhter Luft- und U-Bootsgefahr rechnen." Während der Nachtzeit werden voraus wieder Leuchtgranaten beobachtet.

Gegen 5 Uhr des kommenden Tages, U 995 passiert gerade das Nordkap, werden zwei U-Boote voraus gemeldet, wahrscheinlich Kameradenboote, die ebenfalls einlaufen wollen. Kurz vor 8 Uhr steht U 995 in AC 1253.

„Fliiieger!" Der II.WO brüllt seinen Schreckensruf hinunter ins Bootsinnere. Eine Sunderland taucht im Süden auf, ungefähr in Schiffspeilung 40°. Entfernung zum Boot: 5000 bis 6000 m. Das „Tunis"-Gerät ist gegenwärtig nicht in Ordnung, konnte die Maschine somit nicht rechtzeitig melden.

Der Kommandant hastet auf die Brücke. Zum Tauchen könnte es zu spät sein. „Fla-Waffen besetzen!" befiehlt er. Die eingeübte Fla-Bedienung ist bereits zur Stelle. Die Magazine sind gefüllt. Schon schwenken die Rohre auf den Lafetten in Richtung des angreifenden Flugzeuges. Die Sunderland ist mittlerweile auf 3800 m heran. Die 3,7-cm-Flak eröffnet das Feuer.

Geradewegs fliegt das Ungetüm das Boot an. Mit Sorgen erwarten die Männer auf der Brücke ihr Herannahen. Was wird sein, wenn ihre Bomben fallen? Kann das Sperrfeuer der Bordflak sie vom Boot fernhalten? Unten im Bootsinneren sind die Kameraden, die nur das Belfern der Flaks hören, nichts sehen, nichts wissen, das Schlimmste befürchten müssen.

Aufatmend sehen die Männer auf dem U-Bootsturm, wie die Sunderland zur Steuerbordseite hin abdreht. Respektvoll zieht sie einen großen Bogen und fliegt nach Backbord achteraus ab. Fünf hektische Minuten sind, seitdem das Flugzeug vom Ausguck erfaßt wurde, wie mit wenigen Atemzügen verstrichen. Mit gellendem Alarmklingeln taucht U 995 in die schützende Tiefe hinab.

Das Boot ist auf 100 m Tiefe eingependelt, als der Horcher zwei E-Maschinengeräusche in rw. 115° und 255° aufnimmt. Die Funker bemühen sich mittels UT-Verkehr herauszufinden, wer da in ihrer Nähe herumkrebst. Es gelingt, Kontakt mit U 310 herzustellen. Mit dem Kameradenboot wird vereinbart, gemeinsam aufzutauchen und zur vereinten Fliegerabwehr oben zu bleiben. Als die Boote sodann – wie abgesprochen – um 8.52 Uhr auftauchen, ist sogleich eine Sunderland-Maschine zur Stelle. In südwestlicher Richtung kreist sie dicht über der Wasseroberfläche. Sie hält eine Entfernung von 5000 m zum Boot, scheint nicht gewillt zu sein, sich mit zwei U-Booten einzulassen und wagt keinen Anflug. In rw. 210° gerät sie außer Sicht der Brückenposten.

U 995 kann seinen Rückmarsch unbehelligt fortsetzen und wird um 11 Uhr zusammen mit den drei Kameradenbooten am Ansteuerungspunkt SR 1 vom Geleit aufgenommen. Während die U-Bootsführung sowohl über den Verbleib des von der Gruppe „Panther" gejagten mysteriösen PQ-Geleites als auch von einer Schiffsansammlung für das zu erwartende Rückgeleit keinerlei weitere Anhaltspunkte erhalten hat, erreicht U 995 um 13.50 Uhr Hammerfest.

Nur eine kurze Verschnaufpause verbleibt den Männern im Hafen. Von Kameraden, die auf dem längsseits liegenden Wohnschiff „Black Watch" einquartiert sind, erfahren die Männer von U 995, daß wieder Boote auf die Verlustliste gesetzt worden sind. Am 16. Oktober erwischte es U 1006 südwestlich der Faröer Inseln in Gestalt der kanadischen Fregatte „Annan". Und am 19. Oktober kollidierte U 957 bei den Lofoten mit einem deutschen Dampfer. Schwer beschädigt mußte es vorgestern in Narvik außer Dienst gestellt werden.

Inzwischen liegt das deutsche Schlachtschiff „Tirpitz" im nahen Alta-Fjord vor Anker. Dort soll die einsame „Königin des Nordens", wie die „Tirpitz" inzwischen genannt wird, als schwimmende Batterie ihre letzte Verwendung finden. Das Schiff ist durch viele erlittene Bombentreffer so stark beschädigt worden, daß eine Reparatur nicht mehr erwogen wird. – Das deutsche XIX. Gebirgskorps kann die Murmansk-Front nicht mehr halten. In ihre Absetzbewegung hinein stößt die Offensive der 14. sowjetischen Armee. Vor 14 Tagen besetzten die Sowjets den Buchtstreifen gegenüber der Fischer-Halbinsel, vor 11 Tagen landeten sie am Eingang des Petsamo-Fjords, vor fünf Tagen bei Jakobsely. Gegenwärtig dringen sie zum Jarfjord vor. Was wird hier im hohen Norden werden? Es sieht so aus, als ob die Sowjets die Hauptnachschubwege der Deutschen nach Norden unterbrechen wollen.

*

Schon um 20.50 Uhr werden die Festmachertrossen zur „Black Watch" wieder gelöst. U 995 verläßt mit bis an die Halskrause gefüllten Tanks Hammerfest, um nun wieder zur Gruppe „Panther" am Eingang zur Kola-Bucht zu stoßen. Der Geleitzug JW.61 mit seinen starken Sicherungsverbänden ist bei seiner Reise bisher noch auf keine Gegenwehr gestoßen.

U 995 wird mit anderen Booten zwei Stunden nach dem Auslaufen vom Geleit entlassen. Es soll mit den Booten U 1163, U 293, U 992, U 312, U 295, U 387, U 310, U 365, U 956 und U 771 einen Vorpostenstreifen hinter dem Nordkap von AC 6781 bis 8168 bilden, um den ankommenden Geleitzug abzufangen. U 995 fällt in diesem Streifen der Standort in AC 8244 zu.

Mit spähenden Augen halten die Brückenposten auf dem Turm eines einsam wandernden Bootes unermüdlich Wacht. Wolkenschatten überdunkeln die Meeresoberfläche. Übermächtig wirkt die geisterhafte Kulisse des Nordmeerhimmels.

Die Männer auf der Brücke starren ohne Unterlaß auf jedes Pünktchen am Horizont, beobachten jede bizarre Wolkenformation. Manchmal gaukeln die eigenen Sinne ihnen bereits das Auftauchen des Feindes vor. Eben noch glaubten sie, einen Zerstörer umrißhaft zu erkennen. Mit verhaltenem Atem blicken sie noch einmal konzentriert auf den verdächtigen Flecken. Nein! Es sind nur die schattenhaften Fäden eines Nebelgerinnsels. Unterschwellig wallen immer wieder Gedanken auf.

Längst wissen alle Mannschaftsdienstgrade, die auf diesem Boot eingestiegen sind, daß sie kein Ruhm erwarten wird und sie glücklich sein dürfen, wenn ihnen ihr Leben erhalten bleibt.

Als die Nacht ohne Zwischenfälle überstanden ist und das Morgenlicht den Horizontstreifen rot entzündet, hat das Boot das Nordkap bereits umrundet und steht in Höhe der Nordkyn-Halbinsel. Um 9.30 Uhr bricht das Pleuellager der Kühlwasserpumpe des Steuerbord-Dieselmotors. Während die Maschinisten mit der Reparatur beschäftigt sind, die in Einzelteile zerlegte Pumpe auf den Flurplatten ausgebreitet haben, heißt es eine Dreiviertelstunde später: „Alaaarrrm!“ Im Süden wurde eine Maschine entdeckt, wahrscheinlich eine Catalina. Da sie aber noch 10 000 m entfernt ist, konnte der Flugzeugtyp nicht mit letzter Sicherheit identifiziert werden. Die Ortungsgeräte hatten wieder einmal nicht angesprochen.

Während U 995 sich ins Meer flüchtet, muß das technische Personal die zerpflückte Pumpe vergessen. Von einem Augenblick zum nächsten türmen sich Ängste auf. Behende springen die Männer auf ihre Tauchstationen. Schnell drehen sich die erforderlichen Handräder. Nach Atem ringend, verfolgen sie jetzt mit gelbgefleckten, ölverschmierten Gesichtern, wie das Boot schräg nach vorn bis auf 100 m Tiefe fällt. Sie wissen achtern nicht, ob wieder irgendeine Gefahr nach dem Boot greift und was folgen wird.

Erst als U 995 eine Weile unbedrängt auf ebenem Kiel dahinzieht, lösen sich die Männer im Achterschiff aus der Gedankenstarre, basteln sofort wieder an ihrer Maschinenanlage. – Die Feindmaschine war irgendwo vorbeigeflogen.

Zehn Minuten lang wird ab 10.45 Uhr aus Norden ein Dieselgeräusch aufgenommen, Lautstärke 1. Plötzlich dröhnt eine Detonation durch die Tiefe.

„Fliebos!“[1] sagt einer in der Zentrale, als ob die Nebenleute es nicht selbst wüßten. Anschließend sind Einschläge von 3,7-cm-Kanonen deutlich zu vernehmen. Begreiflicherweise ist jeder jedesmal eigenartig berührt, weiß man doch, daß irgendwo in der Nähe Kameraden kämpfen, um den Vorrat ihres Lebens nicht zu verlieren.

U 995 geht auf Sehrohrtiefe. Doch ein Rundblick des Kommandanten läßt nichts erkennen. Das Dieselgeräusch ist nach voraus ausgewandert.

Um 11.35 wird aufgetaucht. Und es überkommt die Männer – wie jedesmal nach der Unterwasserfahrt, und sei sie auch noch so kurz – ein Hochgefühl, sobald das Boot durch die Wasseroberfläche gebrochen ist und das schwere Turmluk geöffnet wird. – Vorerst unbehelligt kann das Boot seinen Überwassermarsch bei guter Sicht fortsetzen.

Um 13.29 Uhr, U 995 steht ungefähr 30 sm querab von der Varanger-Halbinsel, erscheint am südlichen Himmel in 11 km Entfernung ein kleiner Punkt, ohne daß eine Ortung erfolgt. Mit „Alarm“ taucht das Boot, versteckt sich vor dem Flugzeug in 80 m Tiefe. Um 14 Uhr melden die Maschinisten die Kühlwasserpumpe wieder klar. 20 Minuten später wird aufgetaucht. Nach 16 Uhr, als die Abenddämmerung einsetzt, erreicht das Boot die vorgegebene Position AC 8244 in der südlichen Barents-See.

1) Fliegerbomben

Um 8 Uhr werden in Südostrichtung E-Maschinengeräusche mit Lautstärke 3–4 aufgenommen. Durch UT-ES-Austausch wird U 956 ermittelt. Es wirkt beruhigend auf die Gemüter der Männer, ein Kameradenboot in der Nähe zu wissen, das ihnen zur Seite stehen wird, falls es zur Feindberührung kommen sollte. Der 26. Oktober des fünften Kriegsjahres bricht an, ein für die deutschen Streitkräfte im hohen Norden bedeutungsvoller Tag. Einheiten des sowjetischen 131. Schützenkorps besetzen das von den Deutschen aufgegebene, östlich des Nordkaps gelegene Kirkenes.

Diese nordnorwegische, 3400 Einwohner zählende Hafenstadt diente den deutschen Nordmeerbooten zuvor als nördlichster Stützpunkt. Zwecks Absicherung ihrer Landungsunternehmen in Nordnorwegen setzen die Sowjets neben den Fliegerregimentern ihrer Nordflotte ebenfalls sechs Zerstörer ein, von denen „Baku", „Gremjascij", „Razumnyj" und „Razjarennyi" im Laufe dieses Tages die deutschen Stellungen Vardö und Vadsö beschießen.

Gegen die laufenden deutschen Rückführungstransporte über See operierten seit dem 7. Oktober die sowjetischen U-Boote L 20, 5 51, V 2, S 104, M 171, S 102, S 14, V 4 und S 101 im Gebiet der nordnorwegischen Küste. Ein Teil dieser Boote führte Minenunternehmungen durch. Insgesamt griffen sie 13 mal deutsche Schiffe an und versenkten einen Dampfer von 1730 BRT. S 104 vernichtete den deutschen U-Boot-Jäger UJ 1220 und V 4 den U-Boot-Jäger UJ 1219. Darüber hinaus griffen zehn Torpedokutter zweimal deutsche Schiffe an, vernichteten die Minensucher M 31 und M 303 und beschädigten das Räumboot R 311. Vier deutsche Dampfer, ein Schlepper, zwei Räumboote, drei Vorpostenboote, ein Fährprahm und ein Artillerieträger gingen in den letzten Tagen verloren, als die sowjetische 5. Minen-Torpedodivision zusammen mit der 6. Jägerdivision und der 14. Schlachtfliegerdivision 14 größere Luftangriffe gegen die deutschen Rückführungsgeleite flog. Trotzdem gelang es den Deutschen, mehr als 40 000 Tonnen Material auf dem Seeweg nach Süden zu bringen.

Um 1.30 Uhr des 26. Oktober hat U 995 eine neue Position eingenommen. Vor dem Morgengrauen taucht das Boot, um während der Tageszeit in wechselnden Tiefen und unterschiedlichen Kursen hin und her zu kreuzen. Mehrere FTs des FdU werden auf der Längstwelle aufgenommen, die Hinweise auf den neuen Geleitzug – es handelt sich hierbei um den am 20. Oktober von Loch Ewe ausgelaufenen stark gesicherten Geleitzug JW.61 – ergeben. Es wird damit gerechnet, daß der Konvoi am 25. die Bärenenge nach Osten passiert hat.

15.45 Uhr beginnt es zu dunkeln. Zeit für U 995 aufzutauchen. Ein trübsinniges Licht liegt über der Barents-See. Trotzdem beträgt die Sichtweite fast 11 Seemeilen. Ein leichter Wind aus Südwest kräuselt die Meeresoberfläche.

Um 23.22 Uhr kneift Funkgast Ottine die Lider zusammen, um die Sehschärfe seiner angespannten Augen aufs äußerste zu erhöhen. Auf dem Bildschirm vor ihm zeichnet sich ein schwacher Zacken ab. Gleich darauf beginnt das Ortungsgerät zu zirpen. „Ortung Fliege rechtweisend 320 Grad, Lautstärke drei", meldet er über den Gang hinweg.

„Tauchen!" befiehlt der Kommandant, „auf Gefechtsstation!"

Als erster springt die Nummer Fünf, Hpt.-Gefr. Nowak, durch Turm- und

Zentralluk hinunter, um das Handrad für die wasserdichte Back aufzudrehen. Der aus dem Spreewald stammende älteste an Bord befindliche Seemann wird mit seiner Größe von 1,78 m an Bord „der Lange" gerufen. Er kam zur gleichen Zeit mit Olt.z.S. Heß an Bord. Vormals war er Aufklarer bei „Teddy" Suhren, dem jetzigen FdU-Nordmeer, in Gotenhafen gewesen. Dort hatte er für diesen einige grandiose Feste organisiert – so auch dessen Hochzeit auf Neufahrwasser. Er weiß, wie das U-Bootsleben lacht, wie es weint ... Weil Feigenbutz derzeit krank ist, vertritt er ihn – obwohl er nie das Kochen erlernt hatte – in letzter Zeit in der Kombüse; auch aus dem Grunde heraus, weil er selbst gerne Spiegeleier brutzeln und natürlich essen mag. Doch jetzt muß er auf seiner Gefechtsstation bleiben.

„Horchpeilung in rechtweisend 315 Grad", meldet Gürke, nachdem U 995 getaucht ist.

Der Kommandant ordnet an, in der Zentrale Rotlicht einzuschalten, damit die Augen sich an die Dunkelheit gewöhnen können. Dann befiehlt er: „Auftauchen!" Ein dumpfes Brodeln, als U 995 um 23.29 Uhr aus dem Meeresschlund hervorbricht. Der Kommandant wartet nicht ab, bis im Boot Druckausgleich hergestellt wird. Schon dreht er am Handrad des Turmluks.

Wie ein dunkles Riesentuch breitet sich die Barents-See vor den Männern auf dem U-Bootsturm aus. Vom Gegner ist nichts zu sehen. Das Boot stößt in Horchpeilung 315° vor. Die Sprache der Männer auf der Brücke ist zu einem Gewisper geworden, sie scheuen sich laut zu sprechen, wissen sie doch alle, daß der Gegner seit kurzem in unmittelbarer Nähe ist. Unten im Funkschapp lauschen die Funker auf der Geleitsprechwelle, doch Sprechverkehr ist nicht zu beobachten. Doch dann zucken sie droben auf dem Turm zusammen.

Rraawaaam! Rrumm! dröhnen Detonationen aus der Ferne herüber.

Das Rotlicht in der Zentrale spiegelt sich wie ein flackriges Feuer in den Augen der Männer. Keiner von ihnen kann wissen, daß zur gleichen Zeit nicht unweit von ihnen die Crew von U 956 ums Überleben kämpft.

Rrumm! Rrumm! Wieder diese nervenzerfetzenden Vernichtungsschläge von Wabos, die das Meer erschüttern. Jeder ahnt, daß die Bomben ihren Kameraden in einem der nahe aufgestellten U-Boote gelten ...

Es ist jetzt 23.45 Uhr. Angestrengt suchen die Brückenposten von U 995 das nächtliche Meer ab. Welch ungeheure Willenskraft ist vonnöten, auf jede Kleinigkeit acht zu geben, sich nicht das Geringste entgehen zu lassen. – Da! Hinter einer feinen Nebelfahne ... schiebt sich da nicht etwas hervor?

Der Obersteuermann stößt gegen den Arm des Kommandanten. „Schatten in rechtweisend 345 Grad, zehn Grad Schiffspeilung!"

Den Männern auf der Turmplattform stockt der Atem. Buchstäblich im gleichen Augenblick Leuchtgranaten-Beschuß übers Boot. Wie feurige Schlangenköpfe des Unheils stehen plötzlich blendende Lichter am Himmel. Welch teuflische Willkür! Eben noch in Dunkelheit gehüllt, präsentiert sich U 995 im hellsten Licht in der langen Dünung des Meeres.

Die Körper der Männer wirken wie Statuen. Was braut sich da zusammen? Noch herrscht nagende Ungewißheit ... Die Hand des Kommandanten von

U 995 weist zum Horizont: „Zerstörer! Wahrscheinlich A-I-Klasse." Die Brückenposten heben die Köpfe.

„Bug rechts, 50 Grad, Entfernung 3000 Meter. Dahinter zweiter Schatten mit stumpferer Lage", meldet der Obersteuermann.

Sofort entscheidet sich der Kommandant zum Angriff: „I.WO und UZO auf die Brücke!" Gemeint ist mit letzterem ein großes Fernglas, die U-Boot-Zieloptik, die bei Überwasserangriffen auf die Zielsäule vorn auf der Brücke aufgesetzt werden kann und wie das Sehrohr mit der Torpedorechenanlage im Verbund steht. Das UZO hält einem Druck von 200 m Wassertiefe stand und kann beim Alarmtauchen bedenkenlos außerhalb des Bootes belassen werden.

Die Männer wissen, der „Neue" will seine Chance wahrnehmen.

Liedke schaut ihn von der Seite an. Längst schon hat er gespürt, daß der junge Oberleutnant „Halsschmerzen" hat, sich also das Ritterkreuz herbeiwünscht. Hoffentlich nicht auf unsere Kosten, denkt er flüchtig und sieht sogleich, wie das feindliche Schiff auf das Boot zudreht.

U 995 ist entdeckt, kein Zweifel ...

„Rohre eins bis fünf klarmachen zum Überwasserschuß!" Das Jagdfieber hat den Kommandanten offenbar gepackt. Die weiße Mütze, aus der längst der Drahtbügel entfernt ist, sitzt ihm im Genick. Seine Augen saugen sich förmlich in das Okular des Nachtglases hinein.

Inzwischen, während die Rohre bewässert und die Mündungsklappen aufgedreht werden, hat I.WO Schröder, er ist zugleich Torpedo-Offizier und für das Überwasserschießen zuständig, das Glas auf dem UZO eingerichtet.

U 995 prescht mit 16 kn Fahrt durch die nächtliche See. In der Zentrale errechnet LI Wellnitz die Flut- und Trimmengen, um das Boot, nachdem die Torpedos ausgestoßen worden sind, sofort ausbalancieren zu können.

Auf allen Stationen werden Vorkehrungen für den Kampf getroffen. Der Widerstandswille beherrscht nun alle im Boot. Durch das Sprachrohr meldet sich zuerst Torpedomechaniker Winkler aus dem Achterschiff: „Rohr fünf klar zum Überwasserschuß." Kurz darauf kommt die Rückmeldung auch aus dem Bugraum: „Rohr eins bis vier klar!"

Ab 23.47 Uhr konzentriert sich der I.WO nur noch auf die zuerst gesichteten Gegner. Der Verbleib des zweiten, in stumpferer Lage gesichteten Kriegsschiffes wird von ihm nicht mehr beobachtet. Doch bleibt erkennbar, daß dieses auch weiterhin Leuchtgranaten schießt.

Vorab der Feind! Jedermann im Boot spürt den lastenden Alpdruck wie eine Zentnerlast auf seinen Schultern. Mit starren Augen blickt der Zentralemaat von unten durch das Zentraleluk nach oben, erschrickt beim Anblick des erleuchteten Himmels.

Es ist 23.50 Uhr. Da der Gegner seinen Bug links hält, läßt Hess 280° steuern. Er beabsichtigt damit, den Feind weiter hinter sich herzuziehen.

Die Hände des Gefechtsrudergängers im Turm zittern ein wenig über den hydraulischen Steuerknöpfen. Er muß sich krampfhaft zur Ruhe zwingen. Auch die Männer über ihm auf der Brücke spüren ihre wilden Pulsschläge, den inneren Aufruhr.

Nur der altgefahrene Obersteuermann erscheint äußerlich in unerschütterlicher Ruhe.

„Kommandant an Rudergänger: 260 Grad steuern!" Der Kommandant will noch weiter vom Feind abfallen.

„Die sehen uns nicht!" sagt Schröder am UZO.

„Kurzsignal absetzen!" ergeht dann die Weisung nach unten. Der Funker muß warten, bis eine Unterbrechung des gerade laufenden Funkverkehrs möglich ist. Um 23.56 Uhr kann die eigene Meldung abgesetzt werden: „Ein Zerstörer AC 8314 . –U 995–.

„Wendeschuß aus Rohr fünf", entscheidet der Kommandant. Er weiß, im Heckrohr lagert ein T 5 – ein „Zerstörerknacker".

„Wendeschuß aus Rohr fünf mit Vorhalterechner, Schaltung Überwasserzielsäule, Abfeuerung Brücke", beeilt sich der I.WO durchzugeben. Er hat verschiedene Möglichkeiten zum Abfeuern der Torpedos zur Auswahl, entweder direkt bei den Torpedorohren oder von der Zentrale, Turm und Brücke.

Eine kurze Zeitspanne, und die entsprechenden Schalter sind eingelegt. Im Turminneren leuchten die mattweißen Kontrollämpchen vor dem Unteroffizier an der Rechenanlage auf. Dieser meldet die ordnungsgemäße Ausführung der Befehle dem Torpedo-Offizier am UZO. Schröder hält das Fadenkreuz seiner Zieloptik auf den ersten Gegner, Abkommpunkt: Zerstörer-Insel. Schröders Befehle kommen präzise: „An Rechenanlage: Torpedolauftiefe fünf Meter, Gegnerlage dreißig, Bug links, Gegnerfahrt dreizehn Seemeilen, Entfernung 2500 Meter, Steuerung Wendeschuß, Schußwinkel 180 Grad."

Der rechtweisende Kurs von 260° plus des Schußwinkels von 180° ergeben die Torpedolaufbahn in rw. 80°. Hinzu kommt der Vorbehaltewinkel von 20° bis 25° im Überschlag. Eine genaue Einschätzung von Gegnerkurs und -lage ist bei Nacht äußerst schwierig, da sie allein auf der Verkürzung der Silhouette beruht, die z. B. bei Lage 30° und 60° gleich ist.

Der Unteroffizier hat bereits die übermittelten Werte in den Rechner eingegeben. „Lage laufend!" gibt Schröder an den Mann vor dem Rechner hinunter.

Dieser schaltet nun die Kreisel-Kompaßanlage und die Zielsäule auf die Rechneranlage. Zwei rote Meldeleuchten auf der Schalttafel flammen auf. Ein leises Schnurren im Rechnergehäuse zeigt an, daß die komplizierte Apparatur aus Zahnrädern, Kurvenscheiben und Konussen zu arbeiten beginnt. Nach wenigen Sekunden erlöschen die Meldeleuchten. Sofort meldet der Unteroffizier, der den Rechner bedient, die errechneten Werte nach oben zum I.WO. Jede Kursänderung des Bootes wird nun vom Rechner berücksichtigt, Hauptsache das aufgefaßte Ziel befindet sich weiterhin im Fadenkreuz des UZO.

Immer noch schweben an Fallschirmen Leuchtgranaten über dem offensichtlich vom gegnerischen Radar erfaßten Boot. Auch die beiden Zerstörer heben sich jetzt ihrerseits hell gegen den dunklen Horizont ab.

Die unabweisliche Gewißheit befällt die Männer auf dem Turm, daß nunmehr eine Entscheidung fallen wird. Der Krieg fordert seinen Sold. Wer – Gegner oder eigenes Boot – sind dem Unabänderlichen preisgegeben?

„Gegner kommt auf!" sagt der Obersteuermann, und es scheint, als bekäme man einen Strick umgelegt. Wird das Boot den rettenden Weg finden, wenn der Torpedo das Rohr verlassen hat? Wohin soll es sich dann wenden? Jeder hofft auf eine glückliche Fügung.

„Folgen!" gibt der I.WO an die Rechenanlage durch. Mit einem weiteren Schaltknopf wird die Anlage nunmehr auf das achtere Torpedorohr geschaltet.

Hinten am Heckrohr sieht nun Torpedomechaniker Winkler die Anzeige des Torpedo-Schußwinkel-Empfängers, kurbelt sogleich mit dem Handrad die Schußunterlagen in den Steuermechanismus des Torpedos ein. Nun kann sofort geschossen werden, allerdings muß der T-Schu-Empfänger[1)] ständig von Hand auf Nachlauf gedreht, d. h. jede Kursänderung berücksichtigt werden.

Immer bedrohlicher wird die Lage. Mehr und mehr kommt der Gegner auf. Warum richtet er nicht seine Geschütze auf das Boot?

Die Befehle ergehen jetzt in kurzer Folge durchs Boot.

Unteroffizier an Heckraum: „Klar zum Überwasserschuß!"

Rückmeldung: „Rohr fünf ist klar zum Überwasserschuß!"

Kommandant an I.WO: „Schußerlaubnis!"

I.WO: „Fertig!"

Unteroffizier: „Deckung! Deckung! Deckung!"

Torpedomechaniker Winkler korrigiert letztmalig den Nachlauf seines T-Schu-Empfängers.

Nochmals überblickt der Unteroffizier im Turm die Werte, versäumt auch nicht darauf zu achten, ob die Scheibe „Hartlage" aufleuchtet; dann nämlich käme das Boot aus dem Bereich der Schußmöglichkeit. Nun meldet er auf die Brücke: „Deckung!"

Stärker zerrt die Ungeduld an den Männern, endlich den Torpedo auf die Bahn zu bringen, ehe der Gegner zum Schlag auszuholen vermag. Das Boot läuft mit äußerster Fahrt knapp 17 Knoten.

Der I.WO blickt immer noch durchs UZO. „Los!" Seine Hand drückt den Abfeuerungsknopf an der Zielsäule. Es ist genau Null Uhr.

„Los!" repetiert der Unteroffizier am Rechner. Im Heckraum vernimmt es Winkler durch die Sprechanlage. Er drückt zusätzlich den Abfeuerungsknopf am Torpedorohr; besser ist es, auf Nummer Sicher zu gehen.

Ein Zischen, dann hat die Preßluft den Torpedo hinausgestoßen. Während sich der Bootsrumpf einmal kurz schüttelt, flutet der LI bereits die achtere Torpedozelle, läßt nachtrimmen.

Der Torpedo läuft. Der Zentralemaat drückt die Stoppuhr. Erst wenn der T-5-Torpedo seine vorprogrammierte Strecke abgelaufen haben wird, übernimmt seine akustisch wirkende Zielsuchautomatik die Steuerung seines weiteren Laufes. Im Bootsinneren entlädt sich ein wenig die Spannung der letzten Minuten.

Plötzlich neue Gefahr. „Dritter Zerstörer in Schiffspeilung dreißig; rechtweisend 290 Grad", meldet der Obersteuermann, „wird schnell größer, Bug links, Lage dreißig, Abstand 2000 m."

1) Torpedo-Schuß-Empfänger

Gleichzeitig erhellen neue Leuchtgranatenabschüsse die Szenerie. Der Kommandant geht auf langsame Fahrt voraus, will vorerst über Wasser ablaufen.

Bis jetzt wurden nur die zwei Einheiten in östlicher Richtung ausgemacht, und der dritte Zerstörer, der im Westen steht. Alle drei schießen Leuchtgranaten. Jetzt lassen Abschüsse im Südwesten eine vierte Einheit annehmen.

„Gottverdammich!" entfährt es dem achteren Ausguckposten an Backbordseite. In seinem Nachtglas sieht er jetzt deutlich den Schatten der vierten Einheit. „Zerstörer backbord querab", stößt er hervor.

Der Kommandant fährt herum. Tatsächlich – in Schiffspeilung 310°, rw. 210° deutlicher sichtbar eine vierte Einheit. Ein-Schornstein-Zerstörer mit jeweils einem Mast zwischen Brücke und Schornstein. U 995 ist somit in die gespreizten Fänge einer der gefürchteten U-Jagdgruppen geraten. Wirre Gedanken überstürzen sich. Der Kommandant spürt mit jähem Schock eine schwere Last auf seinen Schultern ruhen. Jetzt wird ihm Schach geboten, mitleidlos, unversöhnlich. Er beißt sich auf die Zähne, der I.WO sieht deutlich die Wangenmuskeln in dem jugendlichen Gesicht hervorquellen. Es scheint um Jahre gealtert. Unten in der Zentrale ist es, seit der Torpedo läuft, mucksmäuschenstill. Die Männer halten ihren Atem an. Der erste scharfe Torpedo läuft! Wird er treffen? Wird die Magnetzündung funktionieren?

Nur das gleichmäßige Ticken der Uhr in der Hand des Zentralemaaten ist deutlich zu hören. Oben auf der Brücke sehen derweil die Männer voll sprachlosem Entsetzen, wie der als dritter ausgemachte und zugleich am nahesten stehende Zerstörer auf das Boot zudreht. Die Fahrtverminderung von U 995 führte offenbar dazu, daß der von Westen anlaufende Zerstörer – deutlich sehen die Brückenposten den „weißen Knochen" in seinem Maul[1] – seine Kursänderung vorgenommen hat. Klar hebt er sich gegenüber dem dunklen Horizont ab. Will er das Boot rammen? Ein grausiger Gedanke: Sekunden, Millisekunden, entscheiden jetzt über Tod oder Leben. Das Verströmen der Zeit ist es, während der Feind von allen Seiten mehr und mehr aufkommt, was den Männern auf der Brücke die Kehlen zuzudrücken scheint.

Der I.WO hält das Fadenkreuz bereits auf den Zerstörer an Steuerbordseite voraus. „Einen T-Fünf sollten wir noch riskieren", rät er seinem jungen Kommandanten. „Wendeschuß T-Fünf aus Rohr eins!" entscheidet dieser sofort.

Sein I.WO und Torpedo-Offizier hat verstanden. Mit fliegendem Atem gibt er dem Unteroffizier am Rechner die neuen Werte bekannt.

„Von Diesel- auf E-Maschinenantrieb umschalten!" läßt der Kommandant in die Maschinenräume durchgeben.

Die Maschinisten reagieren umgehend. Das Rummeln der Diesel im Achterschiff und das Fauchen der Abgase am Heck ersterben. U 995 will nicht durch unnötige laute Geräuschabstrahlung die Aufmerksamkeit des Gegners und das mechanische Ohr seines eigenen Torpedos auf sich lenken.

„Klar zum Überwasserschuß!" gibt der Unteroffizier an den Bugraum durch.

Die Zeit scheint zu rasen. Das Ticken der Stoppuhr in der Hand des Zentrale-

1) Bugsee

maaten verrät, daß überdies mit jedem Zeittakt die unabwendbare Entscheidung über Erfolg oder Mißerfolg, Leben oder Vernichtung näherrückt. Schröder hat den Gegner riesengroß im Fadenkreuz seiner Zieloptik. „Fertig!"

Er brüllt es hinaus, als könne er die quälende Anspannung, die ihm der Anblick des nahen Feindes aufnötigt, kaum noch ertragen.

„Schuß!" preßt der Kommandant zwischen den Zähnen hervor.

„Fertig!" ruft Schröder.

„Deckung!" kommt wenige Atemtakte später die Meldung nach oben. „Los!" Ein kurzes Schütteln im Boot, und der Torpedo läuft. Wird sein akustischer Zielsuchkopf den Gegner finden? Der Zentralemaat hat die zweite Stoppuhr gedrückt. Schon sind der LI und die Zentralegasten damit beschäftigt, das Boot nachzutrimmen.

Es sind genau zwei Minuten seit Mitternacht vergangen, zweimal bange 60 Sekunden, seit der erste Torpedo das Rohr verlassen hatte.

Der Kommandant würde gern noch einen Torpedo losmachen wollen. Doch die Blicke von I.WO und Obersteuermann zeigen ihm, daß er die Partie nicht durch zu viel Forschheit verspielen darf. Nach kurzem inneren Widerstreben entschließt er sich, „Alarm" auszulösen. Schließlich muß nun jederzeit damit gerechnet werden, daß die akustisch-zielsuchenden Torpedos, sofern sie ihre Sperrstrecke durchlaufen haben, sich auch dem eigenen Boot zuwenden können.

*

Es geht in die Tiefe. Jedesmal heißt es, Abschied nehmen von der Welt, von Luft, Himmel und Gestirnen, von lieben Menschen, die zu einem gehören und in der Heimat auf einen warten. Die Meeresoberfläche ist eine scharfe Trennungslinie. Über ihr bleibt alles, was einem am Herzen liegt, diesmal vielleicht für immer zurück.

Die Brückenposten springen nacheinander in die Öffnung des Turmluks. Die japsend herausgestoßenen Tauchkommandos kommen in rascher Folge. Männer kurbeln an den Handrädern, die Zentralegasten reißen an den Entlüftungsgestängen. Die allerletzte Energie wird aufgewendet. Die Chance des Bootes beschränkt sich nur noch darauf, möglichst rasch von der Meeresoberfläche zu verschwinden. Wenn die Torpedos doch nur träfen …

Durch die langsame Fahrt, die das Boot bislang lief, verzögert sich die Tauchzeit, beschwört neue Zweifel, ob alles noch rechtzeitig klappen wird.

Mit rotgeäderten Augenpaaren blicken die Rudergänger auf den träge kletternden Zeiger des Tiefenmanometers. Der Zentralemaat hält immer noch beide Stoppuhren in seinen Fäusten.

Eine ohrenbetäubende Detonation erschüttert die Tiefe. Wie von Schreckensflügeln des Todes getragen, breitet sich die Schallwelle im Meer aus.

Der Zentralemaat drückt mit dem Daumen die Stoppuhr.

„Treffer!!!"

Wie ein einziger Schrei klingt es aus vielen Mündern. Wie Irrlichter flackernde Augen ringsum. Noch fällt das Boot. Vom Kommandantenschapp kollern Schachfiguren auf dem geneigten Boden bis zur Oberfeldwebelmesse.

„Laufzeit zwo Minuten und 19 Sekunden", meldet der Maat in vorschriftsmäßiger Manier.

Der Horcher lauscht auf Sinkgeräusche, versucht gleichzeitig den zweiten Torpedo im GHG zu erfassen. Die kurzzeitig aufgekommene Euphorie der Männer legt sich bereits. Manche fühlen sich elendig. Der eine oder andere denkt mit bitterem Hohn an die Ironie, mit der die feurige Kriegsgeißel ihre Schläge verteilt. Denn vielleicht trifft schon der nächste Schlag U 995 …

„Schnell, auf Tiefe gehen! 170 Grad steuern!" ruft der Kommandant. Sein Blick klebt förmlich am träge wandernden Tiefenmanometerzeiger. Er glaubt, daß der erste Torpedo vernichtend getroffen hat.

„Räume voraus!" Jetzt kommt hektische Eile auf. Alle entbehrlichen Männer hasten durch die schmalen Gänge. Ihre derben Seestiefel klappern über die blechernen Flurplatten der Zentrale. Hände fliegen von Schottür zur Schottür, um den Sturz abzufangen. „Schnell!" brüllt ihnen der Obersteuermann zu.

Abwärts! Sie müssen in den Keller, bevor die feindliche Meute heran ist und ihre Bombenlast wirft. Kopfüber sackt plötzlich das Boot wie ein Stein ab. Die Männer auf ihren Gefechtsständen müssen sich mit beiden Händen festhalten, um nicht auf der schiefen Ebene des Bodens ins Fallen zu geraten. Keine Zeit, die Lastigkeit des Bootes auszutrimmen. Alle losen Gegenstände fliegen polternd und klirrend in Richtung Vorschiff.

Im Bugraum löst sich die Heringstonne aus der Zurrung, knallt auf den Boden. Die Holzleisten springen aus den Faßringen. Stinkende Salzheringe und Lauge ergießen sich über die vor den Torpedorohren kauernden Männer. Wie ein Häuflein gehetzter Tiere warten sie auf irgendein Verhängnis. Hoffentlich fällt das Boot nicht durch. In der Tiefe gibt es keinen Rettungsanker. Angst peinigt sie alle, aber keiner gibt es zu. Endlich! In über 150 m Tiefe kann der LI das Boot abfangen. Austrimmen. Einpendeln. Manchmal ein leises Nachglucksen.

Immer noch sind auf allen Stationen die Sinne bis zum letzten gespannt. Was ist das? Ein schwaches Knirschen, ein Reiben, ein Kratzen. Ein beängstigendes Gruftgemurmel. Ist etwas defekt? Wieder fühlen sie sich wie in einer Rattenfalle gefangen. Aus der Zentrale vernehmen sie die halblaute Stimme des LI, der seine Anweisungen gibt. – Die Nerven beruhigen sich allmählich.

„Zwoter Torpedo wird auf Schraubengeräusch in rechtweisend 260 Grad zulaufend und darin verschwindend gehorcht", meldet der Horcher Ottine.

Wumms … Rabamm! Aus der Wüstenei des Bugraumes kommt gleichzeitig ein Schrei. Torpedotreffer! Die eigene Angst entlädt sich. Wenn der Gegner getroffen ist, kann er einem nicht mehr gefährlich werden.

„Frage Torpedolaufzeit?" Der Kommandant schaut zum Zentralemaaten.

„Vier Minuten, 50 Sekunden, Herr Oberleutnant", kommt ruhig die Antwort des grobknochigen Maaten!

„Möglicherweise passierte unser zweiter Torpedo die von voraus anlaufende Einheit und wendete sich der vierten, weiter westwärts aufkommenden zu", läßt sich der I.WO vernehmen. „Wenn diese die Tauchstelle mit 16 Knoten angesteuert hatte, wäre nach Kurs, Zeit und Entfernung nach vier Minuten, 50 Sekunden die Detonation in ihrer Nähe möglich."

Der Obersteuermann wiegt bedenklich seinen Kopf. „Keine Sinkgeräusche", murmelt er vor sich hin. „Bestimmt schleppen die Tommies an langen Trossen Geräuschbojen hinter ihren Schiffen her, die unsere Te-Fünfs an der Nase herumführen. Da die Geräuschbojen lauter als die Schraubengeräusche der Zerstörer sind, wenden sich die T-Fünfs ihnen zu und detonieren wirkungslos im Kielwasser." Er überlegt eine Weile. „Mich wunderte von Anfang an, daß die da droben nicht mit höherer Fahrt angingen. Der Grund wird sein, daß sie wegen der Geräuschbojen nur eine Schleppgeschwindigkeit unter 15 Knoten laufen können."

Drei Minuten nach der letzten Torpedodetonation erschüttert eine weitere das Meer. Der Koppelmaat schaut den neben ihm stehenden Obersteuermann an. Dieser gibt auch sogleich seinen Kommentar ab: „Entweder Enddetonierer, oder der erste Torpedo war ein Frühdetonierer. Nach kurzem Überlegen meint er: „Manchmal werfen die auch nur eine Wabo über Bord, als Irritationsmaßnahme sozusagen ... gewissermaßen."

Prustend und gottserbärmlich nach Fisch stinkend kommt ein Teil der Männer, die als lebende Trimmgewichte bislang den Bugraum bevölkert hatten, durch die Zentrale, um im Achterschiff ihre Gefechtsstationen einzunehmen.

„Schraubengeräusch ist weiterhin im GHG auszumachen in gleicher Richtung", gibt der Horcher durch.

Vielsagend nickt Obersteuermann Düffels vor sich hin.

Bei den Männern herrscht jetzt, da die entrückten Lebensgeister langsam zurückkehren, nicht der allergeringste Zweifel, daß der Gegner ihnen nun umgehend ihre Tat vergelten wird. Es würde niemanden wundern, wenn ihnen gleich die Wabos zu Dutzenden um die Ohren fliegen sollten.

Mit Schleichfahrt versucht das Boot sich in der Tiefe auf einem rettenden Pfad davonzupirschen. Derweil zerrinnen die Minuten.

In sich verkrampft, lauscht der Horcher in die Ohrmuscheln seiner Kopfhörer. Immer noch klingt das aufwühlende Kampferlebnis in den Männern nach. Der Glaube an den Erfolg beflügelt ihre Sinne.

„Mensch, der neue Alte, dieser Wahnsinnsknabe, ist wohl mit dem Waschbeutel gepudert", wird eine Stimme im Achterschiff laut. „Es gleich mit einer ganzen Suchgruppe aufzunehmen. – Soviel Schneid kann uns Kopf und Kragen kosten."

„Zerstörer peilt 130 Grad Steuerbord, rasch lauter werdend", ist die heisere Stimme aus dem Horchraum zu hören.

„Puschen anziehen!" Die Seemännische Nr. 1 verteilt die Filzschuhe. „Gleich beginnt der Tanz. Die Blechschüsseln da oben sind uns auf den Fersen", sagt er mit grimmigem Unterton.

Der LI läßt Tiefenruder und Steuer auf Hand umkuppeln, überzähliges Licht ausschalten, um mit der Kapazität der Batterien hauszuhalten. Man kann nie wissen, wie lange das Boot unter Wasser bleiben muß.

Die Männer von U 995 sind vorbereitet. Jetzt, das Bordchronometer zeigt 0.30 Uhr an, können alle den Schraubenschlag der Zerstörer mit bloßem Ohr nahen hören. Abscheulich, dieses Gewitschel. Jeder versucht die Platzangst, die wie ein sich aufblähender Riesenkloß in der Kehle würgt, herunterzuschlucken.

„Oben haben sie auf ihren Blechkästen bestimmt die Reißleinen in den Fäusten, um ihre Bierfässer über uns ins Meer zu kippen", raunt der Zentralegast, der bei der Kompaßmutter steht.

Wahrscheinlich hat die U-Jagdgruppe da oben das ganze Meer illuminiert, ihre Geschützrohre auf die Wasseroberfläche gekurbelt, um das Boot gebührend in Empfang zu nehmen, wenn es angeschlagen auftauchen sollte.

Unaufhaltsam nahen die Zerstörer. Mit Argwohn richten die meisten Männer ihre weiß gewordenen Stirnen nach oben. Wie Stiche wirkt das haarsträubende Gequirle der Zerstörerschrauben auf die Gemüter. Zwei Fahrzeuge wandern an beiden Seiten des dahinschleichenden Bootes voraus, eines zieht direkt über U 995 hinweg. Jetzt spürt jeder noch deutlicher das Beengende, das ihn umgibt.

Warum fallen keine Bomben? – Was machen die da oben?

Nach geraumer Zeit steckt der Horcher seinen Kopf aus dem Funkbudenverschlag hervor. „Geräuschbojen werden ausgebracht."

„Suchgruppe nach Kopplung auf Schußstelle zulaufend", sagt mit trockenem Gaumen der über den Kartentisch gelehnte Koppelmaat.

Die Männer können vorerst aufatmen. Doch die Schraubengeräusche werden wieder lauter. Ein widerwärtiges Geräusch, ähnlich einem Kratzen und Streichen über der Bootshaut, nimmt an Lautstärke zu.

„Es-dick!" entfährt es einem Matrosengefreiten. Wie die meisten U-Bootsfahrer, die das Wort „ASDIC" nie geschrieben gesehen haben, spricht er es nach seinem Gutdünken aus. Immer deutlicher umzirpt der Ultraschall-Peilstrahl das Boot. Schaudernd überläuft es die Männer.

Pinnge ... Pinnge ... Pinnge ... Es ist, als bändselten die Gegner dem Stahlfisch U-Boot zuerst ein unsichtbares Netz um, als hielten sie ihre fürchterlichen Keulen bereits zum Schlag erhoben, um sie auf die im Garn verstrickte Beute niedersausen zu lassen. Der Horcher meldet nicht mehr, jedem Mann legen sich die feindlichen Schraubengeräusche schrill und schmerzhaft auf die Trommelfelle. Irgendwie spürt jeder die ablaufende Gnadenfrist. Aus einer Leckage in der Ventilecke pitschen Wassertropfen. Die feuchtglänzenden Armaturen und Rohrleitungen äugen die Männer aus allen Winkeln teilnahmslos an. Der LI lehnt sich mit der Schulter gegen die Steigleiter, seine Daumen hat er in den Hosenbund eingehakt. Ein Zerstörer läuft direkt über das Boot, die anderen wandern etwas weiter entfernt vorbei.

Jetzt ...! Nein! – Zerstörer preschen nach Norden zurück, auf die Schußstelle zu. Haben sie uns nicht bemerkt? Der LI reckt sich empor, rümpft die Nase. „Ich glaub', jetzt sind wir 'n Fischdampfer geworden."

Mattes Grinsen in der Runde. „Los, Aufklarer nach vorn, die Außenbordskameraden[1] in einer Pütz einsammeln. Aber leise!"

1) Fische

U 995 versucht weiterhin, sich in Schleichfahrt vom Gegner abzusetzen, als um 1.52 Uhr eine dumpfe Torpedodetonation durch das Meer wummert.

Bereits um 1.42 Uhr hatte der Funker auf Längstwelle einen Funkspruch von dem in der Nähe stehenden U 365 aufgenommen, daß es auf Zerstörer getroffen sei. Oberleutnant Hess nahm daraufhin an, daß U 365 einen Torpedo auf die gleiche U-Jagdgruppe losgemacht hatte. Um 1.58 Uhr dröhnen acht Wabos aus einiger Entfernung herüber. Sie gelten offenbar dem Kameradenboot ...

Um 2.37 Uhr, während aus der Ferne die dem Kameradenboot U 365 geltenden Wabo-Detonationen zu hören sind, meldet der Horcher von U 995: „Ortung!"

Geraume Zeit später: „Zerstörergeräusche kommen auf. Schnell lauter werdend." Nach kurzem Zögern fügt er leise krächzend hinzu: „Anlauf beginnt!"

Der Kommandant strafft sich, läßt das Boot einen Haken schlagen. Wenn der Jagdhund oben mit äußerster Kraft in gerader Anlaufrichtung anstürmt, trägt es ihn, wenn er mitdrehen will, wegen seines geringen Tiefganges aus der Kurve, sein Drehkreis wird größer als der von U 995 – d. h., wenn die Rechnung aufgeht ...

Da ist es wieder, das Pinnge ... Pinnge ..., als würfe jemand kleine Kieselsteine gegen die Bordwand. Wieder umkrallt die Männer das Grauen.

Der Kommandant steht am vorderen Kugelschottrahmen, schürzt die Lippen, ein Ohr dem Horchschapp zugewendet.

Gürke lugt seinerseits mit halbem Auge aus dem Funkschapp heraus, bemerkt das graustichige Gesicht des jungen Offiziers.

„Achtung Bombenwurf!" kündigt der Horcher dann an.

Kurz darauf prasseln sechs urgewaltige Keulenschläge auf das Boot hernieder. Mit verzerrten Gesichtern klammern sich die Männer an irgendeinen festen Gegenstand, vor ihren Augen die Zerrbilder der Erschütterung. In den Wohnräumen schlackern die lose hängenden kegelförmigen Blechlampen gegen die Wandungen. In der Zentrale zerklirren Manometergläser. Dann hören sie das Strudeln der Wassermassen, als sich die von den Bomben aufgeblähten Gaskrater wieder füllen.

Gurgelnd reißen die Wassergebirge das Boot mit sich. – Aus einer Ecke ist das schwache Schluchzen eines jungen Matrosen zu vernehmen.

Mit gebeugtem Nacken sagt der Kommandant: „Tiefer gehen!"

Noch ist der Verfolger nicht abgeschüttelt. Wenn er seinen Drehkreis abgefahren hat, kommt der nächste Segen von oben, das ist so sicher wie das Amen in der Kirche. Also schnell einen Haken in eine andere Richtung schlagen.

Mit halb zusammengekniffenen Lidern glaubt Gürke zu sehen, wie es hinter der Stirn des Kommandanten arbeitet. Er hat uns leichtsinnig in diese Todesfalle gelockt, denkt Gürke einen Augenblick, er allein ist schuld daran. Er fühlt, wie der junge Offizier um einen neuen Entschluß ringt. Auf sich allein gestellt, brütet er offenbar über den nächsten Zug wie ein Schachspieler. Aber dieses Mal sitzt der Tod an der anderen Seite des Brettes.

Kann er die Lage noch richtig einschätzen? Schon nahen zwitschernd über ihnen die Zerstörerschrauben.

Eine Minute lang unausgesetzte Peinigung. Mit stockendem Atem erwarten die Männer den kommenden Wabo-Abwurf. Wenn die Bomben näher als sieben Meter beim Boot liegen sollten, wird alles aus sein ... Wieder fallen die bösartigen Schläge über sie her. Wieder drei, vier ... sechs Hiebe von gigantischer Kraft. Flurplatten werden klirrend angelüpft. Wieder zerschellt Glas. Und dann wie vorhin das schaurige Rauschen und Gurgeln um den Bootskörper. Gürke sieht, wie das Gesicht des Kommandanten immer mehr an Farbe verliert.

Jetzt ist wieder der ASDIC-Peilstrahl zu hören, schwachtönend schabt er über den Rumpf. Der Kommandant ist noch im Strudel seiner Gedanken. Wohin soll er sich nun wenden? Wo ist der Fluchtweg offen? In der Tiefe gibt es kein rettendes Ufer. Immer noch ist das Boot in den gegnerischen Ortungsstrahlen gefangen. Gürke sieht, wie die Muskeln im Gesicht des Mannes mit der weißen Mütze arbeiten, und auf einmal wandelt sich seine Meinung über den neuen Kommandanten. Mein Gott, schießt es dem 1. Funkmaaten durch den Kopf, wie wird er wohl reagieren?

Eigenartigerweise drehen die Zerstörer ab. Die Männer, die auf alles gefaßt waren, sehen sich noch völlig ungläubig an, glauben fast, daß die Sache nicht mit rechten Dingen zugeht. „Vielleicht liegt oben doch noch eine von diesen verdammten Blechschüsseln mit gestoppten Maschinen und peilt uns ein", raunt der vordere Tiefenrudergänger seinem Nebenmann zur Rechten ins Ohr.

Der Kommandant wartet bis 3.30 Uhr, dann beabsichtigt er zur FT-Abgabe und zum Übersichtgewinnen aufzutauchen. U 995 ist auf 120 m gestiegen, als plötzlich drei Horchpeilungen in Lautstärke 3 an beiden Seiten festgestellt werden. „Tiefer gehen!" Das Boot schwebt kaum auf 140 m Tiefe, als der Wabo-Teppich geworfen wird. Zum Glück liegen die Bomben nicht allzu plaziert. Trotzdem wird das Boot wie von einer gewaltigen Urkraft geschüttelt. Das Licht fällt vorübergehend aus.

Der Zentralemaat, noch das schreckliche Grabesgeläut in den Ohren, hat immer noch die Hand am Hauptanblaseventil. Wenn er jetzt eigenmächtig aufdrehen würde, schösse das Boot steil nach oben. Aber sie sind dazu erzogen, Selbstdisziplin walten zu lassen. Nie dürfte er so etwas tun.

Einige Männer im Vor- und Achterschiff haben indes ihre Tauchretter angelegt. Andere schielen bereits danach, zwingen sich jedoch zur Ruhe, wohl wissend, daß ihnen dieses Gerät in Tiefen über 40 m nichts nützen kann.

Jeder möchte sich verkriechen, irgendwo in ein winziges Mauseloch schlüpfen. Die „Alten", die bereits Feindfahrten mit anderen Booten durchgestanden haben, waren Zeugen, als sich gestandene Männer in ähnlichen Situationen unter Tischen versteckten. Sie sehen den Jüngeren vieles nach. Das Boot geht tiefer bis an die 200 m-Grenze. Offensichtlich können es die ASDIC-Geräte der Gegner aufgrund der Wasserschichtungen nun nicht mehr erfassen.

Gegen vier Uhr früh steht U 995 nach Kopplung im Planquadrat AC 39. Stundenlanges Warten folgt. Die wachfreien Männer werden in die Kojen zum Schlafen geschickt. Für den Sehrohrblick muß bis zur Helligkeit gewartet werden. Noch kurz vor 7 Uhr werden zwei Horchpeilungen mit Lautstärke 2 in rw. 110° und 245° aufgenommen.

Mit einem Sehrohrblick vergewissert sich der Kommandant, daß das Seegebiet um U 995 herum zur Zeit frei von Feindschiffen ist. Um 7.10 Uhr taucht das Boot auf. Wie eine Wiedergeburt kommt es den Männern vor, als eine frische Brise durchs Turmluk ins Bootsinnere streicht.

Es weht mit sechs Windstärken aus Westsüdwest. Die Sicht beträgt gut 12 Seemeilen. Der Himmel ist mit einem silbergrauen Glanz überhaucht. Schaumgekrönte Wellenberge überschütten das Bootsdeck. Weiße Gischt sprüht über die Turmwandung den in Wetterzeug gehüllten Brückenposten ins Gesicht.

Unten schickt der wachhabende Funker die kodierten Meldungen in den Äther: „FT 2359/754: Fliegerortung, 4 Zerstörer AC 8313. Wende links. Nach 2 Minuten, 19 Sekunden Detonation. Keine Sinkgeräusche, da Alarm nach 2 Minuten nach zwoter Wende links 20. Nach 4 Minuten, 50 Sekunden und 7 Minuten zwote Detonation. Anschließend nur noch 3 Horchpeilungen. West 3, Sicht 3000 m, 65 cbm[1]. –U 995–."

Zehn Minuten später taucht das Boot, um mit südöstlichem Kurs die alte Aufstellungsposition wieder zu erreichen. Auf U 995 kehrt die Bordroutine wieder ein.

*

Wie aber stellt sich der Ablauf der nächtlichen Geschehnisse aus der Sicht des Gegners dar? – Während die U-Bootgruppe „Panther" vor der Kola-Bucht in Lauerstellung lag, traf der Geleitzug JW.61 während seiner Reise durch das Nordmeer bislang auf keinerlei Gegenwehr. Nachdem der Geleitzug in das Seegebiet östlich der Bären-Insel vorgedrungen war, wurden am Abend des 25. Oktober einige Sicherungsgruppen vorausgeschickt, um die Einlaufwege nach Murmansk abzusuchen. Kurz vor Mitternacht des 26. Oktober stand die vorgezogene 15th Escort-Group, die sich aus den Fregatten „Louis", „Inglis", „Lawson", „Mounsey", „Narborough" und „Loring" zusammensetzte, etwa in dem Seegebiet, das sich von 71°30' N bis 71°36' N und von 35°00'O bis 35°20'O erstreckt, das entspricht dem deutschen Marinequadrat AC 8314. Um 23.45 Uhr MEZ nahm die Fregatte „Lawson" einen verdächtigen Radarkontakt auf, welcher kurz danach von der „Louis" und der „Mounsey" bestätigt wurde. Das durch Radar erfaßte Objekt mußte zweifelsohne U 995 sein, denn analog zur KTB-Eintragung seines Kommandanten hatte es gerade die Silhouetten der Suchgruppe ausgemacht. Oblt.z.S. Hess hatte seine Ziele unter den gegebenen Bedingungen als Zerstörer klassifiziert, tatsächlich handelte es sich aber um Fregatten, die von den Briten zur „Captain Class" gezählt werden. Die besagten Schiffe gehörten vormals zur „Evarts"- (1085 tons) bzw. „Buckley"-Klasse (1300 tons) und wurden von den Amerikanern mit dem Tag ihrer Indienststellung im Rahmen des „Lead and Lease"-Vertrages an die englischen Waffenbrüder übergeben.

1)Treibstoff in Kubikmetern, ≈ 65 Tonnen Dieselöl

Die Daten der Schiffe: „Louis" (ex US DE517) indienstgestellt am 8.11.43, „Inglis" (ex US DE525) indienstgestellt am 29.12.43, „Lawson" (ex US DE518) indienstgestellt am 15.11.43, „Mounsey" (ex US DE524) indienstgestellt am 23.12.43, „Loring" (ex US DE520) indienstgestellt am 27.11.43. Diese Schiffe gehören zur „Evart"-Klasse und entstanden jeweils innerhalb von vier Monaten auf der Boston Navy Yard. „Narboroug" (ex US DE569), indienstgestellt am 30.12.43, gehört zur „Buckley"-Klasse und wurde bei Bethlehem Hingham, Mass., gebaut.

Im Jahre 1944 wurden die Wabowerfer auf den Schiffen der „Evart"-Klasse von der Royal Navy auf vier Stück reduziert, dafür war für den Nordatlantik-Dienst durch Zusatz-Racks die Wabozuladung auf 200 Stück pro Schiff erhöht worden. Diese gut ausgestatteten Schiffe haben sich als äußerst kampfkräftig erwiesen und sind ein sehr ernst zu nehmender Gegner. Die „Louis" hatte erst am 24.8.1944 U 445 mit drei Hedgehog-Angriffen versenkt.

Die drei Fregatten „Lawson", „Louis" und „Mounsey" schossen umgehend Leuchtgranaten und sahen das U-Boot U 995 um 0.05 Uhr des 27. Oktober in der Position 71°30′ N, 35°20′O wegtauchen. Sowohl die Positions- als auch die Zeitangabe stimmt mit den Angaben im KTB von U 995 überein; die deutschen U-Boote geben im Oktober 1944 genau wie die britischen Marineeinheiten die Mitteleuropäische Zeit (MEZ) an. Kurze Zeit später hören die Eskort-Schiffe zwei Explosionen, von denen sie glauben, daß sie von zwei T5-Torpedos („Zaunkönig") stammen, die am Ende ihrer Laufbahn detonierten. Analog zu den von U 995 gestoppten Laufzeiten der Torpedos ist allerdings im nachhinein zu vermuten, daß es sich zumindest beim zuerst abgefeuerten Torpedo eher um einen Frühdetonierer als um einen Enddetonierer handelt. Der zweite Torpedo dürfte ebenfalls ein wenig vorzeitig detoniert sein. Es kann wenig Zweifel darüber bestehen, daß U 995 seine Torpedos erfolglos auf zwei der drei Fregatten „Louis", „Lawson" und „Mounsey" abgefeuert hat, doch kann nicht mehr ermittelt werden, auf welche beiden.

Sofort begannen die Schiffe der Sicherungsgruppe in Dwarslinie das Seegebiet abzusuchen. Die Hydrophon-Effekte, die der Horcher von U 995 aufgenommen hatte, ergaben nach den Torpedodetonationen nur noch drei Horchpeilungen. Dies ließ aus der Sicht von U 995 darauf schließen, daß demzufolge nunmehr nur noch drei fahrbereite Schiffe vorhanden waren.

Mehrere Fregatten nahmen die Jagd nach U 995 auf, von denen die eine oder andere zur genauen Ortung die Maschinen stoppte. Allerdings waren die Sonar-Bedingungen in dem Seegebiet dermaßen ungünstig, daß die Eskort-Gruppe keinen genauen Kontakt zu U 995 erhalten konnte.

Es ist vorgekommen, daß von der deutschen U-Bootswaffe oftmals die Erfolgsrate der T5-Torpedos weit überschätzt worden ist. In diesem Zusammenhang ist auch auf den um 1.42 Uhr von U 365 mit T5 durchgeführten Angriff im Seegebiet AC 8311 hinzuweisen. Der Angriff von U 365 richtete sich nicht, wie von seinem Kommandanten angenommen, gegen die gleiche Schiffsgruppe, gegen die auch U 995 operierte. Die 3rd Escort-Group hatte gerade zur Nordflanke der 15th Escort-Group aufgeschlossen, als der von U 365 losgemachte akustisch zielsuchende Torpedo T5 dicht hinter dem Heck der Fregatte „Essington" detonierte, ohne jedoch Schaden anzurichten.

Anzufügen ist noch, daß die „Mounsey" später, als sie das rückführende Geleit RA.61 begleiten wird, am 2. November 1944 bei 69°20'N/36°44'O von U 295 mit einem T5 torpediert werden wird. Sie wird instandgesetzt und nach dem Krieg zusammen mit der „Louis" und der „Lawson" an die USA zurückgegeben werden.

*

U 995 hat gegen Mittag während seines Unterwassermarsches in südöstlicher Richtung Planquadrat AC 8292 erreicht. Im Salventakt bis zu 30 Minuten erschüttern jeweils 7 bis 8 Wabos das Seegebiet. Daneben werden aus nördlicher Richtung zwei Horchpeilungen aufgenommen.

Jeder an Bord von U 995 denkt daran, daß ganz in der Nähe Kameraden durch das Höllenfeuer hindurch müssen, das ihnen die englischen Geleitschiffe bereiten.

Diesmal trifft die grausige Heimsuchung die Kameraden im Nachbarboot. Nicht weit von U 995 kämpfen U-Bootsfahrer wieder einmal ums Überleben. Welchen Torturen sind die Eingeschlossenen in ihrer stählernen Todeszelle gegenwärtig ausgesetzt!

Jedesmal, wenn die Detonationen durch die Tiefe wummern, lauschen die Männer von U 995 mit stockendem Atem. Eine spannungsgeladene Stille herrscht an Bord.

Der Kommandant löst sich aus der Erstarrung, läßt das Boot auf Sehrohrtiefe einsteuern.

„Sehrohr ist raus!" meldet ihm der LI kurz darauf.

Doch durch das Sehrohr ist nichts auszumachen. Um 12.38 Uhr empfängt der Funker ein Wiederholungs-FT von 10.07 Uhr des FdU an die Gruppe „Panther": „Luftaufklärung abgebrochen. Durch Erfolge U 995 und U 365 Ausweichen des Geleites nach Osten möglich ... Alle unbemerkt bleiben ... auf Suchgruppen nur schießen, wenn unbemerkt ... U 295 bis U ... neuen Vp.-Streifen bilden ..."

Den ganzen Nachmittag hindurch wird das Wummern von Wabo-Detonationen aufgenommen. In den Köpfen der Männer von U 995 bilden sich Vorstellungen, wie es auf dem Kameradenboot zugehen mag.

Nach dem aufgenommenen Funkspruch glauben sie, daß es U 365 ist, das dort in ihrer Nähe beharkt wird. Selbst nun schon in dieser Situation gewesen, können sie es sich genau vorstellen, wie es ist, wenn man gejagt wird. Der alles erfüllende Gedanke auf Entkommen leitet jeden, wenn die ASDIC-Frequenz sich erhöht, was bedeutet: Der Zerstörer läuft an. Seine Maschinen- und Schraubengeräusche verschlucken dann das Gepinnge des Ortungsstrahlers. Es ist dem Jagdhund droben auf See nicht möglich, während des Anlaufens zum Wabo-Wurf eine genaue Ortung zu empfangen.

Für den Kommandanten des U-Bootes gilt es aber, in dieser heiklen Situation folgerichtig zu handeln. Er muß zur richtigen Seite ausweichen. Was richtig ist, muß er im Gefühl haben. Das Ausweichen ist meistens eine Frage des Aberglaubens – oder aber ein Lotteriespiel. Jeder Kommandant folgt seinen eigenen Intuitionen. Jener steuert das Boot und seine Mannschaft mit Backbordruder direkt ins Verderben, der andere hat Glück und entweicht den Vernichtungsanschlägen mit Steuerbordruder. Vor allem muß das Boot größere Tiefe gewinnen. Vom Tiefendruck hängt es ab, wie groß der Zerstörungsbereich der Wabos ist. Ist das Boot bereits in einer Tiefe, die der Grenze seiner Zerstörungstauchtiefe entspricht?

Dann heißt es, wenn der Druckkörper knackt und knirscht, Selbstüberwindung zu üben. Die Druckwellen der nächsten Wabo-Serie schütteln jetzt das Boot. Das muß ein „Kubik-Teppich-Wurf" gewesen sein.

Jeder U-Bootsmann sieht gelegentlich im Geiste seine Feinde oben über der Wasseroberfläche; er sieht sie auf der Brücke stehen und erwartungsvoll aufs Wasser hinabblicken, er sieht sie vor den rotglühenden Brennerköpfen in den Kesselräumen hantieren, und er sieht sie auf dem Achterdeck in Ölzeug die Wabo-Werfer für den nächsten Wurf klarieren. Rund 200 feindliche Seeleute fahren auf solch einem Geleitschiff dort oben, doch keiner der U-Bootsfahrer hat jemals den Gegner auf den Feindschiffen von Angesicht zu Angesicht gesehen – einen Engländer, einen Amerikaner, Kanadier oder Russen. Anders ist es bei den angreifenden Flugzeugen. In derartigen Fällen starren sich mitunter die Brückenposten auf dem U-Bootsturm und die Flugzeugbesatzung sekundenlang an, wie es auch der Seemännischen Nr.1 Knop widerfahren ist.

In der Abenddämmerung, kurz nach 16 Uhr, taucht U 995 in AC 8294 auf. Wie eine Reise aus der Unter- zur Oberwelt kommt es den Brückenposten vor, als sie auf den Turm entern. Auf dem Marsch zur befohlenen Position muß das Boot den Rest der Suchgruppe umgehen, denn zwei Fahrzeuge stehen gemäß Horchpeilung voraus. Ein Westwind weht mit Stärke 5 und treibt, da U 995 340° steuert, schräg von Backbordseite hin und wieder einen Wellenkamm gegen die Brückenschanz. Trotz des vermeintlichen Versenkungserfolges hat niemand an Bord heroische Gefühle. Statt dessen ist man froh, aus dem Gefahrenbereich zu kommen.

Sieben Minuten nach 17 Uhr heißt es: Flugzeugortung aus rw. Null Grad. U 995 taucht sogleich. Der LI ist bestrebt, nicht sofort das Boot mit sehr starker Vorlastigkeit von der Wasseroberfläche unterschneiden zu lassen, denn ein emporragendes Bootsheck bildet immer einen guten Anhaltspunkt für ein anfliegendes Flugzeug. Eine Viertelstunde später taucht U 995 wieder auf, läuft nach Süden ab, um nicht vom Gegner unter Wasser gedrückt zu werden.

Außerdem hält sich der junge Kommandant an die per FT ergangene Weisung des FdU, keinen Angriff auf Suchgruppen zu provozieren. Hess beabsichtigt, erst weit südwärts und dann nach Westen auszuholen.

Die gegnerische Ortung hält immer noch an. So ist das nun mal in diesen Tagen. Die U-Boote werden von den Geleitfahrzeugen abgedrängt, ohne an die Konvoi-Schiffe heranzukommen.

U 995 startet nun eine „Aphrodite", um den Gegner sowohl von sich abzulenken als auch ihn zugleich von neuen Vorposten-Streifen im Norden abzuziehen. Die Brückenposten beobachten, wie der Wind die „Aphrodite" rasch nach Osten treibt. Bald darauf bleibt die gegnerische Ortung aus.

Inzwischen teilt die Leitstelle per FT mit, daß englischer Marine-Funkverkehr von AC 7981 in 54° gepeilt wird.

Der Obersteuermann meint, der Funkverkehr könne nur von der Suchgruppe in AC 8260 stammen, die sich den ganzen Tag in diesem Seegebiet aufhält.

Um 19.30 Uhr nimmt der Funker ein FT des FdU von 18.02 Uhr mit der Leitnummer 764 auf. An Hand der laufenden Leitnummern weiß der Funker, ob ihm ein FT zwischenzeitlich, z. B. während des Tauchens, entgangen ist und er sich bemühen muß, einen entgangenen Funkspruch, den die Leitstelle im Wiederholungsprogramm sendet, einzuholen.

Im gerade empfangenen FT heißt es, die Gruppe „Panther" solle ihre Aufstellung sofort mit erhöhter Fahrt um 70 sm in südöstlicher Richtung verlegen.

Um 19.30 Uhr steht U 995 in AC 8363. Während das Boot auf Ostkurs geht, entschließt sich der Kommandant, selbst einen Funkspruch herauszuschicken: „Starke stationäre Überwachung in AC 8260. –U 995–." Werden es die Boote schaffen, den Konvoi noch rechtzeitig vor dem Einlaufen in die „Kola-Bucht" abzufangen?

Alle Sicherungsfahrzeuge orten ununterbrochen, um die U-Boote unter Wasser zu zwingen, in ihrem Fortkommen zu behindern. Soviel Gepiepe in der Nähe des Geleits verlangt von der Funkmannschaft erhöhte Wachsamkeit. Die meisten Kommandanten lassen dann das FuMB abschalten, sobald sie ein Geleit in der Nähe wissen.

Wäre es nicht besser für uns, wenn wir das Geleit verfehlen würden, mehren sich hier und da die Gedanken. Wer weiß, was uns widerfährt, wenn wir zu nahe dran sind?

Als die 3. Wache um 20 Uhr aufzieht, steht U 995 mittlerweile in AC 8265. Ganze drei Minuten währt der Wachstropp der 3. Wache, als Flugzeugortung gemeldet wird, schnell auswandernd von rw. 110° auf 90°, Lautstärke 2.

„Alaaarm!"

Ungestüm drängen die Brückenposten sich um die Turmluköffnung. Die Vernunft untersagt ihnen, auch nur den Bruchteil einer Sekunde zu zögern. Jeden Moment kann eine feindliche „Biene" (Flugzeug) aus den Wolken auf das Boot herabstoßen. Mit fliegendem Atem fallen die Männer auf die Flurplatten der Zentrale hinunter, werden von den Kameraden zur Seite gerissen, ehe der nächste nachfolgt. Mit verriegeltem Luk geht es auf Tiefe.

Zwei Horchpeilungen werden aufgenommen, ein Turbinengeräusch und eine „Säge", also ein Geleitfahrzeug, das eine Geräuschboje nachschleppt. Ab 20.40 Uhr legt sich U 995 auf den Meeresgrund, um den mutmaßlichen Zerstörer vorbeiziehen und ein etwaiges Flugzeug abfliegen zu lassen. Ein zweiter Zerstörer kommt auf und setzt eine Geräuschboje ein. Plötzlich dröhnen kurz nach Mitternacht sieben Wabo-Detonationen aus mittelweiter Distanz durch die Tiefe. Bahnt sich da ein neues Verhängnis an? Ungewißheit quält die Männer. Alles in ihnen sträubt sich gegen eine erneute Jagd durch Wasserbomben.

Wie stand es um die Kameradenboote in der Nähe von U 995? Das gejagte U 365 hatte um 2.40 Uhr nach der zweiten Wabo-Serie seinen Kurs von 30° auf 295° geändert, um beide Zerstörer achteraus zu bekommen. Außer den beiden Zerstörern und ihren Geräuschbojen war nichts zu hören. Der Kommandant von U 365 nahm an, in die selbe Suchgruppe gestoßen zu sein wie U 995. Für ein in der Nähe befindliches Geleit lagen dem Boot keine Anhalte vor.

Um 2.55 Uhr wanderte der an Backbord rw. 260° gepeilte Zerstörer über Norden nach Osten und wurde leiser. Der erste Zerstörer hielt weiterhin Fühlung mit ASDIC. Seine um 3.38 Uhr geworfene Wabo-Serie lag jedoch weitab von U 365, so daß unter Wasser Rohr 5 nachgeladen werden konnte.

Um 5.35 Uhr tauchte U 365 in AC 5899 auf und gab um 6.13 Uhr eine Meldung über FT an die Leitstelle. Kurz nach 12.00 Uhr hörte das Boot genau wie U 995 mehrere Wabo-Serien.

Es handelte sich um U 956, das in AC 589 hartnäckig gejagt wurde. Um 2.06 Uhr wurde das angeschlagene Boot bereits in AC 8315 von zwei Zerstörern unter Wasser gedrückt und mit Wabos belegt. Die Zerstörer lagen zeitweise gestoppt über dem Boot, mit abgestellten „Sägen", ehe der nächste Anlauf begann. „Karussellverfahren", pflegten die U-Bootsmänner dies zu bezeichnen.

U 995 liegt bereits zwei Stunden in 170 Meter Tiefe auf dem Meeresgrund. Jedesmal erfüllt es seine Besatzung mit Grauen, wenn die Lautstärke der ASDIC-Peilstrahlen anschwillt. Äußerste Stille ist im Boot befohlen. Das Warten zermürbt. Noch einmal erhöhen sich die Schraubengeräusche der Zerstörer auf Stärke 5, steigert sich die bedrückende Atmosphäre. Dann, gegen 2.00 Uhr, verlieren sie sich in südlicher bei südwestlicher Richtung. Endlich!

„Auf Sehrohrtiefe einsteuern!" befiehlt der junge Kommandant.

Die Wachgänger setzen ihre Adaptionsbrillen auf, hängen sich ihre vergüteten Nachtgläser um den Nacken. Der Kommandant begibt sich in den Turm, sitzt schon im Angriffssehrohr-Sattel.

„Boot ist auf Sehrohrtiefe", hört er von unten her den LI sagen. Er läßt Vorsicht walten und den „Spargel" zunächst nur zeitweise über die Wasseroberfläche hochstippen, fährt zwischendurch mit überspültem Sehrohr. Jetzt erst läßt er die Spitze des Periskops oben. Erleichtert wendet er sich nach unten.

„Klar zum Auftauchen! Erste Wache in den Turm!"

Er selbst befindet sich schon unter dem Turmluk. „Anblasen!"

Starkes Rauschen der Druckluft in den Tanks. Ein Rucken geht durchs Boot, dann liegt es in der Waagerechten auf der Meeresoberfläche. „Boot ist raus!"

Der Kommandant dreht die Radspindel über seinem Kopf. Das Luk fliegt auf. Ein Knacken in den Ohren verrät den Männern unten im Bootsinneren, daß es auf ist. Ein Frischluftstrom durchweht den Stollengang in der Stahlröhre.

„Beide Diesel zwomal Halbe!" Die Dieselmotoren müssen wegen thermomechanischer Spannungen im Material erst schonend warm gefahren werden, bevor ihnen die volle Leistung ohne Risiko abverlangt werden kann. Danach erst können die Füllungshebel bis zum Anschlag aufgerissen werden, um das Boot auf erhöhte Fahrt zu bringen.

Mittags wird ein Wiederholungs-FT vom FdU empfangen! „Gruppe Panther: PQ-Geleit gestern nacht möglicherweise AC 8230 durchgestoßen. Absicht Erfassung Rückgeleit unmittelbar nach Auslaufen. Bei Helligkeit getaucht bleiben. Melden, falls auch bei Nacht Feindluft und starke U-Jagd bleibt."

Die Offiziere von U 995 halten es für unwahrscheinlich, daß das Geleit durch AC 8230 durchgestoßen sein soll, zumal sie in der Nacht zum 27. nichts außer Zerstörern gehorcht hatten.

So ist das nun mal in diesen Tagen. Das einzige, was die U-Boote noch ausrichten können ist, die Streitkräfte des Gegners zu binden. Das Versenken von feindlichen Frachtschiffen kann kaum noch als die strategische Hauptaufgabe der deutschen U-Boote bezeichnet werden.

Allein um den Gegner zu beschäftigen, werden die veralteten U-Boote hinausgeschickt. Und die noch lebenden U-Bootsfahrer wissen mehr denn je, daß ihre Opferfahrten nur noch diesem Zweck dienen. Um 12.31 Uhr meldet sich der FdU erneut: „Nach Funkbeobachtung ist größerer Teil PQ-Geleit noch zu erwarten. Sofort Abmarsch nach Vp.-Streifen von AC 8955 über 8592 bei 8517 ... Suchgruppen nur angreifen, wenn bemerkt. Hauptziel sind Schiffe."

Der FdU-Nordmeer hält also noch die Illusion aufrecht, daß die Boote wie zu seiner Zeit, als auch er Kommandant war, sich die Beute aussuchen könnten.

Nachmittags weist er die Boote der Gruppe „Panther" an, ihre Aufstellung zu staffeln; jedes zweite Boot setzt sich etwas ab, um das Suchgebiet zu vergrößern.

Doch die deutschen Boote mühen sich vergeblich. Das gegnerische Geleit hat sich künstlich eingenebelt und ist mit Höchstfahrt der U-Bootsgefahr entronnen.

Am folgenden Tag sucht U 995 in südwestlicher Richtung. In den Morgenstunden muß es seine Suche abbrechen und mit den anderen Booten der Gruppe „Panther" lt. FdU-Befehl einen neuen Vorpostenstreifen bilden. – In den nächsten Tagen kommt es zwischen U 995 und einigen anderen Booten zu Begegnungen. Aber nicht immer kann mit absoluter Sicherheit ausgemacht werden, ob es sich um Freund oder Feind handelt. Mit russischen und britischen U-Booten muß ständig gerechnet werden. Einmal flüchtet sich U 995 vor einem herannahenden Flugzeug in die schützende Tiefe.

Kurz nach Mitternacht des 2. November wird die spitze Silhouette eines gegnerischen Schiffes ausgemacht. Die Horchpeilung ergibt, daß das Schiff, es steuert Ostwestkurs, eine Geräuschboje schleppt.

U 995 taucht, um einen günstigen Querabstand für einen FAT-Fächer zu bekommen. Um 1.23 Uhr wird das Schiff als Zerstörer erkannt. Zwei weitere Horchpeilungen in rw. 170 und 205 Grad ergeben, daß der Zerstörer nicht allein ist. Doch der dunkle Horizont macht es unmöglich, die Schiffe durch das Sehrohr zu erkennen. Um 1.35 Uhr ist der Zerstörer auf 1500 m herangekommen. Oberleutnant Hess beabsichtigt, gleich zu schießen. Doch da beginnt der Gegner zu zacken, dreht in Lage Null auf U 995 zu. Als er auf 800 m heran ist, nimmt er äußerste Fahrt auf. Hat er das ausgestippte Sehrohr des auf die Schußchance lauernden Bootes geortet?

Die Chance zum Torpedoschuß ist vertan. U 995 muß, um sich nicht zu gefährden, schleunigst in den Keller.

Das Boot legt sich in 180 m Tiefe auf den Grund der Barents-See. Der aufkommende Zerstörer hat es überlaufen, ohne daß Wabos fielen.

Drei Zerstörer halten sich bis 9.20 Uhr in Bootsnähe auf; überlaufen immer wieder das Boot mit wechselnden Fahrtstufen und bei ein- und ausgeschalteten Geräuschbojen. Die Männer von U 995 verhalten sich leise, der Gegner darf nicht das geringste Geräusch aufnehmen – das käme ihrem Ende gleich.

Nachmittags ist von Spürhunden auf der Wasseroberfläche nichts mehr zu hören, und U 995 wagt es, um 16 Uhr zum Aufladen seiner Batterien aufzutauchen. Am nächsten Morgen sichtet das Boot erneut zwei Zerstörer, ohne jedoch in eine Schußposition zu kommen.

Bis zum 10.11.44 bleibt U 995 in See, nur zum Bootsdurchlüften und Aufladen der Akkus taucht es gelegentlich auf, ehe es am 11. November in den Stützpunkt Narvik einläuft. Es hat damit bewiesen, daß es sich auch ohne Schnorchel an der Front behaupten konnte – ein armseliger Trost im Hinblick auf den Verlauf der Feindfahrt.

Der Kommandant hatte sich auf die Mannschaft verlassen können, die Männer selbst sehen ihm die kleinen Fehler nach. Und der FdU, Fregattenkapitän Suhren, schreibt in seiner Stellungnahme zum KTB von U 995: „Vom neuen Kommandanten besonders frisch und angriffsfreudig durchgeführte Geleitunternehmung, Fühlung noch durch mangelnde Erfahrung verloren …

Nach 30 Tagen drangvoller Enge im Boot und unsäglichen Torturen stolpern die Männer erstmals wieder an Land, und es kommt ihnen vor, als müßten sie erst von neuem gehen lernen …

*

Alsbald steht U 995 wieder an der Front.

„Auf Gefechtsstation! Schnell auf Sehrohrtiefe gehen!" Kommandant Oberleutnant Hans-Georg Hess hastet die Steigleiter zum Turm hinauf, schwingt sich auf den Sattel des Standsehrohres. Über Seilwinden wird das 7,5 m lange Periskop aus dem Sehrohrschacht nach oben gefahren.

„Sehrohr kommt frei", ruft der LI in der Zentrale.

„Durch!" Der Kommandant gibt, während er das rechte Auge gespannt gegen das Okular preßt, zu verstehen, daß die Sehrohrspitze die Wasseroberfläche durchstoßen hat. U 995 steht östlich des Nordkaps im Varangerfjord. Ein Südsüdwestwind von vier Windstärken hat einen mittleren Seegang aufgebaut. Eine Welle wäscht oben über das Prismenfenster des Sehrohrkopfes, nimmt Hess die Sicht. Er unterdrückt einen Fluch. „Drucköl! Drucköl!" ruft er ungeduldig hinunter zu den Männern in der Zentrale. Sie wissen jetzt, ihr Kommandant kann das Rohr nicht schnell genug höherfahren, weil der Drucköl-

Fla-Wache vor Hammerfest; nebeneinander auf dem Turm von U 995 die Seemännische Nummer 1, Bootsmann Knop (lks.), und die Nummer 3, Bootsmann Klapf (rs.).

Brückenposten Cordes auf dem Turm von U 995 beim Morsen mit der „Klappbuchs", dem am Bordnetz angeschlossenen Handscheinwerfer.

Maate an der Back im U-Raum bei Schlingerakrobatik. Trotz des Seeganges hat der Smut in seinem engen Kabuff (Notküche) etwas Magenfreundliches hergezaubert.

Der Obersteuermann beugt sich über den Kartentisch in der Zentrale. Auf das genaue Koppeln des Standortes kommt es an – im hohen Norden kein leichtes Unterfangen.

spindelmotor nicht die erforderliche Leistung aufbringt. Bootsmaat Bruno Springer pumpt rasch den Druckölspeicher auf 60 atü hoch.

Jetzt hat Hess freie Sicht. Was sich da vor seinem Auge durch das Nordmeer schiebt, erhöht die Erregung des jungen Kommandanten. Der Schemen eines Dampfers von zirka 6000 BRT, wahrscheinlich britischer „War Emergency"-Typ, ist in einer Entfernung von etwa 7000 Metern auszumachen. Es hat sich also gelohnt, nach der unklaren Horchpeilung in östlicher Richtung, die der Horcher meldete, mal nachzuschauen.

Hess läßt seinen Horcher noch einmal rundhorchen. Nach nochmaligem Rundblick durchs Sehrohr kommt sein Befehl: „Klarmachen zum Auftauchen!"

Der LI, Oberleutnant Wellnitz, wiederholt: „Klarmachen zum Auftauchen!" Der Befehl wird mündlich an alle Räume im Boot weitergegeben.

Kurz darauf laufen die Rückmeldungen ein. „Diesel sind klar." Dann meldet der Bootsmaat: „Brückenwache ist klar." Der Zentralmaat: „Untertriebszellen sind ausgeglichen." Die Posten an den einzelnen Entlüftungen für die Tauchzellen melden: „Entlüftungen sind nachgefaßt, zu und gesichert." Die Klarmeldungen der Einzelmaßnahmen werden vom LI abgewartet, ehe dieser dem Kommandanten das Zeichen gibt: „Unterdeck klar zum Auftauchen, Steuerbord fährt, Überdruck 30 Millibar."

Der junge „Alte" strafft sich: „Sehrohr einfahren! Beide Maschinen Große Fahrt! – Auftauchen!"

„Auftauchen!" gibt der LI weiter. Seine Augen heften sich auf den Tiefenmesser, während er seine Anweisungen erteilt. „Boot steigt, Untertriebszellen öffnen, zehn Meter, neun Meter ..." Von Meter zu Meter gibt er an, wie tief sich das Boot noch unter der Meeresoberfläche befindet.

„Anblasen!" ist die leicht erregte Stimme von Hess zu hören.

LI: „Anblasen!" Jetzt erfolgen keine Tiefenangaben mehr, statt dessen: „Turmluk kommt frei, Druckausgleich."

Hess kurbelt schon das Turmluk auf. „Boot ist raus!" Jetzt gibt der LI die Befehle an die Fahrdieselmaschinisten. Die Brückenposten sind schon auf den Turm geentert.

Da! Neben dem Dampfer zwei Bewacher! Sehen nach ehemaligen US-Minensuchern aus. Ihr Generalkurs wird auf 270 Grad gekoppelt. U 995 versucht sich in eine günstige Angriffsposition vorzusetzen. Die Bewacher wechseln mehrfach ihre Aufstellung, sie wollen den Frachter, der neun Knoten Fahrt macht, nach allen Richtungen hin abschirmen. Wahrscheinlich handelt es sich um ein sowjetisches Geleit, ein KP-Geleit, vom Kola-Fjord nach Petsamo/Kirkenes laufend.

Bevor das Boot auf eine günstige Schußentfernung herangestaffelt ist, zackt das Geleit auf SSW-Kurs. U 995 hatte sich ihm bereits bis auf eine Distanz von 4000 m genähert. Nun heißt es, sich nochmals vorzusetzen. Es ist der 4. Dezember 1944, und U 995 steht im Seegebiet, das in der Planquadratkarte mit AC 8733 angegeben ist. Seitdem die Jagd aufgenommen wurde, sind mittlerweile eindreiviertel Stunden verflossen.

Das Geleit steht bereits in Landnähe kurz vor der Einsteuerung Petsamo.

Wenn U 995 noch rechtzeitig zum Schuß kommen will, dann heißt es, sofort zu handeln. Die Mündungsklappen werden geöffnet, die Torpedorohre gewässert. Die „Aale" schwimmen. Um 5.44 Uhr verläßt ein Dreierfächer die Rohre I, III und IV. Es sind flächenabsuchende Torpedos, sogenannte FATs. Auf 3000 m ist der Dampfer heran. Einen akustisch das Ziel suchenden T5-Torpedo einzusetzen, hielt Hess für nicht angebracht.

Die russischen Bewacher drehen nun auf U 995 zu. Haben sie die Gefahr gewittert? U 995 läuft abwartend mit langsamer Fahrt ab, während seine Torpedos gleich Unheilsboten ihre vorprogrammierten Schleifen ziehen.

Nach 8 Min. und 34 Sek. Laufzeit wird der Dampfer von einer gewaltigen Torpedodetonation erschüttert. Dunkle Rauchschwaden bilden sich über dem Schiff. Alsbald treibt der Wind Schwefelgeruch herüber. Doch wider Erwarten bleibt das Schiff schwimmfähig, dreht zum Ankerplatz bei den Kii-Inseln von Westen ein und bleibt dort gestoppt liegen. Seine Bewacher laufen zurück und zacken vor der Westeinfahrt zum Ankerplatz wie aufgescheuchte Spürhunde hin und her. Die Brückenposten von U 995 sehen ein Leuchtfeuer, das von der Mali Kii-Insel herüberfunkelt. Um 7.10 Uhr taucht das Boot zum Tagesunterwasserstehen. 50 Minuten später wird durch das Sehrohr ein Catalina-Flugboot ausgemacht. 14 mittelnahe Fliebos (Fliegerbomben) gehen nieder.

Erst abends taucht das Boot zum Aufladen seiner Akkumulatoren wieder auf. Eine halbe Stunde vor Mitternacht erfolgt eine Flugzeugortung rw. 300 Grad. „Alaaarm!" Alle Männer im Boot wiederholen laut den Schreckensruf. Fieberhaft wird auf den einzelnen Stationen der Tauchklarzustand hergestellt. Die Posten melden: „Diesel klar!" – „Zentralekopfventile klar!" Das übliche Tauchritual, das Brückenpersonal fällt hinunter ins Boot.

„Ist klar." Der LI steht wie gewohnt unter dem Zentraleluk.

Der Wachoffizier Böhm brüllt ihm zu: „Ist zuuu!" Er hat das Turmluk bereits eingeklinkt.

„Fluten!" kommt der Ruf des Kommandanten. „Eins!" schreit der LI. Das heißt, alle Entlüftungen sind auf.

Kommandant: „Schnell auf 80 m gehen!"

„Ausdrücken!" Wellnitz weist die Zentralegasten an, die Untertriebszellen zu entleeren.

Aufatmen. Die Bomben bleiben diesmal aus. – Doch, was ist das? Horchpeilung in rw. 270 Grad. Eine halbe Stunde später, um null Uhr 11 des 5. Dezember, taucht das Boot wieder auf. Es steht jetzt in der Murmansee in AC 8578. Ein geisterhafter Mond durchbricht die Wolkendecke und erlaubt eine Sicht bis zu 8000 Meter. Und wie unter den Fittichen der düsteren Wolke fahrend, zeichnen sich drei große Dampfer mit mehreren Bewachern, knapp 3500 m entfernt, in westlicher Richtung ab; Bug links, Lage 70 Grad.

Am erfolgversprechendsten scheint es dem Kommandanten, einen Dreierfächer auf den mittleren Dampfer von 6000 BRT loszumachen. Längst haben die Torpedomechaniker ihre Rohre nachgeladen. Die Schußwerte werden in den Vorhalterrechner eingegeben: „Tiefe ... Vorlauf ... Abkommpunkt Mitte."

„Rohr I, III, IV loooss!" Wiederum verlassen drei FATs die Rohre I, III und IV.

Warten ... Nach 8,5 Minuten Laufzeit erfolgt die Torpedodetonation. Ein kurzes schreckliches Aufleuchten beim Dampfer.

Mit der Freude über den Erfolg kommt gleichsam tiefe Anteilnahme mit den armen Teufeln auf dem gegnerischen Schiff. Kaum einer der U-Bootsfahrer, der Augenzeuge der Vernichtung gegnerischer Seeleute wurde, blieb davon unberührt. Doch jeder weiß, daß sein Ende ebenso grauenvoll wäre, wenn die Wasserbomben der alliierten Geleitfahrzeuge den Rumpf seines Bootes zerreißen würden, wenn er das Opfer wäre, und er denkt auch an seine ehemaligen Kameraden, die irgendwo vor dem Feind geblieben sind.

Der Dampfer sackt vorübergehend achteraus ab. Während der Konvoi seine Fahrt auf etwa 7 sm/h verringert, laden die Männer vorn im Bugraum mit schweißerhitzten Körpern zwei T 5 nach. U 995 setzt sich inzwischen weiter vor.

Auf dem Boot hatte man schon mehrfach beobachten können, daß die Leuchtfeuer entlang der Rybatschi-Halbinsel brannten, wenn sowjetische Küstengeleite unterwegs waren. Auch jetzt ist es so, die Feuer von Heinässaret, Mali Kii, Vaitolahti auf Kap Nemenski, Subowskiy Lasar und Cyp Nawolowskiy zeigen den gegnerischen Schiffen den Weg. Aber das wird nur am Rande wahrgenommen. Das Hauptaugenmerk richtet sich auf das Geleit, das in spitzer Lage aufkommt, vorneweg drei Bewacher, ein Kanonenboot der „Lenin"-Klasse; vielleicht handelt es sich bei einem der Bewacher auch um einen Minensucher der „Buik"-Klasse oder gar um ein Geleitboot. Am Ende des Konvois sichern zwei weitere Bewacher, und die Flanken der in doppelter Kiellinie fahrenden Dampfer decken mehrere Motorboote ab.

Um 1.33 Uhr setzt U 995 ein Kurzsignal an die Leitstelle in Narvik und die in der Nähe stehenden Kameradenboote ab: „Geleitzug AC 8579. –U 995–." Derweil schieben sich die Schiffsleiber mit 10 Knoten Geschwindigkeit südostwärts heran, der Unentrinnbarkeit ihres Schicksals entgegen. U 995 stößt querab auf die Backbordseite der Dampfer zu.

Der I.WO nimmt zuerst einen Bewacher ins Fadenkreuz seiner Zieloptik, der mit einem Dampfer in Deckung liegt. Die Entfernung zu ihm beträgt 1800 m. Die Litanei der Datenübermittlung spult sich ab. Um 1.37 Uhr Wendeschuß aus Rohr V, dem Heckrohr. U 995 läuft mit langsamer Fahrt dem Geleit voraus. Die Steuerungsmechanismen des Torpedos werden ihn, obwohl er aus dem Heckrohr abgefeuert wurde, auf die programmierte Zielbahn einschwenken lassen. U 995 läßt die seitlich vom Konvoi fahrenden Sicherungsboote passieren.

Drei Minuten nach dem ersten Torpedoschuß erfolgt zweiter Wendeschuß aus Rohr II auf einen 7000 BRT-Dampfer, der als „Liberty"-Schiff klassifiziert wird. U 995 läuft langsame Fahrt mit E-Maschinen. Das Boot ist jederzeit tauchklar, zudem verrät es sich nicht durch laute Dieselgeräusche.

Die Bewacher scheinen den Angreifer bereits bemerkt zu haben. Einer der seitlich Stehenden wendet seinen Bug in Richtung des deutschen Bootes. Doch der neue „Alte" will es wissen. Er wird jetzt von den gleichen Gefühlen beherrscht wie alle Kommandanten, wenn ein Ziel und der mögliche Erfolg so nahe sind.

Angriffsmöglichkeiten bieten sich den U-Booten zudem nur noch selten. Aber das Operationsgebiet hier nördlich der Rybatschi-Halbinsel ist augenblicklich eine vortreffliche „Weide", wie die U-Bootsfahrer sagen.

Mit schnellen Atemzügen gibt Hess den Befehl zum Wendeschuß auf den letzten Dampfer im Geleit. Er glaubt, daß dieses Schiff, 6000 BRT groß, bereits torpediert worden ist. Das Kameradenboot U 363 steht in unmittelbarer Nähe. Vielleicht läuft der Konvoi wegen des angeschlagenen Schiffes nur mit mäßiger Fahrt? Etwa 2000 m liegen derweil zwischen U 995 und diesem Dampfer.

„Rohr drei – loooss!" Die Uhr in der Zentrale steht auf drei Minuten nach zwei. Der seitliche Bewacher ist schon auf 800 m herangeschnürt, wie ein Tundra-Fuchs, der seiner Witterung folgt.

„Alaaarm!" Nur Sekunden dauert es, bis der Leitende Ingenieur ruft: „Unterdeck ist tauchklar!"

„Fluten!" Die Schnellentlüftungen der Tauchzellen werden von den Zentralegasten aufgerissen. Es rumpelt am Boot. Das kommt vom Wasser, das die Luftblase aus den Zellen drückt. Diese Geräusche kennt ein jeder an Bord, das regt niemanden auf. Doch welche Gefahren nun dem Boot drohen, das wissen nur wenige. Diesmal läuft alles viel zu hektisch. Tiefenmeldungen, Entlüftungen schließen, dies alles geschieht wie gewohnt. Aber das Schraubengeräusch des ihnen auf den Fersen sitzenden Bewachers, das jetzt deutlich wahrzunehmen ist, peitscht die innere Unruhe auf. Keine Zeit zum Durchpendeln des Bootes.

„Alle Mann voraus!" stößt der LI hervor. Bei diesem Ruf geht es um Haaresbreite, das weiß jeder Mann. Die Seeleute poltern nach vorn in den Bugraum. Das ist der letztmögliche Befehl, um das Boot rasch vor dem sich rapide nähernden Todfeind dort oben in Sicherheit zu bringen.

Eine Torpedodetonation wummert herüber. Treffer nach 5 Minuten und 24 Sekunden Laufzeit. Wahrscheinlich hat es den „Liberty"-Dampfer erwischt. Alles im Boot wartet auf die nächste Torpedodetonation. Als sie nach errechneter Zeit erfolgen soll, lautes Gepolter im Boot, der Rumpf scheint aus allen Verbänden brechen zu wollen. Ein gräßliches Vibrieren, Knistern der Stahlsektionen, das einem das Blut in den Adern erstarren läßt. Grundberührung in 160 Metern Tiefe! Verdammt, sind wir dem Teufel auf die Schaufel gesprungen? Eine zweite Torpedodetonation hören sie nicht.

Mit blicklosen Augen starren die Männer ins Leere. Ist das Boot noch klar? – Ja. Die Männer atmen einmal tief durch. Es hilft kein Zittern und Zagen, die Schäden müssen sofort behoben werden. Wellnitz wirft sich herum: „Sofort Leckagen an den Außenbordsverschlüssen beheben!"

Seine Stimme ist klar. Der Bewacher wirft keine Wabos. Es sind keine gewieften Engländer, sondern in der U-Boot-Jagd ungeübte Russen.

Hess will das Gebot der Stunde nutzen. „Den letzten Torpedo nachladen!"

Die Maschinenleute und die Torpedomixer geben ihr Letztes. Eine Stunde nach der Grundberührung taucht U 995 mit neuer Torpedochargierung in Rohr V wieder aus den dunklen Fluten empor. Das Geleit steht in 8000 m Entfernung in rw. 135 Grad, Lage 180 Grad. Das Boot stößt nach. Hell schäumt die Bugsee zu beiden Seiten des Vorstevens in der Düsternis. Die Schatten der Gegner heben sich schwach gegen einen blaustichigen Horizont ab. Ein schwacher Ostsüdost weht. Am Heck blubbern die Dieselauspuffgase.

Während der Tauchzeit von U 995 hatte der Konvoi nicht mehr als 7000 m zurückgelegt. Auf dem Turm von U 995 nimmt man infolgedessen an, daß der Wendetreffer die Fahrt des getroffenen Schiffes verlangsamt oder zeitweilig gestoppt habe. Die Dampfer fahren in ihrer alten Formation, dahinter die Bewacher, offenbar Torpedoboote der „Burja"-Klasse, hin und her zackend. Als U 995 auf 1500 m aufgelaufen ist, zacken die T-Boote und die Motorboote der Backbord-Seitensicherung nach vorheriger Morseverständigung zurück, kommen bis auf weniger als 1000 m von beiden Seiten an U 995 heran. Vermutlich haben sie das Boot entdeckt.

Trotz der Nähe des Gegners siegt bei den Männern auf dem Turm von U 995 das Jagdfieber. Das Boot holt nach Steuerbord achteraus, um mit dem T5, der im achteren Rohr lagert, nochmals auf die Dampfer zum Schuß zu kommen. Eigenartigerweise lassen sich die Sicherungsfahrzeuge ohne Gefahr umgehen. Die Backbord-Flankensicherung des Konvois wirft zwar Wasserbomben, wohl deshalb, weil man annimmt, das U-Boot sei weggetaucht.

Auf U 995, es befindet sich in AC 8821, werden die Schußkommandos gegeben. Erneuter Schuß aus 1300 m Entfernung auf den bereits torpedierten 6000 BRT großen Dampfer aus Rohr V. Es ist wieder ein Wendeschuß, um den Bewachern nicht direkt in die Fänge laufen zu müssen.

Während das Boot mit langsamer Fahrt abläuft, erschüttert um 4.19 Uhr eine starke Detonation den Frachter. Eine hohe, weiße Sprengsäule steigt an dessen Bordwand empor. Es folgen zwei weitere Explosionen. Vermutlich sind die Kessel in die Luft geflogen. Das Schiff kentert, ist nach 30 Sekunden von der See verschwunden. Lediglich ein leichter Dunstschimmer lagert noch über der Untergangsstelle. Eine schreckliche Fügung für die Seeleute dort drüben. Mit zusammengepreßten Lippen starren die achterlichen Brückenposten hinüber. Nur mit Schaudern mögen sie daran denken, welchen Torturen die dort drüben preisgegeben sind. Eben noch war ihr Schiff ihnen eine anheimelnde Herberge. Eben noch pulste warmes Blut in ihren Adern. Jetzt treiben sie womöglich mit verstümmelten Gliedmaßen in der kalten See. Die schneidende Kälte wird ein übriges tun. Sicherlich hatten sie bis zuletzt gehofft, mit ihrem Schiff durchzukommen und den sicheren Hafen zu erreichen.

Um 4.58 Uhr, während U 995 ungeschoren abläuft, setzt der 2. Funkmaat, Heinrich Meier, ein FT an die Leitstelle ab: „Habe versenkt Handelsdampfer 6000 BRT. Rückmarsch wegen Aufbrauch Torpedos. –U 995–."

Gegen Morgen taucht das Boot. Die Batterien sind nachts mit den Dieselgeneratoren aufgeladen worden. Über Längswelle geht mit FT 0541/721 folgender Spruch ein: „Hess von FdU: 1) Bravo. 2) Zunächst Angriffsraum bleiben bis Erfassung PQ-Geleit."

Die Männer von U 995 fanden in den beiden letzten Tagen kaum Schlaf, keine Ruhe, waren fast pausenlos auf Gefechtsstation. Die dauernde Anspannung fordert ihren Tribut. Während das Boot nun in 130 Metern Tiefe langsam dahinzieht, fallen alle, bis auf die Wachgänger, in die Kojen. Diejenigen, für die keine Koje frei ist, nicken augenblicklich dort ein, wo sie sich gerade befinden. Die Schlummernden können nicht wissen, welchen Namen die Schiffe trugen, die sie angegriffen haben.

*

Anfang Dezember zog der FdU-Nordmeer die U-Boot-Gruppe „Stock" westlich der Bären-Insel ab, um den einlaufenden Konvoi JW.62 vor Murmansk abfangen zu können. Dort, vor der Kola-Küste, operiert bereits die Gruppe „Grube". Der stark gesicherte JW.62 war der U-Boot-Aufstellung bei der Bären-Insel ausgewichen. U 995 als Boot der Gruppe „Stock" war in den Angriffsraum nördlich der Rybatschi-Halbinsel befohlen worden. Im nachhinein ist anzunehmen, daß der Angriff von U 995 am 4. Dezember auf den britischen „War Emergency Typ"-Dampfer ebensogut ein Fehlschuß gewesen sein könnte. Nach der sehr langen Laufzeit des Torpedos liegt es nahe, daß es ein Enddetonierer war. Nach der Detonation ließ der Dampfer wahrscheinlich Dampf ab, aus Furcht vor Kesselexplosionen, denn sein Kapitän mußte mit weiteren Torpedoangriffen rechnen.

Während des Angriffes von U 995 auf diesen Dampfer sägten[1] ganz in der Nähe von U 995 zwei andere Boote an einem westgehenden sowjetischen Küstengeleit herum. U 363, das bereits am 2. Dezember in AC 8578 einen auf 4500 BRT geschätzten Dampfer aus dem PK.20 versenkte, kam in AC 8575 erneut auf einen 10000 BRT-Dampfer zum Schuß und beschädigte ihn. U 992 meldete im AC 8577 einen 10000-BRT-Dampfer und zwei Minensucher von jeweils ca. 600 t als torpediert und beschädigt. Beim FdU gehen weitere Erfolgsmeldungen ein: Am 3.12. konnte U 1163, das an der östlichen Kola-Küste steht, den 1123 BRT großen Dampfer „Revoljucija" aus dem sowjetischen Konvoi KB.35 bei Cape Cernyj (AW 2163) herausschießen. Der KB.35 war mit insgesamt zwei Schiffen und den Bewachern T-38 und SKR-20 (ehemaliger Fischtrawler) auf dem Weg zum Weißen Meer.

U 997 funkte, am 4.12. am Eingang zum Weißen Meer auf ein sowjetisches PC-Geleit gestoßen zu sein. Es verfehlte einen Dampfer, versenkte aber im Gebiet AC 2220 den U-Jäger BO-226 (ex US SC 1485, 105 t). Bei Iokanga verfehlen die T5s von U 295 die Zerstörer „Dejatel'nyj" und „Zivucij". Die Russen-Zerstörer jagen anschließend das deutsche Boot. – Ob der von U 995 am 5.12. gegen 2 Uhr abgefeuerte Torpedo, bevor das Boot alarmtauchte, den „Liberty-Dampfer" (7000 BRT) beschädigte, wird von gegnerischer Seite nicht bestätigt werden. Die Sowjets verloren in diesem Seegebiet den Frachter „Reshitelnyj" und den Minensucher TSC-107 Vega (205 t). Möglicherweise liefen diese Schiffe in die Torpedos von U 995. Bestätigt werden wird, daß ein Dampfer in diesem Seegebiet sank: die 1123 BRT große „Proletarij", die 15 Seemeilen nördlich Cyp Nawolowskij (Typ Nowolok) das Schicksal ereilte. Aber dieser Erfolg wird

1) U-Bootsjargon

U 363 zugeschrieben, das in AC 8578 dieses Schiff bereits drei Tage vorher versenkt haben soll.

Exakt um Mitternacht taucht U 995 auf zum Aufladen der Batterien. Elf Minuten später geht es vor Fliegerortung auf 130 m hinab. Kurz nach zwei Uhr taucht es wieder auf. Morgens um 7.30 Uhr haben die Batterien wieder ihre volle Kapazität, das Boot kann seinen Tagesunterwassermarsch antreten.

Kurz vor dem abendlichen Auftauchen werden zwei schnelle, nicht auswandernde Schraubengeräusche aufgenommen. Da sich die Lautstärke nicht verändert, werden ausgesetzte Geräuschbojen vermutet. Das Boot befindet sich auf dem Rückmarsch zum Andfjord. Es steht kurz vor dem Passieren des Nordkaps.

Um 20 Uhr registrieren die Funker außergewöhnlich lauten Sprechverkehr auf der Frequenz von 5450 kHz. Da nur kurzzeitig gesprochen wird, sind die Sender nicht einpeilbar. Auf gleicher Frequenz spielt sich zudem reger Telegraphenverkehr ab, zum Teil unverschlüsselt in Form von Zahlen, Deckwörtern, teils in fünfstelligen Gruppen. Da U 992 dies bereits der U-Bootsführung durchgegeben hat, verzichtet Hess auf eine weitere Meldung, um sich nicht selbst zu verraten und feindliche U-Jagdeinheiten auf sich aufmerksam zu machen.

Am 8.12.44 um 16 Uhr strahlt der U-Stützpunkt Harstad an U 995 ein FT aus: „Vor und im Andfjord mit erhöhter U-Boots- und Luftgefahr rechnen. Hohe Marschfahrt, Zacks. Minenwarngebiet vor Toppsund beachten. Bei Passieren Signalstelle Harstad Abgabe Morsename, Übernahme Lotse, Marsch nach Bogenbucht längsseits ‚Stella'. Nordmeerbefehl Nr. 4 beachten."

Und tatsächlich – um 8. 15 Uhr des nächsten Tages, U 995 hat bereits den Ansteuerungspunkt „Schwarz 25" passiert, sind E-Maschinengeräusche in rw. 70 Grad zu hören, die mutmaßlich von einem feindlichen U-Boot stammen.

Jetzt nur nicht aufgetaucht fahren, dem feindlichen Wegelagerer kein Ziel für seine Torpedos bieten! Erst unlängst, am 11.11.44, entdeckte das britische U-Boot HMS „Venturer" nördlich der Lofoten den Turm von U 771, das von einer Operation in der Arktis zurückkehrte. Im Andfjord, etwa in der Position, die U 995 derzeit einnimmt, traf der tödliche Torpedo das Boot. Es gab keinen einzigen Überlebenden.

Leutnant J. 5. Launders, der die „Venturer" befehligt, wird noch einem weiteren Opfer im Nordmeer auflauern. Westlich vor Bergen wird sich sein RN-U-Boot am 9.2. des kommenden Jahres an U 864 heranpirschen. Gegen Mittag dieses Februartages wird das getaucht fahrende Typ-IXD2-Boot mit all seinen 73 Besatzungsmitgliedern eine Beute für die „Venturer" werden – einzig aufgrund der Entdeckung seines Sehrohres, das es zu lange ausgefahren hatte.

U 995 jedenfalls tut gut daran, in größerer Tiefe zu fahren. Mit äußerster Vorsicht operierend, erreicht es gegen Mittag wohlbehalten Harstad und macht abends in der Bogenbucht in Narvik längsseits des U-Stützpunktschiffes „Stella Polaris" fest.

Fregattenkapitän Suhren, der FdU-Nordmeer, kann zufrieden sein mit der erfolgreichen Unternehmung seines jüngsten Kommandanten. In seiner Stellungnahme zu dieser Feindfahrt heißt es: „Gute Schußmöglichkeiten wurden energisch ausgenutzt, wenn auch nicht ganz gekonnt."

Suhren war vornehmlich aufgrund seiner Torpedo-Schießkünste als I.WO auf U 48 mit dem Ritterkreuz dekoriert worden, einer Ehrung, die bis dahin lediglich Kommandanten zuteil geworden war. Wen wundert es also, wenn er zu den Angriffen vom 5. Dezember meinte: „Geleit lief wahrscheinlich noch langsamer als 8 kn, so daß die Wendeschüsse vorne vorbeigingen. Wendeschüsse müssen sorgfältig gezielt werden und lieber hinten als vorn vorbeigehen. Am besten jedoch Lagen um null oder 180 Grad anstreben." Und noch etwas bemängelte er: „Beim Alarmtauchen gleich auf zu große Tiefe gegangen. Zunächst hätten Sie auf höchstens 140 m einsteuern sollen. So, das war's ..."

Was die „Schießkünste" anbelangt, nimmt sich Olt.z.S. Hess vor, seinen I.WO Schröder ins Gebet nehmen, seinen Torpedo-Offizier, der die Schußunterlagen eingab ...

Der FdU-Nordmeer hat momentan allen Grund zur Zuversicht. Vom 5. bis zum 7. Dezember hatten inzwischen seine anderen, an der Kola-Küste operierenden Boote U 293, U 318, U 365, U 992, U 997 und U 1163 zum Teil wiederholt Eskort-Einheiten und auch Dampfer des nach Murmansk einlaufenden Konvois JW.62 attackiert.

U 365 meldete am 5. 12., einen 4000 BRT-Dampfer in AC 8821 beschädigt und am 6. 12. einen Zerstörer in AC 8941 durch T5 versenkt zu haben. Am 6. 12. griff zudem U 318 vor der Kola-Bucht einen U-Jäger an, und am Abend dieses Tages griff U 293 bei der Kildin-Insel den Sowjet-Zerstörer „Dejatelnyj" mit einem T5 an, der aber achteraus detonierte. Am Vormittag des 7. 12. versenkte U 997 bei der Kildin-Insel den U-Jäger BO-229 (ex SC 1477, 107 t). Die BO-229 wurde aus einer sowjetischen U-Jagdgruppe (Kpt. 3. Ranges Gricjuk) herausgeschossen, zu der ebenfalls BO-150, BO-227 und BO-228 gehörten.

Später wird bestätigt werden, daß Anfang Dezember 1944 vor der Zufahrt zur Kola-Bucht zwei ehemalige US U-Jäger verlorengingen. Unklar wird bleiben, ob BO-226 am 4. 12. – wie bereits geschildert – durch U 997 versenkt wurde oder erst zwei Tage darauf durch U 365, dessen Kommandant annahm, einen Zerstörer versenkt zu haben.

Am 9. 12. kam U 997 auf den Zerstörer „Zhivuchij" nochmals zum Schuß. Der T5 detonierte jedoch nach 10,58 Minuten am Ende seiner Laufbahn. Der JW.62 erreichte ohne Verluste an Frachtschiffen Murmansk.

Dennoch ist FdU Suhren guter Dinge, zeichnet sich doch zu Beginn dieses Wintermonats ab, daß seinen Booten wieder ausreichende Schußmöglichkeiten geboten worden waren. Er hofft mehr denn je auf einen Auftakt zum neuen Tonnagekrieg im Nordmeer. Gewissermaßen sollen die nächsten Wochen Anlaß zu weiteren Hoffnungen geben. Im Laufe des Dezembers 1944 werden die Nordmeer-U-Boote dann auch dreimal so viele Erfolgsmeldungen absenden wie in den drei vorhergehenden Monaten zusammengenommen.

In der Kola-Bucht formiert sich derweil der Rückkonvoi RA.62 nach England: 28 Frachter, die von den Sicherungsfahrzeugen des Hingeleits JW.62 begleitet werden sollen. 24 Stunden vor dem Auslaufen von der Reede vor

Murmansk schwärmen britische U-Jagdgruppen aus, verstärkt durch die Sowjet-Zerstörer „Razumnyj", „Baku", „Gremjascij", „Derzkij", „Doblestnyj" und „Zivucij", um die deutschen U-Boote vor dem Kolafjord zu vertreiben.

Während U 997 mit seinen T5 die „Zivucij" und die „Razumnyj" verfehlt, wird U 387 auf Position 69°41'N/33°12'O von der britischen Korvette „Bamborough Castle" mit 51 Mann an Bord durch Wasserbomben versenkt. Die „Zivucij" nimmt allerdings für sich in Anspruch (nach sowjetischen Angaben), U 387 durch Rammstoß vernichtet zu haben.

Am 10.12.44, als die Dampferkolonnen des RA.62 unter Führung von Commodore Captain E. Ullring die Kola-Bucht verlassen, bereitet sich U 995 in Narvik zur neuen Unternehmung vor. Am Nachmittag des nächsten Tages übernimmt es bereits in Ramsund neue Torpedos. Nach Trimmversuch läuft es über Lödingen aus. Sorgen bereitet die 3,7-cm-Flak auf dem unteren „Wintergarten" die unklar ist und nur noch halbautomatisch funktioniert.

U 365 gelingt es als einzigem der deutschen Boote, das auslaufende Geleit abzupassen. Am 10.12. meldet es, einen 7000 BRT-Tanker aus dem Geleit mit einem T5 in AC 8860 angegriffen zu haben. Es horcht nach 10,58 Minuten die Enddetonation seines abgeschossenen Torpedos, hält hartnäckig Fühlung am Geleit und torpediert einen Tag darauf in Position 71°57'N/32°04'O den Zerstörer „Cassandra". Sein T5 reißt der „Cassandra" den Vorsteven in Fetzen, woraufhin das getroffene Geleitschiff in die Kola-Bucht zurückgebracht werden muß.

Am 12. Dezember hat der RA.62 das Seegebiet südlich der Bären-Insel erreicht, als er von neun Flugzeugen des deutschen Kampfgeschwaders 26 attackiert wird, ohne daß die abgeworfenen Torpedos ein Schiff treffen. Statt dessen stürzen zwei abgeschossene Ju-88 in die See. An diesem Tag kommt es auch abseits der Geleitoperation zu einem Schiffsuntergang. Bei Makkaur läuft die norwegische Korvette „Tunsberg Castle" auf eine Mine der deutschen Flankensperre und sinkt.

Am 13. Dezember hat U 995 die Lofoten hinter sich zurückgelassen, steuert mit Höchstfahrt Westnordwest-Kurs nach AB 9450, um noch an das PQ-Geleit RA.62 herankommen zu können. Zusammen mit U 956 soll es die U-Bootsgruppe „Stier" ergänzen.

Den Dieselmotoren wird das Äußerste abverlangt. Die Maschinisten nennen das „mit 20 Prozent Überlast fahren". Aber das darf man den sonst so zuverlässigen U-Bootsmotoren nur kurzzeitig zumuten. Doch der Kommandant will unter allen Umständen an den Feind. Das Desaster bleibt nicht aus: Die Auslaßventile brechen. Der Backbord-Diesel fällt zweimal für jeweils zwei Stunden aus. Der Dieselobermaschinist Peters und seine Mannen reparieren, ölverschmutzt und schweißtriefend, während das Boot mit einem Diesel weiterfährt. Auf das technische Personal ist immer Verlaß, sein Können unumstritten.

Gegen 10 Uhr funkt der FdU an die draußen stehenden Boote: „... Geleitzusammenstellung 20 bis 30 Schiffe, 1 großer Träger, 1 Hilfsträger, 2 Zerstörer erkannt ..."

U 995 steht von allen Booten der nordnorwegischen Küste am nächsten. Da das Geleit im Nordwest-Streifen noch nicht gemeldet wurde, läßt Olt.z.S. Hess ab Mittag sein Boot mit halber Fahrt nach Süden ablaufen. Er rechnet damit, das Geleit erfassen zu können, sofern er seinen Kurs näher an die Küste verlegen sollte. Vier Stunden später zerschlägt sich seine stille Hoffnung. Nachdem das Boot getaucht ist, ohne ein Horchergebnis zu bekommen, entschließt er sich, den Kurs des Bootes zu ändern: „270 Grad AK[1]!"

Die Leitstelle vermutet das Geleit nördlicher als bisher angenommen. Gegen 10 Uhr vormittags wurde das Geleit noch, wenn auch ungenau, in AB 94 W geortet. Um 17.15 Uhr nimmt der 1. Funkmaat Gürke ein FT von 16.03 Uhr des FdU im Wiederholungstakt herein. Der FdU rechnet damit, daß das Geleit gegen Mitternacht etwa AB 5795 und 8848 passieren dürfte. Die Gruppe „Stier" wird angewiesen, dieses Seegebiet bis 23 Uhr als Standlinie anzustreben. Reihenfolge: U 668 bis U 995, U 299 als Nachhut. Falls die U-Boote und die Luftaufklärer das Geleit nicht erfassen werden, beabsichtigt der FdU, die Suche am kommenden Morgen abzubrechen.

U 365, das lange am Geleit Fühlung gehalten hatte, kann sich nicht mehr melden. Östlich von Jan Mayen 70°43'N/08°07'O stürzten sich Swordfish-Flugzeuge des Geleitträgers „Campania" auf das Boot und fegen es mit seinen 50 Männern von der Oberfläche des Nordmeeres. Die Männer wußten, welchem erhöhten Risiko sie sich am Geleit ausgesetzt hatten. Seit jeher schon setzten die alliierten Flaggoffiziere alles daran, um das jeweilige Fühlungshalterboot auszuschalten. Diesmal hatten sie nicht geruht, ehe U 365 in ihren Fängen zappelte, das noch am 26. und 27. Oktober nördlich von Murmansk U 995 im Gefecht mit den britischen Fregatten zur Seite gestanden hatte.

Gegen 18 Uhr, U 995 steht im Planquadrat AB 8958, wird lautstark Geleitsprechverkehr auf 2410 Hz aufgenommen. Gürke bedauert, daß ihm kein zweiter Empfänger eigens zum Dauerbeobachten zur Verfügung steht. Auch fehlen U 995 Stabstrahler und Hohentwiel-Antenne. Eine Peilung ist daher nicht möglich. U 995 teilt seine Beobachtung der Leitstelle mit. Um 19.30 Uhr funkt der FdU an die Gruppe „Stier": „Mit Höchstfahrt auf Meldung Hess Geleitsprechverkehr Nähe AB 8950 operieren." Um 20 Uhr taucht U 995 zum Horchen auf 130 m Tiefe. Aus rw. 310° werden Sägengeräusche wahrgenommen. 20.41 Uhr aufgetaucht. Nordlicht züngelt über den Himmel, sein Schein reflektiert auf der mäßig bewegten Meeresoberfläche.

Das Boot stößt mit Höchstfahrt in Richtung des vorher aufgenommenen Geräusches nach, dem einzig möglichen Ort für das Vorhandensein eines Gegners. 23.02 Uhr wird wieder getaucht auf 130 m zum Horchen. Säge jetzt in rw. 284°, Lautstärke 3 bis 4. 23.16 Uhr aufgetaucht. Hinterher. Das ist U-Bootsalltag – Kriegsalltag im Nordmeer. Dunkle Tage, ein entbehrungsreiches Dasein, abgeschieden von allen menschenwürdigen Annehmlichkeiten. Geduldig harrt die Seewache trotz Kälte auf dem U-Bootsturm aus. Immer härter und aussichtsloser ist die Kriegslage für die U-Boote geworden. Immer verzweifel-

1) Äußerste Kraft

ter und verbissener wird der Kampf der wenigen, noch an der Front stehenden Boote geführt. Und die Arena Nordmeer ist zu einem der gnadenlosesten Kriegsschauplätze überhaupt geworden.

Der Kommandant ist jetzt immerzu auf der Brücke. Seine Fäuste liegen geballt auf dem Schanzkleid des Turmes. Äußerste Ungeduld drückt sich in seiner gebeugten Haltung aus. Mit konzentrierter Wachsamkeit starrt er mit zusammengekniffenen Lidern zum Horizont. Mittlerweile wissen es alle an Bord: Er kennt kein zauderndes Überlegen, er will sein Kriegsglück mit aller ihm zu Gebote stehender Macht erproben.

Um 23.41 Uhr dann ein Funkspruch, der die Männer aller Boote augenblicklich aufhorchen läßt: „Luftaufklärung ortete 22.41 Uhr Geleit in AB 8894. ‚Stier' darauf. –FdU–"

Während der kommenden drei Tage versucht der FdU vergeblich, die Boote an das Geleit heranzubringen. Immer wieder werden der Gruppe „Stier" neue Standlinien befohlen, doch der Erfolg bleibt aus. Die „Stier"-Boote sind ausnahmslos solche, die noch über keinen Schnorchelmast verfügen. Für die Nordmeer-U-Boote hält die U-Bootsführung den Schnorchel wohl immer noch nicht für zwingend notwendig, vornehmlich wohl deshalb, weil ein Schnorchelbetrieb nur ein langsames Vorwärtskommen von max. 6 sm/h zulässt. Von den wenigen Nordmeer-U-Booten verlangt man, daß sie rasch, trotz der allgegenwärtigen Fliegergefahr, die befohlenen Standlinien erreichen können, um das Manko ihrer viel zu geringen Anzahl wettmachen zu können.

Am 18. Dezember, als ersichtlich ist, daß der Geleitzug alle Standlinien der U-Boote umgangen hat, wird die Konvoi-Operation gegen den RA.62 vom FdU abgebrochen. Er gibt den Booten den Angriff frei gegen alle Schiffe und Seestreitkräfte, weist sie jedoch an, möglichst unbemerkt zu bleiben, bis zum ersten sicheren Schuß. – Die Frachter des Geleitzuges erreichen am 19. Dezember unbeschadet Loch Ewe, Nordengland.

*

U 995 sucht die Küstengewässer östlich von Murmansk auf. In den frühen Morgenstunden des 20. Dezember muß es in AW 2129 vor Fliegerortung auf Tiefe gehen. Nachmittags wird ein FT vom FdU empfangen: „U 956 Angriffsraum AW 2120 und U 995 2160 besetzen."

U 956 meldet einen Dampfer von 3000 BRT und einen U-Jäger in AC 8973 versenkt. Kurz vor 21 Uhr legt sich U 995 vor Nokujew in 90 Meter Tiefe auf Grund, um abzuwarten.

Die Mannschaft kommt nach der gefahrvollen Reise ums Nordkap erstmals zur Ruhe, fällt der Müdigkeit anheim. Nur die Funkgasten lauschen mit geschärften Sinnen, ob sich im Kopfhörer etwas anbahnt.

Der 21. Dezember ist ganze viereinhalb Stunden alt, als Matrosengefreiter Schwedhelm, der die Horchwache übernommen hat, ein leichtes, rasch aus der Bucht herauskommendes Schraubengeräusch aufnimmt.

Die Besatzung wird jäh aus ihrem Dämmerschlaf gerissen. Polternd fallen die Freiwächter von ihren Pritschen. Noch halb im Schlaf begriffen, streifen sie hastig ihr Zeug über, schlüpfen in die derben Seestiefel, hasten auf ihre Gefechtsstationen. Im Nu ist das Boot aktionsbereit. U 995 taucht auf.

Im Glast der Winternacht wird in nordwestlicher Richtung, etwa 4000 m entfernt, ein langsam fahrendes Kleinfahrzeug ausgemacht. Da es nicht genau erkennbar ist, ob es sich um einen Fischer oder einen Küstensegler handelt, wird vorgesetzt und auf der Hundekurve herangefahren. Das Fahrzeug hebt sich kaum gegen die Küste ab. Beim Näherkommen auf 500 bis 300 m läßt es sich als Fischereifahrzeug identifizieren, kaum größer als 15 bis 30 BRT, das keinen Angriff lohnt. Von weitem erschien es zunächst größer, als es tatsächlich ist. U 995 dreht auf Ablaufkurs.

In diesem Augenblick stoppt der Kutter und fährt dann mit AK dem Küstenstrich zu. Sein Verhalten macht offenkundig, daß er das U-Boot erkannt haben muß. Olt.z.S. Hess zaudert einen Moment, doch dann entschließt er sich, um nicht verraten zu werden, den Kutter durch Artillerie zu versenken.

„Kanonen besetzen! Handgranaten auf die Brücke!" Der Kommandant weiß, dies ist eine wenig faire, aber unumgängliche Maßnahme. Die Küste scheint kaum bewohnt zu sein. Eine Beobachtung des Feuerüberfalls von Land aus hält er somit für unwahrscheinlich, anderenfalls kann diese Gegend höchstens für U-Boots-verdächtig gehalten werden.

„Feuer frei!" Die Mündungsfeuer der 3,7-cm- und 2-cm-Flak erhellen die Nacht. Die Geschosse decken den Rumpf und das Deckhaus des auf verlorenem Posten stehenden Kutters ein. Geballte Handgranatenladungen fliegen hinüber, krepieren auf den Decksplanken. Sechs Menschen stürzen in panischer Hast aus dem Steuerhaus, wollen sich auf das Vorschiff retten, das nicht so stark unter Beschuß liegt. Dann erfolgt der Rammstoß mit der Bugschneide. Die hölzernen Planken bersten. Sturzartig schießt die blanke See in den Laderaum. Hohe, kalte Sterne werden Zeugen dieses Aktes der Barbarei, dieses grenzenlosen Wahnsinns, den die Gesetze des Krieges den Menschen aufnötigen.

Olt.z.See Hess schreit nach einer MPi, die ihm hochgereicht wird. Brückenposten Nowak sieht das wild entschlossene Gesicht seines Kommandanten. ‚Der will doch nicht …!' schießt es ihm siedendheiß durch den Kopf. Auch der I.WO erkennt die gespannte Situation, sieht die Schiffbrüchigen schreien, sieht auch, wie sein Offizierskollege mit der MPi im Arm auf das Deck hinabspringt. „Nein!" brüllt Schröder ihn an. „Das können Sie nicht tun, begehen Sie keine Dummheit!" Es genügt, den Jüngeren von seiner unheilvollen Absicht abzuhalten.

Das Deck des Kutters wird vollends unter die Wasseroberfläche gedrückt. Ein von Todesängsten getriebener Mann klettert auf die Back des U-Bootes. Nach dem Kentern des Kutters ist vom Rest der Besatzung nichts mehr zu sehen. Von 6 bis 6.40 Uhr dauert das Drama des Unterganges mit dem schaurigen Ende der Besatzung. Noch lebende Männer des Kutters werden die Küste schwimmend niemals erreichen können. Ihre Leiber müssen nach wenigen Minuten zu Eisklumpen erstarrt sein.

U 995 läuft mit verbogenem Bugsteven ab. Der übernommene Russe wird, halberstickt vor Furcht, ins Bootsinnere gebracht. Blut träufelt von seinen aufgeschundenen Händen. Das Boot taucht, da die Morgendämmerung einsetzt, in der Nähe der Insel Nakujew. Hess rechnet damit, daß zur Verfolgung auslaufende gegnerische Jagdeinheiten das Boot sicherlich in See vermuten werden. Statt dessen versteckt sich U 995 in 90 m Tiefe auf dem Meeresgrund.

Im Mannschaftslogis gibt es unter einigen Männern Gewisper. Hatten wir wirklich keine andere Wahl? Kein ersprießlicher Gedanke, vor sich selbst Rechenschaft ablegen zu müssen, ob alles rechtens war, obwohl die Sicherheit des Bootes auf dem Spiel stand. Sailors are Sailors, no matter what their nationality (Seeleute sind Seeleute, egal welcher Nationalität sie angehören). Ob Handelsschiffer, Fischer oder U-Bootsmann – Schicksalsgenossen sind sie allemal ...

Das Verhör des russischen Fischers, durch Sprachbarrieren äußerst erschwert, ergibt folgende Erkenntnisse: Von Murmansk bis Swatoi Noss sollen nur Hafenplätze für Fischkutter vorhanden sein, die dort vor der Eismeerküste dem Fischfang nachgehen. Schiffsverkehr zu den Weißmeerhäfen ist wegen Eis nicht mehr durchführbar. Großgeleite gehen nach Beobachtung der Fischer öfters von Osten (Kanin Noss) kommend nach Murmansk. – Am Nachmittag, U 995 fährt momentan spähend auf Sehrohrtiefe, werden drei S- bzw. Motorboote, aus rw. 140 und 340 Grad kommend, erkannt. Sie werfen jeweils gleichzeitig 2 bis 3 Sprengkörper und verziehen sich anschließend südlich in die Bucht von Nokujew.

Schon kurz vor der Mittagszeit flog ein Flugzeug, möglicherweise eine MBR 2, im Westen verschiedene Suchkurven. Da die U 995-Besatzung gestern schon mehrere Fliebo-Detonationen wahrgenommen hatte, wird die gegnerische Überwachung des Seegebietes mit der Versenkung des Kutters nicht in Zusammenhang gebracht.

Um Mitternacht, U 995 liegt erneut in 110 m Tiefe auf dem Grund, erneut Horchpeilung aus der Nokujew-Bucht. Um 0.49 Uhr wird bei leiser werdender Horchpeilung zum Aufladen aufgetaucht.

Zwei Stunden später Fliegerortung aus südlicher Richtung. Das Boot muß von der Meeresoberfläche verschwinden. Kurz darauf meldet der Horcher Wolfgang Hoffmann, er habe eine S-Bootpeilung wie am Vortag aus gleicher Richtung aufgenommen. Wieder fallen Schreckwabos. Gegen 5 Uhr morgens verlieren sich die Geräusche in südwestlicher Richtung. U 995 steuert erneut den Meeresboden in 110 m Tiefe nördlich der Litzki-Inseln an, nimmt eine günstige Position zur Überwachung des Küstenverkehrs ein.

Am Nachmittag des 22. Dezember wird wieder zum Aufladen aufgetaucht und der gesamte im zugewiesenen Angriffsraum liegende Küstenstrich von nur zwei Seemeilen Abstand abgelaufen. Des Nachts steuert der LI das Boot in gewohnter Weise an der Innenseite der großen Litzki-Insel auf den Grund hinunter.

Seekarten und navigatorische Unterlagen für die Gegend sind recht dürftig und zudem ungenau. Der Kommandant will den ihm eingeräumten Handlungsspielraum nutzen. Ohne daß ein entsprechender Befehl der U-Boots-Leitzentrale vorliegt, wird ein Plan geboren, initiiert durch eine Idee des I.WO. Vorbereitungen für ein besonderes Unternehmen werden getroffen, die die Phantasie der gesamten Crew beflügeln.

Um 4 Uhr wird aufgetaucht. Kurz nach 6 Uhr ist das Boot in der angestrebten Position, werden der I.WO Schröder und der seemännische Bootsmaat Joseph Klapf, der zünftige Bayer, mit dem Schlauchboot ausgesetzt. Sie paddeln als Erkundungstrupp zu einer großen Litzki-Insel hinüber, einem unwirtlichen Eiland namens Maliikij.

Ein risikoreiches Unterfangen. Ungewißheit plagt die beiden ausgeschickten Kundschafter, als sie die ersten zaghaften Schritte den Uferhang der kargen Insel hinauf wagen. Ihr Boot liegt bereits wieder in Wartestellung auf dem Meeresgrund. Die beiden dürfen sich nicht von sowjetischen Soldaten übertölpeln lassen, falls hier welche stationiert sein sollten. Da! Eine Fischerhütte! Die beiden pirschen sich vorsichtig heran, die schußbereite MPi im Anschlag. Aufatmen. Keine Menschenseele. Auf der gesamten Insel gibt es nicht einmal ein Feder- oder Borstenvieh oder sonst ein Lebewesen, was als Weihnachtsfestbraten recht willkommen gewesen wäre.

Also zurück! Es ist äußerst schwierig, bis zur Brust in der eiskalten Brandung stehend, das Schlauchboot gegen den steifen Südwestwind seewärts zu schieben. Immer wieder treibt das Boot auf den Inselsaum zurück. Unter Mobilisierung ihrer letzten Kraftreserven schaffen sie es dennoch, sich freizupullen. Mit verständlicher Freude werden die beiden stocksteif gefrorenen Ausflügler schließlich von den Kameraden an Deck von U 995 gezogen und drunten mit einem Grog aufgetaut.

Gegen 20.15 Uhr legt sich das Boot wieder auf Grund. Der Kommandant trägt, nachdem Schröder seinen Bericht abgegeben hat, ins KTB folgende Zeilen ein: „Insel bietet ausgezeichneten Überblick (Höhe etwa 60 m) von Swajatoi Noss bis annähernd Kap Teriberskij. Keine See- und Luftüberwachung vorhanden. Litzki-Insel ist gut geeignet zur Aufstellung einer B-Stelle. Boote können unbemerkt auf Grund liegend auf Einsatzmöglichkeiten warten."

Am 24.12.1944 wird das Kriegstagebuch nur mit wenigen Notizen gefüllt: 5 Uhr aufgetaucht zur Programmzeit und Bootsdurchlüftung in AW 2129. 6.03 Uhr getaucht auf alten Punkt. 15.03 Uhr aufgetaucht zum Aufladen. 16.21 Uhr getaucht auf alter Position.

Heiligabend im fünften Kriegsjahr, weit entfernt von der trauten Heimat, 100 Meter tief im Meer liegend, 50 Mann eingeschlossen in einer engen, kaltfeuchten Stahlröhre.

Der Kommandant hat sich eine Weihnachtsansprache einfallen lassen. Die Gemüter sind vorübergehend in sich gekehrt. Vom Plattenteller im Funkraum erklingen gedämpft die althergebrachten Weihnachtsweisen. Ein Hauch Feststimmung kommt auf bei Rotweinpunsch und „Panzerplatten", eigens vom Smut in halbierten Konservendosen gebackenen Christstollen.

21.01 Uhr wird aufgetaucht zum Aufladen und Bootdurchlüften. Silbriger Mondschein liegt wie hingegossen auf der stillen See. Jeder Mann der

Besatzung darf einmal hoch auf die Brücke, für eine Zigaretten- oder gar Zigarrenlänge die Weihe dieser friedlichen Nacht erleben.

Am zweiten Weihnachtstag wird die Maschinerie des Krieges wieder in Gang gesetzt, als unter Wasser Schraubengeräusche aufgenommen werden. U 995 stößt nach und trifft einen offenbar bewaffneten Fischdampfer. Der erste Angriffsversuch schlägt wegen eines Torpedoversagers fehl. Der nächste Torpedo läßt den Trawler mittschiffs auseinanderbrechen. Ein russischer Besatzungsangehöriger kann vom rasch sinkenden Schiff gerettet werden. Von ihm erfahren die Offiziere, daß der Trawler den Namen „Som" trug.

Drei Tage später steht U 995 am Eingang zum Weißen Meer. Bei hellem Mondschein setzt das Boot zum Angriff auf einen von zwei Bewachern gesicherten Küstendampfer an. Während der Torpedo läuft, setzt der verwegene Dampferkapitän zum Rammstoß auf das deutsche Boot an. Im Kielwasser von U 995 fahrend, versucht er, das empfindliche Unterseeboot mit seinen Bordgeschützen zu treffen. Dann zerreißt ihm der nächste abgefeuerte Torpedo das Achterschiff. Die Bewacher werfen zahlreiche Wasserbomben. Starke Schneeschauer erlauben U 995, sich nach Norden abzusetzen.

*

Als das neue Jahr anbricht, befindet sich U 995 immer noch auf Kriegsfahrt. Am 2. Januar 1945 wird ein anscheinend zum Bewacher umgerüsteter Fischdampfer gesichtet. Mehrere Torpedos werden erfolglos auf ihn abgefeuert. Ein Torpedo nähert sich U 995 als Kreisläufer. Um Haaresbreite hätte er das eigene Boot ausgelöscht. Aber, wie von Geisterhand gelenkt, dreht er in letzter Sekunde ab, als sein Lauf bereits mit bloßem Ohr zu hören ist.

Über Tromsö, wo die beiden Russen Iwan und Wladimir abgegeben werden, läuft U 995 am 8. Januar in Harstad ein.

Die Besatzung genießt einige unbeschwerte Tage. Die Stadt, im Nordosten der Insel Hinnöy gelegen, der größten Insel Norwegens, bietet den Männern manche Abwechslung. Ihr Industrie- und Wirtschaftsleben war im vorigen Jahrhundert rasch aufgeblüht. Ein wenig außerhalb der Stadtgrenze erhebt sich die trutzige Festungskirche von Trondenes mit den Resten ihrer beiden Wehrtürme, die die See überblicken.

Aus der Heimat sickern schlimme Nachrichten durch. Am 21. Januar bricht die 1. Ukrainische Front in Schlesien ein, Ostpreußen und die Danziger Bucht werden auf dem Seeweg geräumt. Sowjetische Einheiten schneiden Landverbindungen nach Ostpreußen ab, sowjetische Truppen bilden Brückenköpfe bei Küstrin. – Hat es da denn noch einen Sinn, daß wir noch mal hinausfahren, fragen sich einige.

Am 3. Februar – dem Tag, an dem alliierte Bomber und Jäger einen Luftangriff auf Berlin durchführen – ist U 995 neu ausgerüstet. Kisten, Körbe und Säcke mit Verpflegung sind im Boot verstaut worden, die Vorräte zwischen den Rohrleitungen und Ventilen verpackt, Netze mit Zitronen und Broten, Hartwürste und Schinken baumeln an der Decke, ein unverwechselbares Zeichen, daß es wieder hinausgeht. Alle scheinen guten Mutes. Ein wenig Unbehagen bereitet das Gefühl, daß der junge Kommandant möglicherweise so kurz „vor Ausverkauf" zu viel riskieren wird. Längst weiß die Besatzung, daß der „Neue" ein wenig von „Halsschmerzen"[1] geplagt wird. Die letzten Erfolge könnten ihn zu noch größerer Waghalsigkeit anstacheln. Hoffentlich erwartet auch der FdU von seinem jugendlichen Draufgänger nicht das schier Unmögliche.

„Beide Diesel halbe Kraft voraus!" Fauchend springen achtern die Motoren an. Eine dunkle Rußwolke quillt aus dem Abgasrohr am Heck des Bootes. Das Heckwasser strudelt auf, kraftvoll vibrieren die Eisenplanken, im Brückenschanzkleid verstärken sich die Sauggeräusche der Lüfter. Ohne Murren hat die Mannschaft mit dem Landleben abgeschlossen. Vielleicht, denkt mancher zuversichtlich, können wir doch noch das Schlimmste von der Heimat abwehren helfen.

Ein Sperrbrecher, vollgespickt mit Flugabwehrgeschützen, läuft im engen Fjordarm dem Boot voraus, wird ihm das Geleit bis zur 200-m-Grenze geben. Die Festungskirche von Andenes verschwindet achteraus in der Versenkung. Auf U 995 werden alle Fla-Waffen bemannt. Hinter dem Turm versammelt sich die Besatzung mit Schwimmwesten, nur das Bedienungspersonal für die Dieselmotoren und die Zentrale ist unter Deck geblieben; eine notwendige Maßnahme, falls das Boot auf eine treibende Mine laufen sollte.

Das Boot hat sich vom Küstenstrich abgesetzt. Voraus das dunkel verschattete, eisengraue Gesicht des Nordmeeres. Jetzt heißt es: „Oberdeck räumen! Alle Mann unter Deck!" Mit der „Klappbuchs"[2] verabschiedet man den Sperrbrecher.

Die 2. Brückenwache zieht auf. Unter Deck sind die anderen Männer nun wieder eingepfercht zwischen Stahl und Metall, dazwischen Kunstlicht. Die meisten Unterdecksleute werden bis zum Einlaufen in den Stützpunkt nie mehr an Oberdeck gelangen. Sie werden nie erfahren, wie Meereswogen und Wolken auf dem Nordmeer aussehen. Sie werden nie ein Stück des gestirnten nächtlichen Himmels bewundern können, nie die Lichtphänomene der polaren Regionen und die Polarlichtkrone. Für sie ist alles begrenzt auf den Lebensraum, den die Abmessungen des Stahlzylinders zulassen: eine Maschinenwelt mit unzähligen Armaturen, Hebeln, Gestängen – und das alles in einer bedrückenden Enge.

Doch sie nehmen das alles gerne in Kauf. Hauptsache, sie werden wieder heimkehren. Aber: Welche Galgenfrist hat das Boot noch? Ist es nicht mit einem Köder vergleichbar, der für die gegnerische Meute ausgeworfen wird?

Mit Braßfahrt strebt das Boot gen Norden, hinter dem Heck einen weiten Schaumstreifen herziehend, über dem der bläuliche Dieseldunst wabert. Den Männern auf dem U-Bootsturm stockt plötzlich der Atem. Eine treibende

1) Verlangen nach dem Ritterkreuz

2) handbetätigter Morsescheinwerfer

Antennenmine schwappt am Boot vorbei. Teufel auch! Diese verdammten Hölleneier können einem schon die Haare zu Berge stehen lassen …

Drinnen im Boot leben sie wieder wie Höhlenmenschen. Durch die allerorts aufgespannten Netze mit Verpflegung leidet der Durchgangsverkehr. Noch herrscht Gammelbetrieb. Wieder einmal muß der Blechkoller überwunden werden. Der Sani verteilt an einige Kameraden Peremesinforte gegen Seekrankheit. Einige verhalten sich wortkarg und in sich gekehrt. Ängste nagen in ihnen, hervorgerufen von dem todverheißenden Katz-und-Maus-Spiel, wenn das Boot das Operationsgebiet erreicht haben wird. Die ersten Tauchgänge folgen. Die Bordroutine nimmt ihren Lauf. Jeden Abend zur selben Zeit lauschen die Funker auf Längstwelle unter Wasser darauf, was die Leitstelle verkündet.

Der II.WO holt den Holzkasten mit der Schlüsselmaschine hervor, legt datumsgemäß die erforderliche Walze ein.

Im Achterschiff grummeln die Schraubenwellen. Im Bugraum, dem Logis der Mannschaft, lagert noch die erste Torpedochargierung auf den Flurplatten. Die „Lords“[1)] hausen, wie immer zu Beginn einer Feindfahrt, auf den Holzbohlen, welche die Aale abdecken. Ein paar Seeleute dösen in den aufgespannten Hängematten, andere in den schmalen Kojen.

Immer wieder kehren die Gedanken in die ferne Heimat zurück. Man denkt an den Bombenterror, dem die Anverwandten ausgesetzt sind. Die Heimat gleicht einer sinkenden Sonne, durchlebt den schlimmsten Zeitlauf ihrer bisherigen Geschichte, ihre Zukunft scheint im Dunkel zu liegen. Während einige Witzbolde vom Dienst Zoten über Reichsmarschall Göring zum besten geben, der die gegnerische Luftwaffe nicht ausschalten kann, betrachtet ein in sich versunkener Matrose das Foto seiner Braut, sein sorgsam gehütetes Kleinod.

Am 3. Februar 1945 lief vom Clyde der Geleitzug JW.64 (Kommodore: Captain Ullring an Bord von „S/S Fort Grevecour“ mit 26 Frachtschiffen, darunter einem norwegischen Dampfschiff („D/S Skiensfjord“) in Richtung Kola-Bucht aus, eskortiert von 17 Geleitfahrzeugen, den Flugzeugträgern „Campania“ (Flaggschiff von Rear Admiral R. McGrigor) und „Nairana“ sowie dem Kreuzer „Bellona“. Ein deutsches Wetterflugzeug, das von Drontheim aus aufgestiegen war, sichtet das Geleit am 4. Februar nordöstlich der Faröer-Inseln. Eine hinausgeschickte Ju 88, die Fühlung zum Geleit halten soll, wird von zwei Wildcat-Jägern des Trägers „Campania“ abgeschossen.

Der FdU-Nord beabsichtigt, die U-Boot-Gruppe „Rasmus“ auf dieses Geleit anzusetzen. Die Boote U 286, U 307, U 425, U 636, U 711, U 716, U 739 und U 968 sollen in der Bären-Enge Aufstellung beziehen, U 995 zusammen mit U 293, U 318 und U 992 vor dem Kolafjord operieren.

Am 6. Februar erreicht U995 das Gebiet vor der Murmanküste. Abgesehen davon, daß es gegen das Rußlandgeleit der Westalliierten aufgestellt worden ist, soll es gegebenenfalls den Küstenverkehr angreifen.

Bereits am 5. Februar hatte U 995 die Varanger-Halbinsel passiert. Als das Boot zwei Tage später vor Rybatschij (Fischer-Halbinsel) kreuzte, war es auf

1) Seeleute; Marineausdruck

dem Turm von U 995 zu einem denkwürdigen Gespräch gekommen. Um 12.30 Uhr stieg der Kommandant die Steigeisen zur Brücke hinauf, um die Lebensgeister der Wachgänger ein wenig zu wecken. Ohnedies stand das Boot an jener mulmigen Ecke nördlich Vardö. Von jetzt ab hieß die Devise: doppelt aufpassen! Vor allem nicht den Himmelssektor außer acht lassen! Mit klammen Fingern hielten die Brückenposten ihre Gläser. Das Wetter war – wie üblich in dieser Jahreszeit – kalt, unwirtlich, eben „nordmeergerecht".

Der Kommandant sprach von Kirkenes, dem ehemals von Deutschen gehaltenen Stützpunkt in der Nähe der Mündung des Pasvikflusses. Am 25. Oktober des vergangenen Jahres hatten die Russen den Ort erobert und sich dort eingenistet, nachdem die deutschen Verbände ihn geräumt hatten. Am 3. November war der Rückzug der deutschen Truppen im gesamten Petsamo-Abschnitt erfolgt.

„Meine Herren, was halten Sie von einem Überraschungsangriff à la Scapa Flow?" kam die Frage des Kommandanten. „Laut norwegischen Radiomeldungen, die unsere Funker aufgefangen haben, soll dort vor kurzem ein großer Pott mit Versorgungsgütern eingelaufen sein." Keine Regung bei den Wachgängern; weder eine Ablehnung noch irgendwelche Zweifel am Gelingen eines solchen Unternehmens waren aus ihren Gesichtern abzulesen. Scapa Flow – immerhin ein Wort, das die Sinne jedes U-Bootsmannes nachhaltig beflügelt.

Nach Beendigung des I. Weltkrieges versenkten die Deutschen vor den Augen des Siegers eigenmächtig ihre in der Bucht von Scapa Flow internierte Flotte, um nicht tatenlos die Demütigung zu ertragen, sie den Engländern ausliefern zu müssen. Seit dieser Tat galt diese Stelle als das Grab der unbesiegten deutschen Hochseeflotte des I. Weltkrieges. In der Nacht vom 13. zum 14. Oktober 1939 dann, wenige Wochen nach Beginn des II. Weltkrieges, schlüpfte U 47 unter Kptl. Prien durch die Einfahrtssperre von Scapa Flow, um ein Schlachtschiff, die „Royal Oak", 29 150 Tonnen messend und mit acht 38-cm-Geschützen bestückt, zu vernichten. U 47 ist danach Vorbild und Symbol geworden. Es gab fortan nicht ein U-Boot in der deutschen Marine, in dem nicht etwas von seinem Geist mitfuhr. Nicht zuletzt ist es auch diesem Triumph von U 47 zuzuschreiben gewesen, daß der U-Bootsbau intensiviert worden war.

Bereits am 28. November 1914 war schon ein U-Boot, U 18 unter Kapitänleutnant Henning, in diesen von Bergen umgebenen Naturhafen Scapa Flow eingedrungen. Das Boot fand den Hafen leer vor, die englische Flotte war nachts zuvor ausgelaufen. Beim anschließenden Rückmarsch unter Wasser warf die starke Strömung das Boot gegen einen Felsen. Wegen der schweren Beschädigungen sah sich die Besatzung gezwungen, ihr Boot zu versenken. Einen neuen Versuch wagte am 28. Oktober 1918 Oberleutnant zur See Emsmann mit U 116. Nach Durchbrechen des ersten Sperrgürtels wurden Boot und Besatzung Opfer eines Minenfeldes.

Im II. Weltkrieg stand dann auch U 14, ein 279-Tonnen-Boot vom Typ II B unter Kapitänleutnant Wellner, vor Scapa Flow, der „Höhle des britischen Löwen". Trotz starker Atlantikströmung und widrigen Gezeitenwechsels – der Gezeitenstrom setzt mit 8 bis 10 sm/h – schlängelte sich der „Einbaum" durch die zahllosen Klippen, um eine günstige Passage in den Schlupfwinkel der englischen Flotte auszukundschaften. Seine wertvollen Beobachtungen sollten einem anderen Boot aus derselben Flottille alsbald sehr zugute kommen.

Am 8. Oktober 1939 ging dann nach gründlicher Vorbereitung U 47 von Kiel aus auf seine große Fahrt, die seinem Namen Weltberühmtheit einbringen sollte. Es war mit den neuen G7e-Torpedos mit elektrischem Antrieb ausgerüstet, die keine Blasenbahn verursachen.

In Deutschland mußte Prien aus Propagandagründen verschweigen, daß ein Teil der Torpedos Versager waren. Überhaupt schien dieser Mann mit dem herrschenden Regime kaum einverstanden gewesen zu sein. Vielleicht zeigte er auch gegenüber den Mächtigen des Großdeutschen Reiches zuviel Courage. Gerüchte wurden laut, er sei in einem Konzentrationslager umgekommen. Am 7. März 1941 jedenfalls meldete sich der „Stier von Scapa Flow", wie er mittlerweile genannt wurde, morgens um 4 Uhr 24 letztmals über Funk.

Im Morgengrauen desselben Tages war auf 60°47'N/19°13'O durch Wasserbomben des britischen Zerstörers „Wolverine" ein U-Boot versenkt worden, von dem angenommen wurde, daß es U 47 gewesen sei. Zwei Zerstörer, „Wolverine" und „Verity", hatten es fünf Stunden lang gejagt.

Während einer ASDIC-Kontakt hielt, warf der andere seinen Wasserbombenteppich. Verbissen folgten die beiden Spürhunde jedem Haken, den das Boot schlug. Um 4 Uhr morgens zeigte sich ein Ölfleck auf dem Wasser. Um 5.19 Uhr tauchte das Boot zwischen den Zerstörern noch einmal auf. Als die „Wolverine" es rammen wollte, mußte es alarmtauchen. Nach erneutem Wasserbombenwurf zeigte sich zehn Sekunden lang ein dunkeloranger Feuerschein unter Wasser. Dann brach der ASDIC-Kontakt ab.

Zwei Jahre hatte U 47 allen Widrigkeiten getrotzt. Ohne noch einmal an die Wasseroberfläche zu gelangen, sank es mit allen Männern zum Grund des Ozeans hinab. Auch dieses Boot hat seinen Tribut zahlen müssen. Nach dem Krieg sollte sich herausstellen, daß es nicht die „Repulse" war, auf die U 47 beim ersten Anlauf in Scapa Flow seinen Fächer abgeschossen hatte, sondern der ältere Seeflugzeugträger „Pegasus".

Weitere Boote führten Unternehmungen in gegnerischen Häfen durch. So war es Anfang Juli 1942 U 153 gelungen, sich in den Hafen von Puerto Limon (Costa Rica) hineinzuschleichen und mit einem Torpedofächer ein am Kai vertäutes Schiff anzugreifen. U 161 drang in der Nacht zum 19.12.1942 in das Hafenbecken von Trinidads Port of Spain ein und versenkte dort einen Tanker und einen Frachter. Das Boot wiederholte das Husarenstück einen Monat später, indem es sich in den Hafen von St. Lucia hineinwagte und zwei vor Anker liegende Frachter torpedierte. Ende Dezember 1944 versuchte U 312 aus eigenem Entschluß, in Scapa Flow einzudringen. Doch die starke Strömung vereitelte das Vorhaben. Es geriet auf einen Felsen und verlor seine Ruderblätter. Lediglich mit Hilfe seiner Schrauben steuernd, kehrte es in den norwegischen Stützpunkt zurück.

*

Die Männer auf dem Turm von U 995 wissen, daß ihr Kommandant in die Fußstapfen des großen Vorbildes treten will. Der Kommandant wiederum spürt, die kleine Schar auf der Brücke faßt seinen Vorschlag nicht nur rhetorisch auf. Mit seiner Äußerung über ein Unternehmen „à. la Scapa Flow" – wenn auch als Frage gestellt – hatte er sich gleichsam vor den Augen seiner Männer festgelegt. Nunmehr erwarten diese von ihm, so glaubt er zu fühlen, daß er sein festes Vertrauen in sie und ihr erprobtes Boot setzt.

Auf einem Unterseeboot macht jede Neuigkeit rasch ihre Runde. Als die Offiziere sich im Kommandantenschapp zusammenhocken, um einen Plan auszuhecken, bleibt ihr „Rees" nicht unbelauscht.

Die Zirkelspitze in der Hand des Kommandanten weist über der ausgebreiteten Seekarte auf Kirkenes. „Da müssen wir rein! Wir müssen im Schutz der Dunkelheit in den Vasanger-Fjord hinein und dann, vorbei an der Ecke von Korneset, in den engen Bökfjord einschleichen."

Torpedomixer Berhard Dopke hat gute Ohren. Er hört, wie der I.WO immer wieder auf den Mondaufgang hinweist. Stundenlang werden nautische Vorbereitungen getroffen. Die Seemännische Nr. 1, Bernhard Knop, wird von den Offizieren über Kirkenes befragt. Knop hatte früher mit seinem ersten Boot U 454 bereits Kirkenes angelaufen, als die Deutschen noch den Hafen hielten. Seine Hinweise sollten der Unternehmung von Nutzen sein.

Schließlich verkündet der Kommandant über die Bordsprechanlage seine Absicht, den vom Feind gehaltenen Hafen Kirkenes anzusteuern. Diesmal gibt er keine einsilbigen Periskop-Perspektiven an seine Leute weiter, sondern informiert die Männer über jede Einzelheit des geplanten Handstreiches. Danach werden sie in ihre Aufgaben eingewiesen.

Die Männer wirken gefaßt. Der Kommandant deutet dies als gutes Zeichen. Der Gedanke an die sich in schwerster Not befindliche Heimat vermittelt ihnen den Ansporn, das ihrige zu tun, um den Vorstoß in den Feindeshafen zum Erfolg werden zu lassen. Denn mit jedem gegnerischen Schiff – so hoffen sie –, das sie vernichten können, ließe sich Schlimmeres von der Heimat abwenden. Keiner empfindet Begeisterung, aber sie wollen auch jetzt noch ihrer Pflicht nachkommen.

In der Hoffnung, eine größere Schiffsansammlung auf der Reede von Kirkenes anzutreffen, läuft U 995 tiefer in die Bucht des Varanger-Fjordes hinein.

Seit dem 20. Januar erhebt sich in dieser Gegend erstmals nach zweimonatiger Winterpause wieder für kurze Zeit die Sonne über den Horizont. Es ist empfindlich kalt. „Wer zuerst sieht, lebt länger." Dieser geflügelte Satz gilt allemal für die Männer auf der Brücke des Bootes. Das Vertrauen der Besatzung auf die Brückenwache ist absolute Notwendigkeit für das Sicherheitsgefühl aller an Bord. Die Nervenspannung wächst.

Wie ein grauer Hai gleitet das Boot am späten Abend des 7. Februar auf die südliche Küste des Varanger-Fjords zu. Immer wieder beugen sich die Offiziere und der Obersteuermann in der Zentrale über den Kartentisch. Alles hängt von einer genauen Navigation ab. Die schraffierten Gebiete auf der Seekarte bedeuten Minenfelder. Die Deutschen hatten gegen russische Schiffe kurz vor

Aufgabe des nordnorwegischen Hafens hier in diesem Seegebiet Minen gelegt. Unbehagen bereitet die Vorstellung, ausgerechnet auf eine eigene Mine laufen zu können. Die Huk von Korsnesset ist bereits umrundet.

In der Kombüse wird gerade der „Mittelwächter" aufgesetzt – Bohnenkaffee für die aufziehende 1. Wache, aber auch für die 3., die gleich abgelöst werden soll. Nur die Dienstgradältesten bevorzugen den starken Bohnenkaffee, die Jüngeren wollen den „Negerschweiß" nicht. Bohnenkaffee sind die meisten nicht gewöhnt, denn von zu Hause her kennen sie nur Kaffee-Ersatz, den „Muckefuck".

Kurz vor Mitternacht zum 8. Februar steht U 995 vor der Einfahrt zum 35 km langen Bökfjord. Am entgegengesetzten Ende dieses engen Schiffahrtsschlauches liegt das Ziel: Kirkenes.

Nachdem die 1. Wache aufgezogen ist, läßt der Kommandant vorfluten. LI Wellnitz hat das Boot bestens im Griff, seine Trimmrechnung stimmt. Er läßt die Tauchtanks gerade so weit fluten, daß der Rumpf des Bootes bis unter die Wasseroberfläche sinkt. Lediglich der Turm befindet sich noch über Wasser, bietet somit nur eine äußerst kleine Silhouette. Zudem fährt das Boot jetzt mit E-Maschinenkraft, die röhrenden Diesel sind abgeschaltet. Die Lufttemperatur beträgt minus 11 Grad, es weht ein schwacher NNO-Wind, die Sichtweite beträgt 3000 m, geradezu günstige Witterungsbedingungen. An den Turmwandungen schrappen kleinere Eisschollen entlang. Hoffentlich gerät das Boot nicht in eine unbekannte Minensperre. Das fehlte noch, wenn eine Mine das Boot auf ihre Hörner nähme ...

Mit argwöhnischem Blick beobachtet der LI den „Papenberg", das wie eine gewendete Zuckerstange anmutend linke Glasmanometer zwischen den Tiefensteuern. Rechts davon hängt das Glasröhrchen der Lastigkeitswaage. Er ist jetzt mehr denn je auf diese Hilfsmittel angewiesen, die ihm eine präzise Steuerung erlauben, um den Bootsrumpf dicht unter dem Wasserspiegel zu halten. Denn er muß mit peinlichster Aufmerksamkeit „Strich steuern".

Oben auf der Brücke pressen die Wachposten derweil mit klammen Fingern die Nachtgläser an die Augen. Reglos wie versteinerte Statuen verharren sie hinter der Brustwehr des Brückenschanzkleides. In noch stärkerem Maße als bislang wird von ihnen Aufmerksamkeit verlangt. Kein ersprießlicher Gedanke, bereits jetzt vom Gegner ertappt zu werden. An beiden Seiten des Fjords dräuen die dunklen Schatten der bergigen Küste. Von oben schauen die blauglasig-düsteren Augen des Sternenhimmels herab.

Gut zwei Stunden lang schiebt sich das Boot im vorgefluteten Zustand tiefer und tiefer in den Bökfjord hinein. Ein derartig mühseliges Unterfangen verlangt der Besatzung die äußerste Konzentration ab. Unablässig stieren die Brückenposten durch die Gläser. Nach wie vor sind sie mit äußerster Vorsicht darauf bedacht, einen auftauchenden Gegner zu entdecken, bevor dieser das Boot ausmachen kann. Ab und zu unterhalten sie sich mit gedämpften Stimmen.

Um 3.00 Uhr erreicht das vorsichtig manövrierende Boot die Südwestecke von Renöy. Da! Dort steht eine Signalstelle der Russen! Ob sie das Boot bereits gesichtet haben? Die Brückenposten steigen ein, und ohne einen großen Luftschwall zu verursachen gelingt es dem LI, das Boot wegtauchen zu lassen. Es legt sich auf den Grund des Fjords. Mal abwarten, was sich oben tun wird. Jetzt sind Boot und Besatzung im höchsten Maße auf den Horcher angewiesen. Unter Wasser müssen die Ohren die Augen ersetzen. Die Zeit dehnt sich. Gottlob bleibt es still im Fjord. Offenbar ist die Anwesenheit des Bootes dem Feind noch nicht bekannt. U 995 bleibt vorerst auf dem Grund liegen, um die Morgendämmerung abzuwarten. Die wachfreien Männer werden in die Kojen geschickt, um auf Vorrat zu schlafen. Die Besatzung besteht aus Männern, die auf ihr Können vertrauen, aber auch auf die Technik ihres Bootes.

Einige schlafen bereits. Andere müssen ihre innere Unruhe bekämpfen, werden von schlimmen Ahnungen gepeinigt. Bange Fragen beschäftigen die Männer hier unmittelbar vor der Haustür des Gegners. Wenn dem Boot der Rückzug ins offene Meer versperrt werden sollte, müßte es aufgegeben und gesprengt werden. Nicht auszudenken, wenn sie das Boot verlieren würden.

Der I.WO inspiziert noch einmal die Torpedorohre. Der Kommandant hat sich in sein „Séparée" zurückgezogen. Sein hager gewordenes Gesicht spiegelt die nervlichen Strapazen wider, denen er ausgesetzt ist.

Sechs Stunden liegt das Boot auf dem Grund, als der Horcher gegen 9.00 Uhr Schraubengeräusche aufnimmt. U 995 steigt auf Sehrohrtiefe empor. Jäh scheint dem Kommandant das Blut in den Adern erstarren zu wollen. Denn: In 100 Meter Entfernung zum Boot liegt die russische Wachstation, direkt am Ufer patrouillieren zwei Soldaten. Haben sie den Sehrohrkopf erblickt? Der Kommandant sagt seinen Männern, was er sieht – eine Art Angstbewältigung durch schonungslose Offenheit, ein probates Führungsmittel im Frieden wie im Krieg.

Auf der Reede von Kirkenes zeigt sich ein Fahrzeug unter norwegischer Flagge, außerdem sind noch einige Kriegsfischkutter und Fischereifahrzeuge zu sehen. Langsam nähert sich das norwegische Schiff, das dem bekannten Fischereischutzschiff „Fritjof Nansen" ähnelt, und läuft in Richtung Fjordausgang vorbei.

Während das Schiff allmählich außer Sicht gerät, wummern schwere Detonationen aus der Ferne herüber. Es könnte sich ebensogut um Wabos als auch um Sprengungen an Land handeln. Genaue Anhalte sind nicht auszumachen.

U 995 läßt die Kutterflotte vorüberziehen und versucht, sich unter Wasser in langsamer Fahrt dem Hafen zu nähern. Einmal wird vorsichtig das Sehrohr ausgestippt. Bei strahlender Wintersonne werden am Strand Menschen beobachtet, die vergnügt eine Schneeballschlacht machen. Von der erhofften Schiffsansammlung auf der Reede vor dem Hafen ist jedoch nichts zu erkennen. Die Horchbedingungen sind ausgesprochen gut. Es ist 11.00 Uhr. Das Boot steht 1,5 Seemeilen nördlich von Kirkenes Hafen in Ufernähe. Da passiert es: rawumms! Krachend stößt der Kiel des Bootes in 40 Meter Tiefe auf einen Unterwasserfelsen. Während alles, was nicht niet- und nagelfest ist, durcheinanderfliegt, sackt das Boot achtern nach unten.

Jähe Furcht spiegelt sich in den geweiteten Augen der jüngeren Matrosen. Teufel auch! Wie konnte das nur passieren? Hatten die Tiefenlotungen nicht gestimmt? Zeigte das Echolot Hausnummern an? Eine vertrackte Situation, obwohl keine größeren erkennbaren Schäden festgestellt werden können.

Die einzelnen Abschnitte melden nur geringe Schäden, was aber hat die Außenhaut des Bootes abbekommen? Es liegt auf einem abschüssigen Felsen so stark achterlastig fest, daß es sich aus dieser heiklen Lage ohne aufzutauchen nicht mehr befreien kann und obendrein in der ständigen Gefahr schwebt abzurutschen. Die allergrößte Sorge bereit den Männern im Boot die Frage, ob evtl. die Bugspitze oben aus dem Wasser ragen und ihre Anwesenheit verraten könnte. Ungewißheit senkt sich in die Herzen der Männer. Der trügerische Glaube an einen guten Ausgang des Wagnisses ist jetzt in Frage gestellt. Wenn das Boot abrutschen sollte, werden sich aller Voraussicht nach das Doppelruder, Tiefenruder und die Schraubenwellen verbiegen. Die Beschädigung dieser für jedes Seefahrzeug lebenswichtigen Teile würde das Boot aber nicht mehr in die Lage versetzen, aus der Mausefalle zu entkommen. Oben, über der Wasseroberfläche, ist es momentan hell. Wenn das Boot jetzt anblasen und auftauchen würde, läge es wie auf dem Präsentierteller vor den Augen des Gegners. Das aber käme einem Selbstmord nahe. Also – liegenbleiben und die Abenddämmerung abwarten.

Die bedrohliche Lage steigert die bedrückende Atmosphäre in dem stählernen Käfig, in dem die Männer ausharren müssen. Im Stollengang des Bootsinneren darf sich jetzt niemand mehr ohne ausdrückliche Erlaubnis bewegen. Die Funkmannschaft ist damit beschäftigt, das Echolot zu überprüfen. Der Zentralemaat bleibt in der Nähe des Hauptanblaseverteilers, um achtern unverzüglich anzublasen, wenn das Boot abrutschen sollte. Es erfolgen nur noch wenige, heiser gesprochene Befehle. Horchstille ist angesagt. Selbstverständlich ist jedem die mißliche Lage bewußt. Die innere Unruhe wächst. Schlimm ist das untätige Warten. Über die Luftaufbereitungsanlage wird die lebensspendende Atmungsluft im Boot regeneriert. War das nicht eben ein schabendes Geräusch unter dem Bootskiel? Der Zentralemaat zuckt unwillkürlich zusammen. Nein, unser gutes Boot bleibt auf seinem Platz liegen. Mit dem Anflug eines Lächelns beruhigt er sich selbst und den in seiner Nähe stehenden Zentralegasten.

Mittags gibt es diesmal „kalten Hund", Konserven und belegte Stullen. Backen und Banken, wie normalerweise bei Essenszeit üblich, fällt aus. Bei dieser Schräglage verzehrt jeder seine Happen, wo er sich gerade befindet.

Der junge Kommandant spürt, daß die Unruhe bei seinen Männern wächst. Er greift zum Mikrophon und spricht über die Bordsprechanlage zu ihnen: „Wenn hier einer Angst hat, dann bin ich das. Und ich habe Angst – zugleich für Sie. Essen Sie lieber zusätzlich noch eine deftige Schinkenstulle. Wer weiß, ob und wann wir in russischer Gefangenschaft wieder was zu beißen kriegen." Die Worte wirken seltsamerweise beruhigend. Die Männer essen tatsächlich – hoffentlich wird es nicht ihre Henkersmahlzeit sein.

Es ist empfindlich kalt geworden im Boot. Aber die Heizung darf nicht eingeschaltet werden. Der LI knausert mit der elektrischen Energie, denn die Kapazität der Fahrbatterien darf nicht geschwächt werden. Vielleicht ist das Boot demnächst auf die letzten elektrischen Reserven angewiesen.

Ruhig ist es geworden im Boot. Einige Männer dösen mit offenen Augen vor sich hin, scheinen dem Vertropfen der Zeit nachzulauschen. An den Stahlwandungen glitzert das Kondenswasser. Weiterhin quälendes Warten. Die Gedanken sind unterwegs. Was wird uns Kirkenes bescheren?

Kirkenes ist derzeit teilweise zerstört. Während der Kämpfe um diese Stadt, in der Norwegens größtes Bergwerksunternehmen angesiedelt ist, wurde sie erheblich in Mitleidenschaft gezogen. Tausende von Einwohnern suchten in den Gruben am Björnevatu Zuflucht. Was die Männer von U 995 nicht wissen können, ist, daß diese Menschen wochenlang in den Grubengängen hausten und dort zehn Kinder geboren wurden. Ein hartes Kriegslos. Jetzt allerdings wird wieder Roheisen geschürft, das der Rüstungsindustrie der Sowjets zugute kommt.

Kurz nach 15.00 Uhr – über der Reede von Kirkenes müßte nun die Dämmerung hereinbrechen – wird die Besatzung aus der dumpfen Betäubung des stundenlangen Wartens erlöst. Dann heißt es: „Auf Gefechtsstation!" Die Abschnittsleiter treffen Anstalten zum Auftauchen. Sofort bemächtigt sich neuer Tatendrang der Männer. Eben noch wankelmütig und am Gelingen des Unternehmens zweifelnd, sind sie nun sofort wieder bei der Sache.

Jetzt muß der LI erneut seine Fähigkeiten unter Beweis stellen. Mit einem Knirschen unter dem Kiel hebt sich das Boot vom felsigen Untergrund und taucht langsam bis auf Sehrohrtiefe auf.

U 995 taucht vorgeflutet auf. Nur der Turm ragt über der Wasseroberfläche hinaus, bietet einen kleineren Blickfang als der gesamte Bootskörper. Passanten am Ufer könnten den Turm als kleines Boot ansehen. Der Kommandant nimmt nur den I.WO Schröder und die Nr. 3 Klapf mit auf die Brücke. Unten in der Zentrale herrscht jetzt äußerste Konzentration. Der LI und sein Zentrale-Personal muß auf der Hut sein, das Boot genauestens im Trimm halten. Trotz des Angespanntseins lassen sich die Zweifel nicht gänzlich verdrängen. Wer weiß, was uns hier erwartet? Nachdem die Russen Kirkenes übernommen haben, unterhalten die Norweger hier einen Stützpunkt, in dem ihre aus England geholten Kriegsschiffe liegen: eine Korvette, Minensuchboote und Motorboote. Zudem ist damit zu rechnen, daß gerade jetzt Geleitschiffe für Küstenkonvois im Hafen liegen können.

Die ersten ungewissen Blicke ins Schattendunkel. Einige Herzschläge lang Zweifel, ob das Boot entdeckt ist. Nein – das scheint nicht der Fall zu sein. Im Blickwinkel des Kommandanten liegt Kirkenes. Spärliche Lichter funkeln von dort herüber.

„Wir gehen näher heran!" läßt Hess nach unten durchgeben. „Beide E-Maschinen langsam voraus!" U 995 gleicht jetzt einem Bogen, dessen Sehne bis aufs äußerste gespannt ist. Aber der Pfeil, der darauf liegt, ist noch nicht im Ziel. Ob er es überhaupt jemals erreichen wird? Doch es wäre müßig, in diesem Augenblick solchen Betrachtungen nachzuhängen.

Näher und näher schiebt sich U 995 in den enger werdenden Schlund zwischen den Uferböschungen hinein. Am Ostufer des Fjords ist der Ort Jacobsnes zu erkennen, rechts vom südlich gelegenen Kirkenes öffnet sich der Lang-Fjord.

Die Mündungsklappen der Torpedorohre werden zusammen mit den Verkleidungsklappen geöffnet. Die Torpedomixer müssen sie mit der Handkurbel öffnen, 33 Umdrehungen pro Rohr.

Inzwischen kann man vom Turm des Bootes aus die vor dem Bergrücken ausgespreizt daliegenden Hafenanlagen gut erkennen. Zum Leidwesen der Wache ist jedoch nur ein Dampfer auszumachen, er liegt vor der alten Kohlepier. Der I.WO nimmt einen Blick durch das Glas, schätzt ihn auf 6000 BRT. Ein mittleres Opfer, das sich dort anbietet ... U 995 ist in guter Torpedo-Reichweite. Kommandant und sein Torpedo-Offizier Schröder tuscheln kurz miteinander. Jetzt folgen heiser gesprochene Befehle. Der Kommandant nimmt den Dampfer ins Fadenkreuz der Zieloptik, gibt die Werte an die Rechenanlage hinunter: „Klar zum Unterwasserschuß! Zweierfächer, Rohr eins und drei!" In diesen Rohren lagern FAT-2-Torpedos Typ T III a. Kommandant weiter: „Tiefe fünf, Vauté 30 Seemeilen, Vaugé Null, Bug links, Lage Null, Entfernung 2200 Meter, Streubefehl drei!"

Der Unteroffizier vor der Rechenanlage legt die Schalter ein. Die Anlage steht nun in Verbindung mit dem Kreiselkompaß und dem Sehrohr. Im Rechnerkasten surren die Zahnräder und Konusscheiben. Zwei rote Lämpchen flammen auf und verlöschen wieder. Sekunden später meldet der Unteroffizier die errechneten Schußunterlagen nach oben zum I.WO.

„Folgen!" kommt die Anweisung.

Jetzt schaltet der Unteroffizier die Rechenanlage auf die Torpedorohre. Zwei weitere Lämpchen glimmen auf. Automatisch werden jetzt alle Veränderungen der Schußunterlagen zum T-Schu-Empfänger übermittelt und von den Torpedomechanikern in den Schwenkmechanismen eingekurbelt. Jetzt können die Torpedos zu jeder Zeit, auch wenn das Boot seinen Kurs bis zu 90° ändert, abgefeuert werden. Gemäß eingegebenem Streubefehl soll ihr Abstand zueinander nicht mehr als eine Schiffslänge ausmachen. Und dann ist U 995 in guter Schußposition. „Rohr eins und drei llooos!" Es ist jetzt genau 16.15 Uhr.

Die Torpedos laufen. Nach zwei Minuten und 23 Sekunden scheint das Ziel getroffen zu sein. Eine harte Detonation dröhnt herüber. Der Horcher im Boot registriert kurzfristig Wassereinbruch. Aber der Dampfer schwimmt noch, wie durch die Sehrohroptik zu erkennen ist. U 995 dreht noch einmal auf Angriffskurs. Der Kommandant überläßt es nun seinem I.WO, dem offensichtlich angeschlagenen Schiff den Fangschuß zu geben. Der Offizier hat das Fadenkreuz genau mittschiffs Brücke des Dampfers, auf dessen Kabinendeck ein paar Lichter brennen. Der Kommandant weist ihn an: „Bei zweitausend Meter schießen!"

Von der Rechneranlage meldet der Unteroffizier dem I. Wachoffizier alle sich ändernden Schußwerte. Der I.WO gibt durch: „Rot drei! Klar zum Einzelschuß Rohr vier!" In Rohr IV liegt ein FAT-1-Torpedo. Diese neuartigen Torpedos sind in der Lage, ihr Ziel zu finden, auch wenn das Boot vor dem Abfeuern bereits die Fahrtrichtung ändert; die Berücksichtigung des Drehmoments wird ihnen von der Rechneranlage eingegeben.

Kommandant an Rudergänger: „Hart Backbord!", an den I.WO: „Schußerlaubnis!"

„LOS!" Zeitpunkt: 16.35 Uhr. Während das Boot den schnellstmöglichen Drehkreis fährt, verläßt der Torpedo das Rohr. Nach 2 Minuten und 5 Sekunden steigt beim Dampfer eine schmale, hohe Sprengsäule empor. Die Detonation hört sich gedämpft an, als ob der Torpedo in die bereits gefüllten Laderäume des Frachters gelaufen wäre, dessen Lichter augenblicklich erlöschen. Sein Vorschiff scheint tiefer gesackt zu sein. Die Offiziere im Turm von U 995 nehmen an, der Dampfer habe sich bei geringer Tiefe des Hafenbeckens auf Grund gesetzt.

Jetzt wird es im Hafen lebendig. U 995 aber bleibt vorerst unbemerkt. Ein Bewacher prescht heran, möglicherweise ein Zerstörer. Er läuft mit Braßfahrt, hat den „weißen Knochen", die weiß aufschäumende Bugwelle, im Maul.

Mit äußerster Kraft seiner Maschinen strebt U 995 dem rettenden Fjord-Ausgang zu. Beim Anblick des aufkommenden Verfolgers hält der Kommandant von U 995 den Atem an. Wird ihnen jetzt die dreiste Tat vergolten werden? Hess preßt die rechte Augenhöhle fester ans Okular des Sehrohrs. Gibt es noch ein Entrinnen? Wenn der Zerstörerkommandant clever ist, kann er das Boot vernichten …

„Verdammt und zugenäht …!" entfährt es Hess. „Der dreht genau auf uns zu. Wir wollen ihn aufs Korn nehmen!" ruft er in die Zentrale hinab, wo der LI seine Gefechtsstation hat. Zwei Torpedos lagern noch in den Rohren, einer vorn, einer achtern. Die müssen genügen, um mit dem Verfolger fertig zu werden – glaubt der Kommandant. Er spinnt, schießt es Wellnitz durchs Hirn. Obwohl der LI nicht zeigt, daß auch ihn die Angst gepackt hat, stemmt sich sein Überlebenswille gegen die Absicht des Mannes über ihm im Turm.

Schon kann man mit bloßem Ohr das Schraubengewitschel des nahenden Zerstörers hören. Nur noch beherrscht von dem Wunsch zu überleben, läßt Wellnitz alle Befehlsverpflichtungen außer acht und das Sehrohr, an dem der Kommandant auf die richtige Schußposition lauert, einfach unterschneiden. So bringt er das Boot auf Tiefe, und Hess kommt nicht zum Schuß. Wenig später donnert der Zerstörer mit Vollbraß über das Boot hinweg …

Das feindliche Schiff steuert im leichten Schneetreiben in den westlichen Seitenarm des Fjords südlich der großen Insel Skogeröy. Vielleicht unterliegt er dem Irrglauben, dort den Störenfried entweichen zu sehen. Südlich von Skogeröy gibt es schließlich eine zweite Wasserstraße, die bei Revöysund ins offene Meer führt. Der Zerstörer gerät jetzt außerhalb der Torpedoreichweite von U 995. Der fieberhaft arbeitenden Funkmannschaft ist es inzwischen gelungen, das Tiefenlot funktionsfähig zu machen. Die Ursache des vorherigen Versagens lag im Meßbereich für Flachwasserlotung.

Das Boot bricht jetzt aus der Tiefe hervor. Vorerst wird mit leisen E-Maschinen gefahren. Erst außerhalb der Gefahrenzone übernehmen die Diesel den Vortrieb. Unbehelligt gelingt es U 995, die offene See zu erreichen. Die Stimmung seiner Besatzung ist entsprechend. Ein Funksignal zur Leitstelle in Narvik wird herausgegeben: „Ein Dampfer in Kirkenes-Hafen versenkt – U 995–." Postwendend erfolgt die Antwort des FdU: „An Besatzung von U 995 – gut gemacht!"

Die schneegekrönten Berge der Küste, hinter denen Tundren und Moore liegen, sind achteraus hinter dem Horizont entschwunden. Das Boot wiegt sich in den grauflutigen Wellen des Nordmeeres.

Noch in der gleichen Nacht wird per Funkspruch dem Kommandanten von U 995 durch den Befehlshaber der U-Boote eine hohe Auszeichnung zuteil: „... in Anerkennung und Würdigung Ihres Erfolges verleihe ich Ihnen das Ritterkreuz zum Eisernen Kreuz", heißt es im Funkspruch.

Jubel bricht aus im Boot. Auf die Verleihung des Ritterkreuzes läßt der Kommandant mit einem Glas Sekt anstoßen. Eine Zeitlang herrscht fröhliche Ausgelassenheit. Früher gab es das Ritterkreuz für einen U-Bootskommandanten für die Versenkung von 100 000 BRT feindlichen Schiffsraumes. In diesen Tagen haben sich die Maßstäbe verschoben, allein eine spektakuläre Versenkungsmeldung bringt Meriten.

Am nächsten Morgen fliegt eine deutsche Aufklärungsmaschine über Kirkenes und bestätigt anhand einer Luftbildaufnahme die erfolgte Versenkung durch U 995.

Nach vom Verfasser erschlossenen norwegischen Quellen handelt es sich bei dem von U 995 am 8.2.1945 in Kirkenes' Hafen angegriffenen Schiff um das 4287 BRT (5095 ts) große, unter Norwegens Staatsbanner fahrende Dampfschiff „Idefjord". Die 111 Meter lange „Idefjord" wurde 1921 bei Canadian Vickers Ltd. in Montreal gebaut und gehörte zur Flotte der Norske Amerikalinje AS, Oslo, deren Schiffsnamen alle die Endung „Fjord" hatten.

Seit dem Nachmittag des 22. Januars 1945 hatte die „Idefjord" vertäut an der provisorischen Pier in Kirkenes gelegen und dort ihre Ladung gelöscht. Sie hatte eine weite Reise hinter sich, seitdem sie sich am 30. Dezember 1944 in Loch Ewe, Schottland, dem Konvoi JW.63 angeschlossen hatte. Via Murmansk, wo sie Mitte Januar 1945 eingelaufen war, und dem nördlich von Petsamo gelegenen Liinahamari hatte sie, mit 32 in Murmansk aufgenommenen Passagieren, vornehmlich norwegisches Sanitätspersonal, schließlich Kirkenes erreicht. Da Radio Stockholm verkündet hatte, ein großes norwegisches Transportschiff sei mit Versorgungsgütern für die Zivilbevölkerung in Kirkenes eingetroffen, glauben die Norweger, daß das U-Boot, welches den Angriff auf das Schiff durchgeführt hat, gezielt darauf angesetzt worden war und daß es ein Fehler gewesen sei, die Anwesenheit des Schiffes über den Äther zu verbreiten.

Jedoch: Trotz der angeblichen deutschen Luftbildaufklärung – und obwohl Olt.z.S. Hess es später nicht wahrhaben will – ist festzustellen: Die „Idefjord" blieb vollkommen unversehrt, die notdarbende Zivilbevölkerung im Raum Kirkenes kann zu ihrer großen Erleichterung von der „Idefjord" einige hundert Tonnen von angelsächsischen Hilfsorganisationen gespendete Geschenkartikel in Empfang nehmen. Die von U 995 abgefeuerten Torpedos detonierten allesamt am Strand, mehr als dreißig Meter vom Bug des anvisierten Schiffes entfernt.[1] Eskortiert von norwegischen Sicherungsschiffen wird die „Idefjord" am

1) Nach Ansicht des Verfassers ist nicht auszuschließen, daß aus dem Langfjord setzender Strom (dieser Fjord mündet bei Kirkenes in den Bökfjord) die Torpedos von U 995 abdriften ließ.

10. Februar in Richtung Liinahamari dampfen. Unter zusätzlichem Schutz von russischen Fahrzeugen und Flugzeugen wird die „Idefjord" nach Murmansk verlegen und am 17. Februar im Konvoi RA.64 den Kolafjord verlassen.

Trotz des Mißerfolges für U 995: Was zählt, ist die wagemutige Tat der Männer des deutschen Unterseebootes.

*

U 995 erwartet inzwischen zusammen mit den anderen Booten der U-Bootsgruppe „Rasmus" den gemeldeten, von West nach Ost ziehenden Geleitzug JW.64. Bereits am 7. Februar waren 48 Maschinen vom Typ Ju 88 des deutschen Kampfgeschwaders 26 gestartet, um den Geleitzug aufzuspüren und zu bekämpfen. Sie konnten den Konvoi jedoch nicht finden. Sieben der Flugzeuge gingen verloren.

Vom 8. bis 9. Februar aber können deutsche Aufklärungsflugzeuge Fühlung zum JW.64 halten. Die Wetterlage wird schlechter. Am 10. Februar steht der Geleitzug südlich der Bären-Insel, als kurz nach 10 Uhr auf den Radarschirmen der Geleitfahrzeuge 30 Ju 88 des KG 26 auftauchen. Bei Regenböen und Sicht von kaum fünf Seemeilen gerät die erste Angriffswelle der Flugzeuge in massives Abwehrfeuer, ohne daß ihre abgeworfenen Torpedos ein Ziel finden. Ein Teil der Flugzeuge wird von Schiffsartillerie und von den von den Trägern aufgestiegenen Jagdflugzeugen abgeschossen. Trotzdem wagt das Geschwader bei äußerst starker Jagd- und Flak-Abwehr einen neuen Angriff, der ebenfalls erfolglos bleibt.

Dagegen gehen bei beiden Angriffen sieben Ju 88 verloren. Allein Geleitzug-Kommodore Ullring sah fünf Flugzeuge ins Meer stürzen. Nur ein britischer Jäger wurde abgeschossen. Die südlich der Bären-Insel aufgestellten deutschen U-Boote können aufgrund des starken Sicherungsgürtels nicht an den Geleitzug herankommen und werden dann nach Osten dirigiert, um das Geleit vielleicht vor der Kola-Bucht abfangen zu können.

Lebhafter Funkverkehr, verstärkte Luftüberwachung und häufiges Auftreten von meist kleinen Sicherungsfahrzeugen unter der Küste bestätigen U 995 die Nähe des West-Ost-Geleitzuges. Das Boot trifft zwischen Heimasaari und der Nordwest-Huk von Rybatschij auf einige sehr leichte, aber äußerst laute Motorfahrzeuge, die keinen Angriff lohnen. Sowjetische Jagdflugzeuge vom Typ Jak 1 werden bei Übungsflügen und Bombenabwürfen am NW-Huk von Rybatschij beobachtet. Am 11. Februar nimmt der Sprechverkehr zwischen den feindlichen Geleitfahrzeugen und Trägerverbänden in Richtung Kola-Bucht deutlich zu, ein untrügliches Zeichen für das Aufkommen des Geleitzuges.

In Höhe von Njemetzki sichtet U 995 unweit der Küste Mastspitzen. Alsbald wird ein Dampfer von 3000 BRT ausgemacht, der von zwei Motorfahrzeugen gesichert wird. Wegen sich verschlechternder Sicht gelingt es jedoch nicht, näher an die Schiffe heranzukommen. In der Nacht zum 12. Februar werden Scheinwerfer in AC 8824 festgestellt. Auch aus AC 8811 ist Scheinwerfertätigkeit auszumachen, wahrscheinlich von Signal- oder Beobachtungsstellen auf Kap Njemetzki kommend.

Am 12. Februar vereinen sich sowjetische Zerstörer mit dem Geleit JW.64. Sie sollen einen Teil der Schiffe schützen, die ins Weiße Meer weitergeleitet werden. In der kommenden Nacht erreicht der Konvoi weitab von U 995 die Kola-Bucht. Schneeböen fegen über die düstere See. Anhand der aufgefangenen Ortungen und des Geleitfunkverkehrs, der in Richtung innere Kola-Bucht wandert, schließen die Offiziere von U 995, daß das Geleit um 1.30 Uhr in seinem Bestimmungshafen eingelaufen sein muß.

U 992, das Kameradenboot von U 995, ist zur Stelle, als der letzte vollbeladene Frachter die Einfahrt nach Murmansk passiert. Der Frachter wird von der Korvette „Denbigh Castle" gedeckt, die von U 992 torpediert wird. Der Besatzung gelingt es, ihr angeschlagenes Schiff über Wasser zu halten. Die Korvette „Bluebell" nimmt es einstweilen auf den Haken, ehe es vom sowjetischen Bergungsschiff „Burevestnik" eingeschleppt wird. Die „Denbigh Castle" droht jedoch zu sinken und muß in Strandnähe auf Grund gesetzt werden. Sie wird ein Totalverlust.

Enttäuscht über den spärlichen Erfolg am stark gesicherten Konvoi JW.64, aber nicht entmutigt, suchen die deutschen U-Boote vor der Murmanküste nach leichter zu jagenden Zielen.

Am 14. Februar schiebt sich der aus dem Weißen Meer kommende sowjetische Konvoi BK.3 in die Kola-Bucht. Die Schiffe hatten im Weißen Meer ihre Ladungen gelöscht und sind dabei, sich dem westwärtsgehenden Konvoi RA.64 anzuschließen, der alsbald von Murmansk auslaufen wird. Trotz einer starken Sicherungsgruppe von sowjetischen Zerstörern wird der BK.3 von drei deutschen U-Booten angegriffen.

Im BK.3 fährt auch das 7200 BRT große Dampfschiff „Horace Gray" der American Export Lines Company, New York. Von New York kommend via Swansea, Wales, hatte es am 19. Januar Molotowsk erreicht. Das Liberty-Schiff hatte dort die für die Sowjets bestimmten Rüstungsgüter gelöscht und ist nunmehr mit 7500 Tonnen Pottasche in den Laderäumen auf dem Weg nach Murmansk.

Um 10.39 Uhr läuft das Schiff auf Position 69°21'N/33°43'O in einen Torpedo von U 711. Die „Horace Gray" sackt mit dem Achterschiff weg, kann jedoch von zwei russischen Schleppern in Richtung Kola-Einfahrt gezogen werden. Um 12.32 Uhr verläßt die Mannschaft in vier Rettungsbooten ihr zu sinken drohendes Schiff. Die Insassen von zwei Booten werden von sowjetischen Eskort-Fahrzeugen aufgenommen. Eine Stunde später gehen die Männer der beiden anderen Boote, darunter der Kapitän, wieder an Bord der „Horace Gray" und bleiben dort, bis der Frachter abends gegen 20 Uhr in Strandnähe aufgesetzt wird.

Mittagszeit: U 711 meldet einen weiteren Dampfer (7000 BRT) versenkt.

U 968 wartet auf Grund liegend ab, bis der Geleitzug es überläuft. U 968 steigt mitten im Geleitzug auf Sehrohrtiefe, und die Eskort-Fahrzeuge am äußeren Rand der Schiffskavalkade können dem Boot nun nicht mehr gefährlich werden. Um 12.30 Uhr bringt ein Dreierfächer U 968 zweimal einen Treffer auf jeweils einem Frachter von ca. 7000 BRT, der dritte Torpedo detoniert am Ende seiner Laufstrecke. Mit zwei weiteren Einzelschüssen greift das Boot einen Tanker und einen Zerstörer an. Bei dem Tanker, der auf Position 69°22'N/33°50'O (AC 8559) torpediert wird, handelt es sich um „D/T Norfjell", die genau wie die „Horace Gray" im Januar mit dem Geleit JW.63 zum Weißen Meer gekommen war. Den Treffer erhält das Schiff in den Maschinenraum, der den dritten Maschinisten Rolf Bakkehaus und den Heizer Bernhard Nielsen tötet. Die „Norfjell" bleibt ebenfalls schwimmfähig und kann von einem Sicherungsschiff in Schlepp genommen und später im Kolafjord bei Tree Roochia an den Strand gesetzt werden. Nach notdürftiger Reparatur wird sie anschließend nach Westen dampfen. Auf Position AC 8858 schiebt sich wenig später U 992 an das Geleit BK.3 heran und greift einen 7000-BRT-Tanker an.

U 995 unternimmt an diesem Tag einen Vorstoß in Richtung Kola-Bucht. In AC 8823 bei AC 8852 nimmt das Boot um 10 Uhr eine Kolbenhorchpeilung auf, die von Ost nach Süd auswandert. U 995 folgt der stetig anwachsenden Horchpeilung. Als es dreieinhalb Stunden später in unmittelbarer Nähe der Kolbengeräuschquelle das Sehrohr ausfährt, ist kein Schiff weit und breit zu erblicken. Wahrscheinlich ist es einer Kolbengeräuschboje auf den Leim gegangen.

Der 15. Februar verläuft für die Boote der Gruppe „Rasmus" ohne besondere Ereignisse. Um 2.25 Uhr des nächsten Tages läuft bei der Seleneckij-Insel ein sowjetisches Geleit, bestehend aus einem Dampfer und drei Bewachern, vor die Rohre von U 286. Das Boot meldet den Dampfer (3000 BRT) als versenkt und einen der bewachenden U-Jäger als wahrscheinlich versenkt.

An diesem Tag laufen mehrere alliierte Jagd-Einheiten aus, um deutsche U-Boote aus der Kola-Bucht zu vertreiben. Gruppen von sowjetischen Zerstörern, Minensuchern, U-Jägern und Torpedo-Kuttern verlassen den Kola-Fjord, außerdem ein Teil der britischen Escort-Force mit den Geleitträgern „Nairana" und „Campania", dem Kreuzer „Belbona" sowie 16 Geleitfahrzeugen. Die Streitmacht will das Seegebiet vor Murmansk leerfegen, bevor das westwärts gehende Geleit ausläuft. Zehn deutsche Boote liegen in diesem Seegebiet in Lauerstellung: U 286, U 310, U 318, U 425, U 636, U 711, U 739, U 968, U 992 und U 995.

U 425 ist ein bitteres Los beschieden. In der Nacht zum 17. Februar zappelt dieser stählerne Fisch in den Pranken des übermächtigen Gegners. Im Wasserbombenhagel der Salvenwerfer der britischen Sloop „Lark" und der Korvette „Alnwick Castle" versinkt es auf 69°39'N/35°50'O. 53 weitere Tote liegen auf dem Grund der Barents-See. Die mörderische Jagd auf beiden Seiten geht unvermindert weiter. Die grauflutige Barents-See ist die weite Arena, in der erbitterte Kämpfe wüten – und mittendrin U 995. Insbesondere die Kola-Bucht ist ein wahres Schlangennest für Freund und Feind.

Am 17. Februar steht U 995 bei Cyp-Novalok an der Nordost-Ecke von Rybatschij, als es von schnellen Bewachern geortet wird. Der Horcher nimmt ihre sägenden Maschinengeräusche auf. An diesem Tag läuft ostwärts von U 995 unter den Sicherungskräften des hinführenden Geleits JW.64 der nach Westen gehende Konvoi RA.64 mit der „Idefjord" aus dem Kola-Fjord aus.

Während der letzten drei Tage hatten die Zerstörer „Sioux", „Zambesi" und „Zest" 500 norwegische Männer, Frauen und Kinder von der Insel Söröy evakuiert, die auf Schiffe des rückkehrenden Geleits RA.64 verteilt worden sind.

Der auslaufende Konvoi RA.64 kreuzt die Standorte der Boote U 711 und U 968. U 968 liegt in AC 8865 (69°30'N/34°33'O) wiederum in sicherer Tiefe in Lauerstellung und läßt, in gleicher Manier wie am 14. Februar, den Geleitzug über sich herankommen, taucht auf und feuert fünf Torpedos ab.

Um 10.24 Uhr reißt ein Zaunkönigtorpedo der Sloop „Lark", die als Feger vor dem Geleit fährt, das Heck weg. Der sowjetische U-Jäger MO-434 rettet einen Teil der „Lark"-Besatzung, die 1350 ts große Sloop bleibt jedoch schwimmfähig und kann in den Hafen eingeschleppt werden, wo sie aufgesetzt wird.

U 968 meldet noch einen Dampfer von 7000 BRT als versenkt und einen anderen sowie einen Zerstörer getroffen. Während das Boot seinen Sehrohrkopf ausgefahren hatte, wurde dieser von Flugzeugen mit Bordwaffen beschossen. Sie warfen keine Bomben, offensichtlich weil sie keine mitführten oder aber die eigenen Frachtschiffe nicht gefährden wollten. U 968 läßt das Geleit vorüberziehen, ehe es auftaucht, um dem FdU den Geleitdurchgang zu melden.

Anderthalb Stunden nachdem die „Lark" getroffen wurde, torpediert U 968 aus dem RA.64 den 7176 BRT großen amerikanischen Dampfer „D/T Thomas Scott" auf 69°30'N/34°42'O. Der Frachter hat 41 Evakuierte von Söröy an Bord, die zusammen mit der amerikanischen Besatzung an Bord eines britischen Eskort-Fahrzeuges genommen werden. Der sowjetische Zerstörer „Zestkij" versucht, die „Thomas Scott" in den Hafen zurückzuschleppen, doch sie sinkt.

U 711 bleibt am Geleit. Um 15.23 Uhr zerreißt auf Position 69°36'N/25°29'O ein von dem Boot abgefeuerter Torpedo die „Bluebell", eine Korvette der Flower-Class. Es gibt nur einen Überlebenden.

Der kommende Tag bringt Sturm aus Südwest mit Windstärken bis 7. Die Alliierten müssen ihre Flugoperationen in der Barents-See einstellen, und U 995 kann für längere Zeit auftauchen, um die erschöpften Fahrbatterien mit den Dieselgeneratoren aufzuladen – doch unter welchen Bedingungen ... Die festgegurteten, in schwerem Ölzeug steckenden Brückposten werden hin und her geworfen, meterhohe Wellen überschütten die Brücke, lassen die Posten oft genug Unmengen von eisigem Nordmeerwasser schlucken. Die Männer erleiden schwere Prellungen, Rippenquetschungen und Blessuren an Kopf und Händen. Auch das Innere des Bootes bietet den Männern nur ein armseliges Obdach. Unter katastrophalen Umständen müssen die sterbenselenden Wachgänger die Maschinen warten. Das gußeiserne Turmluk über dem zur Schreckenskammer gewordenen Bootsinneren muß geschlossen gehalten werden. Es wird nur rasch geöffnet, wenn ein Wachwechsel vollzogen wird. Allein durch die Lüftungs- und Dieselzuluftschächte dringen enorme Wassermengen ein. Das Wasser schwappt bereits über die Flurplatten. Es ist unbeschreiblich, welche Strapazen die Männer im Boot erdulden müssen.

Über die offenen Flure der Barents-See fegen Böen mit über 60 Knoten Geschwindigkeit, verwandeln alles ums Boot herum in eine schäumende Wildnis. Die Ohren der Brückenposten sind betäubt von der kreischenden Sturmserenade. Weiße Gischt wird von den kolossalen Wellenkämmen fortgerissen, schlägt wie ein Pfeilregen in die Gesichter der Männer. Ihre Münder ringen unaufhörlich nach Atem. Es ist gänzlich unmöglich, sich einen Augenblick ausruhen zu können. Die nächste Woge baut sich haushoch auf. Berstende Wasserwälle branden erneut gegen die Turmplatten, werfen das Boot flach auf die Seite. Das Wildwasser überspült die Männer bis zu den Köpfen. Längst ist ihr Wetterzeug in Mitleidenschaft gezogen worden. Im triefnassen kalten Unterzeug wachen sie dennoch für ihre Kameraden, die sie unter sich im Boot wissen. Längst schon spucken einige der Brückenposten nur noch grüne Galle über die Brückenbrüstung in die kochende See. Aber was hilft's? Die Batterien müssen aufgeladen werden. Noch ist kein Ablaufen des Sturmes abzusehen. Doch den U-Bootsfahrern zum Trost: Unter dem Sturm leiden Freund und Feind gleichermaßen. Die Allmacht des Meeres trifft jeden.

In der groben See zerreißt während der kommenden Nacht die Schiffsformation des Konvois RA.64. Die Schiffe treiben auseinander. Bei dem schweren Wetter können die wenigen deutschen U-Boote keine Fühlung mehr zum RA.64 halten. U 286, U 307, U 711, U 716, U 968 und U 992 sollen in die Bären-Insel-Enge vordringen, um dort das Geleit abzufangen.

Am Abend des 19. Februar verliert der Sturm seine Kraft. Um 4.20 Uhr des 20. Februar schwärmen deutsche Luftaufklärer aus und erfassen den RA.64. Am Morgen mühen sich die Geleitfahrzeuge, die Schiffe zu sammeln, um die Konvoi-Formation wiederherzustellen. Gegen 9.00 Uhr hat sich das Geleit bis auf vier Frachter wieder zusammengefunden.

Eine Stunde später beobachten die Männer auf den Geleitschiffen am Horizont eine Staffel von 40 Ju-88-Torpedoflugzeugen des KG 26.

Der Geleitzug wird von seinem Befehlshaber McGrigor sofort umdirigiert, so daß er die angreifenden Flugzeuge rechtzeitig achteraus bekommt. Gleichzeitig starten die Jagd-Flugzeuge des Trägers „Nairana“, um die Angriffs-Phalanx der Ju 88 aufzubrechen. Die Geleitschiffe bleiben alle von den abgeworfenen Torpedos verschont, wohl auch, weil etliche vorzeitig in der rauhen See detonierten. Sechs deutsche Flugzeuge werden Opfer der gegnerischen Jäger und stürzen mit den Besatzungen ins Meer.

Die Flieger des KG 26 glauben jedoch, während ihres todesmutigen Einsatzes zwei Kreuzer, zwei Zerstörer und mindestens acht Frachter versenkt zu haben. Der FdU-Nord setzt die Boote U 286, U 307 und U 716 an, um evtl. havarierten Schiffen des RA.64 den Fangschuß geben zu können. Während der Mittagszeit stoßen drei alliierte Zerstörer zum RA.64, die vom Commander in Chief (Oberbefehlshaber) als Entsatz für die in der Kola-Bucht erlittenen Verluste hinzubeordert wurden.

U 995 steht derzeit in der Höhe von Hampden (AC 8812) auf Beobachtungsposten. Doch auf dem Küstenweg Petsamo (Pečenga) – Kirkenes-Vardö ist die Lage ruhig, Schiffsverkehr nicht auszumachen.

Am Abend haben zwei Nachzügler zum RA.64 aufgeschlossen. Am nächsten Tag findet ein weiterer den Anschluß zum Geleit. Das letzte vom Konvoi abgesprengte Schiff ist die „Crosby Noyes". Die wenigen deutschen U-Boote hingegen kommen gegen die Schiffe des RA.64 nicht mehr zum Schuß, werden von der britischen Luftsicherung beim Versuch, Fühlung zu halten, abgedrängt.

Allerdings beschatten vereinzelt deutsche Aufklärer das Geleit während des 21. und 22. Februar, das in eine noch heftigere Sturmzone als zuvor hineinsteuert. Wieder wird die Geleitformation auseinandergerissen.

Um 5.15 Uhr des 23. Februar wird der mit den Urgewalten der See kämpfende Konvoi von einem deutschen Aufklärer gesichtet. Erneut startet das KG 26 in eine Schlechtwetterfront hinein.

Doch in beiden gegnerischen Lagern befinden sich erfahrene Männer. Inzwischen starten die Piloten der „Nairana" trotz schwankender Decksplattform ihre Jagdflugzeuge. Die deutschen Torpedo-Flugzeuge verfehlen das Geleit, entdecken jedoch nur 50 sm hinter dem Geleitzug den einsamen Nachzügler „Henry Bacon" (7177 BRT). 65 Minuten lang werden alle gegen das Schiff gerichteten Angriffe abgewehrt, bis ein Torpedo in das achtere Magazin einschlägt. Der Frachter beginnt zu sinken.

Fieberhaft werden die Rettungsboote in das sich wild gebärdende Wasser gefiert. Das Schiff hat Evakuierte von der Insel Söröy an Bord, darunter Frauen und Kinder. Die amerikanischen Seeleute füllen die Plätze der Boote zuerst mit den norwegischen Passagieren. Eine Geste der Selbstaufopferung. Viele dieser heroischen Seeleute finden den Tod, als ihr Schiff sinkt. Alle Insassen in den Rettungsbooten können später von den Eskort-Schiffen gerettet werden.

Die „Henry Bacon" aber soll das letzte Schiff bleiben, das deutsche Kampfflugzeuge im Zweiten Weltkrieg versenken konnten.

Der Geleitzug RA.64 setzt nunmehr, von den Deutschen unbehelligt, seinen Marsch fort und wird am 1. März in den Clyde einlaufen. Zugleich wird der RA.64 das letzte Geleit sein, dem die Deutschen ernsthaften Widerstand entgegensetzen konnten.

*

U 995 hat den Sturm abgewettert und kontrolliert die Murman-Küste: Östlich und westlich der Kildin-Straße werden vereinzelt Kutter und Küstensegler beobachtet, die einen Angriff nicht lohnen. Im Gebiet von Toros bei AC 8852 zacken, während U 995 über Wasser fährt, einige kleine Motorboote, ähnlich den englischen M1-Booten, mit hoher Geschwindigkeit umher. Gelegentlich stoppen sie. Ihr Sprechverkehr, offensichtlich mit der Signalstelle auf Sjethuk, wird von den Funkern von U 995 belauscht.

Handelsverkehr ist nicht zu registrieren. Auf dem NW-Huk von Kildin ist deutlich eine Radarstation zu erkennen. Zweimal werden von dieser Stellung ausgesandte Ortungsimpulse aufgenommen. Bei der weiter östlich gelegenen Landecke von Teribirski entdeckt U 995 eine FT-Station.

Erneut wagt U 995 einen Vorstoß zur Innenreede eines feindlichen Hafens. Diesmal ist es der Hafen Teriberka, der an der Mündung des gleichnamigen

Flusses liegt. Die Männer von U 995 entdecken an der Westseite der Bucht eine FT-Station und Kasernen-Gebäude, jedoch keine Schiffe auf der Innenreede. U 995 steuert noch weiter östlicher bis Ostrov Charlow, kann jedoch auch dort keine Schiffe finden.

Die Funker registrieren sowjetische Funkfeuer bei Cyp Novalok, Sjethuk und Teriberski in unregelmäßigen Abständen. Es ist anzunehmen, daß die Peilstationen nur in Betrieb gesetzt werden, wenn Schiffsverkehr stattfindet. Des Nachts brennen auf Cyp Novalok und Kap Njemetzki die Leuchtfeuer mit zweifacher Kennung. Bei Vardö und Kildin Nord werden die Leuchtfeuerstationen offensichtlich nur dann eingeschaltet, wenn mit Verkehr zu rechnen ist. Die Innenfeuer von Teriberski und Charlow können gelegentlich von U 995 beobachtet werden.

Tagelang steht das Boot nun schon vor der Murmanküste auf und ab. Das ist U-Bootsalltag. Für die Männer heißt es zwischen den Freiwachen immer wieder: Maschinenwache gehen, Ruder gehen, Ausguck gehen, Kombüsendienst, Reinschiffmachen, Waffendienst an Torpedos und Fla-Waffen, Navigationsdienst, auf Funk- und Horchstation sein. Täglich der gleiche Ablauf der Boots-Routine, ein steter Wechsel von Anspannung und quälendem Warten darauf, daß etwas passiert. Für jedes Boot, das in diesen Tagen an der Front steht, ist es eine Odyssee mit ungewissem Ausgang.

Nach der Eintragung des Obersteuermannes in der Seekarte befindet sich U 995 am 2. März um 11.10 Uhr in AC 8858, als aus der Kola-Bucht ein Geleitboot aufkommt. Bei schwacher südlicher Brise und dunstig verhangenem Horizont nähert sich das Boot in rw. 172°.

Bei gellenden Alarmglocken läßt sich die Brückenwache durch das Turmluk fallen. „Fluuuten!" Das Boot wird vorlastig.

Im Turm sind die Geräusche des strudelnden Oberflächenwassers deutlicher wahrzunehmen als im Bootsinneren. Dann herrscht die Stille der Unterwasserfahrt. Nur das Sirren des rotierenden Umformers und des Kreiselkompasses und das Summen der E-Maschinen im Heck sind noch zu hören.

„Auf Sehrohrtiefe gehen!" Man hört das Knacken des Tiefenrudergestänges und das Arbeiten der Trimmpumpen.

„Sehrohr ist raus!" Inzwischen ist das Geleitboot bis auf 4000 m herangekommen, zackend und in Kreisen fahrend.

„Typ Atherstone", gibt der am Angriffssehrohr hängende Kommandant bekannt. Die „Atherstone" gehört zur britischen Hund-Klasse, ein Ein-Schornstein-Schiff mit starker Artillerie, Mittelding zwischen U-Jäger und Flottenzerstörer. Der Anlauf beginnt.

„Wendeschuß aus Rohr zwo!" befiehlt der Kommandant. Das Geleitboot ist bereits auf 1000 Meter heran. Viel Zeit bleibt nicht mehr. Hastig werden die Schußwerte in den Torpedo-Vorhalterechner eingegeben. Um 11.20 Uhr verläßt der akustisch zielsuchende „Zaunkönig"-Torpedo Rohr II.

Bevor U 995 auf Tiefe geht, sieht der Kommandant, wie der anvisierte Gegner auf das Boot zuläuft. Dann stoppt das Geleitboot. – Quälendes Warten. Die Minuten schleichen dahin. Warum detoniert der abgefeuerte Torpedo nicht? Endlich – nach 11 Minuten und 10 Sekunden detoniert er, wahrscheinlich am Ende seiner Lauf strecke. Der Kommandant muß sich eingestehen, daß es ein Fehlschuß durch falsche Einstellung war, bedingt durch Zeitmangel und zu geringe Entfernung beim Zacken des Gegners aus stumpfer in spitze Lage.

Das Geleitboot bleibt eine halbe Stunde lang gestoppt liegen. U 995 entfernt sich mit Schleichfahrt. Zwei schwache Horchpeilungen werden in Südwest und Südost aufgenommen. Das in der Nähe liegende Geleitboot nimmt wieder Fahrt auf und wandert achteraus. Rasch wird Rohr II mit einem neuen „Zaunkönig" nachgeladen. U 995 geht wieder auf Sehrohrtiefe. Das vermutlich selbe Geleitboot steht jetzt im Süden außerhalb der Torpedoreichweite.

Um 12.51 Uhr taucht 4500 m entfernt ein zweites Geleitboot in rw 330° auf, zackend mit wechselnden Fahrstufen. Hin und wieder stoppt es. Obwohl das Boot rasch aufkommt, läßt man sich diesmal auf U 995 die nötige Zeit, um den Rechner für einen Wendeschuß aus Rohr II mit exakten Schußdaten zu füttern. Um 13.16 Uhr zischt der Torpedo dem Gegner entgegen.

Nach 7 Minuten und 32 Sekunden erschüttert eine enorme Detonation das Seegebiet. Bis ins Mark hinein spüren die Männer im Boot den Vernichtungsschlag. Der Kommandant sieht durch das Sehrohr die hohe Sprengsäule, die das Geleitboot buchstäblich auseinanderreißt.

Unwillkürlich versetzt sich jeder an Bord in die Lage des Gegners. Gedanken an die Menschen dort drüben kommen hoch. Was steht aber ihnen noch bevor?

Bei dem versenkten Geleitboot handelt es sich möglicherweise um den sowjetischen U-Jäger „BO 223", den die Sowjets 1945 verloren. Es war die ehemalige „SC 1507" (105 ts), die von den USA an den damaligen sowjetischen Bündnispartner abgegeben worden war.

U 995 richtet seine Bugspitze nordwärts. Jetzt, nach dem Angriff, setzt die Meute der U-Jäger dem Boot nach. Der Horcher zählt drei Jäger, die sich U 995 auf die Ferse heften. Er hört als erste das Pinnge-Pinnge der ASDIC-Impulse.

„Schraubengeräusche achteraus!" wird aus dem Horchschapp gemeldet. Das Rasseln der sich rasch nähernden Schiffsschrauben kann bereits von allen mit bloßem Ohr wahrgenommen werden. Auf dem Druckkörper treffen unaufhörlich ASDIC-Impulse auf – untrügliche Hinweise, daß die Peilung der U-Jäger steht. Jetzt folgt der zweite Akt des dramatischen Geschehens, jetzt werden die Rollen vertauscht. Der Gegner nimmt die gezielte Jagd nach dem verhaßten U-Boot auf.

„Tiefer gehen!" befiehlt der Kommandant. Es ist jetzt 13.34 Uhr. Nun kippen sie oben die erste Ladung „Mülltonnen" über Bord. Die todbringenden Sprengkörper peitschen mit einem gellenden Geräusch ins Wasser.

Die Abrechnung beginnt. Unten im Boot spüren die Männer plötzlich, daß die Stahlröhre wieder zu einem höllischen Verlies geworden ist. So vollzieht sich das Wechselspiel des U-Boots-Krieges. Begeisterung, wenn das Boot angreift, Furcht und Beklemmung, wenn es gejagt wird. Stoppelbärtige Gesichter richten sich nach oben, als wollten ihre Augen die stahlumschirmte Enge durchbohren und die herabtaumelnden Wasserbomben aufhalten.

Ramms – Rawaammms! Eine zornige Riesenfaust schüttelt das kleine Boot.

Spinde knistern und knacken, Schaugläser zerklirren, Glühbirnen zerbersten. Die Scherben der Manometergläser fliegen auf die Flurplatten. Elektrische Sicherungen fallen aus. Die Flanschdichtungen einiger Rohre in der Zentrale halten dem Wasserdruck nicht mehr stand. Wasser sprüht hervor.

Die Jüngeren schauen schreckensstarr die Älteren an. „Ruhig Blut, Leute!" beruhigt die Seemännische Nr. 1 seine jungen Kameraden.

Knop und Gürke hatten mit ihren Booten U 454 und U 203 bereits Schlimmeres erlebt. Das Pflichtgefühl gegenüber den jungen Kameraden veranlaßt sie auch jetzt, beherrscht und ruhig zu bleiben.

Bei Beginn dieser Reise waren drei Neue auf U 995 eingestiegen: die Matrosen Orgelmeister, Dreyer und Motyka. Es ist ihre erste Feindfahrt. Fragend blicken sie zu den Altgefahrenen hinüber. Der Bugraumälteste versucht sie anzuflachsen: „Na, ihr Ritter der Tiefe ...?"

Zumsteg, der hochaufgewachsene Zentralemaat, dreht Ventile dicht. Das Zischen in der Zentrale erstirbt. Einstweilen tritt Ruhe ein, eine lähmende, trügerische Ruhe für die hilflos in der Tiefe Eingeschlossenen. Aus den vorderen und hinteren Abteilungen werden die ersten Schäden gemeldet.

U 995 steht in AC 8853. In diesem Seegebiet ist es stellenweise sehr flach. Vor der Kola-Bucht liegt eine Barre, dort beträgt die Wassertiefe weniger als 100 Meter. Das Boot darf sich nicht dorthin abdrängen lassen, muß im tiefen Wasser bleiben, denn in flachen Gefilden gelingt es den Jägern eher, ein U-Boot zu knacken. Erneut treffen Peilstrahlen auf die Bootshülle. Jetzt ist keinem mehr nach Witzen zumute. Das Zirpen hört man mit bloßem Ohr. Dann wieder das Mahlen der Schiffsschrauben.

Ein neuer Waboregen folgt. Gewaltigen Keulenschlägen gleich, als hieben außerweltliche Wesen auf den Bootsrumpf ein, dröhnt es den Männern in den Ohren. Gleich muß die Bordwand bersten, denkt jeder. Das Boot, ein zerbrechliches Gebilde aus Menschenhand, in allen Verbänden bebend, kann so etwas doch gar nicht aushalten. Gut 20 Millimeter dick ist die Außenhaut beim VIIC/41-Boot. Dahinter lauern Dunkelheit und Verderben.

„Frage Ausfälle?" Der Kommandant kämmt sich mit den Fingern durch den Bartansatz, neigt sein Gesicht seitwärts zum LI.

„Zentrale Wassereinbruch über Wasserstandsgläser!" – „Bugraum klar!" – „Maschinenraum Druckluftleitung gerissen!" gehen die Meldungen ein.

„Peilung 180 Grad ... wird lauter! Peilung steht!" stößt der Horcher hervor.

Witschi – Witschi – Witschi ...! ‚Jetzt müssen die Höllenhunde über uns sein', denkt Gefechtsrudergänger Karl Weiß. Längst schon hat er den Gefechtsruderstand in der Zentrale eingenommen. Der LI hat einen Fuß auf die Kartenkiste gestellt, richtet seinen Blick nach oben. Die Männer auf ihren Stationen erstarren in Schweigen. Manche wischen sich den perlenden Schweiß von der Stirn. Jetzt lädt der nächste oben seine verderbenbringende Last ab. Sekunden wachsen zur Ewigkeit. Mit pochenden Herzen und zuckenden Lippen lauschen sie.

„Wahrschau – Festhalten!" Rawuumms – Rawaamm – Waamm ...! Wie ein gewaltiger Beckenschlag dröhnt es über das Boot hinweg. Kurz darauf noch einige Male. Wird das der letzte Atemzug?

Das Licht ist ausgefallen. Die Männer tappen und tasten sich durch die Düsternis. Endlich flammt die Notbeleuchtung auf. Man sieht das Verlegenheitslächeln des Vorgesetzten. Einen Augenblick kann man den lastenden Alpdruck abschütteln. „Verdammt! Die ersten Serien lagen dicht am Boot."

„Dieselraumverschlüsse undicht", wird von achtern gemeldet.

Der LI verschwindet. Im Maschinenraum herrscht „Zustand". Die angstgetriebenen Maschinisten arbeiten wie die Berserker mit Schraubenschlüsseln und Rohrverlängerungen, um die Leckagen abzudichten. Unaufhörlich strömt Wasser in den Maschinenraum. Sie müssen die Leckstellen schließen! Im quietschnassen Zeug und mit verzerrten Gesichtern schuften die Männer hinter den Motorblöcken. Neue Ängste brechen auf, denn die Flanschbolzen drohen abzureißen. Also Vorsicht! Durch die einströmenden Wassermengen gerät das Boot auch noch aus dem Trimm.

Der LI hetzt zurück in die Zentrale, läßt nachtrimmen. „Hilfs-Lenzpumpe einschalten!" preßt er mit heiserer Stimme hervor. Wieder ist das feine Pochen des ASDIC-Strahls auf der Bootshaut zu hören. Oben lauern sie auf ihre Chance, ihre Ultraschallgeräte arbeiten präzise. Ob es wohl Engländer sind?

Neue Ängste! Wieder das Schraubenmahlen über dem Boot. Augenblicklich erstarrt alles. ‚Sie bleiben uns auf der Fährte', denken die Männer. ‚Schon die nächste Wabo-Attacke kann uns fertigmachen. Werden die Ringspanten halten? Wenn nicht, dann wird der Druckkörper implodieren, dann ... Am gefährlichsten sind die Wasserbomben, wenn sie schräg unterhalb des Bootes krepieren. Schwachstellen sind die Flansche und Borddurchführungen. Oder wenn unsere eigenen Torpedos hochgehen?' Keiner der Männer mag weiterdenken.

Das Pinken des ASDIC-Strahles schwillt in der Lautstärke an. Der Horcher hört es: Oben klatschen neue Sprengtonnen auf die Wasseroberfläche ...

Sekundenlang herrscht Totenstille. Die Uhr scheint schneller zu schlagen. Die Atemzüge beschleunigen sich. Ängstlich sieht der junge Zentralegast zum Obersteuermann hinüber. Dann drückt die nächste Wabo-Serie das Boot mit der Kraft von gewaltigen Rammblöcken seitwärts. Was nicht niet- und nagelfest ist, liegt längst auf den Flurplatten. Nur noch eines zählt hier und jetzt: Der Druckkörper muß standhalten – er muß ...

Können der LI und die Mannschaft in der Zentrale das tiefer sackende Boot durch Lenzen halten? Lenzen und Trimmen verursachen aber verräterischen Krach. Hoffentlich kann der Wassereinbruch im Dieselmaschinenraum gestoppt werden. Das Boot ist immer noch im Netz der ASDIC-Strahlen gefangen. Auf allen bisherigen Feindfahrten wurde U 995 nie so dicht mit Wabos belegt wie diesmal. Wird es gelingen, dem Tod noch einmal von der Schippe zu springen? Kann der Kommandant die nächste Wabo-Serie ausmanövrieren?

Hess läßt einen neuen Haken schlagen. Ein kleines Flämmchen Hoffnung entfacht die Gemüter. Doch da schwillt es wieder an über den Köpfen: Der nächste Jagdhund ist da! Uiii – Uiii – Uiii, ertönt sein Schraubenschlag. Wie ein in der Nähe einschlagender Blitz donnert es jäh den Männern um die Ohren. Und noch einmal kommen die Donnerschläge.

Die Notbeleuchtung flackert. Dann ist es dunkel im Boot. Eine Stablampe leuchtet auf, ihr Lichtstrahl geistert über den Sicherungskasten. Fahrige Hände schrauben die Ersatzsicherungen hinein. Endlich wieder Licht. Noch ist die Scheidewand zum Jenseitigen nicht gerissen, noch nicht ...

„Dieselraumverschlüsse abgedichtet", kommt die erlösende Meldung aus dem Achterschiff. „Kein Wassereinbruch mehr!" ‚Mein Gott', denkt das Häufchen in der Zentrale und im Vorschiff, ‚was wären wir ohne unsere „Bilgenkrebse", unsere großartigen „Schwarzfußindianer ...".'

Die Hand des Horchers dreht das Peilrad. Gleich gibt es wieder „Zunder". Jeder hier unten weiß, die da oben haben uns immer noch am Wickel. Oben werden sie ihre Werfer klariert haben, vielleicht ihren Sprengtonnen eine andere Tiefeneinstellung geben. Jedem der Männer unten im Boot wird bewußt, daß ihre Gegner nicht eher lockerlassen werden, bis sie U 995 als vernichtet betrachten können. Das höchste für die Besatzung des über ihnen schwimmenden Blechkastens wäre natürlich, wenn sie ihren Kübel durch einen riesigen Ölflecken aus einem zerstörten U-Boot steuern könnten.

Der Kommandant rafft sich empor, läßt die druckfesten Kugelschotten und das Zentraleluk zum Turm schließen. Allein die metallisch knackenden Geräusche während des Verriegelns lassen noch gräßlichere Gedanken aufkommen. Getragen von der Furcht, nun auch von den Kameraden in den anderen Abteilungen abgeschottet zu sein, erhöht bei den meisten das Beklemmungsgefühl ins Unermeßliche. Verbindung zu den anderen Abteilungen besteht jetzt nur noch über das Bordtelefon. Nur mit höchster Willensstärke sind die eigenen Ängste noch zu mildern.

‚Jetzt treiben sie mit uns Schindluder', denkt mancher. Wird das Schicksal nun die Nummer 995 aufrufen? Einige junge Männer schluchzen. Zu groß ist die Ausweglosigkeit. Mit verzerrten Mündern und grünlichen Wangen klammern sie sich an irgendeinen Gegenstand, stieren auf die pulverisierte Farbe, die sich von den Wandungen gelöst hat und auf Kojenbezüge und Boden gerieselt ist. Die Lenzpumpe wird abgeschaltet. Das Boot versucht mit kleiner Fahrt zu entkommen. Die Propeller drehen jetzt nur 30 Umdrehungen pro Minute; die kleinste Drehzahl, die möglich ist. Das leise Singen der E-Maschinen kann nur noch im Achterschiff wahrgenommen werden. Auch die Hilfsmaschinen werden abgestellt. Nicht einmal die Kreiselkompaßmutter summt. In den drei Abteilungen des Bootes herrscht Grabesstille. Die Männer sind stumm geworden. Die Verständigung geschieht durch Zeichensprache. Die Hoffnung auf das Durchkommen beseelt sie alle.

Doch die Hoffnung trügt. Ein neues Gewitter von krachenden Bombenschlägen überfällt das Boot, wieder bedenklich nahe. Die Männer ziehen ungewollt die Köpfe ein. Es knackt und knallt in allen Fugen. Die Ohren schmerzen. Das Boot bäumt sich auf. Der Boden wippt unter den Füßen.

Neue Ängste brechen auf. Das Verderben hat uns umkrallt. Wird nun der Urteilsspruch über uns vollstreckt? Wie lange wird die Außenhaut noch halten?

Ein Knistern, Raunen kommt aus der Tiefe. Schirmlose Leuchten bestrahlen die kalkweißen Gesichter mit den verschatteten Augenhöhlungen.

Da umdröhnt die nächste Wabo-Serie das Boot. Es schüttelt und bäumt sich.

Die Bordwand wird nach innen gebeutelt. Plötzlich wieder Finsternis ringsum. Überall tropft, rieselt, leckt es. Wasserstrahlen spritzen aus einem Ventil heraus.

Auf allen Stationen Zusammenbrüche der Bootsanlagen. Neue Hiobsmeldungen kommen: „Sehrohrdichtung undicht." – „Abgasklappen machen Wasser." – „Stopfbuchsen lecken." Fieberhaft werden im nicht zu beschreibenden Durcheinander Leckagen abgedichtet.

„Weiterschleichen!" befiehlt der Kommandant.

Zeigt sich oben eine verräterische Ölspur? Zäh bleiben, das Schlimmste verhindern. Wieder werden elektrische Sicherungen gewechselt, endlich wieder Licht. Tumultös donnert die nächste Wabo-Ladung über das ramponierte Boot und die Gefangenen der Tiefe hinweg. Das Boot versucht immer noch, in Schleichfahrt der gegnerischen Peilung davonzulaufen. „Tiefer gehen!" befiehlt inmitten der Männer der Kommandant. Kann er noch mitkoppeln?

Der Horcher informiert ihn über die Horchpeilungen. Jedesmal, wenn oben einer der Killer zum Sprungwurf ansetzt, seine Geschwindigkeit erhöhen muß, versucht Hess jetzt ebenfalls mit höherer Fahrt anzugehen, wissend, daß während dieser Phase die ASDIC-Geräte nicht präzise genug arbeiten.

Aber U 995 hat es mit drei ausgebufften Angreifern zu tun. Wenn der eine zum Wabo-Wurf anläuft, liegen die beiden anderen gestoppt und lauschen mit ihren Suchgeräten. Die Meute wartet auf den Lohn für ihre Hetzjagd, auf den Erfolg, der in Form eines großen Ölflecks aus der Tiefe emporquellen muß. Noch registrieren sie dort oben jeden Haken, den die weidwunde Beute in der Tiefe schlägt …

Gedanken brodeln in den Hirnen. ‚Paß auf dich auf!' hatte die Mutter ihrem Sohn beim Abschied gesagt. Aufpassen muß aber einzig der Kommandant. Für seine Männer, seine Schicksalsbefohlenen, gibt es nichts mehr aufzupassen. Sie sind dem Geschehen unabwendbar preisgegeben. Gelähmt vor Entsetzen müssen sie erleben, wie wieder gewaltige Kräfte das Boot umherwerfen. Nach Atem ringend, werden sie von düsteren Ahnungen befallen. Die Tage der Kindheit, die sie liebkosende Mutter, der Vater, die Geschwister tauchen plötzlich vor ihren Augen auf. Einige junge Matrosen flüstern Gebetsworte. Mehrere legen ihren Tauchretter an. Andere warten schicksalsergeben auf den nächsten Bombenteppich.

‚Wir haben immer Glück gehabt, aber jetzt verläßt es uns. Wenn die Bootswand aufklaffen wird, die Wassermassen hereinschießen, werden wir zerquetscht werden. Die Tiefe wird uns verschlucken … Hoffentlich behalten die Männer in der Zentrale die Nerven', denken die älteren U-Bootsfahrer, die im Achter- und Vorschiff eingeschlossen sind. ‚Wird es uns gelingen, den Fahrplan zum Totenreich, das die Briten „Davey Jones Locker" nennen, noch einmal aufzuschieben?'

Neue urgewaltige Detonationen lassen den allgegenwärtigen Tod spüren. Die Zeit scheint stillzustehen. Deutlich ist das Ächzen des Bootsrumpfes zu vernehmen. Die verzerrten Gesichter der Männer spiegeln ihre Empfindungen wider. Die nächsten Bomben lassen die innersten Eingeweide erzittern …

Da beginnt der langwüchsige Zentralemaat Zumsteg durchzudrehen. Das

Maß des Erträglichen ist für ihn überschritten. Seine Augen richten sich zum Turmluk. Von panischer Angst getrieben, will er geradewegs die Steigleiter zum Turm hinauf.

„Soll ich das Turmluk aufmachen?“ kommt es über seine zitternden Lippen.

‚Mensch! Der will aussteigen!‘ schießt es den anderen in der Zentrale durch die Köpfe. Zwei springen hinzu, halten den Zentralemaaten zurück.

„Kamerad, reiß dich zusammen!“ ‚Ausgerechnet den Langen hat es gepackt‘, denken alle – ihn, der sonst geradezu unerschütterlich wirkte und immer ein Vorbild war. Keiner der in seiner Nähe stehenden Männer nimmt es ihm übel. Die meisten stehen kurz vor ähnlichen Reaktionen. Alle möchten nichts sehnlicher tun, als das Verlies entriegeln und nach oben entfliehen. Doch nichts wäre schlimmer als eine Panik. Man muß auch solche Schrecksituationen beherrschen lernen. Noch verwirrt, wischt sich der Maat den Erschöpfungsschweiß von der Stirn. Knop klopft ihm aufmunternd auf die Schulter; die bewährte Methode, ihn seinen Ausrutscher schnellstmöglich vergessen zu lassen. Knop hatte schon auf seinem ersten Boot erlebt, wie gestandene Männer sich im Wabo-Hagel in Ecken und unter Tischen verkrochen hatten.

Noch etwas verwirrt nimmt der Maat wieder seine Gefechtsposition ein. Wie töricht doch sein Vorhaben war. Nie und nimmer gelänge es einem Mann, bei dieser Tiefe das Turmluk zu öffnen …

Der neue „Alte“ hat sich durchs vordere Kugelschott schleusen lassen und hockt beim Horcher, nimmt selbst die Ohrmuschel ans Ohr, um sich ein klares Bild über die Verfolger zu verschaffen.

Der abschätzende Blick vom 1. Funkmaaten fällt auf den Kommandanten. ‚Er hat uns in diese Todesfalle gelockt. Er allein trägt die Schuld, daß wir absaufen werden wie nasse Säcke‘, denkt Gürke. Er hatte mit U 203 bereits viele Wabo-Schlachten durchgestanden. Immer hatte er geglaubt, es gäbe keinen weiteren Steigerungsgrad der Marterungen, wenn die Bomben fielen. Und auch jetzt spürt er einen unbändigen Haß gegen den Kommandanten.

Hess gibt die Hörmuschel an den Funkgasten zurück. Jetzt erfaßt das ASDIC-Ortungsgerät wieder den Bootskörper: Pinnge, Pinnge … das gräßliche Zirpen, ein schauderhaftes Geräusch.

Alle Aggregate im Boot bleiben vorerst abgeschaltet. Die Seestiefel sind mit Lappen umwickelt worden. Keiner will unnötige Geräusche verursachen. Man kann kaum das Atmen des Nebenmannes hören. Voller Entsetzen hört der Horcher, wie oben neue Fässer ins Wasser platschen. Tief durchatmen! Die Wabos fallen in der Sekunde vier Meter. Wieder starren die Augen auf den Druckkörper, die dünne Scheidewand zwischen Leben und Tod.

Jetzt – Rawummm – wamm – wamm! Der Höllenreigen dreht sich wieder. Die Bootsverbände zittern, Spanten knacken. Aber die ersten Serien hatten dichter am Boot gelegen, als es diesmal der Fall ist. Das gibt Anlaß zu neuer Hoffnung. Wie viele Wabos schleppen die da oben eigentlich noch mit sich?

Funkmaat Gürke sieht das fahle Gesicht des Kommandanten. ‚Ist der allein gelassen inmitten der Mannschaft?‘ kommt es ihm in den Sinn. Und im gleichen Moment beschleicht ihn Mitgefühl für den jungen Offizier.

Angespannt lauscht der Funkmaat ins Gruppenhorchgerät. Neue Schraubengeräusche zwitschern heran. Die drei Jäger wechseln sich droben nach wie vor in der U-Bootsjagd ab. Wieder das leise Blubbern herabfallender Wasserbomben. Dann das fürchterliche Detonationsgeräusch. Wieder kommt es knüppeldick. Wieder stürzt aus gerissenen Rohrleitungen Wasser heraus.

Drei Stunden lang schon toben jetzt die Detonationen der Wasserbomben um das Boot herum. 81 hat der Obersteuermann bisher gezählt.

Die Männer der Freiwache zwängen sich in die engen Schlafkojen oder legen sich auf Matratzen am Boden, spüren den feuchten Schweiß auf ihren Gliedmaßen. Zwischen den Detonationen ist es jeweils grabesstill. Mit stockendem Atem lauschen sie. Ihre unruhigen Augen gleichen denen von gehetzten Tieren, doch allmählich ballt sich ohnmächtige Wut in einigen zusammen – auf die da oben, die nicht lockerlassen wollen.

U 995 hält noch einen Trumpf in der Gestalt des ASDIC-Täuschungsgerätes „Bold" in der Hand. Dabei handelt es sich um einen Auftriebskörper mit Kalziumhydrit-Füllung, den das Boot in dieser Bedrängnis durch eine Schleuse am Heck ausstoßen kann. Der II.WO wird ins Achterschiff beordert. Unter seiner Aufsicht geben die Maschinenleute mehrere Bolde nach außenbords. Sie bleiben in 30 Meter Tiefe, erzeugen Wasserstoffblasen und sollen dem Gegner Scheinziele vorgaukeln. Und tatsächlich – der nächste Wabo-Regen liegt bereits weitab vom Boot! Jetzt stöbert die verunsicherte Meute dort oben an der verkehrten Ecke. Doch nach wie vor ist Horchstille angesagt.

Vorsichtig versucht U 995, seinen Häschern davonzuschleichen. Jetzt ja nicht noch einmal in deren Klauen geraten, nur nicht noch einmal sich in den Schlingen des Verderbens verheddern. Der Wille zum Überleben bemächtigt sich nun auch wieder der Verzagtesten. Die vom Feind geworfenen Wabos wummern und grummeln jetzt weit achteraus vom Boot. Wenig später kann der Schottendichtzustand aufgehoben werden. Die Männer haben die schlimmen Gedanken abgeschüttelt. Eben noch standen sie an der Grenzzone zum Jenseitigen, jetzt zeigen sich die ersten Symptome wiedererwachender Lebensfreude. Hurra, unsere rostige Blechröhre hat standgehalten!

Einige Batteriezellen sind kaputtgegangen und müssen überbrückt werden. Der Kommandant macht seine Eintragung ins KTB. Er schreibt: „13.34 Uhr bis 17.20 Uhr 107 nahe bis mittelnahe Wabos von drei Fahrzeugen." Eine knappe, kriegstagebuchgerechte Eintragung – doch was verbirgt sich hinter diesen nüchternen Worten!

*

U 995 hat sich weit genug von den Verfolgern abgesetzt. Das Boot taucht auf. Auftauchen! Da ist wieder das Jubelgefühl. Das Turmluk fliegt auf. Tief durchatmen! Welch herrliches Gefühl! Hintereinander stürmt die Seewache durch den Turmschacht nach oben. Die Luft ist rein, kein Feind in Sicht. Ein leichter Seenebel liegt über dem dunkelgrauen Runzelgesicht der Barents-See.

Das Boot hat die Pforten des Grauens hinter sich gelassen und tritt den Rückmarsch zum Stützpunkt an. Am 5. März läuft es in Narvik ein, macht längs der „Stella Polaris" fest.

Die Männer in ihren Gammelpäckchen dürfen das runde Eisengewölbe verlassen. Die vom Maschinenpersonal staksen wie auf unsichtbaren Stelzen die Stelling hinunter, als müßten sie das Gehen neu erlernen.

Während die Stationsleiter die Reparaturaufträge für das Werkstattschiff „Huascaran" klarieren, begibt sich der Kommandant zum Stab auf dem Aviso „Grille". Er macht Meldung, schildert die Umstände der Fahrt und das taktische Verhalten des Gegners. Doch wenig von dem, was er vorträgt, wird zu den höheren Stäben vordringen. – So war es eigentlich schon immer bei der Kriegsmarine. Taktische Lagen und Frontinformationen wurden nie, wie es bei den Engländern von Anbeginn der Fall war, von Gremien hochqualifizierter Wissenschaftler ausgewertet, so daß gezielte Maßnahmen hätten getroffen werden können. Mittlerweile scheint aber ohnehin alles zu spät zu sein. Deutsche Wissenschaftler werden statt dessen mit dem letzten Aufgebot an die Front geschickt, um in Schützengräben die Rote Armee aufzuhalten.

Personelle Veränderungen ergeben sich. Schröder, der 1. Wachoffizier, wird zum Kommandanten-Lehrgang abgeordert. Er soll Kommandant auf einem anderen Boot werden. Böhm, der bisherige II.WO wird zum I.WO ernannt. Für den Sanitätsmaaten Streicher kommt Herbert Brückner an Bord. Auch einige neue Matrosen steigen ein. Die Personalreserve bietet nur noch Milchbubis auf, denken die alten Fahrensmänner beim Anblick der neuen Kameraden. Aber jeder beneidet jeden, der die Crew verläßt. Doch diejenigen, die mit ihren Seesäcken an Land gehen, plagt irgendwie das Gewissen. Sie wissen, daß sie eine Lücke hinterlassen. Eigentlich sollte der 1. Funkmaat Gürke bereits nach seiner zehnten Feindfahrt aussteigen, da ein Familienangehöriger gefallen war. In der U-Bootswaffe gilt normalerweise die Regelung, daß bei solchen Verlusten in einer Familie der letzte Sohn nicht mehr hinausfahren darf. Doch für Gürke gibt es keinen Ersatzmann. Ein Boot in diesen Tagen ohne einen erfahrenen 1. Funkmaaten auslaufen zu lassen, wäre andererseits aber nicht zu verantworten.

Neuigkeiten von der Heimatfront ergeben ein noch düstereres Bild als zuvor. Am 7. März erobert die amerikanische 1. Armee Köln und setzt bei Remagen auf das Ostufer des Rheins über. Am 13. März wird Königsberg von der Landverbindung abgeschnitten. Trübe Nachrichten, doch die höheren Chargen versprechen den Männern von U 995 ein neues Boot, ein modernes, mit dem das Siegen wieder leichterfallen werde. Sie sollen also durchhalten bis zu diesem Zeitpunkt. Eine weitere Neuigkeit gibt es: U 995 gehört nicht mehr zur 13. U-Boots-Flottille, sondern ist seit dem 1. März der 14. U-Flottille unterstellt, die im Dezember 1944 in Narvik aufgestellt worden ist.

Die veränderte Seekriegslage bringt auch organisatorische Veränderungen mit sich. Doch in Wahrheit handelt es sich bei derartigen Maßnahmen nur um Improvisationen, die über die wirklichen Verhältnisse hinwegtäuschen. Hurratöne, Blumenkorsos und Wacht-am-Rhein-Klänge, wie sie einst in den Biscaya-Stützpunkten gang und gäbe waren, wenn Boote zum Auslaufen verabschiedet wurden, gehören endgültig der Vergangenheit an. Die Biscaya-Boote sind längst nach norwegischen Stützpunkten verlegt worden. Am 23. August 1944 verließ U 953 als letztes Boot den Stützpunkt Brest. Fünf Tage danach lief das letzte fahrtüchtige Boot aus Bordeaux aus. Zur Reparatur aufliegende Boote oder solche, die neue Batterien erhalten sollten, mußten gesprengt werden. Ende September räumten die letzten deutschen Boote auch St. Nazaire. Zurückgelassene U-Bootsbesatzungen mußten die Biscaya-Stützpunkte mit der Waffe in der Hand gegen die anstürmenden Invasoren verteidigen. Ihr Abwehrkampf ging in die Geschichte ein.

Von Norwegen aus operieren die U-Boote nun bis in den Englischen Kanal hinein. Immer wieder gehen die Besatzungen mit noch ungebrochener Moral hinaus, umschleichen mit ihren alten Booten die isländischen Gewässer, pirschen sich in die gefährliche Minch im Nordwesten Schottlands, in den bewachten Moray-Firth und den Nordkanal hinein. Sie können sich kaum noch über Wasser aufhalten und werden ständig zum Tauchen gezwungen.

Bei der dauernden „Schnorchelei" vegetieren die Männer wie Maulwürfe in ihrer engen Röhre. Wochenlang bleibt ihnen der Anblick des Himmels und des Meeres versperrt. Die Unterwasserfahrt ist unabdingbare Notwendigkeit geworden. Im Innern der alten „Wolfsböcke" riecht es nach Unrat und Verwesung, Fäulniskeime hausen in allen Schlupfwinkeln, befallen Proviant und Menschen. Bereits zur Legende zählen die verklungenen Tage, als U-Boote vor den fernen Küsten Amerikas und Afrikas, im warmen Golf von Mexiko und der sonnigen Karibik nach Opfern suchten.

Viele Kameraden bedecken schon die salzigen Fluten. Immer Jüngere fahren nun auf den übriggebliebenen alten Booten. Einzig die vage Hoffnung auf die neuen Elektro-Boote begleitet sie, gibt ihnen die Zuversicht, daß der Seekrieg zumindest wieder offen gestaltet werden kann.

Im Mittelmeer sind die letzten dort operierenden Boote für immer von der Szenerie verschwunden. In den übrigen Operationsgebieten verdrücken sich die U-Boote in immer flachere Küstengewässer, verkriechen sich in seichter Strandnähe, wo der Gegner sie schlecht zu orten vermag.

Die Engländer verminten daraufhin postwendend die landnahen Seegebiete. Außerdem bekommen alle Boote die massive, ausgeklügelte Vernichtungsmaschinerie der Alliierten zu spüren. Das gegnerische Radar und die modernen Ortungsgeräte sind ihre Todfeinde geworden. Deshalb scheuen sich die Männer vom „Freikorps Dönitz" – wie man sie zuweilen tituliert – jetzt mehr denn je, die Funktaste auch nur anzurühren. Jeder Funkspruch könnte schließlich die eigene Vernichtung einleiten. In der Heimat aber wird den U-Booten nach wie vor das Unmögliche zugetraut. Für die unter dem Bombenterror leidende Bevölkerung, die in Häusertrümmern dahinvegetiert, verbleibt die stille Hoffnung, daß die U-Boote, von der eigenen Propaganda nach wie vor heroisiert, ein Wunder herbeiführen oder zumindest das Ärgste verhindern könnten.

Mit der zurückweichenden Ostfront verloren die U-Boots-Ausbildungsflottillen ihre Stützpunkte in der Danziger Bucht. Aus der Ferne ist bereits das Grollen der schweren Artillerie zu hören. Im Hafen von Rönne auf Bornholm finden die AGRU-Front-Boote noch einen Unterschlupf. Pillau muß ebenfalls geräumt werden, und die U-Flottille zieht durch die vereiste Ostsee nach Westen.

Eine ordnungsgemäße Ausbildung ist kaum noch durchzuführen. Unfertige Boote mit unzureichend ausgebildeten Mannschaften werden ins Kampfgebiet beordert. Diesen Booten, zum Fronteinsatz im Westen befohlen, steht die Passage durch den von den Engländern stark bewachten Seeraum südwestlich Norwegens bevor. Überall lauern Minen, so daß die Boote kaum wegtauchen können. Ein Großteil der in Marsch gesetzten Boote geht so schon im Kattegat oder im Skagerrak verloren. Und spätestens im zugewiesenen Operationsgebiet zeigt es sich dann, wie an der Ausbildung der neuen U-Bootsbesatzungen gesündigt worden ist. Frischgebackene WOs unterlassen es, beim Alarmtauchen das Angriffssehrohr einzufahren, so daß es sich verzieht und dadurch unbrauchbar wird. Das zweite, das kurze Fliegersehrohr, ist dann nur für Nachtangriffe verwendbar. Neu rekrutierten Besatzungsmitgliedern ist das Einmaleins des U-Bootsfahrens noch nicht hinreichend in Fleisch und Blut übergegangen, und sie handeln in ihrer Aufregung nicht mit der notwendigen Sorgfalt, so daß sich schon bei Beginn der Feindfahrt weitere vermeidbare Schäden am Boot ergeben. Für sie ist das U-Bootsfahren durch mangelnde Ausbildung zum verzweifelten Ringen mit der Tücke des Objekts in einer ohnehin mörderischen Umgebung geworden. Die jetzige Gesamtausbildung der U-Bootsleute ist mit drei bis fünf Monaten Dauer völlig unzureichend. Die doppelte Zeitspanne wäre nötig. Doch entgegen dem Rat der Ausbildungsflottillen, so auch der 27. U-Flottille in Gotenhafen, heißt es nur noch: „U-Boote an die Front" – Kampf bis zum Allerletzten! Auf Biegen und Brechen – Bestehen oder Untergang ...

Am 12. März wird dem FdU-Nord durch Agenten des B-Dienstes[1)] der von England ausgelaufene Geleitzug JW.65 gemeldet. Der RA.64 hatte aufgrund seiner stürmischen Überfahrt verspätet den Clyde erreicht, so daß sich das Auslaufen des nach Murmansk gehenden Geleits JW.65 bis zum 11. März verzögert. Zudem mußten zuvor die Wetterschäden an den Schiffen behoben werden.

Mit dem JW.65 dampfen 24 mit Rüstungsgütern vollbeladene Frachter, die Träger „Campania" und „Trumpeter", der Kreuzer „Diadem" sowie 19 Geleitfahrzeuge in Richtung Norden. Flaggschiff ist die „Campania" unter Vizeadmiral Dalrymple-Hamilton.

Am 14. März wird U 995 bereits wieder zum Kola-Fjord hinausgeschickt, um das von Westen kommende Geleit abzufangen. Dies wird die letzte Feindfahrt sein: U 995 ist das einzige Boot, das noch nicht mit einem Schnorchel versehen ist – jenem Luftmast, der bei geringer Tauchtiefe den Gebrauch der Dieselmotoren auch unter Wasser gestattet.

Vorerst werden die sechs deutschen U-Boote U 307, U 312, U 363, U 716, U 968 und U 997 als Gruppe „Hagen" südlich der Bären-Insel aufgestellt. Etwas später stößt U 711 hinzu. Zusammen mit U 313 und U 992 postiert sich U 995 in der Kola-Bucht. Die deutsche Luftaufklärung vom 14. bis zum 17. März findet

1) Beobachtungsdienst

keine Anhalte über das Geleit. Ab dem 17. März wird die gesamte Gruppe zu zwei Vorpostenstreifen mit je sechs und sieben Booten vor dem Kola-Fjord zusammengezogen, um sich dem einlaufenden Konvoi entgegenzustellen. Selbst die mit Schnorchel versehenen Boote wollen keine Zeit verlieren und stoßen, trotz des Risikos, von gegnerischen Flugzeugen gebombt zu werden, in schneller Überwasserfahrt in die befohlene Position.

Als der JW.65 am 20. März nach einem großen Hakenschlag nach Osten auf Einlaufkurs geht, sichern Trägerflugzeuge das Seegebiet ab. Gleichfalls, seit Annäherung des Geleits, sind russische Maschinen aufgestiegen.

Gegen 8.00 Uhr fegt ein Schneesturm über die Kola-Bucht, und die patrouillierenden alliierten Flugzeuge müssen ihre Flugtätigkeit für eineinhalb Stunden einstellen. U 995 steht um diese Zeit in AC 8947, etwa 25 Seemeilen östlich vom Leuchtfeuer Kildin Nord in Lauerposition, als das Schlagen von vielen Schiffsschrauben das nahende Geleit ankündigen. Das Singen von Dampfturbinen und das wuchtige Stampfen der Kolbenmaschinen des Schiffsverbandes ist im Boot bald deutlich zu hören.

U 995 befindet sich in günstiger Lage. Die Torpedorohre werden einsatzklar gemacht. Auf Sehrohrtiefe wartet das Boot, bis sich deutlich die Konturen von Schiffsleibern heranschieben. Sorgfältig wird der Angriff vorbereitet. Auf den Dampfern fahren Kapitäne und Seeleute, die ihr Schiff unbeschadet in den Hafen bringen wollen. Wird es ihnen auch diesmal gelingen? Der Kommandant von U 995 muß schnell und umsichtig handeln. Jeden Moment kann das Boot von Sicherungsschiffen überlaufen werden. Er nimmt nacheinander drei Schiffe ins Fadenkreuz: zwei rd. 7000 BRT und eins 8000 BRT groß. Die Schußunterlagen werden in den Rechner gegeben.

Um 9.10 Uhr verlassen die Torpedos die Rohre von U 995. Nacheinander erschüttern Torpedodetonationen die Umgebung. Der Kommandant ist sicher, daß er den 8000-BRT-Dampfer versenkt, die beiden 7000 BRT großen Frachtschiffe beschädigt hat. Bei dem von U 995 später als versenkt angegebenen Dampfer handelt es sich um das Liberty-Schiff „S/S Horace Bushnell". Das mit 7176 ts vermessene Schiff gehörte zur R. A. Nicol & Co. Company in New York. Sein Heimathafen war Baltimore, Md. Es war im Oktober 1942 dort gebaut worden und hatte eine Länge von 441 Fuß[1]. Es hatte in Gourock, Schottland, 6500 Tonnen Lend and Lease[2]-Ladung für Murmansk an Bord genommen, bestehend aus Lokomotiven, Treckern, Reifen und Munition. An Bordpersonal hatte das Schiff 41 zivile Seeleute und 27 Armeeangehörige, letztere stellten das Bedienungspersonal für die Geschütze auf der Bug- und Heckplattform.

Nach amerikanischen Angaben wurde die „Horace Bushnell" um 8.15 GCT auf Position 69°23'N/37°17'O torpediert. Der Torpedo traf das Schiff backbords in Höhe des achteren Maschinenraums. Eine sehr starke Explosion erschütterte das getroffene Schiff und schleuderte mehrere Besatzungsmitglieder aufs Deck. Fünf Männer finden den Tod: der Chief Engineer Peter L. Dawson, der Second

1) 1 Fuß = 0,305 Meter

2) Pacht- und Leih-Abkommen

Engineer Arlie Holt, der Wiper[1] Robert L. Dawson, der Oiler[2] Emory J. Saunders und der Soldat (F/W) Peter Czuczmann.

Aus den geplatzten Schiffskesseln quillt siedendheißer Dampf. Die Bruthitze füllt den total zerstörten Maschinenraum. Durch das Loch, das der Torpedo in die Bordwand gerissen hat, strudelte eisiges Meerwasser in den Maschinentrakt und drei Laderäume. Das Deck ist im Bereich von drei Ladeluken eingebrochen. Zwei Rettungsboote an der Backbordseite sind zerstört. Das Schiff kann nicht mehr unter Kontrolle gehalten werden.

Der Zerstörer HMS „Orwell" (G-98) setzt sich vor den Havaristen. Eine Schleppleine wird unter schwierigsten Bedingungen ausgebracht. Doch gegen die heftige See gelingt es dem Schleppzug nicht, voranzukommen. Infolgedessen muß die Besatzung um 10.50 Uhr die „Horace Bushnell" aufgeben und verlassen. Die Männer werden an Bord der „Orwell" genommen. Später nehmen zwei russische Schlepper das schwerbeschädigte Schiff auf ihre Haken und setzen es bei Toroborski an den Strand. Das Schiff wird als Totalverlust deklariert, seine wertvolle Ladung kann jedoch von den Sowjets geborgen werden.

U 995 mußte vor den anlaufenden Geleit-Fahrzeugen auf Tiefe gehen. Um die Mittagszeit läuft das Geleit in die zweite deutsche U-Bootslinie.

Um 10.14 Uhr versenkte U 716 im Planquadrat AC 8860 die vor dem Geleit fahrende „Lapwing", eine Sloop der Black Swan Klasse. U 313 feuert in AC 8856 programmgesteuerte Torpedos FAT auf drei 7000-BRT-Liberty-Dampfer, kann jedoch nicht mit Sicherheit annehmen, ob die ins Ziel genommenen Schiffe versenkt wurden.

Noch ein Boot kommt gegen Mittag zum Schuß auf den JW.65: U 968. Es verfehlt in AC 8867 einen Dampfer von ca. 7000 BRT, trifft aber die 7210 BRT große „Thomas Donaldson", die um 12.13 Uhr auf 69°26'N/33° 44'O sinkt.

Am darauf folgenden Tag erreicht der Geleitzug JW.65, das vorletzte westwärtsgehende Geleit während des Krieges, seinen Bestimmungshafen Murmansk.

U 995 erhält Anweisung zur Rückkehr in den Stützpunkt. Von den übrigen Booten, die noch in der Kola-Bucht verbleiben, meldet lediglich U 711 am Vormittag des 22. März in AC 8893 einen T5-Treffer am Heck eines bewaffneten Fischdampfers. Keiner der Männer von U 995 ahnt an diesem Tag, daß ihr Boot nie wieder zu einer Feindfahrt wird auslaufen müssen.

Am Eingang des Andfjords taucht U 995 mit seiner deutschen Besatzung zum letztenmal aus dem Meeresschlund auf. Und es ist wie jedesmal, wenn das gußeiserne Turmluk geöffnet wurde – als ob die Türflügel zum Leben sperrangelweit aufgestoßen würden.

Der Kommandant stemmt das Turmluk auf. Die Männer der Seewache brechen aus ihren Maschinenwinkeln hervor, hastig quellen ihre Körper aus dem engen, runden Lukenmaul nach oben. Himmelsbläue und ein blauschimmerndes Meer empfangen sie. Voraus sind schon die schroffen, wie Reptilienrücken

1) Reiniger

2) Schmierer

daliegenden Berge der norwegischen Küste zu sehen. Wachzeit hat die 3. Wache unter dem Z.WO von Bremen.

U 995 rauscht mit großer Fahrt auf die Küste zu. Die Männer sind bereits mit ihren Gedanken im Stützpunkt. Die Spannung ist von ihnen abgefallen. Unbeeinträchtigt wird das Boot am Ansteuerungspunkt vom Einlauf-Geleitschiff aufgenommen. Wenig später steuert U 995 in die schmaler werdende Fahrrinne des Fjords. Plötzlich kracht es. Atemloses Erschrecken reißt die Männer aus ihrer Gedankentiefe. Sie purzeln inmitten ihrer Maschinen und Armaturen durcheinander. Die Brückenposten müssen sich, um nicht von den Beinen gerissen zu werden, am Sehrohrblock festhalten.

Was ist geschehen? – Das Boot ist aus purer Unachtsamkeit auf einen Felsen gebrummt – und das am hellichten Tage. Die Schäden sind gering, aber es benötigt seine Zeit, ehe U 995 sich freimanövrieren kann. Mit vier Stunden Verspätung macht das Boot am kommenden Tag schließlich in Narvik fest.

Der Kommandant muß zum FdU zur obligatorischen Berichterstattung. Dieser äußert sich im großen und ganzen zufrieden über die Feindfahrt von U 995. Abschließend sagt er: „Ihr Zuckerbäcker paßt aber gefälligst beim nächsten Einlaufen besser auf!" Mit einem Augenzwinkern räumt er ein: „Mir ist in der Karibik vor drei Jahren übrigens etwas viel Schlimmeres passiert, weil ich geschlafen hatte."

Die ersten Männer von U 995 dürfen ihr Boot verlassen. Viele Tage hatten sie in der stinkigen, schweißigen, dunstigen Enge der Stahlröhre ausgehalten. Befreit klettern die „Kellerasseln" – sprich: Maschinenleute – aus dem Bootsinneren. Einige sind von Ölekzemen gezeichnet. Wieder einmal konnten sie dem Todessog entkommen. Doch dann folgt das Wiedersehen mit Kameraden von anderen Flottillen-Booten, die dem Schrecknis der Front ebenfalls für kurze Zeit entronnen sind.

Jetzt endlich teilt der FdU den Männern von U 995 mit, daß ihr Boot den Schnorchel erhalten soll. Eile ist geboten. Schon am kommenden Tag verläßt das Boot Narvik und fährt im „Schärenmarsch" in die Werft nach Drontheim, wo es am 26. März ankommt. Die Männer verlassen ihre „Wasserlaube". Sie logieren fortan in festen Unterkünften.

Draußen geht die U-Bootsschlacht weiter. Die deutschen U-Boote stehen einer erdrückenden feindlichen Materialübermacht gegenüber. Aber was nützt alle Tapferkeit der Männer in den wenigen Booten, die noch an der Front stehen, wenn ihre Gegner durch Funkaufklärung alle ihre Marschrouten, ihre Standorte und ihre Operationsabsichten bis ins Detail kennen. Der Krieg im Atlantik ist eindeutig durch die Aktivitäten des britischen Geheimdienstes entschieden worden.

„Special Intelligence"[1]-Abteilungen bestimmen das für die U-Boote so tragisch gewordene Geschehen längst auch auf dem Nordmeer. Die Briten geben seit Monaten jedem deutschen U-Boot nur eine Überlebenschance von höchstens 40 Tagen – und statistisch gesehen, hätte auch U 995 längst versenkt sein

1) Geheimdienst

müssen. Noch eine Fahrt, und wir gehen hops, sagen sich die Männer von U 995, zumal sie von ihrem Kommandanten wissen, was für ein unverbesserlicher Heißsporn er ist.

Der U-Boot-Krieg ist bis zur letzten Stunde den VIIC-Booten und ihren Besatzungen vorbehalten. Während die alliierte Bomberoffensive deutsche Städte und Menschen vernichtet, die Mobilisierung für den Endkampf und die Reichsverteidigung anläuft, fahren weiterhin VIIC-Boote gegen den Feind.

Ihre Führung fordert Geduld und Standhaftigkeit, beruft sich auffallend oft auf die Prinzipien von Treue und Gehorsam. Die oberste Führung, die es versäumt hatte, den U-Bootsfahrern rechtzeitig moderne Boote zu geben, beschwört die Kommandanten und verlangt von jedem, daß er ohne Rücksicht auf sonst geltende Vorsichtsmaßnahmen nur ein Ziel vor Augen haben müsse: Angriff – ran, versenken! Hart bleiben! Dran bleiben! Einsatzbereitschaft, Opfergeist zeigen!

*

U 995 ist von Flottillen-Ingenieuren und den Werftarbeitern in Beschlag genommen worden. Das Oberdeck an der Backbordseite vor dem Turmaufbau wird aufgerissen, um die große Tasche für den klappbaren Schnorchelmast anzubringen. Manchmal sehen die Männer von U 995, wie andere Boote ablegen und hinausfahren. Sie wissen, daß sie ohne Chance sind. – Die technischen Errungenschaften des Gegners haben die VIIC-Boote – das ist nun jedem klar – zu stumpfen Schwertern werden lassen. Vorbei die Zeit, in der die U-Bootsfahrer noch mit großem Pomp verabschiedet wurden. Mittlerweile wird jedem nahegelegt, vor dem Auslaufen sein Testament zu schreiben. Kein Abschieds-Musikzug, keine Mädchen, nur wenige Werftarbeiter und Soldaten stehen auf dem Kai, wenn die Morituri[1)]-Boote auslaufen.

Vor dem Auslaufhafen warten dann bereits die gegnerischen Flugzeuge, um sich auf die nahezu sichere Beute zu stürzen. Das Belfern der Bord-Flaks und das Wummern der Fliebos bilden das makabre Empfangskonzert, wenn es hinausgeht in die offene See.

Von den „Schreibstubenhengsten" hören die Männer von U 995 betrübliche Nachrichten. Zwei ihrer ehemaligen Kameraden, die auf andere Boote abkommandiert worden waren, hat die See behalten. Dieselobermaat Norbert Pforr, der vom 16.9.1943 bis zum 17.5.1944 mit U 995 fuhr, ist am 19.9.1944 auf U 865 nordwestlich von Bergen gefallen. Bootsmaat Erich Sachse, der am 21. Mai 1944 beim Angriff einer Sunderland auf U 995 verwundet wurde, hatte wirklich keinen guten Stern. Nach seiner Genesung kam er auf das Boot U 997. Er wurde, vielleicht noch beeinträchtigt durch seine Verletzungen, am 24. Februar von einer Sturzsee über Bord gewaschen und blieb im Nordmeer verschollen.

1) lat. = Todgeweihte

U 997 steht in noch einer anderen Beziehung zu U 995: Als eines der Boote der U-Bootsgruppe „Faust" stößt es am Morgen des 22. April 1945 auf den ostwärtsziehenden sowjetischen Küstenkonvoi PK.9. Zu den Schiffen des auf dem „inneren Seeweg" von Petschenga nach Kola laufenden Konvois gehört neben dem sowjetischen Dampfer „Onega" (1603 BRT) ebenfalls das norwegische Transportschiff „Idefjord" – eben jenes Schiff, aufgrund dessen „Versenkung" in Kirkenes Olt.z.S. Hess die Schleife mit dem Ritterkreuz um den Hals gelegt bekommen hatte. Die „Idefjord" hatte am 13. März im Konvoi JW.65 den Firth of Clyde verlassen, war am 20. April wiederum in Kirkenes gelegen und hatte am 21. April nach Liinahamari verlegt. Obwohl der PK.9 von gut zwanzig Sicherungsfahrzeugen begleitet wurde, darunter mehrere sowjetische Zerstörer, zwei Minensucher, sechs BO-U-Jäger, eine norwegischen Korvette und vier norwegische Trawler, gelang es U 997, um 8.40 Uhr zum Schuß auf die Frachtschiffe zu kommen. Mit seinen Torpedos versenkte U 997 die „Onega" und traf die „Idefjord" backbordseitig am Bug, während zwei auf die Zerstörer abgefeuerte „Zaunkönig"-Torpedos Kielwasser-Detonierer waren. Die ebenfalls am Geleit sägenden Boote U 294 und U 481 konnten keinen Erfolg verbuchen. Der Angriff von U 427 mit „T5"-Schüssen auf die Geleitschiffe führte gleichfalls zu Frühdetonierern. Die Besatzung der „Idefjord" ging in die Boote. Aber nachdem die Eskortfahrzeuge „Tromøy" und „Karmøy" die Schwimmfähigkeit des Schiffes bestätigten, wurde der Großteil der Besatzung zurück an Bord gebracht. Der Minensucher KNM „Karmøy" schleppte die „Idefjord" mit dem Achterschiff zuvorderst ab. Am nächsten Morgen gegen 4 Uhr vertäute das Schiff am Kai von Murmansk. Der „Idefjord" wird noch ein langes Schiffsleben beschieden sein; lange über den Krieg hinaus.

Die Nordmeer-U-Boote, die in Erwartung des Rückgeleites RA.66 im Seeraum vor Murmansk stehen, werden vom 26. bis zum 29. wiederholt von U-Jägern, Fischerbooten und Flugzeugen mit Wasserbomben attackiert. Das Sterben der deutschen U-Boote geht unaufhaltsam weiter. Diesmal sind die Vollstrecker Fregatten der 19th Escort-Group. Die Fregatte „Loch Insh" versenkt am 29. April U 307 auf Position 69°24'N/33°44'O (37 Tote). Gleichfalls versinkt im Wasserbombenhagel der Fregatten „Loch Insh", „Anguilla" und des Eskorters „Cotton" U 286 und reißt 51 Seeleute mit sich auf den Grund der Barents-See.

An diesem Tag macht die deutsche Luftaufklärung einen stark gesicherten Geleitzug aus, der aus der Richtung des Weißen Meeres aufkommt. Um 19 Uhr feuert U 968 fünf Torpedos auf die Fahrzeuge dieses Geleits ab. Einer der Torpedos verfehlt die Korvette „Alnwick Castle", einer aber trifft die Fregatte „Goodall" vernichtend, die mit schweren Verlusten an Menschenleben untergeht.

Während anschließend die anderen Geleitfahrzeuge die stundenlange Jagd auf U 968 aufnehmen, läuft noch am selben Tag das Geleit RA.66 aus. Es besteht aus 24 Frachtern und den Sicherungsfahrzeugen des JW.64. Gegen diesen Konvoi schlagen nunmehr die 14 Nordmeer-U-Boote bis zum 2. Mai die letzte Geleitzugschlacht des Zweiten Weltkrieges.

U 427 schießt einen Dreier-Fächer, der knapp die kanadischen Zerstörer

„Haida" und „Iroquois" verfehlt. Zerstörer und andere Geleitfahrzeuge zwingen U 427 in die Tiefe und belegen das Boot fünfeinhalb Stunden lang mit 678 Wasserbomben. Die übrigen Boote werden abgedrängt, ohne an den Konvoi heranzukommen. Ohne weitere Zwischenfälle und ohne daß die deutsche Luftaufklärung den Konvoi erfaßt, wird der RA.66 am 5. Mai den Clyde erreichen. – An diesem Tag geht auch der Krieg im Westen zu Ende. Die letzte Besatzung von U 995 sollte dank einer glücklichen Fügung nicht zu jenen nahezu 30000 U-Bootsfahrern gehören, die in den Tiefen der Weltmeere den Tod fanden – ein Teil der rund 55 Millionen Menschenopfer, die der II. Weltkrieg gefordert hat.

Am 8. Mai geht beim Marinenachrichtendienst das geheime Fernschreiben der Seekriegsleitung ein, daß Großadmiral Dönitz die Gesamtkapitulation der Wehrmacht für alle Streitkräfte zu Lande, zu Wasser und in der Luft befohlen hat. Demzufolge ist um Null Uhr DSZ des kommenden Tages jede aktive Kampfhandlung einzustellen . – Als erster von der U 995-Besatzung erfährt es Hpt.-Gefr. Nowak, der in der Hauptwache des Stützpunktes Arrestwache für drei Lords schiebt. Er holt die Fahne ein und begibt sich hinunter in die Stadt. Von der Bunkerwerft kommend, begegnet ihm Olt.z.S. Hess, der mit anderen Angehörigen der Besatzung von den Norwegern auf den Straßen angespuckt und mit Schottersteinen beworfen wurde. Als Nowak ihm das Kriegsende verkündet, bemerkt er deutlich, wie sein Visavis deutlich um Fassung ringt.

Die siegreichen Engländer akzeptieren nicht ganz uneigennützig, daß der FdU Nordmeer, um sich einem möglichen Zugriff der Russen zu entziehen, mit seinen Troß- und Werkstattschiffen sowie sich sammelnden U-Booten von Narvik aus ins südlichere Drontheim verlegen will. Die ansässige U-Bootsflottille räumt den Stützpunkt Drontheim und disloziert sich mit den hinzugekommenen U-Bootsbesatzungen auf sechs in versteckten Fjordwinkeln liegende, von der Organisation „Todt"[1)] angelegte Ausweichlager. Bei dem am Aasenfjord, einem Nebenarm des Drontheimfjordes, gelegenen Ort Flöan bezieht die U 995-Besatzung die „Reservation VIA". Die neuen Unterkünfte der Besatzung von U 995 liegen direkt in Wassernähe des Fjords.

Am 17. Mai steht der von Narvik kommende U-Bootsverband kurz vor der Ansteuerung von Drontheim, als die britische 9th Escort-Group auf der Bildfläche erscheint und die 15 Boote U 278, U 294, U 295, U 312, U 313, U 318, U 363, U 427, U 481, U 668, U 716, U 968, U 992, U 997 und U 1165 anweist, unter ihrer Bewachung England anzulaufen.

Derweilen schießen wilde Gerüchte bei den in Drontheim noch verbliebenen U-Bootsbesatzungen ins Kraut: Unverbesserliche Offiziere wollen angeblich mit den verbliebenen Booten von Norwegen aus den Japanern im Fernen Osten zu Hilfe eilen und als „Werwolf"-U-Boote auslaufen.

Kptl. Köhntopp hatte in Narvik an seinen Nachfolgekommandanten Hess nach dessen Übernahme des Bootes appelliert: „Bringen Sie mir meine Leute wieder heim – jeden einzelnen!" Daran hat sich der junge Olt.z.S. Hess gehalten.

1) Reichsminister Todt, dessen Einsatzgruppe „Viking" die Drontheimer U-Bootsbunker baute.

Der Krieg ist verloren und seit der bedingungslosen Kapitulation unwiderruflich zu Ende. Großadmiral Dönitz hatte bis zuletzt nicht nur mit einpeitschenden Funksprüchen die U-Boots-Offizierskaste in Norwegen dafür eingeschworen, mit unbeugsamer Härte die Disziplin in den eigenen Reihen aufrechtzuerhalten. Damit hat er fanatischen Führungs-Offizieren zweifellos einen Freibrief in die Hand gedrückt, gegen Defätisten und Disziplinlosigkeiten begehende Soldaten rigoros vorgehen zu können. Viele dem Großadmiral Dönitz und dem zerschlagenen Regime des Dritten Reiches ergebene Offiziere fühlen sich auch jetzt in den Komment genommen.

Der am 13.4.1924 in Viersen/St. Pölten geborene Karl Brachmann gehört der 14. U-Flottille an und ist auf U 995 als Maschinemaat abkommandiert. Mitte Mai setzt er sich unerlaubt vom Lager ab. Es wird nach ihm gefahndet. Ein Trupp Soldaten spürt ihn bei seiner norwegischen Freundin auf. „Warum sollte ich stiften gehen?" sagt er zu seinen Häschern. „Was soll mir passieren? Ich bin Österreicher!"

Man bringt ihn zurück und sperrt ihn in einer abseits des Lagers auf einem kleinen Hügel stehenden Holzhütte ein. Man munkelt unter außenstehenden Mannschaftsdienstgraden, daß ein Femegericht zusammenkäme. Offiziere von U 995 erkundigen sich beim Waffenmeister Klapf nach einer Handfeuerwaffe. Dann ziehen sie einen Mann lauteren Charakters in ihre Mitte, den sie als Offiziersanwärter vorgeschlagen hatten, dem sie das „Du" angeboten und gönnerhaft in ihren Bund hochgehoben haben, dem sie jetzt ihren falschen soldatischen Kodex einflüstern, den sie zu ihrem Medium machen und den sie verführen, indem sie ihm die geladene Pistole zustecken. Sein ganzes weiteres Leben lang wird dieser Mann bereuen, was er jetzt einwilligt zu tun – weil seine Vorgesetzten ihm dies abverlangen. In seinem normal-bürgerlichen Leben würde er sich nie und nimmer zu solch einer eklatanten Verfehlung verleiten lassen, die er sich hier in der verhängnisvollen Beziehung zu verblendeten Offizieren einhandelt. Dem Chronisten wird später mitgeteilt werden, es handelte sich um die Pistole von Böhm.

Als es schummrig wird im Lager, sieht der ehemalige Gefechtsrudergänger Weiß, der im Wachhäuschen von der Lagerleitung zum Telefondienst eingeteilt ist, wie Olt.z.S. Hess zusammen mit Lt.z.S. Böhm und einem Unteroffizier, „umgeschnallt" – so sein Zitat – und in voller Montur, „sich auf den Weg machen".

Am nächsten Morgen wird Verdunklungsstoff von Fensterläden gesucht, um den erschossen aufgefundenen Brachmann darein zu wickeln und anschließend im Fjord zu versenken. Der letzte Bugraumälteste Wenzel, ein Österreicher, wird abgeteilt, das Blut in der Hütte aufzuwischen. Olt.z.S. Hess läßt seine Besatzung antreten und vergattert sie, allzeit Stillschweigen über dieses Vorkommnis zu bewahren. Fortan reden sie nur vom „schwarzen Punkt" von U 995.

Ein weiteres Besatzungsmitglied von U 995, der am 9. Juni 1920 geborene österreichische Dieselmaat Eduard Malik, kommt am 30. Mai 1945 beim Lager Flöan ums Leben. Nach amtlichen Mitteilungen ist er durch eine Mine getötet worden. Noch im Juni des Jahres 1944 hatte sich seine in Tullnerbach/Niederösterreich lebende und um ihren Sohn bangende Mutter per Brief bei Frau Köhntopp herzlichst für ein Lebenszeichen über ihren Sohn bedankt. Ihre Zeilen endeten: „Nun sind wir aber neuerdings in Sorge, da er doch wieder auf See ist. Wollen aber das Beste hoffen und einer glücklichen Heimkehr unseres tapferen Matrosen entgegensehen. So eine Mitteilung ist wohl das schönste Geschenk für eine Mutter."

Im österreichischen St. Pölten trauern die Eltern Josefine und Karl Brachmann um das tragische Schicksal ihres einzigen Sohnes „Karli". Sie werden nie das genaue Todesdatum ihres Sohnes erfahren, um an seinem Sterbetage eine Gedenkkerze anzünden zu können. Im Jahre 1946 lassen sie Hess, den letzten Kommandanten von U 995, über deutsche Behörden suchen, um ihn als Verantwortlichen zur Rechenschaft ziehen zu können. Keine offizielle Stelle in Deutschland gibt ihnen einen Hinweis.

Insbesondere hatte Großadmiral Dönitz in der letzten Phase des Krieges von seinen ihm ergebenen Offizieren eingefordert, mit diziplinarischer Strenge zu verhindern, daß der Marine erneut der Makel einer „Dolchstoßlegende" wie nach dem Ersten Weltkriege angelastet würde. Noch nach Kriegsende von diesem unglückseligen Dönitz'schen Wahngespinst getrieben, nahm sich in Norwegen eine Schar vermessener Marineoffiziere die Befugnis, eine nicht unerhebliche Anzahl „sogenannter Defätisten" kurzerhand exekutieren zu lassen. So gab es viele sich in der Hoffnung wähnende Mütter, ihr Sohn habe den Krieg überlebt, die kaum oder selten etwas über dessen wahres Schicksal erfuhren. Was bleibt, ist ein beflecktes Ruhmesblatt, das auf die Annalen der U-Bootswaffe fällt.

*

U 995 ist das einzige Weltkrieg-II-Front-U-Boot, das in Deutschland verblieben ist. Es steht heute als Museumsboot und Mahnmal in Laboe vor dem Marine-Ehrenmal des Deutschen Marinebundes e.V. und wird jährlich von Hunderttausenden von Besuchern besichtigt. Doch es war ein langer und beschwerlicher Weg, bis das Boot seinen letzten Liegeplatz am Ausgang der Kieler Förde erreichte.

Nach dem Kriege wird U 995 am 6.12.1952 in den Dienst der Königlich Norwegischen Marine genommen und dient dort zehn Jahre lang, ehe es in Haakonsvern bei Bergen ohne Verwendung aufgelegt wird. 1965 übergibt Norwegen das Boot im Rahmen der NATO-Freundschaft an die Bundesrepublik Deutschland mit der Auflage, es als Erinnerungsstätte aufzustellen.

Im Oktober 1967 reifen erstmals Pläne, den Kriegsveteranen vor dem Marine-Ehrenmal aufzustellen. Am 28.7.1970, nach langen politischen „Auf- und Abtauchmanövern", erteilt das Ministerium für Verteidigung grünes Licht für die Herrichtung und verfügt, U 995 durch die Marinedivision Ostsee mit einem Leihvertrag an den Deutschen Marinebund e.V. zu übergeben.

Am Freitag, 25.9.1970, 15.30 Uhr, hieven dann zwei 400-t-Magnus-Schwimmkräne U 995 auf die Kaibefestigung des Marinearsenals Kiel. Die Restaurierung eines Wracks beginnt. Tonnenweise werden Armaturen und Geräte zwischen den zwei Hüllen des Bootes abgebrannt, ausgeschlachtet, verschrottet, weggeworfen. Eine neue Beplankung des Oberdecks ist erforderlich. Räume müssen hergerichtet und nach Befund komplettiert werden. Druckkörper, Zellen und Bunker, Durchbrechungen, Flutschlitze, Entlüftungen etc. werden ausgebaut oder dichtgesetzt, die Eisen-Ballast-Gewichte aus dem Kiel entnommen. Viele Teile werden entfernt, die vor fünf Jahren noch brauchbar gewesen wären, und zum Teil durch Attrappen ersetzt. Letzten Endes wird ein zweiter „Wintergarten" montiert, die Fla-Bewaffnung installiert, um dem Boot jenes Aussehen zu geben, das es Anfang 1945 gehabt hatte.

Am Samstag, 2.10.1970 – das Boot liegt noch im Marinearsenal – übergibt die norwegische Marine den Veteranen offiziell an die Bundesregierung. In einer Feierstunde, im Beisein einiger ehemaliger deutscher und norwegischer Besatzungsmitglieder, würdigt der Vertreter der Königlich-Norwegischen Marine, Oberstleutnant i.G. Mioén, die gute Zusammenarbeit beider Staaten im NATO-Bündnis. Ministerialdirigent Vorndran als Repräsentant der Bundesregierung dankt Norwegen für die „großherzige Geste", die geeignet sei, „die Schatten der Vergangenheit verblassen zu lassen". Auf dem Empfang des Marinebundes bekundet der schleswig-holsteinische Kultusminister Prof. Walter Braun seine Besorgnis über die „zunehmende Geschichtslosigkeit der Jugend". Er betont, eine sinnvolle Existenz der Gesellschaft brauche die Kontinuität und die geschichtliche Erfahrung. Und er hebt hervor, das mangelnde Geschichtsbewußtsein sei eine gefährliche Entwicklung, der entgegengewirkt werden müsse. Auch U 995 werde dazu beitragen, jungen Menschen Geschichte verständlich zu machen.

Inzwischen ist am Strand von Laboe unterhalb des Marine-Ehrenmals eine Fahrrinne zur Uferpromenade ausgehoben worden, um U 995 auf diesem Wege an seinen Bestimmungsort zu bringen. Im Herbst 1971 soll es dann soweit sein. Zwei wuchtige Schwimmkräne der Firma Ulrich Harms heben das U-Boot mit armstarken Trossen von der Pier des Marinearsenals und machen sich, dicht nebeneinanderliegend, auf den beschwerlichen Weg in Richtung Kieler Außenförde. Doch vor Laboe angekommen, müssen sie feststellen, daß sie infolge widriger Winde und Niedrigwasser nicht in die Fahrrinne hinein können. Unverrichteterdinge treten sie mit ihrer schweren Last die Rückfahrt zum Arsenalhafen an.

Nachdem die Rinne nochmals ausgebaggert worden ist, kann U 995 am 13.3.1972 dann bei wiederholtem Versuch auf das Podest vor dem Ehrenmal aufgesetzt werden. Bei herrlichem Wetter haben sich viele Schaulustige eingefunden, um diesem einmaligen Ereignis beizuwohnen.

Inzwischen ist U 995 nicht nur eine Touristenattraktion geworden, sondern auch eine Stätte des schmerzlichen Gedenkens an die zahlreichen U-Bootsfahrer des II. Weltkrieges, die mit diesen Booten hinausfuhren und nicht mehr zurückkehrten.

ORGANIGRAMM NORDMEER-U-BOOTE

Operative Führung

bis 9.12.1941:
Admiral Norwegen GenAdm. H. Boehm, Oslo/Kirkenes
ab 10.12.1941:
Admiral Nordmeer GenAdm. H. Schmundt, Kirkenes/Narvik
gem. den Weisungen des Oberbefehlshabers des Marine-Gruppenkommandos Nord
ab Januar 1943:
Führer der Unterseeboote Norwegen (FdU Norwegen), Narvik-Ankenes
Kapt.z.S. Rudolf Peters (1.1.1943 bis 26.5.1944)
FKpt. Reinhard Suhren (27.5.1944 bis 23.9.1944)
ab 9.1944 umbenannt in:
Führer der Unterseeboote Nordmeer (FdU Nord), Narvik-Ankenes
FKpt. Reinhard Suhren (24.9.1944 bis 17.5.1945)

Astos (Admiralstabsoffiziere)/Abteilungschefs beim FdU Nord

A Op (Operative Planung / Führung)
Kptl. Jürgen Oesten (18.1.1943 bis 6.6.1943)
Kptl. Reinhart Reche (7.6.1943 bis 9.5.1945)
AOrg (Organisatorische/truppendienstliche Führung)
FKpt. Hans Eckermann (2.1.1943 bis 10.11.1944)
Kptl. Hans-Jürgen Zetzsche (11.11.1944 bis 17.5.1945)
Verbands-Verwaltungsoffizier
KKpt. (V) Fritz Rogasch (5.1943 bis 17.5.1945)
Verbands-Ingenieure
KKpt.(Ing.) Rudolf Wahl (1.1943 bis 10.10.1943)
KKpt.(Ing.) Hellmut Ebell (10.1943 bis 17.5.1945)
Verbands-Ärzte
MObStArzt Dr. med. Karl-Otto Wagner (11.1942 bis 4.1943)
MSTArzt d.Res. Dr. med Pantel (1944 bis 5.1945)
Gerichtsbarkeit
MKrGerRat Dr. jur. Wangerin (1.1943 bis 9.1943)
MObStRichter Gerhard Gaul (9.1943 bis 12.1944)
MObStRichter Hans Riel (12.1944 bis 17.5.1945)

Nordmeer-U-Bootsflottillen

11. U-Flottille (arktische und atlantische U-Boote), Stützpunkt Bergen
Flottillenchefs: FKpt. Hans Cohausz (15.5.1942 bis 19.12.1944)
FKpt. Heinrich Lehmann-Willenbrock (20.12.1944 bis 15.5.1945)

13. U-Flottille (arktische U-Boote), Stützpunkt Drontheim
Flottillenchef: FKpt. Rolf Rüggeberg (6.1943 bis 17.5.1945)

14. U-Flottille (arktische U-Boote), Stützpunkt Narvik
Flottillenchef: KKpt. Hellmut Möhlmann (17.12.1944 bis 17.5.1945)

ANHANG 2

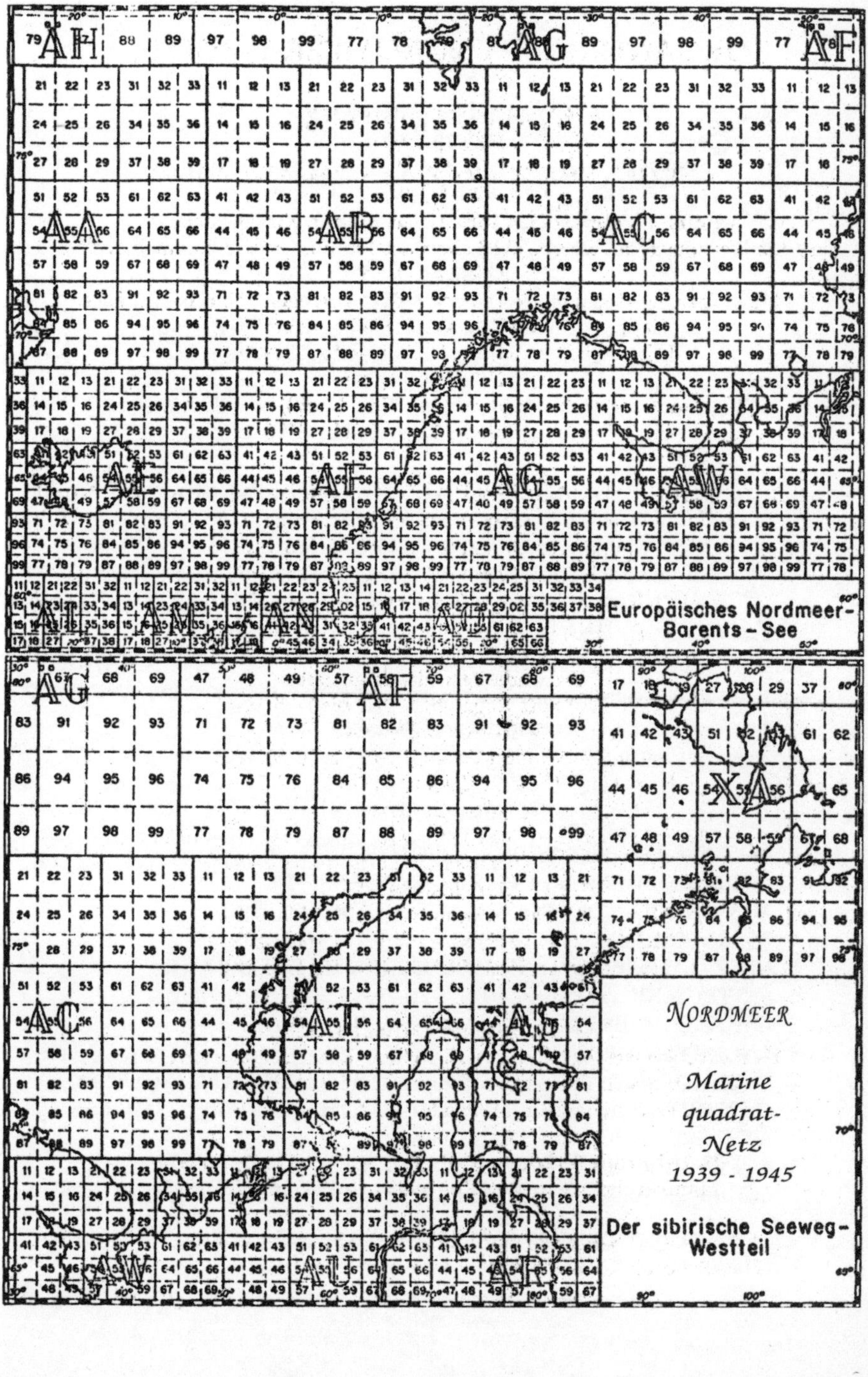

Europäisches Nordmeer-
Barents-See
NORDMEER
Marine
quadrat-
Netz
1939 - 1945
Der sibirische Seeweg-
Westteil

ANHANG 3

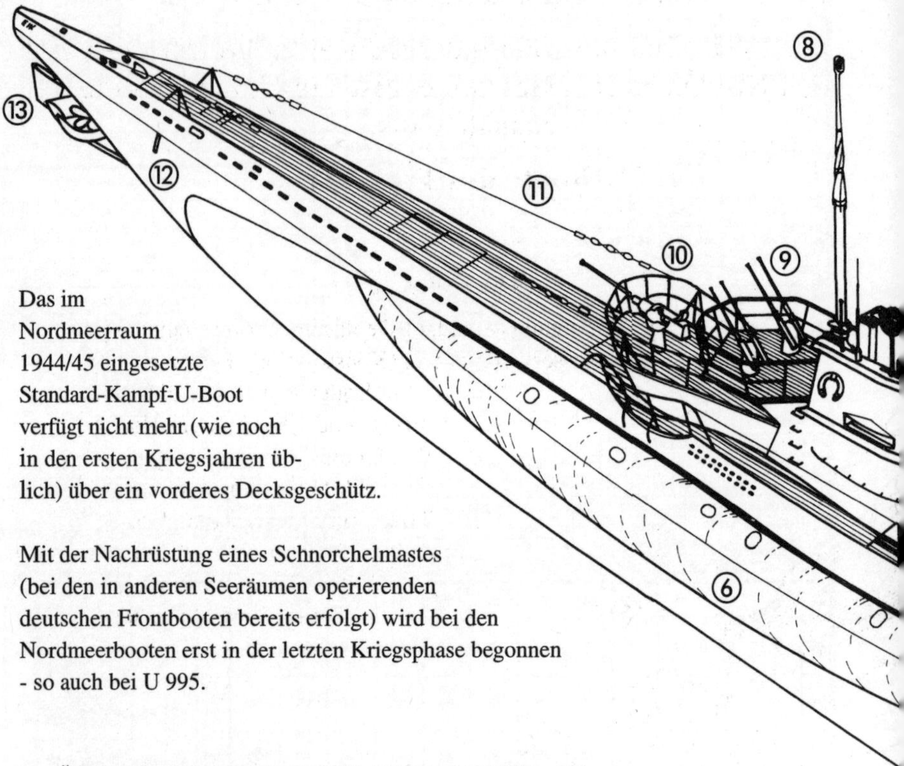

Das im
Nordmeerraum
1944/45 eingesetzte
Standard-Kampf-U-Boot
verfügt nicht mehr (wie noch
in den ersten Kriegsjahren üblich) über ein vorderes Decksgeschütz.

Mit der Nachrüstung eines Schnorchelmastes (bei den in anderen Seeräumen operierenden deutschen Frontbooten bereits erfolgt) wird bei den Nordmeerbooten erst in der letzten Kriegsphase begonnen - so auch bei U 995.

1. ÄUSSERE TORPEDOROHRKLAPPEN (ROHR I + III)
2. VORDERES TIEFENRUDER STEUERBORDSEITE
3. AUSSENHÜLLE DES BOOTES MIT FLUTSCHLITZEN
4. DRUCKKÖRPER
5. NETZABWEISERANTENNE FÜR KURZWELLENEMPFANG
6. SATTELTANK STEUERBORDS (STB.-TAUCHZELLEN 2 + 4)
7. LUFTZIELSEHROHR
8. ANGRIFFSSEHROHR
9. OBERE GESCHÜTZPLATTFORM MIT ZWEI 2-CM-ZWILLINGSFLAKS
10. GESCHÜTZPLATTFORM MIT VOLLAUTOMATISCHER 3,7-CM-FLAK
11. ACHTERE LANGWELLENANTENNE
12. BOLDSCHLEUSE ZUM VORTÄUSCHEN EINES ORTUNGSECHOS
13. SCHIFFSSCHRAUBE, HINTERES TIEFENRUDER UND SEITENRUDER

Das Nordmeer-Boot

Wie U 995 sind die während des Zweiten Weltkrieges im Nordmeer eingesetzten deutschen Unterseeboote ausnahmslos

U-Boote des Typs VII

Hauptdaten

500 ts Typverdrängung (Standard-Deplacement ohne Zuladung)
ca. 750 t Wasserverdrängung (Konstruktions-Deplacement)
67,1 m Bootslänge über den Loten
4 Bug- und 1 Heck-Torpedorohr
17,7 kn max. Geschwindigkeit ↑
7900 sm Aktionsradius ↑
7,6 kn max. Geschwindigkeit ↓
130 sm bei 2 kn max. Fahrstrecke ↓
200 m Gefechtstauchtiefe
12 mitgeführte Torpedos

↑: *bei Überwasserfahrt*
↓: *unter Wasser*

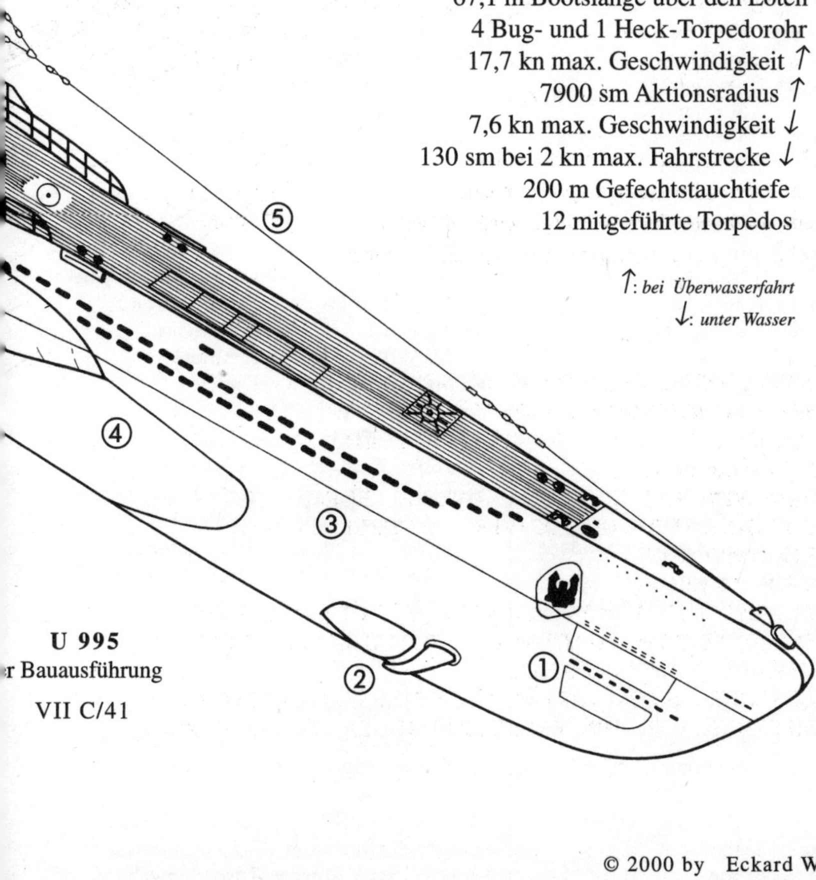

U 995
r Bauausführung
VII C/41

ANHANG 4

Besatzung U 995
Namensliste

4 Offiziere (Kmdt., 2 WOs, 1 Ing.-Offz.),
4 Portepee-Unteroffiziere (Oberfeldwebel),
10 Unteroffiziere (Obermaate und Maate),
27–34 Mannschaften.

Hinweis: Die Liste berücksichtigt alle Besatzungsmitglieder, die auf U 995 gefahren sind. Abkommandierungen wurden durch Neuzugänge ersetzt, so daß zirka 50 Mann gleichzeitig an Bord verpflichtet waren.

Arand, Fritz	Seemann
Behnke, Helmut	Wachtmeister
Beusch, Heinz	Artilleriemechaniker
Bittner, Johannes	1. Mechanikermaat
Böhm, Karl-Heinz	II.WO (später I.WO)
Böhnert, Siegfried	Seemann
Böse, Karl	III.WO
Brachmann, Karl	Dieselmaat
von Bremen, Fritz	Z.WO (Zusatz-WO)
Brückner Herbert	Sanitätsmaat
van den Burg, Theo	Funkgast
Clemens, Fritz	Funkgast
Cordes, Waldemar	Seemann
Dilling, Horst	Seemann
Dopke, Bernhard	Torpedomechaniker
Dreyer, Heinrich	Seemann
Düffels, Heinz	Steuermann
Eckstein, Konrad	Funkgast
Feigenbutz, Peter	Koch
Fessel, Horst	Seemann
Freese, Hermann	Seemann
Friedrich, Arthur	Seemann
Geißler, Fritz	Seemann
Graf, Josef	Seemann
Gürke, Joachim	1. Funkmaat
Haase, Konrad	Seemann
Heinz, Franz	Funkgast
Heise,	Seemann
Herweg, Ernst	E-Obermaschinist
Hess, Hans-Georg	Letzter Kommandant
Hofmann,Wolfgang	E-Gast
Homscheid, Peter	E-Maschinengast
Immenroth, Erich	Seemann
Klapf, Josef	Bootsmann
Knop, Bernhard	Oberbootsmann
Köhntopp, Walther	Erster Kommandant
Krichel, Peter	Dieselgast
Krigoleit,	Seemann
Künne, Heinz	Dieselgast
Kuhn, Edgar	E-Maschinengast
Leonhard, Willi	Seemann
Lohde, Helmut	Maat
Liedtke, Heinz	Obersteuermann
Malik, Eduard	Dieselmaat
Marx, Günther	Zentralegast
Meier, Heinrich	2. Funkmaat
Mohn, Hubert	Seemann
Moritz,	Zentralegast
Motyka, Emmerich	Seemann
Mühlberger, Martin	Funkgast
Müller, Heinz	Seemann
Müssener, Rudolf	1.E-Maschinenmaat
Nowak, Bernhard	Seemann
Orglmeister, Rudolf	Dieselgast
Ottine, Alfred	Funkgast
Otto, Georg	2. Zentralemaat
Peters; Karl-Heinz	E-Maschinengast
Peters, Wilhelm	Diesel-O.Maschinist
Pforr, Norbert	Dieselmaat
Ritzer Kurt	Bootsmaat
Reising, Peter	E-Maschinengast
Reuter,	Diesel-O.Maschinist
Röhling, Karl-Heinz	Fähnrich (Ing.)
Sache, Erich	Bootsmaat
Schiel, Willi	Zentralegast
Sommer, Rudolf	Dieselgast
Schlörit, Günther	Seemann
Schmidt, Alfred	Seemann
Schröder, Rüdiger	I.WO
Schwab,	Torpedomechaniker
Schwedhelm, Richard	Funkgast
Silberbach, Günther	E-Maschinengast
Streicher, Josef	Sanitätsmaat
Strempel, Karl	Seemann
Tobschall, Kurt	Seemann
Urbas, Josef	Dieselmaat
Weiß, Karl	Seemann
Wellnitz, Rudolf	LI.
Wenzel, Otto	Seemann
Wieboldt, Hugo	Seemann
Winkler, Heinz	Torpedomechaniker
Zitscher, Fritz-Ferd.	Z.WO
Zumsteg, Herrmann	1. Zentralemaat
Zuttermeister, Werner	Torpedomechaniker

Anhang 5

Verlust-/Erfolgsbilanz vor Murmansk

von Dezember 1944 bis Mai 1945

Datum	Flagge	versenkt/(torpediert)	Konvoi	versenkt/torp. von
1944				
02.12.	sowj.	Frachter „Proletarij“ (1123 BRT)	PK.20	U 363
03.12.	sowj.	Frachter „Revolucija“ (557 BRT)	KB.35	U 1163
04.12.	sowj.	U-Jäger „BO-226“ (ex US SC-1485)		U 997
05.12.	sowj.	M-Sucher TSC-107 („Vega“/205 t)	PK.	U 995
05.12.	sowj.	Frachter „Reshitelnyj“ (6000 BRT)	PK.	U 995
07.12.	sowj.	U-Jäger „BO-229“ (ex US SC-1477)	JW.62	U 997
09.12.	dtsch.	U 387 (Kptl. Büchler)	RA.62	„Bamborough Castle“
11.12.	brit.	DE „Cassandra“ (torp.)	RA.62	U 365
13.12.	dtsch.	U 365 (Olt.z.S. Todenhagen)	RA.62	„Campania“, 813. NAS
21.12.	sowj.	Fischkutter „…“ (24 BRT)		U 995
26.12.	sowj.	Fischtrawler „Som“ (417 BRT)		U 995
29.12.	sowj.	Frachter „......“ (2000 BRT) (torp.)		U 995
30.12.	sowj.	Frachter „Tbilisi“ (7176 BRT) (torp.)	KP.24	U 956
1945				
16.01.	sowj.	DE „Detjatelnyj“ (ex „Churchill“)	KB.1	U 286
20.01.	sowj.	DE „Razjarennyj“ (torp.)		U 293
05.02.	sowj.	M-Sucher „TSC-116“ („Arcade“)		U 992
13.02.	brit.	Korvette „Denbigh Castle“	JW.65	U 992
14.02.	USA	Frachter „Horace Gray“ (7200 BRT)	BK.3	U 711
14.02.	norw.	Tanker „Norfjell“ (8129 BRT) (torp.)	BK.3	U 968
17.02.	dtsch.	U 425 (Kptl. Bentzien)	RA.64	„Lark“, „Alnwick Castle“
17.02.	brit.	Sloop „Lark“ (torp.)	RA.64	U 968
17.02.	USA	Frachter „Thomas Scott“ (7176 BRT)	RA.64	U 968
17.02.	brit.	Korvette „Bluebell“	RA.64	U 711
02.03.	sowj.	U-Jäger „BO-223“ (ex US SC-1507)		U 995
20.03.	USA	Frachter „Horace Bushnell“ (7176 BRT)	JW.65	U 995
20.03.	brit.	Sloop „Lapwing“	JW.65	U 716
20.03.	USA	Dampfer „Thomas Donaldson“ (7210 BRT)	JW.65	U 968
22.03.	sowj.	Fischtrawler „…“ (... BRT) (torp.)		U 711
31.03	sowj.	Fischtrawler „…“ (... BRT) (torp.)		U 312
19.04.	sowj.	Wachkutter „SKA-222“		U 481
19.04.	sowj.	Küstenmotorschiff „…“ (… BRT)		U 711
22.04.	norw.	Frachter „Idefjord“ (4287 BRT) (torp.)	PK.9	U 997
22.04.	sowj.	Frachter „Onega“ (1603 BRT)	PK.9	U 997
29.04.	brit.	Fregatte „Goodall“	RA.66	U 968
29.04.	dtsch.	U 307 (Olt.z.S. Krüger)	RA.66	„Loch Insh“
29.04.	dtsch.	U 286 (Olt.z.S. Dietrich)	RA.66	„Anguilla“, „Cotton“, „L. Shin“

ANHANG 6

NORDMEER EHRENTAFEL

Von den im Nordmeer während des II.Weltkrieges eingesetzten 106 U-Booten blieben 44 vor dem Feind. Bei den Untergängen gab es zumeist keine Überlebenden.

U-Boot	Kommandant des Bootes	Datum des Verlustes	Seegebiet des Unterganges	Position
U 655	Kptl. Dumrese	24. 03. 1942	südö. Barents-See	73°00'N/21°00'O
U 585	Kptl. Lohse	30. 03. 1942	nördl. Murmansk	70°30'N/34°50'O
U 88	Kptl. Bohmann	12. 09. 1942	südl. Spitzbergen	75°04'N/04°49'O
U 589	Kptl. Horrer	14. 09. 1942	nordw. Nordkap	70°40' N/20°32'O
U 457	KKpt. Brandenburg	16. 09. 1942	östlich Spitzbergen	75°05'N/43°15 O
U 408	Kptl. v. Hymmen	05. 11. 1942	nördlich Island	67°40'N/18°32'O
U 644	Olt.z.S. Jensen	07. 04. 1943	südö. Jan Mayen	69°38'N/05°40'O
U 646	Olt.z.S.d.R. Wulff	17. 04. 1943	westlich Färoers	62°10'N/14°30'W
U 467	Kptl. Kummer	25. 05. 1943	südöstl. Island	62°25'N/14°52'O
U 622	Kptl. Queck	24. 07. 1943	Hafen Drondheim	63°27'N/10°23'O
U 639	Olt.z.S. Wichmann	30. 08. 1943	nö. Kap Zelanija	76°40 N/60°40'O
U 314	Kptl. Basse	30. 01. 1944	östlich Bäreninsel	73°45'N/26°15'O
U 713	Olt.z.S. Gosejacob	24. 02. 1944	westlich Lofoten	69°27'N/04°53'O
U 601	Olt.z.S. Hansen	25. 02. 1944	nordwestl. Lofoten	70°26'N/12°40'O
U 472	Olt.z.S. v. Forstner	04. 03. 1944	ostnö. Bäreninsel	73°05'N/26°40'O
U 366	Olt.z.S.d.R.. Langenberg	05. 03. 1944	südw. Bäreninsel	72°10'N/14°45'O
U 973	Olt.z.S. Paepenmöller	06. 03. 1944	nordw. Vestfjord	70°04'N/05°48'O
U 355	Kptl. La Baume	01. 04. 1944	westsw. Bäreninsel	73°07'N/10°21'O
U 360	Kptl. Becker	02. 04. 1944	südw. Bäreninsel	72°28'N/13°04'O
U 288	Olt.z.S.d.R. Meyer	03. 04. 1944	östlich Bäreninsel	73°44'N/27°12'O
U 277	Kptl. Lübsen	01. 05. 1944	westsw. Bäreninsel	73°24'N/15°32'O
U 674	Olt.z.S. Muhs	02. 05. 1944	ostno. Jan Mayen	70°32'N/04°37'O

Einsatz Konvoi	Versenkt durch	Tote	Über-lebende
QP.9	Rammstoß des britischen Minensuchers „Sharpshooter“	51	keine
	Treibende Mine	44	keine
PQ.18	Wasserbomben des britischen Zerstörers „Faulknor“	46	keine
PQ.18	Wasserbomben des britischen Zerstörers „Onslow“	44	keine
PQ.18	Wasserbomben des britischer Zerstörers „Impulsive“	45	keine
	Wasserbomben des Flugbootes Catalina „H“ VP-84 USN	45	keine
	Torpedos des britischen U-Bootes „Tuna“	45	keine
	Wasserbomben der Hudson „J“, 269. Squadron RAF	46	keine
	Fido des Flugbootes Catalina „F“ der Sqadron VP-84 USN	46	keine
	Flibos von Fortress-Maschinen der 8. USAAF (US air raid)		
	Torpedos des sowjetischen U-Bootes „S-101“	47	keine
JW.56B	Wasserbomben der brit. Zerstörer „Whitehall“ u. „Meteor“	49	keine
JW.57	Wasserbomben des britischen Zerstörers „Keppel“	50	keine
JW.57	Wasserbomben des Flugbootes Catalina „M“ 210. Sqdr. RAF	51	keine
RA.57	Flibos 816. NAS Träger „Chaser“ , Artillerie Zerst.„Onslaught“	27	22
RA.57	Fli-Raketen der Swordfish „F“ 816. NAS des Trägers „Chaser“	51	keine
RA.57	Fli-Raketen der Swordfish „X“ 816. NAS d. Trägers „Chaser“	49	2
JW.58	Fli-Rak. Avenger „H“ 846. NAS „Tracker“, Wabos Z. „Beagle“	52	keine
JW.58	Hedgehog-Wabos des britischen Zerstörers „Keppel“	51	keine
JW.58	Fli-Raketen 819. NAS Tr. „Activity“ u. 826. NAS Tr. „Tracker“	49	keine
RA.59	Flibos der Swordfish „C“ 842. NAS vom brit. Geleittr. „Fencer“	50	keine
RA.59	Wabos der Swordfish „B“ 842. NAS v. brit. Geleittr. „Fencer“	49	keine

ANHANG 6

NORDMEER EHRENTAFEL

U-Boot	Kommandant des Bootes	Datum des Verlustes	Seegebiet des Unterganges	Position
U 959	Olt.z.S. Weitz	02. 05. 1944	südö. Jan Mayen	69°20'N/00°20'O
U 990	Kptl. Nordheimer	25. 05. 1944	westlich Bodö	65°05'N/07°28'O
U 289	Kptl. Hellwig	31. 05. 1944	nordö. Jan Mayen	73°32'N/00°26'O
U 987	Olt.z.S. Schreyer	05. 05. 1944	westlich Vestfjord	68°01'N/05°09'O
U 347	Olt.z.S.d.R. de Buhr	17. 07. 1944	westlich Narvik	68°35'N/06°00'O
U 361	Kptl. Seidel	17. 07. 1944	westlich Narvik	68°36'N/09°33'O
U 742	Kptl. Schwassmann	18. 07. 1944	westlich Narvik	68°24'N/09°51'O
U 344	Kptl. Pietsch	22. 08. 1944	südlich Spitzbergen	74°54'N/15°26'O
U 354	Kptl. Sthamer	24. 08. 1944	nordnö. Nordkap	72°49'N/30°41'O
U 394	Kptl. Borger	02. 09. 1944	südöst. Jan Mayen	69°47'N/04°41'O
U 362	Olt.z.S. Franz	06. 09. 1944	Krakowka/Monains.	75°42'N/88°50'O
U 921	Oblt.z.S.d.R. Werner	30. 09. 1944	westsw. Bäreninsel	72°32'N/12°55'O
U 703	Olt.z.S. Brünner	30. 09. 1944	östlich Seydisfjord	65°'N/13°W
U 1060	Olt.z.S. Brammer	27. 10. 1944	südö. Brönnöysund	65°24'N/12°00'O
U 771	Olt.z.S.d.R. Block	11. 11. 1944	Andfjord/Harstad	69°17'N/16°28'O
U 387	Kptl. Büchler	09. 12. 1944	vor Murmansk	69°41'N/33°12'O
U 365	Olt.z.S. Todenhagen	13. 12. 1944	östlich Jan Mayen	70°43'N/08°07'O
U 737	Olt.z.S. Gréus	19. 12. 1944	Vestfjord/Lofoten	68°09'N/15°39'O
U 425	Kptl. Bentzien	17. 02. 1945	vor Murmansk	69°39'N/33°50'O
U 307	Olt.z.S.d.R. Krüger	29. 04. 1945	vor Murmansk	69°26'N/33°39'O
U 286	Olt.z.S. Dietrich	29. 04. 1945	vor Murmansk	69°29'N/33°37'O
U 711	Kptl. Lange	04. 05.1945	Harstad Kilbotn	68°48'N/16°38'O

Von den übrigen Nordmeer-Booten gingen die meisten bei Einsätzen im Atlantik verloren. Nur 24 Nordmeer-Boote erlebten das Kriegsende. Übrig blieb von allen deutschen Front-Unterseebooten des Zweiten Weltkrieges allein das Nordmeerboot U 995.